BIBLIOTHÈQUE
CHRÉTIENNE ET MORALE

APPROUVÉE PAR

MONSEIGNEUR L'ÉVÊQUE DE LIMOGES.

Tout exemplaire qui ne sera pas revêtu de notre griffe sera réputé contrefait et poursuivi conformément aux lois.

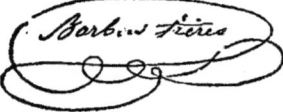

VOYAGE PITTORESQUE
A VENISE.

PLACE SAINT MARC.

VOYAGE PITTORESQUE
A VENISE

ENTRÉE

DANS LA VÉNÉTIE

PAR

LE MONT ROSE ET LE SIMPLON

TABLETTES ÉCRITES SUR LES CHEMINS ET DANS LES GONDOLES;

ESQUISSES ET CROQUIS

DE

BRESCIA, PESCHIÉRA, VERONE, VICENCE, PADOUE, VENISE, SES ILES, SON HIDO; SES LAGUNES, MALAMOCCO, LEGNANO, ETC.

PLAN DU FAMEUX QUADRILATÈRE AUTRICHIEN;

RÉCITS SUR LES SCALA, LES ESSELINI, LES CARRARA, ETC.

Épisodes sur les doges et la sérénissime république.

DRAMES DU PONT DES SOUPIRS, DES PUITS ET DES PLOMBS

FÊTES DE JOUR, FÊTES DE NUITS, FÊTES SUR LES LAGUNES, ETC.

MŒURS VÉNITIENNES, HISTOIRE, MONUMENTS, MUSÉES, ETC.

PAR

ALFRED DRIOU.

LIMOGES,
IMPRIMERIE DE BARBOU FRERES.

1861

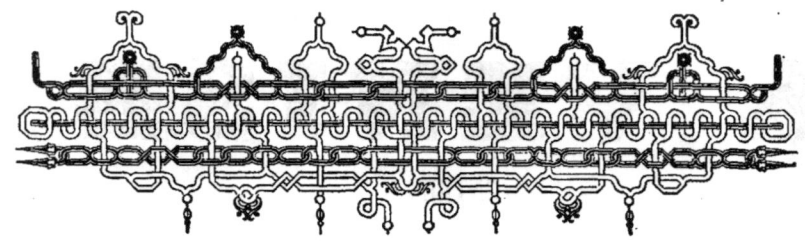

I.

A MILADY KATE MOORE-O'DWAIRE, A LONDRES.

Courte revue rétrospective. — L'Italie Continentale. — L'Italie Péninsulaire. — Aspects géographiques. — *Genève.* — Le Lac Léman. — La Vallée du Rhône. — Souvenirs d'un Voyage en Suisse. — Martiny. — Le Soir, des hauteurs de la Forclaz. — *Sion.* — Excursion au Mont-Rose. — Peinture du matin. — Paysages. — *Stalden.* — La Plaine d'Aballa. — Le Val de Saas. — Les Chalets de Destal. — Une Nuit dans la Montagne. — Le Mont-Moro. — Physionomie du Mont-Rose. — Panorama du Passage du Moro. — Départ de Visp. — Poésie du Voyage à pied. — Ascension du Simplon. — Le Torrent de la Salteline. — La Route du Simplon. — Vallée de Gauther. — Galeries, Ponts, Maisons de refuge. — Scènes grandioses. — Le Glacier du Pflecht-Horn. — Point culminant du Simplon. — L'Hospice, les Religieux et les Chiens. — L'Ami de l'Homme. — *Simplon.* — Un Spectacle dans une auberge de la montagne. — Indiens et Anglais. — La Jeune Fille folle. — La Gorge de Gondo. — Concert monstrueux. — Scènes sauvages. — Le Cadran philosophe. — L'Entrée en Italie. — *Domo d'Ossola.*

Domo d'Ossola, 10 août 185...

Jadis, dans nos longues soirées d'hiver, à Versailles, en tête-à-tête, alors que nous étudiions les pages les plus éloquentes de nos poètes, Milady, combien de fois ne délaissions-nous pas nos auteurs favoris, pour passer de la poésie écrite à la poésie peinte? Combien de fois, comme Phryxus et Hellé traversant l'Hellespont sur leur toison d'or merveilleuse, portés par les ailes de l'imagination, ne nous élancions-nous pas au-delà des mers pour pénétrer ensemble dans votre pittoresque et *verte Erin*? C'était vous qui parliez alors, et, moi, j'écoutais... Tour à tour, comme dans un magique stéréoscope, passaient sous les yeux de mon esprit, les richesses de votre chère Irlande, si parfaitement décrites que je voyais, comme avec les yeux du corps, votre chaussée des géants, vos lacs, vos montagnes, vos grottes curieuses, les dentelures échancrées des côtes, Dublin et sa vaste baie, Kilkenny et la riche couronne qui décore son front, et jusqu'au simple chalet de votre Miltown-Cottage. Vous énumériez avec tant de charme tous les sites poétiques de votre patrie bien-aimée, que, cent fois depuis, j'ai rêvé de l'Irlande.

Vous souvient-il de ces jours heureux où nous étions si enthousiastes de ce qui était art et poésie? Aujourd'hui je veux vous les rappeler, en vous parlant à mon tour, non pas de l'Irlande, mais de l'Italie.

Car je suis en Italie!

Ce tout petit bout de phrase, cette exclamation si courte à dire, a quelque chose de magique pour l'âme, n'est-il pas vrai, Milady? C'est comme un baume souverain qui la pénètre et la vivifie, qui l'inspire et l'illumine, qui la sature et la berce. A ce nom d'Italie, s'ouvrent d'immenses horizons lumineux, aux tons chauds, aux paysages charmants, aux accidents gracieux, qui ravissent et qui enchantent.

A l'idée de ce voyage, je devins gai comme avril et chantant comme le matin d'un beau jour. Ma tête se remplit de doux babils, comme le font les nids d'oiseaux quand rayonne la blanche aurore. Il s'alluma sous mes yeux quatre grands foyers de lumière, et ces quatre clartés, si distinctes, eurent l'harmonieux rayonnement d'une splendide constellation : Venise et Florence, Rome et Naples. Venez, Apelles, accourez, Phidias, peignez, gravez long-temps, et vous ne ferez rien qui approche de ce grand tableau, œuvre de la main de Dieu, que l'on nomme Italie. C'est le climat du ciel!

A quelle époque ai-je commencé ce voyage? Comment le faisais-je? deux questions qui vous intéressent, n'est-ce pas, Milady? Je vais y répondre brièvement, puis vous me suivrez dans ma belle promenade.

Nous avons, l'an dernier, visité la Savoie, traversé le Mont-Cenis, suivi la vallée de Suse ou de la Doire-Ripaire, parcouru tout le Piémont, c'est-à-dire, sa capitale, Alexandrie, le champ de bataille de Marengo, mis le pied dans l'Italie Péninsulaire, en étudiant Gênes, la célèbre reine des mers, la rivière de Gênes ; puis, remontant par Novare, nous avons admiré tour à tour le lac Majeur, ses Iles Borromées, le riche encadrement de montagnes que lui forment le Mont-Rose et ses contre-forts ; pénétrant ensuite dans le royaume Lombard-Vénitien, nous avons navigué sur le lac de Como, et cotoyé ses charmants rivages ; vu Lecco, Bergame, Monza ; fait un séjour à Milan, la ville des Visconti et des Sforza ; visité Pavie, sa Chartreuse, le champ de bataille où François Ier perdit tout, *fors l'honneur*. Alors, traversant les duchés de Plaisance, Parme et Modène, nous y avons retrouvé le Pô, leurs cités curieuses, leurs souvenirs historiques, d'intéressants débris du moyen-âge, les trésors du Corrége ; et enfin, rentrant encore dans le royaume Lombard-Vénitien, nous avons achevé l'examen de toute l'Italie septentrionale par Crémone et Mantoue.

— Mais Venise, allez-vous me dire, n'avez-vous pas visité Venise ?

Comment voir tant de merveilles en une fois, Milady ? En vérité, ç'eût été un steeple-chase par trop rapide ! Non, nous n'avons pas visité Venise : notre sagesse a imposé un frein à notre curiosité. Nous avons remis à une autre année notre séjour à Venise. Et, comme les fleurs succèdent aux fleurs, les jours aux nuits, les printemps aux hivers, les vacances succèdent aux vacances. Les voici venues, ces bienheureuses vacances ! Nous allons, à cette heure, à la conquête de notre toison d'or, à la recherche de cette belle perle de l'Adriatique, nous nous rendons à Venise !

Mais comme il ne nous convenait pas de rentrer en Italie par un chemin que nos pieds avaient déjà foulé, cette fois, c'est par le Simplon, par Domo d'Ossola, par Brescia, Vérone, Vicence, Padoue, que nous arrivons à Venise, à Venise, le rêve de tous les poètes :

> Car, ce que j'aime, c'est Grenade,
> Aux lions de marbres, aux toits d'or ;
> C'est Venise, veuve et malade,
> Mais toujours jeune et belle encor !

Puis, de Venise descendant à Ferrare, à Bologne, nous pénètrerons dans les Romagnes, l'Emilie et l'Ombrie ; nous visiterons Ravenne, Ancône, Rimini ; après quoi, traversant l'Apennin septentrional et entrant dans l'antique Etrurie, la Toscane moderne, nous terminerons par Florence, Sienne, Pise, Lucques et Livourne, cette seconde excursion dans l'Italie Continentale.

Alors, à une autre année, et à une autre excursion dans l'Italie, dans l'Italie Péninsulaire cette fois, notre visite à Naples et à Rome !

Maintenant, comment voyage M. Valmer ? Le voici :

Mons Valmer a pour compagnon de route un tout jeune parisien, de bonne famille, dont il est tout à la fois le gouverneur et l'ami. L'an dernier, en chemin de fer ici, là, sur d'élégants et frêles steamers, ailleurs sur des bateaux-poste, tantôt en voiturin, tantôt à cheval, ces deux touristes allaient, venaient, fendant l'air sur le rail-way, sillonnant les lacs et les fleuves, chevauchant à travers monts et plaines, cahottés sur les routes, s'ébattant sur les chemins de traverse. Cette année, une fois à *Genève,* la cité rêveuse comme une quakresse, et leurs bagages expédiés à Brescia, ils ont pris le pantalon de drap gris-perle, enfermé leurs jambes dans des guêtres de peau de daim et leurs pieds dans des souliers de montagnards, endossé la blouse de coutil du touriste, ceint leurs reins d'une ceinture qui cache de mignons pistolets de poche, coiffé leur tête du classique panama, mis au dos le havre-sac velu fait de la dépouille d'un jeune chamois, passé en sautoir la gourde de rhum, et, l'*Alpenstock* (1) à la main, ils ont pris place sur le vapeur l'*Helvétie* qui de Genève s'élance à travers le lac Léman, et débarque les passagers à Villeneuve, à l'entrée de la belle vallée du Rhône.

A partir de Villeneuve, point extrême du lac où l'*Helvétie* s'arrête, la

---

(1) L'*alpenstock* est un bâton d'environ six pieds, garni à l'une de ses extrémités d'une pique en fer, et à l'autre extrémité d'une corne de chamois pour ornement. Ce bâton devient une troisième jambe fort utile pour visiter les glaciers, éviter les chutes sur la neige, etc., et descendre ou monter les pentes longues et escarpées des précipices.

vallée du Rhône commence, en ligne droite d'abord jusqu'à Martiny. Puis à Martiny, elle tourne subitement à gauche, et décrivant une ligne droite jusqu'à Sion et Leuk, elle s'incline légèrement jusqu'à Brieg. A Brieg, on tourne à droite, et on gravit alors les premières pentes du Simplon, dont le sommet une fois atteint vous permet de découvrir le val Formosa, la vallée de Domo–d'Ossola, les lacs Majeur, de Lugano et de Como, la Lombardie à gauche, le Piémont à droite, l'Italie en un mot.

Que de souvenirs nous rappelle cette belle vallée du Rhône! Nous l'avons visitée, il y a quatre ans déjà, et il n'est pas un seul de ses villages, pas un seul de ses vallons, pas un de ses précipices, pas un de ses rochers que nous ne connaissions, et qui n'ait été pour nous la scène d'un plaisir dramatique, ou champêtre, ou calme et délicieux. Fixés aux *Bains de Lavey* pour un mois tout entier, nous en avons examiné, parcouru, admiré tous les détails. Ici, *Bex*, et ses mines de sel que nous avons sondées dans les entrailles de la terre; là, *Saint-Maurice*, son abbaye, son riche trésor, et ses fortifications qui rappellent l'étroit défilé des Thermopyles; plus loin, la *Chapelle de Virolay* ayant pour aire sacrée le rocher même sur lequel fut décimée la légion Thébéenne toute entière (1); plus loin encore, la ville d'*Epaunum*, en 563 enfouie sous la chute des terres du *Tauretunum*, de la Dent du Midi, depuis cette époque squelette de roc décharné, et menaçant le ciel de sa pointe monstrueuse. Puis Lavey; puis les divers bassins, maintenant desséchés, des lacs superposés, formés par le Rhône, dont le cours avait été barré par les digues de terres et de pierres, amoncelées par la chute de ce Tauretunum. Enfin *Evionnaz*, qui s'est élevée au rang de bourgade sur le lit de graviers et de fragments de roches, débris de la montagne,

---

(1) Le 22 septembre 302, alors que Dioclétien et Maximilien Hercule régnaient à Rome, une légion romaine, ayant pour chef Maurice, chrétien, comme la légion presque toute entière, et allant de *Tarnada* (*Saint-Maurice*), à *Octodure* (*Martiny*), fut sommée de sacrifier aux dieux, avant de rentrer en Italie. Sur son refus, elle fut décimée presqu'en entier sur le rocher où est actuellement la *Chapelle de Viroley*, qui a pris le nom de *Virorum luctus*, viro-lez, supplice des hommes.

qui, depuis ce drame terrible, donnent à cette partie de la vallée un aspect triste et stérile ; puis, en dernier lieu, la cascade de Pissevache, chute de la Salench qui, sortant d'un étroit ravin, à la hauteur de deux cent quatre-vingts pieds, se jette perpendiculairement dans la vallée du Rhône.

Pour des touristes qui voyagent à pied, qu'un oiseau fait arrêter pour l'entendre, un brin d'herbe ou une fleur pour les cueillir, un rocher pour le mesurer de l'œil, une montagne pour l'admirer, un vallon pour en scruter la profondeur et les pénombres, c'est beaucoup de venir de Villeneuve à Martiny. Nous nous y arrêtons pour souper et coucher. Mais auparavant, en souvenir de notre excursion d'il y a quatre ans, au Mont-Blanc, par la Forclaz, nous gravissons les premières pentes de cette montagne qui fait face à notre route du lendemain. Oh ! je défie les plus habiles décorateurs ; fussent-ils Cambon, Diéterle ou Séchan, de disposer une scène avec une plus merveilleuse entente de l'effet, que ne l'est l'aspect magique dont nos regards sont frappés. Nous le quittons bien à regret, mais la nuit tombe, une nuit brumeuse et glaciale, qui ne permet déjà plus que de contempler d'une façon confuse les formes gigantesques et les gracieuses échappées de la vallée, au point où elle tourne subitement vers Sion.

Après une nuit qu'un manque d'habitude de la fatigue rend assez mauvaise, nous sommes de bonne heure, le 4 août, sur la route qui, comme le Rhône, fait, à Martiny, un coude presque à angle droit, et se dirige vers Sion, à l'est. Tout autour de nous, au loin, les crêtes aiguës des glaciers brillent au soleil comme de gigantesques diamants. Sur les rampes des montagnes, la verdure sombre s'illumine peu à peu de reflets joyeux, et montrent sur les plateaux les plus élevés de jolis chalets perchés sur des abimes, où l'on supposerait que les aigles et les vautours seuls osent nicher. Leurs ondulations les plus basses apparaissent couronnées de tours en vigie qui semblent observer le voyageur qui passe, et, à droite et à gauche, des cottages, des villas plus rares et des chaumières, se répandent déjà dans les champs de nombreux travailleurs. Nous cheminons ainsi entre deux bordures de monts altiers que l'on croirait pouvoir toucher du bras, bien qu'ils soient éloignés encore : mais il en est ainsi dans les contrées alpestres, la perpendicularité des plans trompe constamment l'œil sur les distances. Derrière nous s'élève la Forclas, avec ses chalets groupés sur le sentier qui conduit au

Mont-Blanc. Devant nous, au contraire, le fond de la vallée, à travers laquelle coule le fleuve, présente un pays plat, rendu triste et malsain par les débordements du Rhône, dont les eaux stagnantes, faute d'écoulement suffisant, répandent des exhalaisons malfaisantes sous l'influence d'un soleil brûlant.

Rien de pittoresque comme l'approche de *Sion*. Figurez-vous deux mamelons dressés en barricade au centre de la vallée du Rhône, qui semble ne point passer outre. Sur ces mamelons isolés, élevez des remparts, des tours gothiques, les ruines magnifiques d'antiques donjons et de vieux castels percés à jour par la main du temps, et dont l'un s'appelle *Tourbillon*, l'autre *Valeria*, et le troisième *Majoria*. Tout autour, surtout au revers des talus qui nous regardent arriver, dressez de vieilles maisons, quelques palais sombres, un Hôtel-de-Ville moyen-âge et la demeure seigneuriale des évêques, et vous aurez sous les yeux l'esquisse de Sion, dans le Valais.

Nous y déjeunons à la *Croix-Blanche*, après quoi, comme le Juif-Errant, nous nous remettons aussitôt en marche. Derrière Sion, la vallée du Rhône et la route du Simplon s'offrent de nouveau sous le regard en une longue ligne blanche, toujours encadrée de ses formidables montagnes. Nous traversons *Sierre*, puis *Leuk*, où jadis nous avons eu maille à partir avec le maître de poste qui nous refusait des chevaux, sous le prétexte que Louesche-les-Bains, où nous allions, était niché trop haut. Aujourd'hui, grâces à nos jambes, nous rions à la barbe du digne maître de poste, nous nous acheminons fièrement vers *Tourtemagne, turris magna* sans doute, et nous allons coucher à *Visp*, misérable petit village assis au confluent de la Visp et du Rhône.

L'aube du 5 août blanchissait à peine les cieux que nous étions debout, prêts à partir. Cette fois nous avons dormi comme des marmottes et nos forces sont revenues fort à propos. Il s'agit, en effet, d'une excursion au Mont-Rose, avant de reprendre la route du Simplon, et nos guides, arrêtés de la veille, nous attendent à la porte en buvant le coup du matin.

A la vallée du Rhône qui remonte toujours à l'est vers la *Furca*, dont le glacier lui donne naissance, aboutissent, en face de Visp et sur le flanc septentrional, deux vallées qui conduisent à la grande chaîne des Alpes-Italiques. La première de ces vallées, celle du côté oriental, par la *Plaine d'Aballa*, et le *Val de Saas*, se dirige vers les sommets du *Passage du Mont-Moro,* l'un des plus beaux de tous les sites alpestres. La seconde, celle du côté occidental, remonte le Val Saint-Nicolas pour atteindre le Mont-Cervin. Foin du Mont-Cervin, c'est au Mont-Moro que nous en voulons, parce qu'il nous permettra de dominer, de contempler, d'admirer le *Mont-Rose*, le Mont-Rose dont, il y a quatre ans, des hauteurs de la Gemmi, l'une des Alpes Bernoises, nous avons eu tant bonheur à voir les blanches cimes, légèrement teintées de rose, comme l'indique son nom. Depuis ce jour, le désir d'étudier de plus près ce mont colossal et majestueux, ne nous a plus quittés. Aujourd'hui que nous passons à sa portée, c'est bien le moins que nous allions déposer courtoisement notre carte à sa porte.

Donc, cinq heures sonnent à l'horloge de Visp quand nous commençons à gravir la plaine d'Aballa. A cette heure matinale, la nature offre au touriste un charme à nul autre pareil : tout s'éveille peu à peu sous les feux de l'aurore. Le soleil, à son tour, s'élance dans l'espace et allume de ses rayons d'or les glaciers et les montagnes, les rochers et les bois, les cascades et les rivières. Les oiseaux chantent, l'aigle des pics plane dans l'immensité des airs et cherche curée ; les chalets s'ouvrent, l'homme se montre partout, et, fort au loin, à des hauteurs vertigineuses, au bord d'effrayants précipices, on voit la fumée de pauvres chaumières révéler sa présence, et se mouvoir des troupeaux de génisses, grosses comme des fourmis, sur le velours vert des prairies aériennes. Quand nous plongeons le regard en arrière, sur le Rhône, les villages de la vallée ne semblent déjà plus à l'œil que ces petits hameaux de bois peint que les enfants tirent de leurs boîtes de sapin pour les étaler, le soir, à la veillée, autour de la lampe qui éclaire la famille : enfin le fleuve ne représente plus qu'un mince filet blanchâtre, et ses affluents de légers fils d'argent qui s'y rattachent.

A droite et à gauche de l'étroit sentier que nous suivons, escarpements abruptes ici ; là, clairières délicieusement dessinées sur les flancs de forêts de pins, avec rochers, mamelons sauvages, anfractuosités à pic, pelouses suspendues sur des abîmes, accessoires de toutes sortes. Rien de frais, d'élégant, de svelte, comme les magnifiques sapins de ces clairières. Ils ont un port majestueux et fier sous leurs manteaux de fourrure qui fait qu'on s'en écarte : quelques-uns semblent vous présenter familièrement le bras pour vous appuyer sur leurs longues manches verdoyantes. Couronnent-ils un précipice? On se demande comment ils ont assez de force pour crisper leurs racines autour d'une roche quelquefois, et souvent sur les marges branlantes de gouffres profonds. Parfois aussi, hissés sur des parois à pic, leur pied trempe dans l'eau d'une cascade argentine qui paraît devoir les entraîner dans sa chute, et dont cependant la fraîcheur continue les rend plus verts, plus gracieux, plus échevelés que jamais. Il est aussi des plaques de mousse fraîches d'où jaillissent vers les cieux des mélèzes, qui ne comptent pas moins de 60 pieds de hauteur.

Voici le village de *Stalden*. Tout change. Les aspects poétiques s'effacent, et commencent les scènes de désolation sauvage et de deuil. Le sentier gravit une gorge du caractère le plus âpre. Chaos, affreux escarpements, précipices, masses de rochers détachés des murailles à pic, nulle végétation, tout devient sinistre, effrayant à voir. Nous trouvons ici et là, un peu partout, quelquefois plusieurs ensemble, des croix en bois noir, plantées dans les endroits dangereux et indiquant combien le sentier qui longe ces abîmes a été fatal à d'infortunés voyageurs, écrasés par des roches détachées des hauteurs. On compte plus de cent cinquante de ces croix entre Stalden, Aballa et Saas, aux lieux mêmes où d'horribles drames se sont passés. Nous remarquons des passages si périlleux, que plusieurs croix, formant des groupes funèbres, y indiquent la fréquente répétition de ces tristes accidents. Aussi, à la vue de ces pieux insignes qui portent les initiales gravées des noms des victimes endormies pour jamais sous ces rochers qui leur servent de mausolée, et les lettres P. P. N. c'est-à-dire *priez pour nous!* nos guides se signent, nous nous découvrons tous, et notre gaîté première s'envole..

A Stalden succède *Aballa*, qui donne son nom à la plaine, pauvre village, orné d'une église, placé au milieu de prairies et de jardins qui annoncent un sol moins ingrat, et une végétation plus favorisée.

Commence alors le *val de Saas*. Ce n'est qu'une succession de ravins et de petites plaines. Ce *V*al est fort étroit. Rien de plus escarpé que les montagnes déchirées, pourfendues, lézardées, crevassées, prêtes à l'éboulement qui le bordent. Le torrent de Saas, resserré dans un lit très-profond qu'il a creusé avec fureur, se fraie difficilement son cours fougueux à travers ces quartiers de roc qui tombent sans fin des montagnes, qu'il entraîne bruyamment ou qu'il franchit en bouillonnant de rage. On est obligé de le traverser souvent, à raison des zig-zags continuels qu'il se permet, et ce n'est pas sans émotion qu'on le fait, Milady, car les ponts sur lesquels on s'aventure ne sont que de mauvais pins pourris jetés en travers sur le gouffre, qui, en plusieurs endroits ne compte pas moins de cent, cent-cinquante, deux et trois cent pieds de profondeur ténébreuse, au fond duquel blanchit l'écume, et gronde la rage du terrible Saas. C'est à en avoir le vertige. Eh bien ! malgré l'horreur de ce site sauvage, il y a des montagnards, de pauvres familles, qui ont bâti leur nid, de misérables cahuttes de bois, sur les rochers surplombant le gouffre, de telle sorte qu'ils se trouvent dormir, suspendus sur le beau milieu du précipice. Çà et là d'énormes mélèzes, courbés sur les escarpements du torrent et ses gorges étroites, semblent des géants qui veulent lutter avec le danger. Bientôt le val devient un défilé rapide où les rochers, par leur étrange chaos, racontent éloquemment les terribles désastres que causent le temps et les hivers sur ces contrées alpestres. Pourtant, par une sorte de compensation, et comme dédommagement, on y est frappé par fois de l'aspect inattendu et fort gracieux de superbes cataractes qui embellissent ces lieux mélancoliques, en jetant leurs eaux dans ce ravin d'une hauteur considérable. A peine, dans leur voisinage, des rhododendrums et de maigres buissons donnent-ils de faibles signes de végétation.

Heureusement enfin le sentier s'élargit, devient moins raboteux, et bientôt le voyageur curieux découvre avec ravissement la plaine et le village de *Saas*. Un village et des hommes, une église et un prêtre dans ces montagnes où vous ne croyiez rencontrer que des chamois et des vautours! Mais cela est ; et nous voyons même des femmes et des jeunes filles botteler le plus beau foin du monde sur des prairies en talus, rapides comme les ravenelles du moyen-âge.

Vous dirai-je, Milady, qu'il ne faut pas moins d'un jour de grande fatigue pour atteindre, en gravissant sans relâche, au-dessus de Saas encore, un assemblage de maisonnettes, placé sur un plateau verdoyant, sorte de palier du gigantesque escalier qui nous conduit au Mont-Rose, et que l'on nomme les *Chalets de Destal*. Nous y arrivons alors que la nuit tombe. Que le crépuscule est fantastique dans les montagnes, et quels aspects magiques nous y voyons à l'approche du soir! Les troupeaux épars dans la prairie rentrent aux chalets, en faisant tinter leurs clochettes, à l'heure où nous y arrivons très-silencieusement, car la fatigue nous a coupé la parole. Dans la journée, nous avons vécu des provisions dont nous avons chargé nos guides : mais le soir, comme les pâtres des montagnes, nous vivons de lait excellent, d'œufs frais et du délicieux fromage que nous trouvons dans les chalets du plateau de Destal. Puis, harassés, n'en pouvant mais, nous nous endormons volontiers, enfouis jusqu'au cou dans un foin parfumé, dont l'arôme nous donne des rêves charmants. Ainsi, je me vois, dans ce bienheureux songe, danser avec une adresse dont n'approchèrent jamais les gymnasiarques Candler et Laristi, sur les pointes de tous les glaciers qui nous entourent, et que j'ai laissés une heure auparavant, brillant des derniers feux du soleil, comme de gigantesques candélabres brûlant à la gloire du roi des cieux. Cet exercice acrobatique fait honneur à mes jambes, sans doute, mais ma pauvre tête en a le vertige, car je tombe lourdement dans un gouffre affreux! Heureusement je me retrouve dans le foin, et enivré de ses douces senteurs.

Le 6 août, alors que tout dormait encore dans notre hémisphère, nos guides nous réveillaient impitoyablement. La toilette est bientôt faite quand on a dormi dans le foin, tout habillé, presque debout. En un clin-d'œil nous sommes sur le sentier de la montagne qu'éclairent faiblement les splendides constellations des cieux. Il s'agit cette fois d'arriver au sommet du Moro, avant six heures, alors que le brouillard des vallées ne s'élève pas encore, et n'enveloppe pas le Mont-Rose de ses voiles impénétrables. Nous gravissons donc avec une ardeur fébrile, en nous appuyant d'un côté sur notre alpenstock, et de l'autre, en donnant le bras chacun à notre guide. Le troisième de nos compagnons porte les vivres, un quatrième nous précède et éclaire la marche. Haletants, frémissants d'impatience, nous traversons encore quelques habitations endormies dans les ténèbres ; puis nous franchissons des glaciers, des glaciers encore, des glaciers toujours, y voyant à peine, et nous fiant à la pâle réverbération de la neige. Enfin, avant l'heure, sans trop savoir où nous avons passé, nous nous trouvons huchés sur le plateau supérieur du *passage du Moro*, alors que le soleil sort radieux des nuages de l'orient, et vient éclairer, tout exprès pour nous, le plus admirable, le plus merveilleux, le plus extraordinaire des panoramas, que la main de Dieu ait peut-être produits sur notre globe sublunaire.

Ce Mont-Moro, par les vallées qui y aboutissent, servait jadis de ligne de communication entre le Piémont, qui y envoyait ses facteurs, et la Suisse, alors que la route du Simplon n'existait pas encore. Dans des Chartes datées de 1440, on cite ce passage comme *l'un des plus vieux passage des Alpes*. Sa crête, où nous campons, est à neuf mille cent pieds au-dessus du niveau de la mer. De cette élévation nous avons sous les yeux, s'élevant à des hauteurs inexprimables, dressant de toutes parts ses dômes, ses pointes, ses aiguilles et ses contre-forts, enfonçant en terre ses larges et massives assises, dirigeant en tout sens ses nombreux glaciers rigides, crevassés, profonds, incommensurables, sillonné par des vallées torrentueuses, le Mont-Rose blanc, mais d'une blancheur légèrement rosée, taché ici et là de laquets qui brillent de tons plus ternes, luciolant de toutes parts sous les feux du soleil, ombreux et verdâtre dans les larges lézardes de ses abimes que ne pénètrent pas les rayons du jour. L'œil est frappé surtout des énormes déchirures de ses flancs que signalent des lignes de neige plus pure et plus mate. On les voit descendre de ses sommets les plus hauts, jusqu'aux voûtes de glace d'où s'écoulent les torrents auxquels ses glaciers donnent naissance. Les bases colossales du géant sont couvertes de sombres forêts de sapins et de mélèzes. Et, comme les étoiles se sont effacées des cieux, que le firmament est bleu, que le soleil rutile dans l'espace, que la verdure de la base, étant plus bronzée, sert de repoussoir aux neiges et aux glaces du sommet, le Mont-Rose devient une apparition sublime, magique, étrange, à laquelle on ne peut rien comparer. L'ensemble de cette scène grandiose, infinie comme son auteur, incommensurable quant à l'espace qu'elle occupe, donne une idée de l'immensité, et fait naitre dans la poitrine du touriste d'ineffables émotions.

Du piédestal qu'il s'est fait, le voyageur contemple à loisir un des spectacles les plus extraordinaires que la nature puisse offrir. Toutes les masses exubérantes de ce merveilleux Mont-Rose s'offrent à sa vue, depuis ses pics les plus élevés, situés à des milliers de pieds au-dessus de sa tête, jusqu'au *Bassin de Macugnaga* qui repose, comme une oasis, comme un vrai nid de fleurs, à plusieurs milliers de pieds au-dessous de lui. Il se trouve entre l'Italie et la Suisse, au sommet de la haute muraille que la main de Dieu posa entre ces deux contrées. Du côté de l'Italie, au loin, son regard investigateur découvre les *Plaines du Piémont*, les *lacs Majeurs* et de *Como*, leurs charmants rivages, et, plus près, sur les rampes mêmes du Mont-Moro, la bourgade de *Vanzone*, le *Val de Pottezana*, la *Vallée de Domo-d'Ossola*, celle d'*Anzasca*, celle d'*Antrona*, et le *Torrent de l'Anza*, qui tous ensemble semblent des écharpes de velours ou des passequilles d'argent flottant sur le sol d'Italie. Mais son œil revient avec plus de complaisance encore à ce bassin de Macugnaga, long d'une lieue, large de deux kilomètres, mais d'une verdure si belle qu'elle semble une émeraude de l'eau la plus pure enchassée sur une masse d'or. C'est comme l'arène d'un amphithéâtre, car cette petite plaine, de trois côtés, est bornée par de hautes collines. Quelques hameaux et une belle église capitonnent ce riche tapis de velours et ajoutent au prestige de la scène. De l'autre côté, la Suisse, avec son val de Saas, avec sa vallée du Rhône mouvementée comme un serpent qui se tord, avec les glaciers des Alpes-Bernoises, ses lacs, et la dent de Morcle ici, la dent du Midi là, le Leman au fond, et le Jorat, et le Righi, et la Jung-Frau, achève de le livrer à l'enthousiasme. Dominer ainsi le Simplon, le Mont-Rose, le Mont-Cervin, les Saint-Bernard et le Mont-Blanc, c'est à subir une impression qui se jette dans l'extase. Mais une scène de cette nature ne peut se peindre. Pour la faire comprendre, la description est insuffisante. Il faut l'avoir vue pour la saisir, l'admirer et ne jamais plus l'oublier.

Le lendemain soir, 7 août, nous étions rendus à Visp, et le 8, nous reprenions gaîment la vallée du Rhône pour aller coucher à Brieg, commencer l'ascension du Simplon et faire notre seconde entrée en Italie.

En effet, dès le 9 août, un matin, sous un ciel ravissant de fraîcheur et de pureté, mais sans guides cette fois, libres et indépendants comme l'Arabe du désert, nous nous mettons en route, Emile et moi, et, tournant le dos aux Alpes Helvétiques, à la vallée du Rhône, à Brieg, nous montons la première rampe du Simplon, dont la route s'élève, par une pente douce d'abord, entre deux bordures de montagnes qui la dominent. Derrière nous, cimes blanches de hauts glaciers, talus inaccessibles au pied de l'homme en apparence, et cependant habités par l'homme, car, si la fumée de chalets, cachés sans doute dans les replis des plateaux, nous le fait supposer, quelques flèches de clochers, indiscrètes et curieuses, nous le prouvent. Voilà Brieg, avec les cages de fer blanc qui, en couronnant les tours de son église, donnent à cet édifice un faux air de minaret; voilà Brieg, qui n'est plus pour nous qu'un mince petit jou-jou de Nuremberg sorti de sa boite, et le Rhône qu'une corde d'or oubliée dans la vallée par une jeune fille folâtre. Du côté du Mont-Rose, les montagnes sont entassées les unes sur les autres comme de blancs fariniers qui se pressent et s'exhaussent mutuellement sur leurs épaules pour mieux voir par-dessus leurs têtes. On reconnait les gerbes des aiguilles élancées du Mont-Blanc, les dômes dorés du Mont-Rose, et tout ce chaos de géants poudrés, enfarinés, qui se nomment Cervin, Saint-Bernard et Mont-Moro. De l'autre côté, comme contraste, l'œil se repose sur la verdure mate de mousses fraîches, de gazons immaculés, et de hautes pyramides de pins centenaires, de mélézes séculaires, de forêts gigantesques qui montent avec les montagnes, s'accrochent à leurs précipices, bravent leurs glaciers, et s'échelonnent bravement à perte de vue jusqu'au plus haut des cieux, ici mouchetées de blanc, c'est un lac égaré sur un plateau, là sillonnées d'une longue écharpe d'argent qui flotte, c'est une cascade splendide, par fois semblant s'abriter sous de larges peaux de tigres, ce sont des pelouses dorées par la fenaison.

Il est facile de franchir le *Simplon* et d'arriver de Brieg à Domo-d'Ossola en un jour, la distance étant de treize lieues seulement. Mais nous ne sommes pas pressés, le ciel est magnifique, la route superbe, qu'importe donc que nous couchions au sommet de la montagne pour n'entrer que demain en Italie, et aller nous reposer dans sa première ville, Domo-d'Ossola.

Et puis d'ailleurs la poésie du voyage n'est-elle pas là, semant tout autour de nous ses rubis et ses perles, ses émeraudes et ses hochets d'argent, des grappes de notes harmonieuses et les grands spectacles de la riche nature, qui nous invite, nous captive, nous fascine? Sources qui babillent; colossales ondulations qui glissent, s'effacent, reparaissent dans des courbes gracieuses et disparaissent encore; horizons aux tons bleuâtres, aux teintes chaudes, qui fuient; précipices qui appellent le regard et terrifient le cœur; sapins à la désinvolture larmoyante qui pleurent échevelés; buissons qui verdoient joyeusement; troncs blancs qui, comme des spectres cachés sous les clairières ténébreuses, vous regardent passer;

cabrioles de torrents, de cascatelles gémissantes, de cascades rieuses; paysans vaudois impassibles; jeunes filles au visage narquois vous regardant du coin de l'œil; chants de bouviers sur des plateaux invisibles; clochettes de troupeaux dans des paturages aériens; ciel bleu, air vif et pur, douces brises et soleil rutilant, tout cela ne vous fredonne-t-il pas à l'oreille une hymne sans fin qu'il est de votre âme émue, généreuse et courtoise, d'écouter, de savourer, de redire avec amour?

Tenez, Milady, voyez ce *Torrent de la Salteline*, qui gronde, mugit, écume au fond de ce précipice longeant notre route : y-a-t-il rien de plus capricieux et de plus pittoresque? On dirait les cris lugubres d'une âme en peine, égarée dans les ténèbres, qui réclame la lumière, son chemin, du secours...

Et la route elle-même, Milady, croyez-vous qu'elle n'a pas sa poésie? Savez-vous bien quelle est le plus grand travail des temps modernes? Quoique César ne parle pas du Simplon dans ses *Commentaires*, il le désigne très-clairement quand il parle des *Sedoni*, qui, dans la crainte d'être asservis par les Romains, ne leur permirent pas de continuer les travaux commencés pour s'ouvrir un passage à travers la montagne. Alors le Simplon portait les noms de *Mons Cœpionis*, *Mons Scipionis* et *Mons Sempronius*, sans aucune allusion, du reste, aux grands personnages de Rome, illustrés sous cette appellation. Les Italiens l'appelèrent ensuite *Sempione*, et les Allemands, ses voisins, *Sempelen*, et enfin nous Français, *Simplon* ou *Saint-Plomb*.

Les Alpes, cette admirable muraille élevée par le bras de Dieu entre le monde européen et le paradis terrestre que l'on nomme Italie, avaient bien été franchies par Annibal, qui, au dire d'historiens facétieux ou naïfs, en avait fait dissoudre les rochers avec du vinaigre, quel vinaigre! par César ensuite; puis par Auguste qui, le premier, traça une route sur le mont Cenis; par Charlemagne, qui refit cette route et la dirigea mieux; puis encore par Charles VIII, Louis XII, François Ier et Richelieu; mais néanmoins, jusqu'en 1800, les Alpes n'étaient sillonnées que par des sentiers praticables, au plus, aux gens du pays. Il fallut la guerre de la France avec l'Italie, et les grands mouvements stratégiques de la seconde invasion des Français dans la Péninsule, dont les Alpes furent l'étonnant théâtre; il fallut enfin la victoire de Marengo et la génie de Napoléon Ier, pour amener le triomphe de l'homme sur la nature sauvage de cette barrière, jusqu'alors si difficile à franchir.

Dans sa première expédition d'Italie, Bonaparte avait tourné les Alpes, et de Nice et de la corniche de Gênes, s'était fait une entrée en Italie. Dans la seconde expédition, comme un aigle audacieux, il prit son vol par-dessus les montagnes, entraînant de ses serres puissantes ses armées de pied, ses escadrons de cavalerie, son artillerie et ses équipages. Mais vainqueur du monde et voulant communiquer facilement avec toutes les parties de son vaste empire, il voulut exécuter ce que les Romains n'avaient pu faire.

Donc, immédiatement après la bataille de Marengo, Napoléon décréta que quatre grandes voies rattacheraient l'Italie, désormais son domaine, à la Savoie, à la Suisse, à l'Allemagne, à la France.

Aussitôt, pour la Savoie, le mont Cenis fut ouvert;

Pour la Suisse, le mont Saint-Gothard fut dompté;

Pour l'Allemagne, une route superbe traversa le mont Brenner, et, par le Tyrol, alla aboutir à Inspruck :

Enfin, pour la France, le Simplon, humilié, dut recevoir, pour mettre Milan en communication avec Paris, une route longue, dans la traversée de la montagne, de quatorze lieues, sur vingt-cinq pieds de large. Quoique le col du Simplon soit à six mille cinq cent soixante dix-huit pieds au-dessus du niveau de la mer, la pente en est partout presqu'insensible : aussi est-elle praticable aux voitures même les plus pesamment chargées. Le service de la route se fait même en hiver. Elle passe cependant par-dessus d'affreux précipices, au fond desquels vont s'ensevelir, avec un fracas épouvantable, de nombreux torrents. En outre, elle traverse six masses de rochers, dans lesquels on a creusé la route, formant alors des galeries longues de plusieurs centaines de pieds, et éclairées de distance en distance par des ouvertures. En sortant de ces galeries, on entre dans de délicieuses vallées, d'où l'œil découvre de noires forêts de sapins, des glaciers et de hautes montagnes de neige, dont l'éblouissant éclat tranche vivement sur le bleu d'azur du ciel, qu'elles semblent menacer. Des ponts hardis sont jetés çà et là entre deux montagnes, au-dessus de précipices dont la vue glace le cœur. Des maisons de cantonniers sont bâties à des distances régulières, autant que possible, pour servir aux voyageurs en cas de tempête. Au point culminant de la route, on rencontre une maison tenue par les religieux Augustins, fondée par Napoléon Ier, et munie de chiens dressés à sauvegarder les voyageurs lors des avalenches ou du gros temps. Bref, rien ne manque pour la sûreté et la commodité de la route. Ce merveilleux travail fut préparé et exécuté par un Français, *M. Céard.* Commencée du côté de l'Italie, en 1800, et du côté de la Suisse, en 1801, il fallut trente mille hommes et un travail assidu de six ans, pour achever la route du Simplon. La dépense s'éleva à quatre cent mille fr. par lieue; jugez du chiffre total! Mais le but de Napoléon était atteint. Ce but se trahit, et du reste qui ne le devinait? lorsqu'il dit à l'ingénieur :

— Quand donc le canon pourra-t-il franchir le Simplon ?

Pour vous faire comprendre la grandeur colossale de cette œuvre gigantesque, Milady, je vous dirai que le nombre des ponts élevés sur les torrents dont je parlais tout-à-l'heure n'est pas moindre de six cent onze, celui des galeries de dix; et de vingt, le nombre des maisons de refuge. En outre, d'énormes constructions comme terrasses massives de plusieurs kilomètres de longueur, etc., complètent ce travail.

Il y avait une heure à peu près que nous suivions la route du Simplon, quand nous arrivons à la Saltine. Je l'ai dit plus haut, la Saltine bondit dans une énorme déchirure du sol, et on voit, à une immense profondeur, ses eaux furibondes qui se fraient un chemin à travers des blocs de schiste noir, jetés dans ce ravin par la convulsion qui donna passage au torrent. Cette première scène est majestueuse et sombre. Quand on atteint l'extrémité supérieure du ravin, en regardant devant soi, le voyageur voit au-dessus de sa tête les énormes calottes de glaciers au pied desquels la route le conduit, par des zig-zags et des sinuosités sans fin. Combien alors, dans cette solitude de la montagne, on se trouve petit, et comme la pensée se tourne vers Dieu! Dieu n'a-t-il pas orné de ses mains le plus étroit et le plus abrupte du moindre coin de ce vaste univers? Bientôt la route décrit une courbe autour d'un sol uni que l'on nomme la *Vallée du Gauther,* et, après qu'on a traversé le nouveau torrent de ce nom sur un pont très-élevé, mais aussi léger que possible, afin de ne pas donner prise aux colonnes d'air qui accompagnent les avalanches, on pénètre dans un carrefour sauvage si horrible, si exposé aux chutes de neige, par l'entonnoir que forment en ce lieu les talus à pic des montagnes, qu'on a le cœur serré et l'âme trop à l'étroit. Eh bien ! dans ce chaos même, où les sapins ne croissent plus, où la végétation est étiolée, fleurit la brillante rose des Alpes, la fleur du rhododendrum, qui y est vert et vivace, et s'épanouissent les gentianes, les mauves parfumées, le myosotis aux étoiles bleues, et la décoration du rocher, le gracieux saxifrage. Le moindre filet d'eau, une poignée de terre, un rien suffit à ces plantes pour sortir leur tête au soleil et sourire au voyageur qui passe, en lui rappelant le souvenir de leur auteur commun.

Nous atteignons *Persal*, petite auberge composée de deux bâtiments réunis par un toit qui tient lieu de hangar. Nous avons mis deux heures pour arriver à ce premier repos, et nous en profitons pour faire un déjeûner champêtre dont le vin doit nous communiquer l'agilité, la force nerveuse et l'infatigabilité des jambes de chèvres ou de chamois. Aussi, après l'avoir bu, ne pouvons-nous tenir en place, et sommes-nous obligés de repartir pour prendre l'exercice que réclament nos tibias.

Première galerie, celle de *Schalbet*. Elle a quatre-vingt quinze pieds de long, et domine le cours du Rhone de trois mille neuf cent vingt pieds. Le Rhône! Le voilà qui nous apparaît encore, mais au loin, dans une telle profondeur, qu'on dirait un cheveu gris sur une nappe verte. Pour toile de fond, du côté de la Suisse, pics illuminés, flamboyants du *Brut-Horn*, de la *Jung-frau* et du *Mœnch*, qui décorent l'Oberland, tandis qu'à leurs pieds s'étend le vaste et magnifique glacier d'*Aletsch*.

Nous reprenons notre essor vers les hautes régions du Simplon : mais une scène grandiose et sublime nous arrête bientôt encore. Image de la désolation, du désordre, de la nuit infernale, nous sommes entourés d'une solitude affreuse. Plus le moindre sapin : le sol lui refuse la mince nourriture qu'il réclame. Plus de fleur des Alpes, la poussière dont elle se contente est enlevée par le souffle des autans. L'œil erre tristement sur la neige et les glaciers, sur des roches fracturées, sur des aspérités grimaçantes, sur des cataractes qui beuglent et s'engouffrent dans des abimes sans fond. Le soleil lui-même, voilé par les montagnes, refuse sa lumière à ce lieu de ténèbres. On y a froid : on grelotte ; des larmes vous viennent aux yeux. Où sont nos gentianes et nos myosotis de tout-à-l'heure ? Pour en chercher, sans en trouver, il nous faut serpenter le long de précipices effrayants, pénétrer derrière des masses granitiques contre lesquelles le vent siffle, enjamber des torrents furieux, ou s'enfoncer dans d'horribles grottes au-dessous de formidables assises de glaces éternelles...

Nous nous éloignons, transis. Devant nous, glacier du *Pflecht-horn*, qui nous fait jouer les eaux de quatre cataractes que le vent soulève, jette en poussière, colle et fait mousser contre les parois de glace verdâtre, et réunit enfin dans un torrent dont les eaux passent sur une galerie de la route, où elle s'infiltre et nous apparait ensuite, suspendue sur nos têtes en forme de stalactites. C'est d'un aspect sauvage à vous faire frémir. Le glacier dénudé, ses abords décharnés, ses rochers humides, tout est d'un spectacle à vous rappeler les sites les plus horribles que puisse peindre le Dante ou l'Arioste. Tel est le passage le plus dangereux de la route.

Ne craignez pas, Milady, que je vous énumère tous les ponts et toutes les galeries que nous devons traverser. Ce détail aride serait sans intérêt d'abord, puis il engendrerait une assommante monotonie. Je vous dirai seulement qu'à partir de ce point, on arrive au point culminant du Simplon Une simple croix de bois nous en avertit : la vue de l'hospice nous le confirme. Ce plateau culminant n'est autre qu'une vallée d'une grande étendue, qu'entourent de toutes parts des montagnes aux cîmes neigeuses. Il offre à l'œil l'apparence d'un lac desséché. Tout y est stérile, et nulle plante ne croît sur ses roches nues. J'en excepte quelques lichens et des herbes parasites fort peu gracieuses. Donc rien de pittoresque. Pourtant, au-dessous de la route, à droite, se dresse une haute tour, dépendance de l'ancienne maison des Religieux : son effet dans ce passage est si minime qu'il est inutile d'en parler.

Nous étions curieux de pénétrer dans l'hospice, comme jadis nous nous étions applaudis de connaître celui du Saint-Bernard. L'extérieur de cet édifice, terminé seulement en 1840, est simple, fort simple, mais il annonce une solidité à toute épreuve. Un des religieux vient à nous quand il voit que nous nous en approchons. Son accueil est aussi affable que nos paroles sont courtoises. Nous ne lui demandons pas l'hospitalité que la maison ne donne aux voyageurs qu'aux heures de tempêtes et pendant l'hiver ; mais nous lui exprimons le désir de connaître le couvent, et il s'empresse de nous en faire les honneurs. Nous y voyons une dizaine de chambres fort confortables pour les voyageurs qui un instant auparavant pouvaient être exposés à périr, un réfectoire des plus propres, une jolie chapelle, un salon avec un piano, et des dortoirs où nous comptons jusqu'à trente lits à l'usage des voyageurs ordinaires. Les bouches de chaleur, que nous trouvons ici et là, nous montrent que l'établissement possède un calorifère. Nous rencontrons aussi les autres frères, au nombre de trois. L'un d'eux, vénérable vieillard, nous accueille avec une grâce touchante qui va droit au cœur. Il nous prend les mains dans les siennes, s'informe de notre voyage, s'applaudit que nous ayons eu la bonne pensée de le visiter, se met tout à notre disposition pour la nuit qui va suivre. De ses offres généreuses nous n'acceptons qu'une seule chose, voir les beaux chiens qui vivent sous son toit et sont associés à la vie toute de charité des religieux. Notre désir est exaucé. A peine pénétrons-nous dans la cour où se trouve disposé leur chenil sous une sorte de halle fermée, saine et pure, que ces braves animaux fondent autour de nous, comme un tourbillon, se dressent de toute leur taille qui dépasse presque la nôtre, nous font mille caresses de la tête et de la queue, et, de leur grand œil intelligent et bon semblent nous dire : Nous sommes les amis de l'homme, et nous ne permettons jamais que ce roi de la création, notre Seigneur et Maître, périsse victime d'un danger, du moment où nous pouvons lui porter secours ! Je vous laisse à penser, Milady, si nous restons froids devant les avancés et les agaceries de ces chiens magnifiques. Au contraire, nous leur répondons par mille témoignages de bonne amitié, et bientôt nous nous trouvons avec eux dans les termes d'une vieille affection. Les religieux jouissent de notre amusement ; et comme je les félicite de leur dévoûment et des services généreux auxquels ils consacrent leur vie entière :

— Mais c'est pour nous un bonheur, disent-ils. Tout homme ne doit-il pas payer sa dette à l'humanité ? C'est notre genre à nous de servir la société, et nous le faisons de grand cœur. Si notre vie est rude sur la montagne, est-elle donc bien douce dans la plaine ? Partout l'homme trouve la douleur sur son chemin. Ici, nous sommes peut-être plus heureux que vous ne le pensez. Quand cette échappée du ciel qui couronne notre Simplon s'enveloppe de nuages gris que pousse la rafale, quand gronde la tempête, alors que mugit le vent à faire ébouler les glaciers, que des trombes de neige tourbillonnent sur cette haute muraille que l'on nomme les Alpes, que les avalanches engloutissent la route, que le froid glace à tuer le corps le plus robuste, notre bras ne se lasse pas de sonner au dehors, tout autour de ce plateau, la cloche sonore qui doit porter au loin sa voix amie, consolante et douce. Alors nous crions : A moi, *Espérance!* A moi, *Salut!* A moi, *Vaillance!* A moi, *Sans-Peur!* Aussitôt, nos nobles chiens, répondant à notre appel par des aboiements empressés, nous précèdent, et nous partons, munis de nos longs alpenstlocks. Nous courons dans toutes les directions. L'un va à droite, l'autre à gauche, conduits par nos guides qui flairent la neige et les piéges qu'elle tend aux voyageurs errants. Au son de la cloche se joignent la grosse basse-taille d'Espérance, de Salut, de Vaillance et du bon Sans-Peur. Les échos des montagnes, malheureusement assourdis par le bruit de la tempête et les mugissements du vent, redisent nos clameurs de secours aussi loin que possible. Sur un signe, nos chiens s'élancent et sondent les moindres recoins. Nous visitons tous les défilés, nous parcourons tous les passages, nous allons donner un coup-d'œil à tous les sentiers, nous étudions la route, il n'est pas un endroit qui nous échappe. Quelle n'est pas notre émotion lorsque nous entendons l'un de nos animaux hurler d'une façon lamentable? C'est un signal de détresse! Quelle n'est pas notre joie lorsque, au contraire, des aboiements réguliers frappent nos oreilles? C'est l'annonce d'un danger vaincu! Nous courons à l'endroit que signale le bruit. Oh! jamais vous ne pourrez vous peindre ni comprendre notre félicité, lorsque nous arrivons à temps pour sauver un corps qui allait périr, et retenir une âme qui prenait son vol là-haut! Déjà nos chiens ont soulevé la tête de ce voyageur affaibli, épuisé, engourdi par le froid, presque mort... Déjà, de leur poil soyeux, de leur chaude fourrure et de leur brûlante haleine ils ont rendu quelque moiteur à cette pauvre femme égarée que la souffrance a privée de sentiment. Quelquefois même, déjà ces bonnes bêtes, seules, ou deux à deux, l'un aidant l'autre, emportent avec prudence, avec amour, pouvons-nous dire, le fardeau humain qu'ils ont trouvé caché sous le blanc linceul, quand ils peuvent le saisir et le porter. Alors, après les avoir bénis, nous achevons leur œuvre. Un bienfaisant cordial, dont ils sont porteurs à l'aide d'un panier attaché à leur cou, est-il intact? Nous le faisons boire au moribond afin de rappeler dans ses veines une douce chaleur. Puis, nous retournons en hâte à l'hospice, où un grand feu nous attend. Nous en approchons peu à peu les victimes chaudement enveloppées; un breuvage généreux leur rend quelque énergie. Les voici qui rompent les liens cruels d'un sommeil ennemi, leurs yeux s'ouvrent, la vie leur revient, ils nous sourient, ils sont sauvés! Comme notre maître, Jésus-Christ, nous avons ressuscité Lazare, le fils de la veuve de Naïm, ou la fille du centenier de Capharnaüm. Nous sommes heureux! Oh! croyez-nous, Messieurs, croyez-nous bien : notre récompense est trop douce pour le peu de mal que nous avons eu! Rendre un mort à la vie! Mais c'est un bonheur, un bonheur, une joie incomparables! Aussi ne nous plaignez pas!

Courbe la tête dans ton tonneau, Diogène! Humiliez-vous, Socrate, Platon! Cessez de discourir sur les rives fleuries de l'Ilyssus ou du Céphise, Thalès, Pythagore, Xénophane, Aristote, Épicure, Zenon! Philosophes grecs et philosophes latins, Sénèque, Marc-Aurèle, gardez un profond silence! Et vous, Bacon, Descartes, Leibnitz, Locke, Gassendi, Condillac, Voltaire, philosophes des temps modernes, rentrez dans l'ombre! Votre sagesse est bien pâle en face de cette haute philosophie pratique... Où sont vos vertus et vos services, en comparaison des vertus et des services de ces modestes religieux ignorés, méconnus, souvent méprisés, dédaignés, bafoués? Pour eux, l'humanité n'est pas un vain mot. Ils ne raisonnent pas, ils agissent. La plus sublime de vos doctrines ne vaut pas le moindre des actes de ces êtres aveuglément dévoués, et toujours prêts à donner leur vie pour sauver celle du dernier inconnu que la Providence confie à leur vigilance!

Excellents frères! Ils veulent nous retenir, nous faire dîner chez eux, avec eux. Mais nous partons, car la nuit vient. Alors, comme pour atteindre le village de *Simplon* qui n'est qu'à une courte distance, sur la descente, il suffit de peu de temps, le R. P. Supérieur nous accompagne avec ses chiens, qui gambadent autour de nous. Ce séjour rapide sur le Simplon a pour nous des charmes inexprimables. Certes! je ne les oublierai de ma vie!

Ce soir là, Milady, nous avons couché à Simplon, dans une auberge autant confortable que possible. On nous alluma un grand feu dans la salle à manger, et après notre repas, assez bien composé encore, alors que nous fumions un cigare avant de nous coucher, nous avons eu, Émile et moi, une vision des plus étranges. Je dis : Émile et moi ! car, quand je lui racontai mon aventure, il se trouva qu'il avait eu exactement le même spectacle que je vais dire :

Tout était calme au-dehors : tout était parfaitement paisible au-dedans. Nous étions seuls dans la salle, et, pour nous éclairer, nous n'avions que les reflets du foyer qui achevait de brûler les bûches de pin qu'on y avait entassées. Nous gardions le silence, comme gens affaissés par la fatigue, et repassant dans le recueillement de la rêverie les émotions des jours précédents. Tout-à-coup les murailles de l'enceinte me parurent s'agrandir, et devinrent une vaste plaine aux productions tropicales, à la végétation formidable, au ciel ardent, et aux tons chauds de l'Asie. De hautes montagnes bornaient l'horizon, vaporeuses, bleuâtres, cuivrées à certains endroits, crénelées et portant sur leurs versants des palais en ruines, des temples d'une singulière architecture, des pagodes, que sais-je ? Au fond, au pied de vertes collines, des troupeaux d'éléphants paissaient dans des massifs de bambous et de frangipaniers. Çà et là, sous des bordures de lentisques et d'alicondas, je voyais errer des fakirs, des bonzes, des brachmanes, des femmes voilées à l'orientale, et des jeunes filles légères comme des gazelles, au teint bronzé, aux robes flottantes, aux coiffures bizarres, et je ne doutai plus que ce fût l'Inde, et ses riches cultures que j'avais sous les yeux. En effet, voici que sur la route, une route blanche qui sillonnait la verdure de la plaine, je reconnus, à leurs costumes qui m'avaient frappé dans le journal l'*Illustration*, des bandes de Cipayes qui s'avançaient cauteleusement, les uns à pied, les autres à cheval, plusieurs en palanquin, et le plus grand nombre avec des éléphants qui traînaient des canons. Sur un autre point, une sorte d'état-major, en habits rouges, me fit deviner un gros d'Anglais qui suivait à la piste les Cipayes. Deux régiments, l'un de horseguards, l'autre de hidglanders, mais affreusement décimés, s'avançaient à la poursuite des Indiens avec une morgue, une dignité, ou plutôt une raideur qui me fit rire. Ce n'est pas ainsi que nos Français, nos *pioupious*, comme on dit, en semblable occurrence, eussent poursuivi des ennemis.

Ils auraient plutôt rampé dans les hautes herbes, comme les *Mohicans*, sans laisser sur le sol la moindre trace de leurs *mocassins*. Bref, je devinai, à l'importance des habits rouges, et à la fixité du regard des Anglais, qu'il s'agissait pour eux d'une capture importante. C'était bien cela, car, parmi les Cipayes, j'avise un gaillard au teint cuivrée, à la physionomie expressive, tapi dans un palanquin royal, que des soldats indous semblaient garder avec un soin tout particulier.

— Serait-ce donc Nana-Saïb? me demandai-je tout bas.

J'en étais là de ma vision lorsqu'éclate inopinément un premier coup de feu...

J'ouvre démesurément les yeux, à ce bruit, et, revenant parfaitement à moi, je me trouve le cigare à la bouche toujours, mais éteint, en face de la tenture de mauvais papier à personnages dont on a décoré la salle à manger de l'auberge. C'étaient ces personnages, Indous et Anglais, en effet, qui venaient, dans l'hallucination d'une fièvre de fatigue, de m'offrir, *gratis*, un spectacle féerique... Seulement, le coup de feu en question était tiré par un voyageur qui survenait, et, du dehors, donnait ainsi, aux gens de la posada, le signal de sa présence. Quant à Emile, il était en contemplation muette, devant les tentures de papier dont les paysages et les héros s'étaient animés si follement durant mon sommeil.

Nous nous sommes empressés d'aller nous mettre au lit, où nous avons attendu, le lendemain, qu'il fît grand jour, et que le soleil nous éclairât de ses plus beaux et de ses plus chauds rayons, pour descendre le Simplon, et entrer en Italie par l'une de ses portes les plus majestueuses. Nous n'avions plus à faire que cinq ou six lieues.

Donc, pourvus d'un bon déjeuner, frais et joyeux, nous voici, vers neuf heures, descendant les rampes du Simplon, du côté de l'Italie. Nous atteignons d'abord la *galerie d'Alyaby*, la première de la descente. Elle domine un torrent qui porte le nom de *Doveria*. Quelle fureur, quelles convulsions, quelle rage dans cette Doveria! Fille du glacier du Simplon, à peine née, encore à la mamelle, la jeune Daveria s'élance du sein qui lui donne le jour sans souci de son avenir. Elle part comme une folle sans pudeur qui se jette aveuglément la tête en bas. Elle lèche d'abord le rocher qui forme les énormes assises de la montagne, puis tout aussitôt, s'acharnant sur sa proie, elle le creuse, elle le dévore, elle le ronge, elle l'entame, elle le taille, elle le perfore, elle le fend, le sépare, le déchire, l'use, le polit et se trace, tout le long de ses pentes, un lit si parfaitement combiné selon les accidents du sol, que l'ingénieur qui a levé les plans de la route a pris une leçon de cette folle farouche, et n'a pas cru devoir mieux faire que de suivre le sillon tracé par elle, et de marcher côte à côte avec le torrent. Nous la perdons de vue un moment pour pénétrer sous la galerie d'Algaby, à laquelle, en 1814, on mit un habit de guerre, et une armure de bataille. Elle le conserve encore aujourd'hui. Créneaux et meurtrières défendent l'entrée de la galerie en regard de l'Italie. Le fait est que nous sommes là dans un joli défilé des Thermopyles.

A la sortie, on retrouve la Dovéria, et, sous sa conduite, on pénètre dans la *Gorge de Gondo*. Attention! nous allons voir l'une des grandes scènes des Alpes. La nature a repris ses pinceaux et nous prépare là un décor digne de sa féconde et capricieuse imagination.

La gorge de Gondo commence par rétrécir la descente du Simplon, et s'enfonce profondément dans la plus horrible déchirure que puisse subir une montagne. La route devient prisonnière des hautes parois à pic des rochers qui s'arrondissent au-dessus d'elle en voûte de cachot. Les escarpements des murailles gigantesques de droite et de gauche sont tels qu'ils la dominent, et la coiffent en la surplombant. L'air vous manque sous cette voûte grandiose. A peine y découvre-t-on quelques coins d'un ciel bleu. La lumière manque : on ne marche plus que dans les ténèbres, et on croirait descendre aux enfers. Roches abruptes, schistes sauvages. Pas un brin d'herbe. Sur les hauteurs, se détachant sur l'azur du firmament, à des milliers de pieds au-dessus de vos têtes, comme des panaches de géants, vous voyez flotter quelques vertes ramures. Ce sont des sapins cramponnés aux rochers qui se penchent, échevelés, sur l'horrible abîme. Le lit du torrent, la base des parois, la route même qui marche en corniche sur le gouffre creusé par la Dovéria, sont encombrés de fragments de roches qui se détachent sans fin de ces effrayantes murailles qui les enserrent et les menacent.

Vient le *Ponte-Alto*. Il coupe la Dovéria, que l'on franchit en tremblant et dont on voit blanchir les eaux qui hurlent et se démènent dans d'imaginables convulsions.

Mais comment aller au-delà? Un rocher colossal, apporté là par quelque Titan, ferme la route. Ne vous effrayez pas, Milady, l'ingénieur a très-adroitement percé le rocher pélasgique, et il y a taillé la *Galerie de Gondo*, la plus longue du Simplon, cinq cent quatre-vingt-seize pieds. Des jours habilement ménagés l'éclairent ici et là; aussi pouvons-nous y lire ces mots gravés sur le roc : *Ære Italo*, 1795. *Nap. Imp.* Ce qui veut dire: Ce travail a été fait avec l'or des Italiens, en 1795, alors que Napoléon I , Bonaparte seulement alors, gouvernait le monde.

Quel travail, en effet, que cette galerie ! mais aussi quelle âpreté de nature dans cette descente du Simplon! Nous marchons dans un étrange clair-obscur. La lumière descend à grand'peine dans cette étroite et profonde entaille du rocher. Les torrents n'y coulent plus, n'y roulent plus : ils y tombent en effrayantes cataractes. Roland est-il donc passé par là ? Sa terrible durandarde a-t-elle pourfendu d'un seul coup ce flanc de la montagne ? Plus enragée que jamais, la Dovéria tonne, éclate, saute de roc en roc, éclabousse le granit, entraîne avec elle des schistes monstrueux qui roulent avec le bruit de la foudre, vole en dentelle, en poussière, en fumée, s'agite dans d'inexprimables contorsions, se tord comme un serpent furieux et ruine tout ce qui s'oppose à sa fureur.

Mais elle n'est plus seule à faire tapage, à mugir, à beugler, à s'ébattre, à se ruer du haut en bas de la gorge. Le *Frascinode*, un autre torrrent tourbillonnant, tombe comme une trombe déchaînée d'une des parois du rocher cyclopéen qui borde la route, et force le grand chemin à lui dresser un beau et formidable pont, pour qu'on puisse le franchir. Quelle verve bruyante dans son ronflement de chantre enrhumé! Comme ce Frascinode exécute bien son duo avec la Dovéria.

Maintenant que le voyageur se donne la peine de se retourner pour voir la gorge qu'il a franchi ! Il reste stépufait, ébahi, terrifié, bouche béante, réduit au silence. Il a devant soi des masses de roches qui s'élèvent verticalement jusqu'au sommet de la montagne, à des hauteurs incalculables. Le duo des torrents se change en un quatuor, car voilà, près de lui, deux chutes d'eau venant des glaciers du Rosboden qui prêtent à la Dovéria et au Frascinode le concours de leur rauques mugissements, et l'admirable effet de leur écume blanche se précipitant dans le gouffre obscur! Les roches rugueuses, noircies, ruisselantes, prêtes à se détacher des parois, déjà sur l'abîme, laissent à peine entrevoir une traînée du ciel bleu luisant au sommet des murailles à pic comme un dernier adieu du jour. On est debout dans les ténèbres; on s'engourdit dans la mort. C'est une scène imposante, terrible, qu'on ne peut décrire. Rien de plus farouche, rien de plus sauvage, rien de plus pittoresque, rien de plus affreusement romantique.

Autre merveille, en reprenant la descente de la route. La gorge s'évase peu à peu : elle devient vallée. La Dovéria se range enfin, paraît plus sage, renonce à ses dentelles, à sa poussière, à sa fumée, à ses brouillards, et s'étale au large comme une folle fatiguée qui cherche le repos. Le jour revient ; les tons gris et blafards s'effacent : des teintes plus vigoureuses, des nuances plus chaudes leur succèdent. Çà et là des chalets, des chaumières, commencent à montrer le nez sous des groupes d'arbres, et voici *Gondo*, que précède un pont. C'est le dernier village du Valais. La route suit les mille ziz-zags taillés en corniche dans le rocher. Nous nous estimons fort heureux d'être à pied, car passe près de nous une chaise de poste qui descend au triple galop, dans un harmonieux carillon de grelots, mais aussi dans un horrible tohu-bohu de soubresauts qui frisent perpétuellement l'abîme. Enfin nous saluons une mine d'or, encore exploitée, source des honneurs et de bien des gloires mortelles, hélas !

Alors voici venir *Isela*, le premier village sarde, où se fait la touchante cérémonie des passe-ports et la visite non moins agréable de la douane. Heureusement on nous traite comme gens sans importance. Nous abrégeons, du reste, l'opération par l'étude de la haute philosophie dont le Piémont fait preuve en inscrivant sur le premier cadran que l'on trouve dans ses états, ce magnifique aphorisme :

Torna, tornanda il sol, l'ombro smarrita, ma non ritorna
più l'età fuggita.

Ce qui signifie :

L'ombre effacée revient avec le soleil, mais l'âge, lui, ne
revient jamais plus !

Arrive béant le souterrain d'Isella, arche étroite taillée dans la roche vive, un peu au-dessous du village. *Val Dovedro* ensuite, puis très-beau pont sur affreux torrent. Sensiblement la nature s'égaie, le paysage sourit, la route s'anime. Voici des paysans, voici des chars, voici des bœufs aux longues cornes. Des chemins de traverse débusquent des lavandières, jeunes filles joyeuses qui jabottent à l'envi, et ne laissent pas de nous fixer de leur œil noir qui pétille. Voici des villas blanches, des bouquets d'arbres verts, des clochers jaunes. Guirlandes de pampres, berceaux d'oliviers, avenues de mûriers. Adieux à la Dévoria qui se voile un moment sous un pont des plus hardis. Ses culées, par épouvante de la folle capricieuse, se dressent à une hauteur de quatre-vingt-dix pieds. C'est le *pont de Crevola* qui ouvre la *Vallée d'Ossola.*

Nous sommes en Italie! tout nous le dit, les sérénités du paysage, les tons vigoureux du ciel, les parfums répandus dans l'air, les vignes en treille, de vastes cultures de maïs, le gazouillement des sauterelles, les villages avec leurs hautes tours carrés qui se montrent jusque sur les collines sous des flots de verdure, et le coassement des grenouilles à l'approche du soir. Car la nuit vient. Déjà le soleil s'est couché derrières les Alpes qui nagent dans les vagues rutilantes des derniers feux du jour, tandis qu'à l'Orient la perspective reste baignée de brumes bleuâtres des nuances les plus douces.

Nous atteignons bientôt *Domo d'Ossola*, l'antique *Oscella*, au temps des Romains, la *Corte di Martarello* du moyen-âge, que couronne un petit fort, qu'arrose la rivière de *Toce*, la bourgade jadis fief du duché de Milan, aujourd'hui la première petite ville des Etats Sardes, du côté du Simplon. A cette heure, c'est une petite ville sans importance, sans points de vue magiques, mais qui occupe un site délicieux, au pied du Simplon. Elle donne immédiatement et sans transition, un spécimen des villes italiennes, que ne conservent pas les cités, ses voisines. Maisons à colonnades, rues garnies d'auvents, boutiques assorties de macaroni, de charcuterie, d'ail et autres ingrédients, fort prisés des méridionaux; flâneurs les mains dans les poches, lazzaroni en bonnet rouge, les jambes nues et couleur d'accajou; femmes voilées avec leurs mantilles, prêtres et moines à peu près partout, telle est la physionomie des villes purement italiennes, et tel est l'aspect de Domo d'Ossala. C'est un petit coin de Naples, transplanté dans le nord.

Nous sommes, à cette heure, à l'Hôtel de la Poste, c'est là que je vous écris, Mi lady, et c'est de là que je vais vous faire mes adieux. Je désirais vous peindre les beautés pittoresques de cette entrée en Italie, comme vous m'aviez peint vous-même les beautés suaves de votre Irlande. Puissé-je n'être pas resté au-dessous de ma tâche! Je tenais aussi à vous faire voir que le souvenir de nos relations passées vit dans mon cœur. Enfin j'avais le désir de vous rappeler que notre petit Claude occupe souvent ma pensée. En maints endroits j'ai cueilli pour lui les plus belles fleurs alpestres que j'ai trouvées sur mon chemin. Je les lui réserve, car autant que sa mère, paraît-il, ce cher enfant aime les *Forget mi not*, *les Blue bells* et *les Liby of the valley*. Dites-le lui, en l'embrassant au nom de son parrain.

Maintenant, Milady, je vais quitter le voisinage des lacs Majeur, de Côme, de Lugano, et les curiosités de leurs rivages que nous connaissons, pour aller à la recherche de l'inconnu. Votre souvenir me suivra dans mes excursions, comme il me suit partout; et si je rencontre de ces splendeurs de nature qui soient en harmonie avec les goûts que je sais être vôtres, c'est à vous que j'en adresserai la description.

A miss Mary O'Dwaire, mes affections les mieux senties; et à vous, Milady, les plus sincères tendresses d'un cœur respectueux et dévoué.

VALMER.

II

A MADAME F. DOULET, A PARIS.

Une avalanche sans périls. — Lignes rassurantes pour le cœur d'une mère. — Aspects des Alpes sur leur revers italique. — Tableau de genre. — Où continue le voyage pédestre. — Moissons et vendanges. — Danse au tambourin. — Eglogues et bucoliques. — Chasse et plaisir d'automne. — Moyen d'éviter les coups de fusil. — *Bellinzone.* — Ses trois châteaux et ses trois baillis. — Où l'on ne s'attend pas à trouver les Français. — *Colico.* — Routes du Splugen et du Stelvio. — Le jardin de la Lombardie. — La province de Valteline. — *Sondrio.* — L'Engadine. — Point d'histoire. — Eglise de Sondrio. — Val de Malenco. — Lac d'Isea. — La rivière de l'Oglio. — Vallée de Camonica. — Traversée du lac sur un steamer. — *Isea.* — Une soirée d'Italie. — Brescia. — Admirable site. — Ville-haute et Ville-basse. — La Piazza Grande. — Les deux cathédrales. — La plus vaste coupole de l'Italie. — L'aqueduc du diable. — Les ruines du temple de Vespasien. — Le Broletto. — Brigitte Avogadro, la Jeanne Hachette de Brescia. — Cinquante églises. — Santa Afra. — Où il faut des échelles pour voir les tableaux. — La Loggia. — Palais et galeries. — Les grands hommes de Brescia. — Arnaud, de Bresse. — Ses erreurs. — Pourquoi l'on prêche aux peuples la sainte liberté. — Arnaud, de Bresse, maître de Rome. — Où conduit l'orgueil. — Le bûcher de l'hérétique.

Bellinzono, 1ᵉʳ août 1855.

Vous écrire quinze grands jours après vous avoir quittée, c'est bien tard, ma bonne mère, je le sens, je m'en accuse et j'en ai beaucoup souffert! Mais notre voyage se fait à pied, par étapes très-fatigantes, et, quand vient, le soir, l'heure de se recueillir et de résumer ses impressions dans une lettre, je me sens si lourd et si épais, mes yeux appellent si fort le sommeil et mes jambes le lit, que j'ai différé de jour en jour à vous adresser cette lettre. Enfin je me mets à l'œuvre, de Bellinzone où nous perchons pour le quart d'heure, et, avant toutes nouvelles, je vous adresse les plus tendres baisers, les meilleures caresses et toutes les pensées que vous m'avez inspirées depuis notre séparation, ce qui forme un bloc énorme dont l'avalanche va vous..... faire plaisir.

Nos santés sont parfaites : sur ce point n'ayez cure. Nous arpentons le monde en vrais géants : notre appétit rend des points à celui des caraïbes, nous sommes gais comme pinsons, curieux comme jeunes filles, bavards comme... le moulin Joly, et nous courons résolument aux aventures à l'instar de Robinson.

Croirez-vous que nous, que vous supposez si fort attachés à l'asphalte de nos boulevards de Paris, nous avons gravi, mais le sac au dos, mais l'alpenstock à la main, le Mont-Moro, l'un des plus beaux sites des Alpes ? Mieux que cela. Nous sommes allés aussi près que possible du Mont-Rose, le frère jumeau du Mont-Blanc. Croirez-vous que nous, que vous dites bons tout au plus à marcher pendant une heure au Bois de Boulogne, nous avons escaladé le Simplon, à pied encore et toujours l'alpenstoch au bras ? Au Simplon comme au Mont-Rose que d'impressions !

Puis nous avons fait station à Domo-d'Ossola, pour recouvrer nos forces et reprendre haleine. Enfin nous avons continué notre excursion, à travers champs, de la façon la plus excentrique.

Sur le revers italique, les Alpes sont taillées à pic. C'est une effrayante succession de parois verticales, superposées, déchirées, crevassées, rugueuses, sillonnées de cascades, couronnées de monstrueux glaciers, qui, comme une muraille titanique, arrête le voyageur surpris, et le contraint à se tenir dans une pose toute d'immobilité, de surprise et d'examen, cherchant, avisant, scrutant du regard, sur quel point la chaîne des montagnes, sans talus, sans rampes, lui permettra le passage. Dans ces aspects sauvages d'une nature abrupte, escarpée, horrible, qui vous fait la grimace et vous défie, il y a un spectacle grandiose, fantastique, qui vous impressionne et vous saisit. C'est précisément cette barrière pélasgique, infranchissable à première vue, que M. Valmer veut suivre pendant quelque temps, pour en mieux connaître et mieux juger les beautés farouches, si différentes des aspects majestueux, solennels, gracieux et si bien fondus qui décorent les pentes des Alpes du côté de la France, de la Suisse et de l'Allemagne. Aussi, afin de bien comprendre le trajet fort curieux que nous allons faire pour nous rendre de Domo-d'Ossola à Brescia, en tournant les lacs, Milan, Monza, Lecco et Bergame, sans y rentrer, puisque nous les connaissons déjà, faut-il que vous ayez recours à la carte d'Italie, ma bonne mère. Vous verrez que nous décrivons un arc de cercle au pied des Alpes, et autour de ses villes, au nord-est, pour rejoindre cette belle avenue de splendides cités qui nous conduit à Venise, à savoir, Brescia, Vérone, Vicence, Padoue, etc.

Donc, à pied, toujours à pied, le bâton à la main, en vrais Compagnons du Devoir, nous nous remettons en route dans l'Italie septentrionale, où le voisinage des montagnes, de leurs glaciers et de leurs cataractes, tempère la chaleur, et dont les régions montueuses, accidentées, coupées de cent cours d'eau, capitonnées de mille bourgades suisses, sardes, lombardes et allemandes, offrent toujours quelque curiosité d'art et de nature. Cette façon de voyager, libre, indépendante, toute de caprice et de fantaisie, a certes bien son charme.

D'ailleurs la campagne offre plus d'agréments que jamais. Déjà l'on a fait la première récolte des maïs, et la seconde se prépare. Les risières sont encore couvertes de leurs produits, mais le coup-d'œil y gagne des teintes variées qui sont de la plus belle nuance. Une nouvelle fenaison est en pleine activité, car, ici, les prairies sont fauchées jusqu'à trois fois, grâce au système d'irrigation qui est en usage, et qui consiste à donner, chaque jour, écoulement aux rivières sur les prés qu'elles inondent pendant quelques heures. D'autre part on achève de moissonner les blés. Ainsi l'on voit tout à la fois exécuter les travaux de l'été et commencer les œuvrées de l'automne. En effet, les pampres aux feuilles rougies par le soleil ardent du midi, présentent leurs grappes noires et dorées à la main du touriste altéré qui n'a garde de ne pas cueillir les plus appétissants raisins. Les longues guirlandes de vignes aériennes qui courent d'arbre en arbre, en festons continus, les hauts ceps qui bordent votre route, comme pour le passage d'une procession sacrée, ou pour l'arrivée triomphale de quelque grand personnage, vous engagent à vous rafraîchir, autant qu'il vous convient à les admirer. Les colons qui en cueillent le fruit, les chars qui le reçoit dans ses cuves, les conducteurs des bœufs qui le mènent au pressoir, l'ensemble des mouvements qui se font dans la plaine, anime le paysage et ferait croire que tout le pays est en fête. D'un côté chants des moissonneurs; de l'autre chœurs des faneuses; plus loin joyeuses causeries des vendangeurs : tout respire la gaîté, l'aisance et le bonheur.

Sur les coteaux, de nombreuses jeunes filles, sous la surveillance d'une matrone, commencent la cueillette des figues, et leur grand œil méridional, autant malin que curieux, vous invite à vous approcher pour entendre vos compliments sur les beaux fruits de l'Italie. Timides et réservées d'abord, pour peu que vous demeuriez en extase sur la saveur de ces énormes figues violettes, fendues, chargées de grains d'or prêts à tomber par leurs crevées, elles s'enhardissent bientôt dans un espoir de lucre. L'une d'elles alors, d'une branche d'arbre auquel il est suspendu, décroche bien vite son tambour de basque, et aussitôt, entraînées par le bruit des castagnettes et du naïf instrument, nos jeunes italiennes font frétiller à l'envi leurs jupes courtes à bordures rouges, et dans les poses les plus gracieuses, et dans les évolutions les plus bizarres, d'un tourbillon fantastique de corsages bleus et de hanches à plis verts, vous entourent, vous fascinent, et ne s'arrêtent que pour réclamer, haletantes, de leur main hardie, le prix, en piécettes blanches, du plaisir que vous ont donné leurs rondes et les chansons dont elles les accompagnent. Sous des massifs épais de hauts noyers, ailleurs, de grands drôles, la gaule à la main, battent en mesure le feuillage, et en font tomber les noix vertes qui ce soir feront vos délices. Enfin, de longs chariots, attelés de buffles au poil brun, portent aux grangées les trésors de Cérès, ou les bottes monstrueusement entassées d'un foin parfumé, dont l'arôme imprègne l'air qui vous enivre. De toutes parts retentissent les clameurs des bouviers, et, pendant qu'ici sonne au loin, l'angelus du midi ou du soir, là, retentissent les fanfares harmonieuses des trompes de chasse.

Car la chasse est ouverte, et de tous les sentiers débusquent les Nemrods de la contrée, le fusil au bras, le carnier en bandouillère et le chien en quête de gibier. En effet, sous les pampres découronnés, couvent et gloussent les grives affriandées par le raisin, égaré ou tombé du cep. Les cailles pépitent, aussi nombreuses que les nombreuses touffes d'herbes. Les lièvres vous passent dans les jambes, et semblent jouer aux barres pour narguer le voyageur désarmé. A toute heure, nous faisons lever les plus belles compagnies de perdreaux, et si nos alpenstocks pouvaient se changer en carabines, comme un digne fils d'un très-noble chasseur, ma bonne mère, je vous aurais envoyé déjà quelques douzaines de grasses victimes. On se croirait dans une contrée de guérillas : c'est une vraie petite guerre qui se fait autour de nous. Pas une minute qui n'ait son coup de feu. Les tirailleurs fourmillent autour, en tel nombre, que nous craignons toujours qu'à l'encoignure de quelque petit bois, à la sortie des chemins creux, au détour de collines ou du milieu des vignes, et dans la pénombre des grands arbres, on ne me prenne pour quelque chamois dévoyé, et M. Valmer pour un ours cherchant curée. Aussi, en homme de haute prudence, mon compagnon de voyage, qui tient à passer pour ce qu'il est, a-t-il eu la fantaisie d'attacher un mouchoir blanc à la corne de son alpenstock, qu'il brandit comme une lance. Il s'avance de la sorte, ainsi que le ferait un parlementaire dont le caractère sacré éteint les mèches des canons et suspend les projectiles prêts à vomir la mort avec le feu.

Voilà comment nous traversons la belle et riche plaine, semée de nombreux vallons, de gracieuses collines, et de charmants cours d'eaux qui s'étend de Domo d'Ossola à Bellinzone, au nord des lacs Alpestres.

Bellinzone, qui appartient au canton suisse du Tésin, n'est pourtant déjà plus suisse, mais elle n'est pas non plus encore italienne. Elle tient le milieu entre les deux genres. C'est une jolie petite cité avec des rues étroites, des maisons à arcades, des portiques autour des places, et des terrasses que couronnent des orangers, des myrthes et des lauriers-roses. Moins les accents tudesques qui vous y déchirent les oreilles, on se croirait déjà dans une ville du centre de l'Italie. Elle remplit la vallée, et n'a de limites que le fleuve du Tessin qui descend du mont Saint-Gothard, va traverser le lac Majeur, et s'unir au Pô, près de Pavie. Des collines boisées l'entourent de toutes parts, et servent de piédestal à trois châteaux féodaux ruinés, dont les pans de murailles à jour, et les vieux donjons ébréchés produisent un délicieux effet de paysage. Jadis ils étaient occupés par les trois baillis suisses, chargés de gouverner le district. Car, la situation de Bellinzone, au point de rencontre du mont Saint-Gothard, du mont Bernardin, de Lugano et de Locarno, sur les lacs de Lugano et Majeur, ayant toujours fait de cette ville une place de guerre, et la clé du passage de la Lombardie en Allemagne, les Suisses, dès les premiers temps, en firent l'acquisition moyennant deux mille quatre cents florins du seigneur de Masox. Sigismond, empereur d'Allemagne, confirma le titre des Suisses. Mais le duc de Milan, Philippe-Marie Visconti, dont les ancêtres possédaient ce territoire, n'approuva pas ce marché, et, saisissant une occasion favorable, il surprit la garnison suisse de Bellinzone, où il pénétra avec le secours des Milanais, conduits par Della Pergola, et reprit possession de la ville et de sa vallée. Mais les Suisses, rentrés à leur tour dans Bellinzone, malgré le duc de Milan, y construisirent ces trois châteaux-forts qu'ils rendirent formidables. Le plus vaste de tous, le *Castello Grande*, fut élevé sur la cime isolée qui domine la ville à l'ouest, et aux frais du canton d'Uri, dont les soldats s'y établirent en garnison, avec un bailli nommé tout exprès pour y veiller sur les mouvements du Milanais. A cette heure encore, ce vieux manoir sert d'arsenal et de prison. Le second château fut placé à l'est, sur des mamelons plus bas, et reçut le nom de *Castello di Mezzo*. Il appartint au canton de Schwytz, qui y mit garnison, et un bailli avec des instructions analogues à celles données au bailli de Castello Grande. Enfin la plus haut placée des trois forteresses fut, à l'est aussi, le *Castello Corbario*, qui fut le domaine du canton d'Unterwalden. Il eut aussi ses soldats et son bailli.

Un pont traverse le Tessin qui, dans ce moment, n'en occupe que deux ou trois arches, et dont les inondations sont arrêtées par une forte digue, longue de huit cent quatre mètres, nommée *Fondo-Ripario*. Lorsque notre François I vint en Italie pour réclamer l'héritage du Milanais, ses soldats furent employés à la construction de cette digue qui est un admirable ouvrage. J'aime à citer nos Français quand il s'agit de grandes œuvres qui ont un noble but d'utilité. C'est un plaisir qui m'est souvent donné dans l'Italie, que nous n'avons occupée que bien peu de temps, il est vrai, mais où notre passage a cependant laissé de beaux souvenirs, et des preuves d'une civilisation exemplaire.

Bellinzone possède aussi une belle église de construction moderne, et dont toute la façade est en marbre blanc. Nous y voyons bon nombre de couvents disséminés dans la ville. En outre, un de ses faubourgs, celui de *Ravecchia*, en-dehors de la porte de Lugano, montre, avec un orgueil légitime, une très-antique église, celle de Saint-Blaise.

Mais quelques charmes que nous offre Bellinzone, nous partons. Aussi j'emporte avec moi cette lettre commencée à l'Albergo del Aquila d'Oro, et qui sera terminée, ou au moins continuée à...

Sondrio, 14 août 185...

De Bellinzone nous nous sommes acheminés vers *Colico*, ma très-bonne et très-aimée mère. Colico est une petite bicoque placée à l'extrémité nord-est du lac de Como, et que nous avions vue, l'an dernier, mais du Promontoire de la Villa-Serbelloni, qui partage le lac de Como en deux branches, celle de Como et celle de Lecco. Assise dans le voisinage de l'*Adda*, au point où ce fleuve se jetant dans le lac de Como, à sa troisième pointe, celle du nord, car le lac de Como a la forme d'un fer de flèche, s'élance au beau milieu du lac pour aller sortir par la pointe de Lecco, Colico avait beaucoup à souffrir d'émanations paludéennes. Mais d'énormes terrassements ont desséché les marais que formait l'Adda, et depuis lors cette ville prend de l'accroissement, et devient un centre d'activité commerciale d'autant plus considérable, que c'est là qu'aboutissent les *routes du Splugen*, conduisant chez les Grisons, et du *Stelvio*, la route la plus élevée de l'Europe, deux mille huit cent soixante-dix mètres, qui met Inspruch en communication directe avec Milan et le nord de l'Italie.

Nous avons fait un déjeuner rapide à Colico. Puis, comme j'entendais vanter beaucoup à une table voisine de la nôtre, les beautés de la *Brianza*, la contrée située entre les deux branches du lac, de Como à Lecco, et que l'on nomme le *Jardin de la Lombardie*, j'exprimai le désir de diriger notre route de ce côté. On y trouve des vallons fertiles, de riches côteaux, des sources d'une limpidité merveilleuse, une douce température, de charmantes villas. Cette hymne en l'honneur de la Brianza m'électrisait. Mais sire Valmer éteignit mon enthousiasme en rappelant à mes souvenirs, un instant dévoyés, que l'an dernier, dans nos recherches des sites chantés par Manzoni, nous étions en pleine Brianza. Donc, le soir même, continuant l'arc de cercle que nous décrivons autour de Milan, et suivant cette route si prodigieusement élevée du Stelvio, qui traverse la belle province de la Valteline, nous gravissons sa rude montée, nous traversons plusieurs galeries qui nous rappellent les souterrains du Simplon, et, par de nombreux zig-zags, creusés à grand'peine, nous venons coucher à Sondrio.

A *Sondrio*, nous sommes au centre de la Valteline, dont cette petite ville est le chef-lieu : et c'est un point de l'Italie que M. Valmer désirait que nous connussions.

Rien de plus curieux en effet. La Valteline, *Vallis-Tellina*, n'est cependant qu'une vallée qui s'étend de l'Adda au lac de Como, au sud et à l'est du fleuve et du lac : mais elle compte deux mille deux cents kilomètres carrés. L'Adda la traverse, Sondrio la décore, et de hautes montagnes l'entourent. Elle forme autour de la Valteline une sorte de cirque percé d'un grand nombre de passages qui conduisent dans l'*Engadine*. *Qui est à la tête de l'Inn*, telle est la signification de ce mot. L'Engadine, en effet, est une autre vallée circulaire, arrosée par l'*Inn*, qui se rend à *Inspruck*, et entoure au nord toute la Valteline. Cette dernière, grâce à ses montagnes, à leurs cols, aux belles plaines, aux charmants vallons qui la composent, a des sites d'un pittoresque inimaginable et devant lesquels nous restons en admiration. Après avoir formé la limite de la Rhétie, au temps des Romains, cette charmante vallée passa aux Ostrogoths, aux Francks, aux rois de Germanie, et fut donnée, comme fief, par les empereurs d'Allemagne, aux évêques de Coire, qui en furent dépouillés tantôt par la ville de Como, tantôt par les ducs de Milan. En dernier lieu, les ligues grises, c'est-à-dire des Grisons, en Suisse, et l'évêque de Coire, en 1512, reprirent la Valteline, sur laquelle l'évêque céda ses droits aux ligues grises, en 1530. L'Espagne ensuite convoita ce territoire pour joindre le duché de Milan au Tyrol, alors que Charles-Quint dominait la contrée. Les intrigues de cet empereur fit soulever les habitants contre les Grisons, en 1620. Mais la France soutint les ligues-grises, et envoya le duc de Rohan à leur secours. Son armée remit les Grisons en possession de la Valteline. Plus tard, Bonaparte, à son tour, déposséda ces derniers de cette riche vallée, en 1797, et elle devint alors le département du Sondrio; mais en 1814, le pays fut donné à l'Autriche et réuni au royaume Lombard-Vénitien.

Or, Sondrio, où nous arrivons, capitale de la Valteline, est une petite ville située sur l'Adda et la route d'Inspruck, au centre d'ondulations charmantes, et au pied d'un renflement du sol que couronne un antique castel. Etagée sur des rampes qui s'élèvent à trois cent soixante-deux mètres, elle occupe l'ouverture du *Val de Malenco* qui s'enfonce dans les montagnes et le pays des Grisons. Sa cathédrale, ainsi que son théâtre, ont été construits d'après les dessins du fameux architecte *Canonica*. Elle possède aussi un fort bel hôpital. Son commerce est des plus actifs à raison de sa position centrale. Je vous signalerai la polenta aux mauviettes et aux grives que nous sert notre tavernier. Nourris des plantes de la montagne, ces délicats volatiles nous ont donné une jouissance gastronomique à nulle autre pareille.

Le lendemain, 14 août, hier, nous quittions Sondrio, et sa route accidentée du Stelvio, et, prenant un chemin de traverse des plus romantiques, par monts, par vaux, par des plaines délicieuses, nous arrivons, vers midi, au *lac d'Iséa*, élevé de deux cent-vingt mètres au-dessus du niveau de la mer, entre le lac de Como et Bergame, à droite, et le lac de Garde, à gauche, à une distance moyenne de trente-cinq à quarante kilomètres des uns et de l'autre. Il est formé par les eaux de l'Oglio. Il compte quatorze milles de longueur, du nord au sud, et sa largeur, de l'est à l'ouest, est de trois à quatre milles, sur une profondeur de trois cents mètres.

Vous voyez, ma bonne mère, que la courbe de notre ellipse est complète, et que, du nord venant maintenant au sud, nous allons arriver prochainement à Brescia,

La rivière de *l'Oglio*, qui, découlant des environs de Bergame pour aller se jeter dans le Pô, traverse le lac d'Isea, en longeant une route qui communique avec le Tyrol, au nord du lac de Garde, arrose la plus grande vallée de la Lombardie, après la Valteline. C'est la *Vallée de Camonıca*, qui occupe tout le côté oriental de ce lac d'Isea. Elle ne compte pas moins de cinquante-cinq mille habitants. C'est vous dire combien elle est fertile. Aussi mille villas blanches capitonnent ses verts côteaux et sourient au travers des bocages verts encore, qui la bordent. Le lac étincelle sous les feux du soleil qui se mire dans ses eaux du sommet de l'empyrée. De gracieux villages, de vaporeuses bourgades ornent ses rivages dont les splendeurs se reflètent sur sa surface. C'est un aspect romantique qui récrée le regard. Voici même un bateau à vapeur qui chauffe et se tient prêt à sillonner ses vagues à peine ridées par une brise légère. Aussi nous hâtons-nous d'y aller prendre place. Je suspends donc encore la fin de ma lettre qui vous arrivera de Brescia, sans aucun doute, ma bonne mère, parfumée de toutes les tendresses que j'amoncelle en mon cœur pour en faire une gerbe d'amour...

Brescia, 15 août 185...

Le vapeur du lac nous a été d'un grand secours, mère chérie : en deux heures nous avons traversé la belle nappe d'eau d'Isea. Au loin, très-au loin, nous avions à notre droite, vers le couchant, la vénérable cité de Bergame, et, tout près des rives du lac, à notre gauche, au levant, les villages de *Pisogno*, *Marone* et *Sulzano*. Bref, nous arrivons à *Isea*, la jolie bourgade qui donne son nom au lac, alors que sonnent quatre heures.

Une sorte d'omnibus qui fait le service d'Isea à Brescia nous a reçus tout aussitôt, et, par une très-belle route, variée, fort capricieuse, semée de cent points de vue délicieux, et que rendirent plus agréable encore les jeux de lumière du soleil couchant, l'approche des ombres de la nuit, la lune à son lever, en un mot des mirages fantastiques d'un crépuscule d'une exquise transparence, nous a conduits à Brescia.

Nous avons pris gite en toute hâte à *l'Albergo e Trattoria della Torre di Londra*, où, très-à propos, nous avons trouvé nos bagages qui nous attendaient. Aussi, comme c'est aujourd'hui la fête de la Vierge et sa bienheureuse Assomption, dès le matin, avec nos fleurs et nos prières, nous sommes allés, dans l'un de ses sanctuaires, déposer aux pieds de son image, notre alpenstock désormais inutile, mais béni, bien béni, puisqu'il nous a dirigés, sans aucun accident, de Genève à Brescia, dans notre pérégrination pédestre, à travers des passages difficiles, des précipices effrayants et des sentiers passablement dangereux.

Savez-vous bien que c'est une fort agréable ville que *Brescia*, *Brixia* jadis, ou *Bresse* en vieux français, à votre choix? Elle occupe un site charmant dominé par les Alpes : elle domine, à son tour, la Lombardie toute entière, avec ses plaines fertiles et ses riches bourgades. L'Oglio est un réseau de cours d'eaux qui sillonnent la verdure d'un immense bassin, comme des filets d'argent soutachant et brodant un tapis de velours; le chemin de fer qui de Milan se dirige par Brescia, Vérone, Vicence et Padoue, à Venise, l'objet de nos vœux; et la belle route blanche, maintenant détrônée par le rail-way. Aussi du haut de ses édifices, comme des terrasses ou des fenêtres des maisons particulières, on a de toutes parts un coup-d'œil enchanteur. Brescia, ville de guerre à toutes les époques, conserve, en outre, une enceinte de rempar's d'au moins quatre milles de circuit. Dans son quadrilatère elle renferme une ville haute et une ville basse, et enfin elle couvre sa tête d'une puissante citadelle qui semble vous narguer, comme ferait un géant de son casque d'airain.

La Piazza Grande du centre de la ville est d'un aspect magique : façades imposantes de deux cathédrales d'âges bien différents, l'une vieille, *Duomo-Vecchio* ou la *Rotonda*, à cause de la belle coupole qui la décore; l'autre, *Duomo-Nuovo*, magnifique temple tout de marbre, surmonté d'un dôme splendide, le plus vaste de l'Italie, après celui de Saint-Pierre de Rome, toutes fois. Puis vieille et haute *tour carrée* s'élevant vers les cieux; enfin *fontaine de marbre*, surmontée d'une statue, et *portiques* de l'effet le plus pittoresque, préservant tout à la fois et des rayons déjà bien chauds du soleil d'Italie et des averses fort capricieuses dans ces contrées, promenoir d'été et d'hiver pour les nombreux flaneurs de la vénérable cité.

Les rues, larges et bien pavées, offrent à leur milieu, des rails de belles pierres plates à l'usage des voitures, comme à Milan et autres villes de Lombardie. Quantité de fontaines font jaillir leurs eaux limpides sur les places et dans les carrefours, en gerbes, en cascades, en nappes, et y portent la fraîcheur et l'animation. Un antique aqueduc, construit du temps de l'empereur Tibère, et que le peuple a baptisé du nom d'*Aquidotto del Diavolo*, l'aqueduc du Diable, y amène de loin des eaux pures et aussi abondantes que celles de Rome. Certains quartiers, plus modestes et plus solitaires, s'égaient cependant de massifs d'énormes lauriers roses en fleurs qui vous sourient de l'intérieur des cours qu'ils décorent.

Brescia possède les ruines fort curieuses d'un temple dédié à l'empereur Vespasien. Il est tout en marbre et montre encore de belles colonnes corinthiennes et trois cellas dans son enceinte. Une colonne antique, qui faisait l'admiration d'un artiste, le peintre *L. Basileti,* donna l'idée de faire des fouilles sous le sol qu'elle couronnait, et l'on découvrit ce temple. Alors on utilisa ces cellas en les consacrant à un musée auquel l'antique podium du temple donne accès. On y a rangé avec ordre les bustes, bas-relifs, fragments de toute sorte trouvés à Brescia. Mais nous y admirons surtout une magnifique statue en bronze, de deux mètres de hauteur, de la *Victoire ailée*, jadis dorée, et tirée des fouilles en 1826. C'est le spécimen le plus splendide de l'art antique qu'il soit possible de trouver. Elégance, draperies d'une souplesse merveilleuse, ailes parfaitement attachées, couronne de lauriers délicieusement exécutée, tout est d'une exquise perfection dans cette œuvre.

Un autre monument du moyen-âge a fixé aussi notre attention. C'est le *Broletto.* Le Broletto est l'ancien palais de la ville, alors que Brescia était république. Il fut construit de 1187 à 1215. On y trouve beaucoup d'ornements en terre cuite. Il est de style lombard, sévère, grave, et solide à défier les âges et à prouver qu'il tient du caractère public de cet âge énergique et viril des libertés communales. Malheureusement en 1797, des mains impies ont profité des troubles révolutionnaires pour y dérober les souvenirs de gloire des Brescians, surtout le portrait d'une certaine *Brigette Avogrado*, qui, comme notre Jeanne Hachette, à la tête d'autres femmes casquées et cuirassées, contribua au salut de sa patrie, en repoussant les soldats de Visconti, dans le siége que le tyran de Milan faisait de Brescia, en 1438.

En outre de ces deux cathédrales, qui renferment de fort belles peintures, il est encore dans Brescia cinquante autres églises :

La plus remarquable est *Santa-Afra*, fort ancien édifice, bien différent aujourd'hui du style primitif qui lui était affecté. On y voit la Femme adultère du *Titien*. Je dit *on y voit*, j'ai tort. Pour voir ce tableau remarquable il faudrait une échelle, tant il est placé haut. Heureusement j'avais ma lunette, et plus heureusement encore la toile verte qui, d'ordinaire, le recouvre, parait-il, était tirée sur le côté de manière à lui envoyer un jour plus favorable. Nous y avons aussi contemplé un *P. Veronèse*. On reconnaît qu'on approche de la patrie de cet artiste fameux, Vérone. Son tableau représente le martyre de sainte Afre. Est-ce le jour peu propice, est-ce une suite de restaurations maladroites ? je ne saurais dire ; mais nous trouvons cette peinture sèche et froide.

Inutile que je vous nomme *S. Barnaba, SS. Nazaire et Celse*, où la sublime figure d'un saint Sébastien nous captive par son expression de souffrance et son délicieux coloris, un *Titien* encore, ne vous déplaise, puis *S. Maria Calchera, S. Maria dei Miracoli, S. Maria delle Grazie*, et bien d'autres encore.

Mais n'oublions pas de vous signaler le Palais Municipal, *la Loggia*, comme on dit à Brescia. C'est un fort bel édifice en marbre qui date du xve siècle. *T. Formentone*, et surtout *Sansovino*, le fameux Sansovino, y ont fait celui-là le premier étage, celui-ci le second. Quant aux fenêtres, elles sont dues à *Palladio*. Trois très-habiles architectes pour un seul monument! Au moins cette Logia, œuvre de la renaissance, mérite-t-elle l'admiration par sa façade élégante, et la richesse de son ornementation. Un incendie, en 1775, lui fit bien de cruelles blessures : mais ce n'était pas au monument que les flammes en voulaient, c'était aux archives renfermant des franchises octroyées aux Brescians, par les empereurs d'Allemagne, reconnues par les doges de Venise, Foscari et Lorédan, mais odieuses au Sénat de la République, et au conseil des *Dix*. Ah ! partout, partout le droit du plus fort est toujours le meilleur. Aussi le Vénitien, gouverneur de Brescia, porta-t-il la torche dans la Loggia des Brescians!

La *Galerie Tosi*, le *Palais Gambara*, la *Bibliothèque publique*, les cabinets des *Familles Averosdi*, *Lecchi*, *Tenaroli*, *Martinengo*, *Cesavésco*, le *Jardin public*, et même un *Théâtre* construit sur le modèle des anciennes scènes romaines, ont tour à tour notre visite. Mais, pour vous en raconter les beautés, et vous en ciseler les curiosités, il faudrait un volume.

Je vous recommanderai seulement, à l'endroit du Jardin public, de ne pas trop éveiller votre imagination. C'est une place fort modeste, dans la partie orientale de Brescia. Elle possède, à son juste milieu, une fontaine cachée sous terre, où les bonnes ménagères de la ville font laver leur lessive. Une ou deux rangées d'arbres y donneraient un peu de verdure, si les cigales qui en font leur séjour, ne le rongeaient jusqu'à l'écorce. Mais, souvenir digne de mémoire! cette place reproduit l'enceinte d'une ancienne *arène*, où jadis se donnaient des *tournois*. Ici, que l'imagination sorte de sa coquille : Sonnez, trompettes, hennissez, chevaux de bataille; cliquetis d'armures, retentissez; et, d'estoc et de taille, en avant, chevaliers!

Un dernier mot sur Brescia, à l'occasion des hommes fameux auxquels elle a donné naissance, *Tartaglia*, le mathématicien, les comtes *Mazzuchelli* et *Corniani*, et surtout *Arnaud*, dont la renommée a fait plus communément *Arnaud de Bresce*.

Il faut vous représenter, tout d'abord, qu'à l'époque dont il s'agit, le xiie siècle, une foi naïve, vive et ardente, dispose les esprits à une surexcitation fébrile qui permet l'égarement aux âmes les plus pures. Il en est ainsi, j'imagine, pour l'homme dont je veux rappeler le simple souvenir.

En 1100, naît à Brescia, de parents vulgaires, un enfant qui, dès les plus tendres années, montre un grand amour du savoir et de ses mystères. Alors n'étudiait pas, ou étudiait mal, celui qui ne venait pas à Paris s'éclairer de son vaste foyer de lumière. Le flambeau du moment était le célèbre Abeilard. Arnaud de Bresce, notre jeune héros, non-seulement reçoit les doctes enseignements d'Abeilard, mais il adopte même ses erreurs. On les inculpe tous les deux, le maître et l'élève, pour des propositions obscures et inintelligibles sur le dogme de la Trinité.

Seul, Abeilard abjure modestement tout ce qu'il peut y avoir d'erroné dans sa doctrine, et meurt regretté des moines de Cluny : tandis que, Arnaud, retournant en Italie, prend l'habit monastique, et se met à répandre l'hérésie par ses prédications orgueilleuses. Il fait plus. Le voici qui entreprend une croisade contre le clergé, et prétend le réformer en faisant revivre la primitive église.

Est-ce folie, orgueil, acrimonie de caractère qui le porte à agir ainsi ? Il y a un peu de toutes ces misères, je crois. Ce qu'il est sûr, c'est que par le levain de sa nouvelle doctrine, notre réformateur excite des troubles dans plusieurs villes, fait triompher l'émeute, et rend les prêtres victimes de ses opinions fanatiques, que partage la plèbe. Condamné par le Pape *Innocent II,* et par le Concile de Latran, Arnaud de Bresce est bien un instant contraint de quitter l'Italie et de se réfugier dans le diocèse de Constance, où il prêche encore à Zurich la *Sainte Liberté des Peuples.* C'est toujours au nom de la liberté que les hérétiques, comme les révolutionnaires, portent les populations, qu'ils déchirent, d'une calamité moindre dans un malheur bien plus grand. Mais voici que, retrempé dans la solitude, l'apôtre du désordre s'élance de la Suisse, rentre dans l'Italie, et s'acheminant droit vers Rome, en chasse successivement deux pontifes, *Lucius II* et *Eugène III,* et met en fermentation les plus mauvaises passions de la populace romaine.

Alors, maître de la ville éternelle, ivre d'orgueil, Arnaud de Bresce allie la réforme politique à la réforme religieuse. Il rétablit la république romaine, comme au temps des Publicola et des Coriolan. Il compose un sénat, nomme des consuls, se livre à mille excentricités pitoyables. Le peuple qui aime ce désordre auquel il trouve toujours le profit du nonchaloir, de l'amusement et des festins, se divertit des folies d'Arnaud de Bresce et le soutient de ses bras. Dix ans se passent dans un tel état de choses. Mais après l'orgie, vient le réveil. Il est cruel et terrible pour Arnaud.

Le pape Eugène III est mort dans l'exil. *Anastase IV* lui succède et meurt à son tour sans avoir eu le temps de prendre des mesures pour rétablir l'ordre. Mais *Adrien IV* monte sur le trône de Saint-Pierre, lorsque Frédéric Ier, le farouche Barberousse, venu d'Allemagne pour tirer vengeance des rébellions des villes de la Haute-Italie, soumises à l'empire, s'approche de Rome pour prêter main-forte au Pape Adrien. Poussé à bout, le pontife avait mis Rome sous l'interdit. Jamais, jusqu'alors, la capitale de la chrétienté n'avait éprouvé ce châtiment spirituel. Aussi le peuple, bon dans le fond, commence à murmurer d'être privé des saints offices à l'approche de Pâques. Alors le sénat engage Arnaud à s'éloigner, et, à cette condition, il réconcilie la ville avec le Pape. Arnaud se retire dans le manoir d'un gentillâtre de la Campanie et attend. Frédéric n'attend pas, lui. D'abord il fait arrêter le comte Campanien, et le force à lui livrer Arnaud. Puis il enferme le réformateur au château Saint-Ange. Enfin, un matin, il fait conduire l'infortuné patient sur la place destinée aux exécutions, à l'extrémité nord du Corso, devant la Porte du Peuple. Là, Arnaud de Brescе est élevé sur un bûcher, attaché à un poteau, en face du Corso, et des deux voies qui lui sont parallèles. Le misérable Arnaud peut mesurer des yeux les trois longues rues qui aboutissent à son échafaud : elles embrassent une moitié de Rome. C'est là qu'habitent les hommes qu'il a si souvent appelés au désordre. Ils reposent encore, ignorant le danger de leur législateur. Le tumulte de l'exécution et les flammes du bûcher les réveillent bientôt. Mais, c'en est fait, Arnaud de Brescе est mort, et il ne reste plus qu'à recueillir ses cendres (1)...

Mais laissons se refroidir la dépouille du coupable et les passions de ses complices, ma bonne mère. J'aime mieux vous dire que la fête d'aujourd'hui a été pompeusement célébrée dans cette ville. Nous en avons suivi les pieuses réjouissances. J'ajouterai qu'à Marie, votre sainte de prédilection, nous avons demandé, M. Valmer et moi, bien des faveurs pour vous. J'ai sollicité d'elle, surtout, le bonheur, le suprême bonheur de vous aimer long-temps, bien long-temps, sur cette terre, côte à côte avec vous toujours, ma main dans votre main, mon

---

(1) Les historiens varient beaucoup en parlant du lieu où fut supplicié Arnaud de Brescе. D'abord, à Rome, les savants affirment qu'il fût brûlé sur la *Place du Capitole*, à l'endroit même où se trouve la statue de Marc-Aurèle. Sismonde-Sismondi le fait mourir à la *Porte du Peuple*. Le Dictionnaire de Bouillet lui fait trancher la tête au *Château Saint-Ange*, etc.

cœur contre votre cœur, dans l'enivrement d'un amour filial à jamais dévoué, et de ne vous retirer de mes bras que pour m'endormir dans les vôtres, du dernier sommeil, mais... le plus tard possible.

Au revoir, bonne mère, mère chérie, au revoir ! A vous, oh ! à vous de toutes les facultés de mon esprit, de toutes les puissances de mon âme, de toutes les tendresses de mon cœur de fils.

Emile Doulet.

III.

A M. DRIOU-VELLARD, A MARSEILLE.

Erudition géographique. — Etymologies. — Où et comment figurent les Gaulois. — Brigh Seach. — Brixia. — BRESCIA. — Revue historique. — Les Bruscati. — Où reparait le terrible Jean-Galéas Visconti. — Envahissements d'un despote. — François Novello de Carrare. — Conspiration contre une femme. — La mauvaise tête. — Le règne d'un tyran. — Jean-Marie Visconti. — Philippe-Marie Visconti. — Où se montre le célèbre Carmagnola. — Le squelette de Monza. — Une ville morte. — Série de conquêtes. — Topographie de Brescia. — Deux villes et trois citadelles. — Siége fameux. — La porte Garzetta. — Comment meurt, la tête sur le billot, un homme de guerre épargné par cent batailles. — La chatte mielleuse. — Second siége mémorable. — Un escadron de femmes casquées et cuirassées. — L'assaut. — Blocus. — Le capitaine Piccinino. — Le condottiere Francesco Sforza. — Une flotte passant par-dessus les montagnes. — Un tour de force exécuté par Piccinino. — Comment riposte le condottiere Sforza. — A quel propos apparait la noble figure de Gaston de Foix. — Le Chevalier sans peur et sans reproche. — La courtoisie d'un Français. La ligue de Cambrai.

Brescia, 17 août, 185....

— Brescia ?...

Oui, Brescia ! La ville de *Brescia*, l'antique *Brixia*, où je me trouve à cette heure, est placée entre le 45ᵉ et le 46ᵉ degré de latitude septentrionale, et sous le 8ᵉ degré de longitude orientale du méridien de Paris. C'est une ville du royaume Lombard-Vénitien, chef-lieu de la Délégation de ce nom, à 80 kilomètres de

Milan, à l'est, située entre la *Mella*, affluent de l'Oglio, et le *Naviglio*, canal qui sort de la *Chiese*, autre rivière aboutissant, ainsi que le Naviglio, au susdit Oglio. Enfin, c'est l'une des anciennes places fortes de l'Italie septentrionale. Elle ne compte pas moins de 40,000 habitants. Aussi s'étale-t-elle fort à l'aise, au grand soleil, sur une gracieuse éminence, disposée en amphithéâtre, préservée des vents du nord par la haute chaîne des Alpes rhétiques, dont les dernières ondulations forment son piédestal. De là, comme une coquette qui cherche à se faire admirer, et comme une curieuse qui veut tout voir, elle plonge son regard indiscret sur ce vaste et magnifique jardin que l'on appelle la Lombardie. A sa droite, elle domine Milan et Pavie; à ses pieds, s'étendent Plaisance, Crémone et Mantoue; à sa gauche, elle compte pour courtisans Vérone, Vicence, Padoue et la belle Venise. Des longues terrasses de ses promenades, comme des plate-formes de ses maisons, et des tours de ses édifices, avec une longue-vue, on peut suivre et contempler les points lumineux de Fornoue et de Marignan, les deux gloires de Charles VIII et de François Ier; et l'auréole magique dont les brillants rayons lui rappellent notre vaillance et nos triomphes : Mondovi, Montenotte, Lodi, Castiglione, Rivoli, Arcole, Mantoue, Bard, Montebello, Marengo, etc., immortelles victoires dont notre immortel Napoléon Ier a doté cette vaste scène, cet immense champ de bataille, la Lombardie.

Or, comme je flâne en Italie, mon brave frère, c'est de Brescia que je t'écris pour te dire que je vis, que je t'aime, et qu'à mon retour, j'irai goûter la fameuse bouille-abaisse marseillaise, avec toi et les tiens, à la table de famille. Mais aussi, mon brave lieutenant du quarante-septième de ligne, je veux te raconter, à l'occasion et à l'endroit de Brescia, de belles ruses de guerre, de rudes coups d'épée, et des siéges, et des batailles, et des escarmouches, et des combats à faire retrousser de plaisir la vieille moustache grise.

Les Gaulois, nos ancêtres, étaient de farouches joûteurs, tu le sais. Ils ne se contentèrent pas toujours de cueillir le gui sacré sur les chênes vénérables de forêts druidiques, et il ne leur suffisait plus d'écraser de leur framée ou d'occire de leur francisque les ennemis qui les frôlaient de trop près. Ils s'ennuyaient souvent d'écouter, en l'honneur de leur Hésus, les hymnes sanglantes de leurs bardes ou les chants plus doux des vierges de leur île de Sen. Alors, trouvant trop étroite la Gaule, passablement étendue cependant, maintes fois ils déchirèrent les Alpes pour s'en venir ici et là, en Italie surtout, planter leurs tentes, cueillir des limons et des oranges, et voir si la verveine y poussait comme dans leurs landes ou sous leurs futaies.

Ils savaient bien que les Etrusques, descendants des Pélasges, en occupaient le nord, et les Osques, les frères des Etrusques, le sud. Ils savaient bien que Osques et Etrusques avaient la possession du pays, et qu'ils y avaient construit des villes. Mais que leur importait la possession ? pour eux, le droit du plus fort devenait le meilleur.

Donc, sur ce principe, mille ans avant notre ère, les Gaulois des montagnes, *Insubriens* et *Ombriens*, c'est-à-dire les Gaulois qui se nommaient eux-mêmes hommes forts et vaillants, de la langue celtique *Is-umbra* et *Umbra*, passèrent les Alpes et s'établirent, les Insubriens au pied du Mont-Cenis, du Saint-Bernard, du Mont-Rose, et le long des deux rivières du nom de Doire, et les Ombriens sur les déclivités et dans les plaines voisines du Saint-Gothard, des Alpes-Rhétiques, entre le Pô, l'Oglio et l'Adige. Refoulant ainsi devant eux les Etrusques, comme des nuées de ramiers effarouchés, les ramiers s'enfuirent devant les vautours, et allèrent former cette contrée, voisine de la côte occidentale, qui, de leur nom, s'appela Etrurie, et plus tard devint la Toscane.

Mais voici que quatre cents ans plus tard, et six cents ans avant la venue de J.-C., alors qu'une nouvelle cité venant de se fonder en Italie, sous le nom mystérieux de Rome, d'autres Gaulois, les *Gaulois-Sénomans*, quittant la Gaule-Transalpine, viennent, à leur tour, chercher un gîte dans la Haute-Italie, sur les confins de la Rhétie, au revers méridional des Alpes-Rhétiques, sur les rives des sources de l'Adige. Ils y trouvent les Euganéens, qui donnent leur nom aux Mont-Euganéens, qu'ils habitent ; ils trouvent aussi plus bas, sur les plaines du Pô, du Mincio, de l'Oglio et de la Mella, leurs frères les Gaulois-Ombriens. Ils les culbutent devant eux, détruisent ceux-ci, et forcent ceux-là à faire une trouée parmi les tribus les plus rapprochées du Tibre, où ils prennent place sur un territoire qui dès-lors reçoit le nom d'Ombrie.

Aussitôt les Gaulois-Cénomans s'emparent des villes étrusques, agrandies par les Ombriens, Bergame, Vérone, Vicence, Padoue; mais, en outre, ils en créent de nouvelles. C'est ainsi que sort de terre et décore les dernières ondulations des Alpes-Rhétiques, en regard de l'immense plaine du Pô, ma ville actuelle, *Brixia* ou *Brescia*, nom que les Italiens prononcent *Breschia.*

En effet, Brixia est un nom parfaitement gaulois, car il dérive de *Brigh-Seach*, et signifie en langue erse, gaëlique ou celtique, *dominant la plaine.*

Quelques années plus tard, un autre Gaulois, *Bellovèse*, neveu du roi Ambigat, roi des *Bituriges*, le Berry actuel, venait, avec toute une armée de jeunes aventuriers Gaulois, s'emparer du pays voisin des Insubriens, à savoir des marais placés entre l'Adda et le Tessin, et y fondait Milan, pendant que son frère, *Sigovèse*, à la tête des *Volces-Tectosages*, allait se fixer en Germanie, dans les clairières de la forêt Hercynienne.

Mais alors que tous ces Gaulois, devenus Italiens, commençaient à jouir du fruit de leurs conquêtes, ils virent venir à eux, de la Péninsule même qu'ils habitaient, un ennemi terrible et cruel, qui prétendait leur imposer ses lois, et qui, en effet, malgré leur énergique résistance et leurs efforts désespérés, les couvrit de fers et en fit ses esclaves. Pendant cette longue guerre entre les Romains et les Gaulois cisalpins, comme sous la domination qui pesa sur eux, Brescia, la vieille cité qui m'occupe, ne fut le théâtre d'aucun évènement historique digne d'être rapporté.

Quand ses habitants furent faits citoyens romains par Jules-César, et inscrits dans la Tribu Tabia, on la décora de monuments. Le vainqueur y éleva des temples, des théâtres. Plus heureuse que beaucoup d'autres villes, Brescia conserva long-temps ces édifices qui faisaient sa gloire, et nous y retrouvons encore à cette heure les ruines d'un Temple de Vespasien, tout en marbre, de style corinthien, avec colonnades d'une grande perfection, reposant sur un stylobate d'un volume considérable, merveilleusement jointoyé, et possédant trois cellas dans son enceinte. On a eu l'excellente idée de faire un musée de ces trois sanctuaires.

Lorsque l'empire romain tomba sous les coups des barbares vomis par l'Asie et le nord de l'Europe, Brescia, enveloppée dans le sort commun, fit partie du royaume des Lombards, dont elle partagea les vicissitudes, et fut gouvernée par des ducs de cette nation, de l'an 569 à l'an 744.

Mais lorsque Charlemagne eut détruit la domination de Didier, le dernier roi de la Lombardie, tombée sous l'influence des empereurs d'Allemagne, elle eut pour gouverneurs des comtes qui la tinrent sous leur joug jusqu'au xie siècle.

A cette époque, Brescia étant devenue l'une des villes municipales de la contrée, ses évêques prirent en main le souverain pouvoir. Mais des querelles, survenues entre les prélats et les Brescians, firent, qu'à l'exemple des autres cités lombardes, elle se constitua en république.

Il en est, hélas ! du sort des villes comme de celui des hommes. Pour celles-là, comme pour ceux-ci, le destin se montre clément ou cruel. Envers les uns comme envers les autres, il est favorable ou néfaste, les conduisant de la naissance à la mort, de l'érection à la ruine, soit par une route dorée, toute parsemée de joie et de bonheur, soit par un chemin difficile, escarpé, constamment bordé de ronces et de précipices. En effet, au moment de jouir de sa liberté plus que jamais, Brescia fut esclave. Entraînée dans la ligue des villes confédérées contre l'empereur Frédéric Barberousse, elle entra dans toutes les guerres fomentées par l'ambition et la rivalité des empereurs avec l'Italie. Aussi arbore-t-elle tour à tour l'étendard des Gibelins et des Guelfes, mais cependant s'attache de préférence au dernier parti. Aussi, furieux, l'Empereur Henri VI la détruit presque entièrement et la démantelle au commencement du xiiie siècle.

Alors épuisée, n'en pouvant mais, elle passe au pouvoir de différents maîtres. Les *Bruscati* d'abord, puis les della Scala, de Vérone, et enfin les Visconti, ducs de Milan, font, les uns après les autres, peser sur elle leur sceptre de fer.

A cette époque, la Haute-Italie est, toute entière, taillée, foulée, torturée par ces nombreux tyrans qui ont profité des scissions intestines des républiques, pour s'emparer du pouvoir, et régner en despotes sur ces villes et leurs territoires. Ainsi les Visconti font plier sous leur joug le Milanais, dont, de gré ou de force, ils reculent chaque jour les limites. Les della Scala, à Vérone; à Padoue, les Carrare; à Mantoue, les Gonzague; les d'Este, à Ferrare; à Plaisance et à Parme, les Rossi; les Beccaria et les Langoschi, à Pavie; enfin, à Brescia, les Bruscati, pressurent, flétrissent, tondent et plument plus ou moins les peuples qui ont la maladresse de courber la tête sous leur verge, et d'accepter leur autorité. En haine les uns contre les autres, ces tyrans se redoutent mutuellement, se flattent pour mieux se trahir, et s'unissent pour guerroyer contre leurs voisins.

Leurs intérêts divers se croisent, se confondent, s'accroissent au détriment de leurs sujets : l'agitation, la souffrance, la misère se montrent partout, et l'égoïsme le plus déhonté, la cruauté la plus farouche lèvent fièrement la tête, ne comptant pour rien le repos du pays et le bien-être de ceux qui ont adopté pour maîtres ces seigneurs sans vergogne.

Mais celui de ces tyrans qui les domine tous et leur fait subir son influence fatale, celui que la république de Venise elle-même, si puissante et si forte, redoute, et dont elle adopte presque sans réplique les volontés altières, c'est Jean Galéas Visconti, duc de Milan, époux en premières noces d'Isabelle de France, qui lui a donné une fille, Valentine, mariée déjà à Louis, duc d'Orléans, et cause des prétentions futures des rois de France aux États des Visconti. Oui; ce Jean Galéas, comte des Vertus par son mariage avec Isabelle, et duc de Milan par le meurtre qu'il fait de son oncle Bernabo et des deux fils de ce prince, les écrase de sa politique formidable, et leur inspire à tous, à raison de sa mauvaise foi et de sa violence, une terreur telle qu'ils rampent honteusement devant lui.

Déjà Jean Galéas a dépouillé de leurs domaines les seigneurs de second ordre qui pullulent en Italie. Ceux-ci ou n'existent plus, ou n'ont plus d'autorité dans ces villes jadis soumises à leurs ancêtres. La maison de Visconti a tout absorbé, et veut absorber davantage encore.

Les communes de Toscane peuvent bien lutter contre les envahissements du comte des Vertus : mais pendant que Florence, seule, dirige habilement sa politique, les autres villes, ses voisines, se livrent à mille passions imprudentes et jalouses qui favorisent les intérêts ambitieux du tyran redouté. Ainsi donc l'Italie du nord est exposée à être escamotée par ce terrible Jean Galéas, sans que l'Europe y mette obstacle. En effet, l'empire d'Allemagne est alors à la discrétion de Wenceslas, fils indigne de Charles IV, qui ne songe nullement à mettre des entraves à l'orgueil et aux spoliations du Visconti. La France s'atrophie dans les désordres et les luttes produites par les factions funestes des ducs d'Orléans et de Bourgogne. En Angleterre, les deux Roses, Yorck et Lancastre, partagent et occupent les esprits dans tout le royaume. La Hongrie se morfond dans ses guerres civiles. Enfin le faible Jean, en Aragon, sommeille dans la paresse, et permet que son sceptre se change en quenouille entre les mains de sa femme.

Jean Galéas se trouve donc libre d'agir sans contrôle. C'est un homme qui a un courage d'entreprise qui contraste étrangement avec sa lâcheté personnelle. Sans jamais se montrer à la tête d'une armée, toujours caché dans son Castello fortifié de Pavie ou de Milan, entouré de triples gardes, en défense même dans son appartement, ce Jean Galéas n'hésite jamais un instant dans ses déterminations. Incapable de remords pour le crime ou de honte pour la mauvaise foi, en même temps qu'il élève le dôme de Milan et la Chartreuse de Pavie, on le voit toujours aux aguets pour voler et soumettre l'Italie.

A Bologne, il noue des intrigues qui ont pour but d'arracher cette ville à l'église, ce qui arrive un jour, au grand détriment du saint Père. A Sienne et à Pise, il envoie *Giovanni d'Azzo des Ubaldini*, son plus sagace confident, afin d'y préparer la chute de Florence. A Pise, il entretient *Pietro Gambacorti*, pour s'y créer des partisans, et y mûrir une révolution. A Vérone, les della Scala ou scaligers lui font ombrage; il veut leurs Etats. Après avoir pris de vive force Brescia, dans une guerre allumée en 1378, contre les Vénitiens, dont il est l'allié, il leur prend aussi Vérone, et consomme ainsi la dépouille des Scaligers, victimes de sa duplicité. Enfin, il se tourne vers les Carrare, de Padoue, chasse le vieux duc, qu'il enferme dans la citadelle de Como, et, pour dédommager le fils et le successeur, Francesco II Novello di Carrara, de ses États de Padoue, qu'il s'adjuge par dol et trahison, il lui accorde la seigneurie de Corteron, près d'Asti.

Alors de toutes les maisons souveraines qui ont existé entre les Alpes et les Apennins, depuis la chute des républiques de la Haute-Italie, il ne reste plus que quatre familles qui n'aient pas été asservies ou dépouillées par les Visconti. Ce sont les maisons de Savoie, de Montferrat, de Gonzague et d'Este. Or, *Amé VII*, dit le *Rouge*, comte de Savoie, occupé des affaires que lui suscite la France, évite prudemment toute brouillerie avec le comte des Vertus. *Théodore II*, marquis de Montferrat, auquel Jean Galéas a déjà frauduleusement enlevé Asti et d'autres places importantes, vit en prisonnier timide à la cour de Milan. C'est le passereau toujours à la portée de la griffe du hibou, et qui craint de remuer. *François de Gonzague* se maintient à Mantoue par une servile et absolue déférence à toutes les volontés de l'implacable duc. Enfin, dans la famille d'Este,

Albert, après avoir succédé à son frère Nicolas, en 1388, au préjudice d'Obizzo, fils d'un frère aîné mort avant lui, reçoit et agrée l'inspiration que lui donne Jean Galéas de faire tomber la tête de cet Obizzo et de sa mère, qu'il accuse indignement d'avoir conspiré contre lui. Il va plus loin. Il livre aux tortures du bûcher la jeune femme de l'infortuné Obizzo, condamne à la potence l'un de ses oncles, et tenaille ou écartelle plusieurs de ses confidents. Après de telles atrocités, le marquis de Ferrare, en haine aux souverains, en abominable horreur aux peuples, ne peut désormais se fier qu'à Jean Galéas, son complice, et n'agit plus que d'après ses conseils ou ses ordres.

Jean Galéas fait ainsi planer sur toute l'Italie du nord son ombrageux et féroce despotisme. Je l'ai dit : Il n'est pas jusqu'aux superbes Vénitiens qui ne tremblent en voyant ce monstre abhorré planter et faire flotter sur leurs lagunes les plis sanglants de son drapeau, portant sur champ rouge une couleuvre en fureur qui semble ouvrir la gueule pour les dévorer.

Aussi, en face de cette menace parlante, et sachant qu'après une longue et douloureuse série d'horribles aventures, Francesco II Novello di Carrara, cherche à rentrer dans ses Etats, en faisant porter devant lui trois étendarts, celui de la commune de Padoue d'abord, puis celui du *Char, Carrara*, armoiries parlantes des Carrare, et enfin l'étendard des comtes della Scala, anciens seigneurs de Vérone, les Vénitiens accordent-ils le passage sur leur territoire à Francesco II, et aux trois cents lances qui le suivent.

Les anciens sujets des Carrare et des Scaligers, par horreur du Visconti, s'empressent de grossir l'armée de Novello. Alors succès et triomphe de Francesco II. Il rentre dans le domaine de ses pères, et fait rentrer de même, à Vérone, *Francesco della Scala*, qui en est reconnu avec bonheur comme maître et souverain.

Sur ces entrefaites, meurt de la peste, le 3 septembre 1402, Jean Galéas Visconti.

La balance de l'Italie, presque renversée, se relève aussitôt d'elle-même, malgré les efforts de la veuve de Visconti, Catharina, devenue régente.

Aussitôt le désordre et l'anarchie se mettent dans tout le Milanais. Como, la première des villes entre en sédition. Pandolfo Malatesta est chargé de rappeler Como au bon ordre. Mais *Mauvaise Tête*, c'est la traduction de Malatesta, exécute ces ordres en livrant la cité au pillage et en s'en attribuant ensuite à lui-même le gouvernement. Sur cet exemple, toutes les villes soumises à la domination des Visconti s'abandonnent à la plus violente fureur. La révolte s'étend et gagne chaque jour, à chaque heure. Crémone, excitée par *Ugolin Cavalabo*, ancien chef des Guelfes, refuse l'obéissance. A Brescia, les Guelfes, soutenus par les habitants du pied des Alpes, se battent avec les hommes de la duchesse mère, et remportent une victoire complète. A Como, au contraire, les Gibelins sont victorieux. *Franchino Busca* chasse les Guelfes de la ville et des villages qui entourent les lacs. Bergame se livre au pouvoir des *Suardi*, famille Gibeline, et leurs rivaux, les *Coleoni*, sont mis en fuite avec les Guelfes. A Lodi, les Gibelins sont chassés par le Guelfe *Jean de Vignale*. Les *Scotti* à Plaisance, les *Landi* à Bobbio, relèvent leurs têtes humiliées et recouvrent leur ancien pouvoir; tandis que les *Anguissole* sont repoussés des deux villes et obligés de s'enfuir en toute hâte.

Ainsi, dans toute la Lombardie, c'est une fomentation universelle, qui ranime toutes les haines assoupies. Car, en réalité, il ne s'agit plus de Guelfes ni de Gibelins; mais on profite de l'anarchie et des troubles qu'elle enfante, pour se livrer à toutes les fureurs de colères enchaînées. Il n'y a plus dans ces passions qui bouillonnent, que des ressentiments à satisfaire et d'anciennes vengeances à assouvir.

Bologne et Pérouse profitent des circonstances pour échapper à la tyrannie du Visconti. A Milan même, on se remue vivement pour recouvrer la liberté. Enfin, la duchesse Catharina meurt, empoisonnée, dans le castello de Pavie, et Barbara est obligé de s'enfuir. Aussitôt Pandolfo Malatesta, qui avait suivi la régente dans sa fuite à Pavie, quitte son cadavre encore chaud, se sauve à pied du castello, déchaussé, à demi-vêtu, et va se cacher timidement à Trezzo, ce château-fort témoin du supplice de Bernabo. Puis, de là, se rendant à Brescia, il se fait livrer la ville, ses bastions, sa citadelle, et, après ce hardi coup de main, se proclame lui-même seigneur et maître de Brescia, au mois d'octobre 1404.

Par cette nouvelle révolution, toute la Lombardie se trouve partagée entre de nouveaux tyrans. *Philippe-Marie*, le plus jeune des deux frères Visconti, réside à Pavie ; mais l'autorité de cette ville a été usurpée de nouveau par les *Beccaria*, qui l'avaient autrefois exercée. *Facino Cane*, le général de la duchesse-mère, règne à Alexandrie ; *Georges Benzoni*, à Crème ; *Jean de Vignale*, fils d'un boucher, commande à Lodi. Ainsi les peuples, foulés par leurs nouveaux maîtres et par les soldats qu'ils entretiennent, sont bientôt réduits à regretter l'oppression plus égale des Visconti de Milan.

Mais les Visconti se réveillent si bien, que, par suite de ses crimes, l'aîné des fils de Jean Galéas, Jean-Marie, révolte ses sujets qui l'assassinent ; et le second, Philippe-Marie, méditant de reprendre les villes perdues, commence par enlever sur Pandolfo Malatesta, Brescia, la plus belle de ses villes de la Lombardie, et dompte le ravisseur qui lui a soustrait le plus riche fleuron de sa couronne ducale. Mais, chose étrange ! à peine redevenu maître de Brescia, où il se déclare le suzerain de Malatesta, c'est précisément cette même ville qui devient le théâtre d'une guerre acharnée. Voici à quel propos :

Un traité de paix liait encore pour cinq années le duc de Milan et la sérénissime république de Venise. Mais Philippe Marie Visconti observe si mal ses engagements et sa parole, que les Vénitiens le veillent de près. Ils apprennent que le Visconti se prépare à attaquer Vérone, Vicence, Padoue et Trévise, que son père a possédées, et ils se décident à prendre l'initiative, en marchant contre Brescia, comme première hostilité. Alors la guerre est déclarée entre les deux Etats le 27 janvier 1426.

Dans les plaines du Piémont, à Carmagnola, en 1390, un pauvre pâtre voyait naître dans sa cahutte un enfant qui devenait pour lui une bien lourde charge. Aussitôt que possible, le père fit du fils ce qu'il était lui-même, un gardeur de pourceaux. Mais le jeune gars s'ennuya bientôt de contempler toujours les mêmes horizons, et de n'avoir jamais que des loups à combattre. Aussi, un jour, voyant passer des compagnies franches conduites par des condottieri, le berger devint jaloux de leur sort, et désireux de suivre ces bandes noires qui couvraient le monde, ici menant joyeuse vie, là se précipitant tête basse au milieu des plus grands périls, ailleurs se faisant tuer sans souci, notre Piémontais se proposa comme valet d'armée, et, accepté, il en remplit allègrement les fonctions.

Francesco Bussone, tel était son nom; mais le jeune aventurier, lui, préféra un nom de guerre et se donna celui de *Carmagnola*, de l'appellation de son village. Bientôt, le valet Francesco devint soldat, et se rangea parmi les plus braves.

A l'époque où Philippe-Marie Visconti, se croyant perdu s'il ne recueillait l'héritage de son frère, s'était mis à la tête de son armée et assiégeait Monza, il vit un simple soudard qui poursuivait *Hector Visconti*, son parent, jusqu'au milieu des rangs ennemis, et qui l'aurait indubitablement fait prisonnier si son cheval ne s'était abattu. Le sort, pour le dire en passant, était hostile aux Visconti, en ces jours néfastes, car le soir même, cet Hector eut la jambe percée d'une flèche au point qu'il mourut de sa blessure. A cette heure encore, on conserve à Monza, où je l'ai vu l'an dernier, le corps momifié de ce Visconti, placé debout dans une niche, tenant son épée nue, la jambe gauche brisée, et sa face parcheminée exprimant une atroce souffrance, celle d'une cruelle agonie. Mais ce n'est pas ce dont il s'agit. Philippe-Marie, ayant donc remarqué l'intrépide bravoure du soudard, le fait venir, sait qu'il s'appelle Carmagnola, et lui donne sans retard un commandement. Puis, comme Carmagnola exécute bientôt de nouvelles prouesses, hardies, téméraires, habiles et toujours couronnées du succès, le duc de Milan en fait son général de choix, le met à la tête de toutes ses armées, et les triomphes les plus éclatants justifient la confiance qu'il a en Francesco Bussone.

Ecoute maintenant le catalogue des victoires de ce grand homme de guerre; car Francesco Carmagnola fut l'un des plus grands capitaines de l'Italie. Ses faits d'armes vont se suivre rapides comme la tempête.

D'abord il s'empare de tout le pays qui s'étend entre l'Adda, le Tessin et les Alpes. Les plus forts châteaux de cette province, Trezzo, Lecco, Castello-d'Adda, sont obligés de lui ouvrir leurs portes des 1416.

Puis, pendant que l'inhumain Visconti fait arrêter, à Milan, contre la foi des traités, Jean de Vignale, seigneur de Lodi, et lui fait trancher la tête, avec son fils, sur une place de Milan, en comptant un ennemi de moins dans sa personne, *Philippe Arcelli,* gentilhomme de Plaisance, qui d'abord avait livré cette ville au despotisme du duc de Milan, voyant ce dernier prêt à le trahir, souffle la rébellion dans Plaisance, la ravit au duc, et prend le titre de seigneur et l'autorité suprême dans sa patrie. C'est un brave et intelligent soudard que ce Philippe Arcelli. Les seigneurs des principales cités de Lombardie sont bientôt informés par lui, que le duc de Milan veut les dépouiller tous et qu'ils doivent, ou résister ou courir au-devant du déshonneur. Aussitôt Pandolfo Malatesta, seigneur de Brescia; *Gabrino Pondolo,* de Crémone, Lottière Rusca, de Como; les Coleoni, de Bergame; les Beccaria, de Pavie, et *Campo Fregoso,* doge de Gênes, s'unissent par un serment et jurent de se défendre mutuellement. Sur le champ, Carmagnola est envoyé par Visconti contre cette confédération menaçante. La Basse-Lombardie devient le théâtre de la guerre de 1417. Elle est acharnée. Vaincre ou périr! telle est la devise des confédérés. Néanmoins Carmagnola s'empare de Plaisance, mais il ne peut enlever la citadelle, qui lui résiste. Alors, apprenant que Pandolfo Malatesta arrive de Brescia avec des forces imposantes pour la lui reprendre, il contraint tous les habitants de Plaisance à s'éloigner en emportant leurs effets les plus précieux. Quand donc Philippe Arcelli arrive à Plaisance, accompagné de l'armée de Malatesta, quel n'est pas leur étonnement de ne plus trouver que des maisons vides, le silence, un calme effrayant, l'horreur de la fuite partout. Ils en sont saisis d'effroi et s'éloignent eux-mêmes. Ainsi la ville reste abandonnée pendant de longs mois. L'herbe croit dans les rues jusqu'à la hauteur du genou, et de hautes ciguës s'élèvent à la porte des maisons comme pour en défendre l'accès. Telles sont les expressions de l'historien Sismonde-Sismondi, dont j'analyse très-rapidement les belles pages, surtout ce qui concerne les faits militaires de cette époque.

A Como, Lottière Rusca est obligé de se soumettre aux armes du farouche Philippe-Marie: il abandonne aussi sa ville aux fureurs de Visconti, et se retire à Lugano.

Carmagnola descend ensuite vers la rivière de Gênes, y force le doge Campo-Fregoso à une rapide et humiliante soumission.

Rolando Palavicini, qui voit approcher les armées du duc, leur remet volontairement San-Donnino, dont il est seigneur.

Les Rossi et les Pellegrini, gentilshommes du Parmesan, se voient contraints de même de courber la tête sous la vaillance du brave Carmagnola, digne de meilleure cause.

Nicolas, marquis d'Este, craignant de perdre à la fois les deux villes de Parme et de Reggio, qui jadis appartenaient à Jean Galéas, marche au-devant du vainqueur et cède bénévolement la première de ces villes, pour se faire autoriser à garder la seconde.

Alors Carmagnola fondant à l'improviste sur Pandolfo Malatesta, lui enlève ses forteresses du Bergamasque, pénètre dans Bergame par le côté de la cité qui regarde les montagnes, et que l'on croit inexpugnable, et soumet toute la banlieue de Brescia.

Puis, Gabrino Fondolo est attaqué dans Crémone. On lui prend Pizzighettone et le château de Soncino. Crémone même est obligée de se rendre à l'approche de Carmagnola.

Enfin, ne pouvant plus lutter, à bout de forces, abandonné de tous, voyant l'appui même de Charles Malatesta, son frère, détruit par l'habileté de Carmagnola, Pandolfo, de Brescia, demande la paix, remet aux mains de Visconti la ville et le territoire de Brescia, et se retire à Rimini, près de ce frère qui a vainement essayé de relever sa fortune. C'est en 1421, que ce dernier acte de la restitution des domaines des Visconti s'accomplit en Lombardie.

Ainsi Carmagnola fait rentrer, avec la victoire, la puissance et la force dans le Milanais, et asseoit Philippe-Marie sur son trône ducal restauré. En échange, le pâtre, devenu général, reçoit le titre de comte, et la main de l'une des sœurs de Visconti. Mais la reconnaissance reste étrangère au cœur du farouche tyran de la ville de Milan.

Le voici, la couronne ducale solidement fixée sur sa tête, qui fait fi de ses engagements et ne tient plus compte de sa parole. Il nargue la république de Venise, la seule puissance qui ait les moyens de lui porter ombrage, mais qui tremble devant lui. Il nargue même Carmagnola, dont il croit n'avoir plus besoin.

Les commandements militaires qu'il lui a confiés ou promis lui sont insolemment enlevés, arrachés; et, un jour que le vaillant condottiere se présente au manoir d'Abbiate-Grasso, où est la cour du duc, pour la première fois, il se voit refuser l'entrée des appartements de l'ingrat et farouche tyran. Il insiste : on lui oppose le silence du mépris. Il élève la voix, on le repousse.

Aussitôt le fier soldat de fortune, comprenant ce qu'il doit à son honneur, se remet en selle, pique des deux, suivi de ses hommes d'armes, et ne s'arrête qu'à Venise, dont il fait convoquer le Sénat. Là, en présence du doge, en face du Conseil des Dix, il révèle tous les projets de Visconti. Le duc de Milan prépare la guerre contre Venise : il veut prendre Vérone, il veut prendre Padoue, il veut s'emparer de Vicence, de Trévise, de tout ce dont il pourra dépouiller la Sérénissime République. Alors il offre ses services à la ville de Venise, d'abord en défiance, mais qui, voyant ensuite le grand capitaine prêt à périr par le poison qu'un agent de Visconti est parvenu à lui verser, le prend à sa solde, lui confie trois cents lances, le nomme généralissime de ses armées, et déclare la guerre au duc de Milan, Nous sommes, à cette époque, en 1426.

Carmagnola ouvre aussitôt la campagne en assiégeant Brescia, Brescia la ville voisine de Vérone menacée, Brescia la première cité qui couvre la Lombardie milanaise, la clef des états du redoutable duc de Visconti.

Visconti oppose à Carmagnola un autre soldat d'aventure, un condottiere non moins fameux que Carmagnola même. C'est *Francesco Sforza*, né d'un paysan de Cotignano; qui a fait son chemin par les armes et par sa bravoure, un capitaine qui arrive de Naples, avec la réputation d'un habile et rusé soldat, un routier qui, en semant son sang, cherche à moissonner un jour un sceptre, fût-ce celui du duc même qui l'emploie.

A cette époque, Brescia, assise comme tu sais, sur les déclivités des Alpes Rhétiques, est composée de plusieurs quartiers défendus isolément par des fortifications indépendantes les unes des autres. D'abord, sur la montagne qui la domine se dresse une citadelle, la *Citadelle-vieille*, entourée d'un double mur, soutenue de tours et de donjons rapprochés l'un de l'autre. Au-dessous de cette première forteresse sont dispersées et rayonnent dans tous les sens, les rues de la Ville Haute avec une enceinte de murs. Puis, sur les assises inférieures des talus, sont assis trois quartiers de la ville, séparés, fortifiés, et formant, sur une même ligne, trois forteresses distinctes. Celle du centre n'a que des *Gibelins* pour habitants. On donne à la seconde, celle du couchant, le nom de *Citadelle-*

neuve. Au-dessous de ces trois quartiers puissamment enveloppés de remparts, courtines, etc., descend vers la plaine un dernier quartier. C'est la Ville Basse. Elle n'est habitée que par les *Guelfes*. Au nord, de ce groupe étrange de forteresses composant la ville de Brescia, la porte principale s'appelle *Porta Garzetta*. A l'est, on trouve la *Porta San-Giovanni*, au sud celle de *Santo-Alessandro*, et enfin à l'ouest, les portes *San-Nazzaro* et *Pilavia*.

Déjà Carmagnola s'est créé des intelligences dans la place. Aussi, le 17 mars 1426, les Avogadores lui ouvrent les portes de la ville basse, le quartier des Guelfes. Mais les quatre autres forteresses restent fermées. Que fait Carmagnola ? Prévenu que *Guido Torello* et *Nicolas Piccinino*, deux capitaines à la solde de Visconti viennent au secours de Francesco Sforza et de la ville assiégée, il ne s'émeut pas, et changeant de tactique, puisqu'il ne peut prendre la ville par ruse, il prétend s'en emparer par force. Il sépare, au moyen d'un fossé, large et profond, le quartier qu'il occupe des quartiers supérieurs, et par *Nicolas de Tolentino*, un autre homme de guerre que lui envoie la République, il fait attaquer spécialement la Porte Garzetta, pendant qu'il assiège simultanément les trois quartiers placés sur la ligne centrale, entre la ville haute et la ville basse. Il fait plus encore : il enferme ces trois quartiers dans une circonvallation de plus de 2000 pieds de longueur, et de 20 de large sur 12 de profondeur. Enfin, il se couvre lui-même d'une autre ligne de circonvallation de plus de 5000 pieds de développement.

On arrive ainsi au mois de mai, époque à laquelle le bruit s'étant répandu que Brescia est en grand danger, survient, du fond de la Romagne, un autre capitaine dévoué à Visconti, *Ange de la Pergola*, et qui se vante de n'avoir qu'à souffler sur Carmagnola pour le faire disparaître. Mais à la vue de l'investissement exécuté par Carmagnola, et qui n'est encore qu'à l'état d'ébauche, Pergola juge ridicules ses prétentions, et, malgré l'avis de Sforza et de Piccinino, se retire sans avoir lancé une seule flèche ou un coup d'arquebuse au redoutable paysan de Carmagnole.

Sur ces entrefaites, la Porte Garzetta tombe au pouvoir de l'armée vénitienne. Alors les combats se renouvellent sans relâche. L'artillerie, dont on commence à faire usage, détruit facilement des fortifications qui n'ont pas été faites pour lui résister. Le sang coule chaque jour dans des combats partiels, mais Brescia résiste toujours, et quand Pergola revient, saisi d'admiration en face de la merveilleuse manière dont Carmagnola a complété l'investissement de la place, il se demande comment Brescia peut tenir encore. En ce moment, tous les condottieri du duc de Milan, réunis sous les murs de Brescia, forment une armée de plus de 15,000 hommes d'armes à cheval, avec un nombre proportionné d'infanterie. Mais leur nombre ne donne pas la valeur, et, d'ailleurs, l'insubordination des soldats et la jalousie mutuelle des chefs, les empêchent de tirer parti de leurs forces. Ils n'attaquent les lignes vénitiennes que quand il est trop tard. Aussi sont-ils repoussés avec perte.

Enfin, serrés de près dans leurs diverses citadelles, les Brescians, qui voient leurs forteresses successivement prises par un ennemi infatigable, finissent par mettre bas les armes. La citadelle-vieille toutefois se soumet la dernière, et, le 20 novembre 1426, le drapeau de Saint-Marc, le lion de Venise avec son épée, flotte sur les remparts et les hautes tours de Brescia.

Ainsi, Carmagnola porte aux Vénitiens la victoire qu'il avait habituée à sourire au tyran de Milan comme à son souverain seigneur, et le duc Visconti a la honte de voir la couleuvre de ses étendards tournée en dérision et traînée dans la fange par ceux qui, naguère encore, étaient les premiers à célébrer ses conquêtes. Le serviteur humiliait le maître : Carmagnola triomphait de Visconti.

Je ne vais pas te raconter les événements qui se passent à Crémone, où Carmagnola trouve pour ennemi et pour vainqueurs Sforza, et une horrible poussière accumulée par les chaleurs de l'été, ni la revanche qu'il prend de cette défaite dans les humides et trompeurs marais de l'Oglio, où il bat de nouveau les Milanais. Je te dirai seulement, mon cher frère, qu'il est dans la destinée des grands hommes de guerre de juger sainement les hauts faits d'armes, et de ne pas voir clair dans les plus simples actions de la vie. Or, comme la sérénissime République de Venise fait surveiller de très-près les condottieri qu'elle prend à son service, ses espions croient voir dans certains actes de générosité de Carmagnola vis-à-vis de ses prisonniers, des avances à l'adresse du duc de Milan, avec lequel il voudrait rentrer en grâce. Sur ce dénonciations, conseil secret du sénat, décision des Dix, condamnation de Carmagnola, puis appel du condottiere à Venise. Après une splendide réception, Carmagnola est jeté dans les fers, livré aux tortures, exécuté par les mains du bourreau.

Pour moi, laissant désormais Carmagnola reposer dans son linceul sanglant, je reviens à Brescia, la cité qui nous occupe. Je voudrais t'en raconter encore l'autre siége, celui qui suivit le siége de Carmagnola, et dont un autre condottiere fut le héros. Seulement, cette fois, les rôles seront changés. Ce ne sont plus les Milanais de Philippe-Marie Visconti que les Vénitiens assiégeront dans Brescia, comme le fit faire Carmagnola, ce sont les Vénitiens qui seront assiégés dans Brescia, par les soldats du duc de Milan, aux ordres de Piccinino. Enfin le nouveau condottiere mis à la tête des forces de Venise, s'appellera *Gattamelata*, c'est-à-dire *Chatte-Miellcuse*. Voilà un nom qui promet, pour un soudard surtout. Que t'en semble, frère ? Prête-moi encore l'oreille, je serai bref dans ce que je vais te dire :

La guerre s'étant rallumée de nouveau, en 1437, entre la République de Venise et le duc de Milan, toujours à cause de sa déloyauté et de ses fourberies, la ville de Brescia eut à souffrir un siége qui fut l'occasion de beaux faits d'armes, et qui prouve que la *guerre de position* était déjà connue en Italie dès le xve siècle.

Le marquis de Mantoue, *Jean-François de Gonzague*, qui commande l'armée vénitienne à cette époque, la quitte dans le courant de la campagne, dans une pensée de trahison. Elle passe alors sous les ordres de son premier lieutenant *Jean de Nanci*, surnommé Gattamelata, ou Chatte-Miellcuse, de sa façon de faire la guerre. Gattamelata se trouvait sur les frontières du Milanais lorsque Piccinino, général du duc de Milan, après avoir emporté Casal-Maggiore, près de Cremone, s'avance vers l'Oglio. Gattamelata, avec une armée beaucoup plus faible, se prépare à en défendre le passage, lorsque le marquis de Mantoue, consommant sa défection, fait jeter trois ponts sur l'Oglio, près de *Bozzalo*, livre le passage à Piccinino, et le joint avec ses troupes. Alors Jean-François de Gonzague et Piccinino, prennent Brescia à revers, soumettant tous les châteaux, toutes les forteresses des Vénitiens autour de cette ville et autour du lac de Garde, et forcent Gattamelata à s'enfermer dans les murs de Brescia. Puis ils conduisent leurs troupes dans les montagnes, pour ôter aux Vénitiens cette dernière communication avec Brescia; mais alors Gattamelata craignant de se voir absolument coupé, prend le parti de tourner le lac de Garde, au travers de ces mêmes montagnes que Piccinino attaque, et il amène sa gendarmerie à Vérone par des chemins si difficiles, qu'il y perd, en morts ou en prisonniers, jusqu'à deux cents hommes, et près de huit cents chevaux, détruits par une excessive fatigue.

Aussitôt, c'était le 3 octobre 1438, Piccinino et Jean-François de Gonzague, forment l'investissement de Brescia, avec vingt mille hommes, et, peu de jours après, quatre-vingt pièces de gros calibre ouvrent leur feu contre la place. Gattamelata n'avait pu y laisser que six cents gendarmes et quelque peu d'infanterie. Ces forces étaient loin d'être suffisantes pour la défense de la ville-haute et de la ville-basse, de quatre forts et d'une citadelle. Mais le zèle des habitants, attachés à la République de Venise par les bienfaits d'une sage administration et la bonne conduite de Podestat, *Francesco Barbaro,* et du capitaine d'armes, *Christophoro Donato,* savent y suppléer. La situation de Brescia est des plus difficiles : elle est épuisée de munitions; elle est découragée par la retraite de Gattamelata, et enfin des divisions la déchirent. Heureusement Barbaro réconcilie les factions opposées. En outre, tous les citoyens, le clergé, les femmes même, et parmi les femmes, *Brigitte Avogadro,* une autre Jeanne Hachette, qui arme de casques, de cuirasses et de lances les plus intrépides de ses compagnes et en forme une compagnie militaire, concourent à la défense de la cité et se prêtent aux plus rudes travaux. Une milice de six cents hommes est organisée, et lorsque, le 4 novembre, les assiégeants se disposent à un assaut, ils sont prévenus par une sortie de la garnison qui les attaque jusque dans leur camp.

Vainement Piccinino livre des combats journaliers et attaque tour à tour les difffférentes portes de Brescia; vainement il détourne les eaux qui remplissent le fossé pour établir ses batteries, d'où quinze bombardes vomissent sur la ville un feu perpétuel. Les Brescians répondent de leur côté par des batteries opposées; leurs moines, et jusqu'aux prélats, creusent et emportent la terre pour refaire les remparts et les brèches, et, en un mot, toute la population se montre pleine de bravoure et d'énergie.

Une brèche étant suffisamment ouverte, les soldats de Philippe-Marie tentent un assaut au corps de la p'ace; mais les femmes cuirassées font merveille en ce jour, et les Milanais sont repoussés. Un nouvel assaut est donné le 10 décembre : il n'a pas un meilleur succès. Et cependant, par plusieurs chemins couverts, les assiégeants peuvent arriver jusque dans les fossés, sans être exposés à l'artillerie de la place. Leurs tranchées percent les murailles de la ville en plusieurs endroits ; leurs mineurs font entrer les galeries souterraines jusque sous les maisons ; mais, ce jour-là, un heureux hasard fait tomber le mur extérieur sur les Milanais, et non dans le fossé, comme on s'y était attendu. Le combat meurtrier qui a commencé dès l'aube, dure jusqu'à la tombée de la nuit ; il se renouvelle même le lendemain avec un égal acharnement ; mais dans ces deux attaques, la perte des assaillants se monte jusqu'à deux mille hommes, tandis que les Brescians restent sains et saufs.

Cependant Gattamelata étant venu à bout de chasser du Véronais l'armée mantouane de Jean-François de Gonzague, qui le veillait de près, revient au secours de Brescia. Il remonte l'Adige au mois de novembre et se rend maître de *Torbolo*, au haut du Bénaque. Le Bénaque n'est autre que le lac de Garde.

Aussitôt, Piccinino, averti de son approche, après l'assaut du 10 décembre, convertit en blocus le siége de Brescia, et s'avance à la rencontre des Vénitiens. Le 15 décembre, les armées sont en présence vers *Arco*, séparées seulement par la rivière de *Sarca*. La difficulté du passage fait que les ennemis s'observent pendant quelques jours. Mais les Milanais, plus nombreux, étant parvenus à déborder les Vénitiens, Gattamelata est une fois encore obligé de se retirer sur Vérone. Piccinino le suit, et, manœuvrant sur Vicence, force son adversaire à reculer jusqu'à Padoue.

Le blocus de Brescia continue tout l'hiver. Mais au commencement de 1439, les Vénitiens étant parvenus à conclure une alliance offensive avec le pape Martin V, les Florentins et les Génois, contre le duc de Milan, commencent à respirer ; car, attaqués par Jean-François de Gonzague, n'osant pas compter sur le marquis d'Este, leurs forces étaient acculées aux lagunes. Bien plus, Francesco Sforza, ce fils du paysan Attendolo de Cotignano, après avoir été joué par le duc de Milan, qui lui promettait toujours sa fille Blanche de Visconti et ne la lu[i] donnait jamais, entre dans la nouvelle ligue en qualité de marquis d'Ancône, et devient le généralissime des armées de Venise. Alors, sans aucun retard, il arrive à Padoue, le 14 mai 1439, avec 8,000 chevaux. Gattamelata, digne lui-même d'un commandement qu'il a exercé avec gloire, se résigne sans murmurer, et devient le lieutenant de Sforza, sans que son zèle se démente. Enfin, la lutte qui se prépare présente tout l'intérêt national.

Le but que se proposent les Vénitiens est d'abord de dégager Vérone, resserrée par Piccinino, qui occupe le Vicentin, et de faire lever le blocus de Brescia. Aussi Sforza reçoit-il l'ordre de commencer par cette double opération. En effet, Piccinino, le voyant s'avancer, se replie sur Vérone et vient occuper la position de Soave et de *Caldiero*, couvert sur son front par l'*Alpon*, à droite par l'Adige, et appuyé à sa gauche par les montagnes. Il ne veut pas compromettre, par une bataille, des conquêtes qu'il regarde comme assurées. Et, comme l'art de jeter, en face de l'ennemi, des ponts sur les rivières est encore inconnu, retranché derrière les canaux de Padoue, le grand capitaine rend vaines toutes les menaces de son adversaire.

Sforza, ne pouvant forcer la position de l'ennemi de front, se décide à la tourner. Il redescend à Vérone et vient présenter la bataille à son terrible ennemi. Mais Piccinino occupe une forte position : sa retraite est assurée par un pont sur l'Adige; il se garde bien de bouger. A cette vue, Sforza débouche lui-même de Vérone et entre dans le Mantouan, par *Villafranca*. Jean-François de Gonzague, effrayé, appelle Piccinino pour couvrir Mantoue. C'est précisément ce que veut Sforza. Il repasse en hâte à la gauche de l'Adige, s'empare de la position de Caldiero et de Soave, et dégage ainsi tout le pont de Vérone, en même temps qu'il rétablit ses communications avec Vicence et Padoue.

Cependant Brescia éprouve les horreurs de la famine. Toute la magnanimité, tout le dévouement de Francisco Barbaro suffisent à peine à soutenir le courage des habitants. Pendant l'hiver, les Vénitiens ont bien fait transporter jusqu'au lac de Garde, à travers les montagnes qui bordent l'Adige, deux grandes et trois moyennes galères, avec vingt-cinq barques armées. Cette petite flotte, en entrant dans les eaux du lac, s'était trouvée maîtresse de la navigation et avait ouvert quelques communications avec Brescia. Mais Pilippe-Marie Visconti avait aussitôt fait armer à Peschiera, au sud du lac, une flotte bien plus considérable, et mis garnison dans tous les châteaux situés sur les deux rives du Bénaque. Or, c'est en dégageant cette flotte, tenue en respect par celle de Visconti, que Sforza espère secourir Brescia. Dans ce but, il vient mettre le siége devant *Bardolino*, château défendu par les Mantouans, sur la rive orientale du lac, entre *Peschiera* et *Garda*. Mais les signaux par lesquels il invite la flotille vénitienne à s'en rapprocher, ne sont point aperçus ou mal compris. Au contraire, Piccinino a fait sortir ses galères de Peschiera ; il a de plus renforcé la garnison de Bordolino. Il advient donc que Sforza ne peut plus secourir Brescia, si ce n'est en répétant la manœuvre de Gattamelata. Et comme il en reçoit l'ordre positif de Venise, il l'exécute sans retard.

Il tourne la place de *Riva*, sur la rive septentrionale du lac, s'avance jusqu'au *château de Tiarno*, qu'il investit, et fait passer des vivres à Brescia. A peine Piccinino a-t-il avis de ce mouvement de Sforza, qu'il se presse d'embarquer son armée à Peschiera, et de la faire débarquer à Riva. Mais il se trouve prévenu, et, jugeant qu'il peut espérer de vaincre Sforza, dont la position à Tiarno n'est pas avantageuse, il marche droit à lui et l'attaque le 9 novembre 1439.

Soudain, voici qu'au milieu du combat, un détachement de la garnison de Brescia paraît sur la montagne, derrière l'armée milanaise, et l'épouvante de se répandre parmi les soldats de Piccinino ! On les bat à plate couture, et Piccinino, séparé des siens, est contraint de se jeter dans le château de Tiarno, où il demeure environné d'ennemis ; mais, toujours supérieur à la fortune adverse, la nuit suivante, il se fait emporter, enfermé dans un sac, sur les épaules d'un valet, traverse ainsi les postes vénitiens, et vient à Riva rallier les débris de son armée.

Là, il conçoit le projet de venger sa défaite par un succès éclatant. Il juge que l'on doit être à Vérone dans une sécurité parfaite, en raison de l'éloignement des armées et de la déroute qu'il a essuyée. Il se décide donc à en profiter pour surprendre cette place, malgré sa nombreuse garnison. Il rembarque sur le champ son armée, la reconduit à Peschiera, et de là se porte sur Vérone, où il arrive dès le 26 au soir. Il attaque la ville avec une telle rapidité qu'il y pénètre et se rend maître des ponts dans la même nuit. La garnison n'a que le temps de se jeter dans les forts. Mais il a affaire à un rival non moins actif que lui. Sforza apprend, le 17, la surprise de Vérone. Abandonnant, pour le moment, le projet de délivrer Brescia, le voilà qui met sur le champ son armée en campagne, sans même prendre de vivres. Le 20 au soir, il arrive à Vérone, et entre par le fort Saint-Félix. La même nuit, il reprend la partie de la ville placée sur la rive gauche de l'Adige, et appelée Veronette, passe les ponts, attaque Piccinino dans Vérone, le bat complètement, et rejette sur Mantoue les débris de son armée.

Puis après un assez long repos donné à ses soldats, il se charge de vivres et de munitions, se remet en marche au commencement de janvier 1440, et s'avance de nouveau jusqu'à Tiarno, qu'il investit. De là ses convois se dirigent sur Brescia, où ils arrivent sans coup férir.

Quant à Piccinino, il s'est hâté de se porter sur Riva, et de là à Tiarno, pour gêner les opérations des Vénitiens : mais il se trouve prévenu. Après quelques combats de peu d'importance, la rigueur de la saison force les deux armées à rentrer en quartier d'hiver.

Piccinino se porte donc sur les confins du Milanais, et Sforza revient à Vérone. Mais il donne l'ordre de construire une autre flottille à *Torbole*, pour se rendre maître du lac. Aussi la présence de Sforza dans cette partie du théâtre de la guerre, inquiète plus que jamais le farouche tyran de Milan. Pour l'éloigner, il imagine de faire attaquer la Toscane par Piccinino, espérant que les Florentins appelleront Sforza à leur secours, et que les Vénitiens seront obligés d'y consentir. Il se trompe, heureusement. Le Sénat de Venise ne se laisse pas détourner de son but. Au contraire, Sforza passe l'Oglio, prend Orci-Nuovi, Soncino, Peschiera et tous les postes sur le lac de Garde. La flottille milanaise est détruite et enfin Brescia est délivrée. *Taliana Furlano* et *Louis del Verme*, les deux généraux de Visconti, évacuent le territoire de cette ville éprouvée ; *Borso d'Este*, zélé protecteur des arts et des lettres, et le premier marquis de la famille d'Este qui porta le titre de duc, est battu par Sforza, qui détruit toute sa cavalerie, tandis que *Nicolas d'Este*, son père, luttait avec les Vénitiens. Enfin la guerre finit le 23 novembre 1441. Jamais plus les Milanais n'osèrent assiéger Brescia de nouveau.

Et cependant, mon très-cher, je vais te dire quelques mots d'un autre siége que soutint encore Brescia. Il s'agit de nos Français cette fois, il s'agit de notre

Bayard, le *chevalier sans peur et sans reproche!* J'imagine que tu ne feras pas la sourde-oreille.

Donc, c'était après la bataille d'*Agnadel,* petit village situé au nord-est de Lodi, et le 14 mai 1509, les habitants de Brescia, s'étant emparé des portes de leur ville, l'avaient livrée aux Français. Louis XII faisait alors valoir ses droits sur le Milanais, dont il avait hérité par son aïeule Valentine Visconti, mais que les Sforza, après avoir dépossédé les Visconti, tenaient à conserver pour leur propre compte. Puis, en outre, il s'était ligué, par le *traité de Cambrai*, avec l'empereur d'Allemagne Maximilien, Ferdinand le Catholique, roi d'Aragon, et le pape Jules II, pour enlever aux Vénitiens les villes qu'ils possédaient en Italie. D'abord, il avait rencontré l'armée vénitienne sur l'Adda, et l'avait détruite à la célèbre journée d'Agnadel, dont je viens de te parler. C'est alors que les Brescians s'étaient donné à notre souverain.

Mais, le 4 février 1512, pendant que *Gaston de Foix,* ce jeune héros de vingt-deux ans, qui, dans sa courte mais très-brillante carrière, s'égala aux plus grands capitaines, en qualité de généralissime de l'armée française en Italie, fait lever le siége de Bologne, le vénitien *Andrea Gritti* se porte à l'improviste sur Brescia, et, ayant dirigé un assaut sur trois points différents, enlève la place. Puis, dès le lendemain, il commence le siége de la citadelle et la bat d'un feu si bien nourri qu'il y a bientôt une brèche ouverte. Heureusement Gaston a deviné les projets des Vénitiens sur Brescia, et s'est préparé les moyens d'arriver promptement au secours de la garnison, en faisant jeter un pont sur le Pô. Donc, dès le 5 février, assuré que les confédérés, qu'il avait repoussés de Bologne, se retirent en Romagne, il se met en marche, et, le 14, il arrive devant Brescia. Alors, ayant laissé une partie de son armée en dehors de la ville, devant la porte Saint-Jean, qui seule n'était pas murée, il entre avec le reste dans la citadelle. Puis il en ressort presqu'aussitôt, range ses troupes en bataille sur l'esplanade, et attaque l'armée vénitienne, qui s'est également déployée devant lui. L'attaque est vive et la défense assez molle. Les Vénitiens se mettent même en retraite de rue en rue, protégés par les habitants, qui font feu des maisons. Mais, pendant ce temps, la partie de l'armée française qui est hors de la ville, enfonçant la Porte Saint-Jean, entre et attaque à dos les Vénitiens. Leur défaite est entière, et le carnage affreux. Quinze mille soldats ou citoyens périssent les armes à la main. Le Provéditeur Gritti, le Podestat *Giustiniani*, et les principaux chefs sont faits prisonniers. La ville est livrée à toutes les horreurs de la guerre. On la pille pendant sept jours avec toute l'avidité et la férocité qui caractérisent encore les soldats de ce siècle.

Un seul guerrier français, grièvement blessé dans la mêlée cependant, Bayard, non-seulement sauve les habitants de la maison où on l'a transporté, mais comme, au moment de s'éloigner, après son entière guérison, une dame et ses filles, dont il a protégé l'honneur, veulent, par reconnaissance et en témoignage de leur bonne amitié, lui faire accepter un coffret de prix, qui en outre renferme une forte somme d'or, il la refuse avec noblesse et dignité.

— Dieu ne m'a pas mis en ce monde, dit-il, pour vivre de pillages et de rapines...

Et comme on insiste en disant que c'est la rançon de l'honneur, il se confond en la plus *grande courtoisie que l'on puisse faire à son hôtesse au partir*, mais refuse plus énergiquement encore.

— Ce sera la dot de ces gentes demoiselles que Dieu gard! fait-il.

Admirable action, très-louée déjà, mais qui mérite de l'être davantage encore, eu égard au siècle où elle s'est passée.

Dans cette terrible journée du 14 février 1512, à Brescia, un enfant de dix à douze ans, fils d'une pauvre femme du peuple, reçut cinq blessures, dont une lui fendit les deux lèvres. Il devint bègue. Aussi lui donna-t-on le nom de *Tartaglia*, mot italien qui exprime ce défaut de langue. Cet enfant fut le célèbre restaurateur des sciences mathématiques, et on ne le connaît pas sous d'autre nom.

Après la mort trop prompte de Gaston de Foix, malheureusement tué à la bataille de Ravenne, l'armée française fut obligée d'évacuer l'Italie par la mauvaise conduite de ses généraux. Alors Brescia fut encore assiégée, au commencement de 1513, par les Vénitiens et les Espagnols. Le gouverneur français capitula avec ces derniers, qui gardèrent la place pour leur propre compte. La *ligue* de Cambrai était un peu la coalition de fripons avides et ambitieux. La bonne foi de Louis XII avait été surprise lorsqu'il consentit à en faire partie. En effet, lorsque les Vénitiens eurent été battus, les alliés du roi de France le quittèrent et se réunirent contre lui. Aussi la sérénissime république ouvrit les yeux, et le *traité de Blois*, signé le 14 mars 1513, sanctionna bientôt une autre alliance, celle de Venise et de la France.

Je ne dis rien des autres siéges qu'il était encore dans les destinées de Brescia de subir : celui de 1515, des Vénitiens et des Français ; et celui de 1516, par *Théodore Trivulzi*, général des Vénitiens, soutenu par *Lautrec*, avec une division française, par suite duquel la place, battue par quarante-huit pièces de grosse artillerie, capitula le 24 mai et rentra sous la domination vénitienne.

Brescia reste fidèle alors jusqu'à la dissolution de la république de Venise. Néanmoins, il est probable que le sang de nos batailleurs gaulois se trouve pour quelque chose dans l'énergie et le courage opiniâtre qui sont les signes remarquables du caractère des Brescians. La preuve est que peu de villes ont subi aussi dignement des siéges nombreux comme ceux que je viens de décrire.

Maintenant adieu, mon cher frère. Peut-être t'ai-je ennuyé de mes longs récits de guerre. Mais à qui voulais-tu que je parlasse batailles, combats, escarmouches, marches, contre-marches, mines, tranchées, galeries, camouflets, investissements, circonvallations et siéges, si ce n'est à toi, mon vieux et brave soldat du quarante-septième? Or, sache bien que c'était pour moi besoin d'en parler, puisque je suis à Brescia, que chaque jour je vois et la citadelle, et la ville-haute et la ville-basse, et les forteresses, et la porte Garzetta, et la porte Saint Jean, et la maison de Bayard, et l'Oglio, et le lac de Garde, et la plaine de Lombardie, et tout ce théâtre de merveilleux faits d'armes. Digère mes histoires comme tu pourras ; mais ne vois dans tout cet amalgame belliqueux qu'une preuve de la tendre sympathie et un témoignage de l'affection que je te porte.

Embrasse pour moi Mariette, Mathilde, Amélie, Clémence, et tout le bataillon de garçons que tu commandes, et permets-moi, après t'avoir bien serré la main, de prendre par le flanc droit, et, le front tourné sur Vérone, d'obéir à l'ordre du temps qui me crie : *Pas accéléré, ... arche!*

Tout à toi de cœur et d'âme.

VALMER.

IV.

A M. AUGUSTE GUERREAU, A PARIS.

Le cœur est l'écrin de l'amitié. — Paysage pittoresque. — Desenzano. — Le pont fortifié. — Peschiera. — Le fameux quadrilatère autrichien. — Le lac de Garde. — Contrastes de ses rivages. — Aspects curieux et poétiques. — *Castel-Nuovo.* — Le colonel des pages de S. M. l'empereur de toutes les Russies. — Vérone et Veronette. — Stradone della Porta-Nuova. — Batailles livrées sous les murs de Vérone. — Luttes des empereurs. — Les barbares à Vérone. — Vérone capitale d'un royaume. — La fille qui boit dans le crâne de son père. — Comment une reine se venge d'un roi. — Où l'on efface un peuple du catalogue des nations. — Escarmouches et petites guerres. — Les remparts de Vérone. — Ses portes et ses ponts. — Physionomie de la ville. — Castello-Vecchio. — Arènes et amphithéâtre. — Le Forum Veronense. — La maison des marchands. — Son beffroi. — Où les Français dérobent un lion. — Comment on fait cuire le poisson. — Piazza dei Signori. — Un dîner sous un rayon du soleil. — Les bouquetières agiles. — Le vin de l'empereur Auguste. — Palais de la famille della Scala. — Nomenclature des Scaligers. — Appartements de Can Grande. — Dante. — Un bon mot mal placé. — Où et pourquoi des frères se tuent. — Morts mêlés aux vivants. — Les grands hommes de Vérone. — Palais du Conseil. — Coups d'arquebuse. — Le soir sur l'Adige. — Le tombeau de Juliette Capulet au clair de lune. — Les églises de Vérone. — Adieux.

Vérone, 20 août 185.

— J'étais l'ami de ton noble père, et, de droit, je deviens le tien ! me disiez-vous, monsieur, en présence de ma mère, à l'heure de nos adieux.

J'ai renfermé dans mon cœur, comme dans un écrin, cette précieuse parole pour laquelle je vous dis cent fois : Merci. Je viens en même temps vous donner la preuve que la recommandation que vous m'avez faite de vous écrire m'est fort agréable. Seulement vous voulez de l'art, de l'histoire, des paysages géographiques, des scènes de mœurs, que sais-je ? Ah ! prenez garde ! Quand je me mets à l'œuvre sur ce chapitre, ce n'est pas pour peu... Y tenez-vous bien fort ? Oui ? Eh bien ! agréez ou maugréez, peu importe maintenant. Je puis vous en donner à tarlarigo, et vous allez être accablé, inondé, submergé, étouffé, asphyxié. Vous demanderez grâce, et je serai sourd ; vos yeux en deviendront rouges de fatigue, et je n'en verrai rien.

Ma mère a dû vous retracer l'itinéraire que nous avons suivi jusqu'à Brescia.

De Brescia à Vérone, rien de plus enchanteur ! Nous quittons la première de ces villes, avant hier, de bonne heure, afin de jouir de la fraîcheur des paysages. Que dis-je paysages ? Nous voyons mieux que des paysages ; car nous avons sous les yeux les beaux et vastes horizons de la Lombardie entière. On nage dans l'espace, on s'enivre d'air, on passe au travers des rayons de soleil, on se précipite vers l'inconnu plus mystérieux toujours, mais en admirant beautés sur beautés. Tout est charme magnétique, et douce et rêveuse poésie autour de nous. Puis ici et là, sonne à nos oreilles la trompette des batailles, dans le nom des stations que crie à haute voix le conducteur du train, comme pour rappeler que l'on parcourt la vaste carrière dans laquelle, en 1796, les athlètes français moissonnèrent tant de glorieux lauriers.

Voici *Ponte-San-Marco*, et après lui, *Lonato*, un petit village de cinq cents habitants à peine, mais dont le nom rappelle un merveilleux fait d'armes de la première expédition d'Italie, alors que Bonaparte voulait en prendre la clé, à savoir Mantoue, qui se cache bien au loin, sur notre droite, dans des horizons brumeux dorés par des flots de lumière.

Voici *Desenzano*, bourgade très-commerçante, grâce au port très-fréquenté qu'elle possède sur le lac de Garde.

Car voici également le beau et très-vaste *Lac de Garde*, sur notre gauche, qui, au sud, au pied même du chemin de fer, large comme un bras de mer, va se perdre en une immense pointe aigue, entre des montagnes, et parmi des croupes arrondies et fort gracieuses. Rien de plus grandiose que l'enceinte des Alpes qui forment son gigantesque encadrement. Ici et là, des rochers aux escarpements pélasgiques dominant le lac à une hauteur prodigieuse, au couchant. Au levant, gorges vaporeuses qui charment le regard par leurs charmants effets d'ombres et de lumière. Au fond, à l'extrême pointe du lac, bancs de nuages qui glissent sur les cîmes des Alpes, s'arrêtent sur leurs rampes mystérieuses, s'accrochent aux promontoires qui surplombent au-dessus des eaux, et après, blancs, dorés, argentés, étincelants comme des glaciers, appellent l'imagination vers les profondeurs lointaines, qu'ils couvrent d'îlots ombreux et d'inexprimables jeux de clair obscur. A quelque distance de la rive méridionale que nous longeons avec une lenteur calculée, du sein des vagues s'élève une île verdoyante, bien digne des rivages par sa riche végétation, et au milieu de ses lauriers roses, de ses citronniers et de ses bocages, nous sourit un joli village aux maisons blanches et aux fières villas. Pour toile de fond, Alpes du Tyrol, offrant des pics non moins ardus que les Alpes de Suisse, également couvertes de neiges éternelles, et séparées les unes des autres par d'effrayants précipices où vont s'engouffrer en mugissant d'imposantes cataractes. L'aspect de ces montagnes, formant autour du lac, du côté de Brescia surtout, et au fond de la perspective, un vaste et colossal amphithéâtre, est tout aussi merveilleux. Leurs avalanches n'y sont pas moins fréquentes ni moins redoutables. Les glaces que l'on voit briller sous les feux du soleil y sont aussi anciennes que la base sur laquelle elles reposent. Sur certains points, les traces de végétation disparaissent, et la vue semble tout-à-fait s'éteindre au milieu des neiges que jamais les chauds rayons du cie n'ont fondues. C'est là que naît l'*Inn* pour se rendre à Inspruck; c'est de là que vient l'*Adige*, à travers d'horribles déchirures de rochers et de magnifiques vallées, pour traverser Vérone, et aller se jeter dans l'Adriatique. Puis, à l'entrée des gorges, sur le plateau des promontoires, au fond des baies, sur la grève des anses, et même au plus haut des mamelons rocheux de ce cadre immense qui entoure le lac, vous apparaissent des villages et des bourgades, tous devenus fameux au moyen-âge, dans les guerres et les siéges qu'eut à soutenir Brescia; sur la rive orientale, *Torbole*, *Malcesine*, avec un château pittoresque, *Castelletto*, *San-Virgilio* sur la pointe d'un cap, *Garda*, ville antique ayant donné son nom au lac, *Bardosino*, *la Cise*, et, sur la rive méridionale, près de nous, *Peschiera* avec ses formidables fortifications; sur la rive occidentale, *Molino, Piere-di-Ledro, Tiarno, Limone*, au pied de hautes montagnes abruptes; au contraire, sur le sommet des rochers à pic, dans lesquels on a taillé un sentier pour y arriver, *Tremosine*, ville romantique à l'œil qui la voit se détacher sur l'azur du ciel; *Gargano, Villa et Boglico*, cachés à demi dans des bois d'oliviers et d'orangers, au-dessus d'énormes parois calcaires ; *Toscolano*, qu'entoure une forêt d'amandiers; *Maderno*, bourg d'origine antique; *Salo*, étalant avec orgueil ses gracieux édifices et quelques monuments remarquables au fond d'une baie, que ceint de sa verte écharpe une longue file de citronniers, de mûriers, de vignes; enfin *Desenzano*, que nous avons vu tout-à-l'heure, sur un pont fortifié de créneaux et de courtines, comme un avant-poste de Peschiera.

Mais si ces rives ont été illustrées aux guerres du moyen-âge, elles revendiquent aussi, au nom de notre France, leur part de gloire, lors de la première expédition d'Italie, par Bonaparte. Ainsi c'est dans tout le pourtour du lac, à partir de la rive orientale, pour y revenir par les rives septentrionale, occidentale, et du sud, que se trouvent *Borghetto, Peschiera, Arcole, Rivoli, Bassano, Roverdo, Trente, Riva, Castiglione, Lonato, Caldièro, Mantoue*, etc., etc.

Au moment où nous passons, en face du centre de la rive du sud, un stéamer y arrive pour toucher à Peschiera, et complète le mouvement et l'animation que présente le lac de Garde, sillonné en mille endroits de canots, de barques de pêcheurs, de chaloupes à voiles triangulaires, de péniches, d'yoles, de toute sorte d'embarcations légères. Ces nombreux esquifs vont et viennent en tous sens, longeant le plus souvent de longs jardins disposés en terrasses, sur la rive orientale où ils sont faciles à établir. Là, sur les assises ou les divers étages de ces jardins croissent pêle-mêle des orangers toujours verts et des citronniers sur lesquels tranchent des piliers en maçonnerie badigeonnés de blanc, et servant de support aux traverses en bois que l'on couvre de chassis, alors qu'arrivent les rigueurs de l'hiver. Les fruits de ces arbustes en pleine terre forment la branche du commerce le plus lucratif de toute la contrée.

Le lac de Garde était connu des anciens, sous le nom de *Benacus*, et encore, dans le pays, l'appelle-t-on souvent *Bénaque*. Il est, sans contredit, le plus grand de l'Italie, car il compte trente-trois mille de Peschiera à Riva, qui en occupe l'extrême pointe. Il a quatre mille de largeur dans sa partie haute, huit dans sa partie moyenne, et douze dans la partie du sud, de Desenzano à Peschiera. Sa profondeur est très-variable; mais en plusieurs endroits, on lui trouve trois cents mètres de fond, près de Gargano et de Castelletto, par exemple. La *Sarca*, une rivière alpestre, s'y perd au nord; et au sud, elle sort, près de Peschiera, sous le nom de *Mincio*. On suppose que des sources très-nombreuses alimentent ses eaux qui sont élevées de cent mètres au-dessus de la mer. Il y règne des vents réguliers, nord et sud, qui s'appellent, dans le pays, le premier, *Sovero*, et le second, *Ora*. Le lac de Garda, comme celui de Genève, a des tempêtes d'une excessive violence. Aussi *Virgile*, qui le connaissait particulièrement et le visitait en bon voisin, dit-il de lui :

Fluctibus et fremitu assurgens, Benace, marino,

Un autre poète, *Catulle*, a célébré aussi le Bénaque. On prétend même que cet ennemi de César, qu'il attaqua dans ses vers, et qui était né à Vérone, ou à *Sermio*, sur la rive du lac, habita le rivage oriental du Bénaque. Quelques ruines que l'on montre sur la pointe de la presqu'île de *Sermione*, sont désignées comme ayant fait jadis partie d'une villa qu'il y avait fondée.

La *forteresse de Peschiera*, imposante, formidable, placée au-dessus de la pointe sud-est du lac, nous montre une inimaginable collection de courtines, de barbacanes, de demi-lunes, d'ouvrages à cornes, de redoutes, de bastions et de glacis. Mais elle n'est pas tellement imprenable que les Français n'y aient mis un pied victorieux.

Peschiera et Mantoue, sur le Mincio, forment les deux points les plus avancés de cette position militaire désignée sous le nom de *quadrilatère*, position qui a toujours inspiré aux Autrichiens une grande confiance et qui, dans tous les cas, occupe, au point de vue de l'attaque ou de la défense, le rôle le plus important dans les opérations stratégiques d'une guerre en Italie. Deux autres places, situées sur l'Adige, Vérone et Legnago, complètent ce quadrilatère. Quelques mots d'abord sur l'Adige, qu'on peut regarder, à juste titre, comme la plus sérieuse, mais aussi comme la dernière défense de la Vénétie.

Ce fleuve, dont les sources descendent des montagnes de la Suisse, touche, avant d'arriver à Vérone, Balzano, Trente, Roveredo, et, inclinant au sud-est, à sa sortie de Vérone, qu'il divise en deux parties inégales, il aboutit à l'Adriatique, à Porto-Fossonne, après avoir suivi long-temps le cours du Pô, à une distance de douze kilomètres environ. C'est sur l'Adige que se trouvent, comme nous l'avons dit, au nord, Vérone, au sud-est, Legnago.

Vérone, à cent cinq kilomètres de Venise, est une place de premier ordre. Les Autrichiens, pendant ces dernières années, l'ont entourée de travaux très-importants. Sa population dépasse soixante mille habitants. Cette immense forteresse permet à une armée autrichienne battue ou en nombre inférieur, de s'y retirer pour attendre des renforts, et en cas d'offensive, de prendre cette place de guerre pour base d'opérations dans la vallée du Pô. Quant à Legnano, ville forte à trente-six kilomètres de Mantoue, elle est loin de présenter l'importance de Vérone, mais elle n'en contribue pas moins à former avec cette dernière ville, Peschiera et Mantoue, la plus forte position que les Autrichiens aient fortifiée en Italie.

De son côté, la ligne du Mincio peut être l'objet d'une défense d'autant plus sérieuse qu'elle ne compte de Peschiera à Mantoue que trente kilomètres de développement. Le Mincio sort à l'extrémité sud-est du lac Garde, à Peschiera, forme dans la province de Mantoue le lac Supérieur, traverse cette ville, et en sort, après avoir fourni les eaux du lac Inférieur, pour se jeter dans le Pô, près de Graverlono. Son cours est de soixante-deux kilomètres, navigable en partie pour des barques de vingt-cinq tonneaux. On voit, en jetant les yeux sur la carte, qu'il faudrait tourner en entier le lac de Garde, si l'on voulait éviter le passage du Mincio, défendu au nord par Peschiera, et au sud par Mantoue, à cent vingt kilomètres de Milan et à cent douze de Venise. Fortifiée par l'art et plus encore par la nature, cette place a toujours été considérée par l'Autriche comme un des remparts de sa puissance en Italie. Ce rempart renommé tomba toutefois devant les Français, qui, sous les ordres du général Bonaparte, s'emparèrent de Mantoue en 1797.

La masse imposante de Peschiera nous enlève le dernier aspect du lac auquel nous disons adieu, pour saluer un peu plus loin le malheureux village de *Castel-Nuovo*, épouvantablement maltraité par les Autrichiens, dans la dernière guerre du vaillant et infortuné Charles-Albert, roi de Piémont, alors qu'il soutint les Milanais dans leur révolte contre l'aigle à deux têtes de S. M. I. et R., et à l'époque où se livraient, dans le voisinage, les deux *batailles de Goïto* et de *Santa-Lucia*, villages que nous découvrons, à distance, dans la plaine, vers Mantoue. C'était en 1848 que se passait ce drame mémorable.

A partir du *Mincio*, que nous passons sur un pont fortifié comme celui de Desenzano, lorsqu'il sort du lac de Garde pour aller arroser Mantoue et Piétola, le hameau de Virgile, le côté gauche du rail-way s'élargit, et ouvre dans les montagnes, dont les croupes s'arrondissent, un vaste amphithéâtre, que couronne sur tous les points culminants, un long chapelet de forteresses, de citadelles, de fortins, de forts détachés, de redoutes et de bastilles. Au centre, assise sur un fleuve au sinueux ruban d'or, l'Adige, et sur des collines et une plaine verdoyantes, se montre une ville majestueuse et d'un effet splendide. C'est Vérone.

Avant de quitter le wagon de première classe qui nous y amène, je dois, cher monsieur, vous faire part de la bonne fortune que nous avons eue pendant notre trajet de Brescia à Vérone. D'abord nous avons eu l'heureuse chance, fort inattendue, certes! de nous retrouver là face à face avec un excellent ecclésiastique et un vénérable baron, son ami, qui, l'an dernier, assistant à notre déjeûner à Monza, avaient expliqué au garçon italien comme quoi nous demandions des cailles, tandis qu'il nous servait des cornichons, puis avaient lié conversation avec nous, et enfin, peu à peu, étaient devenus nos amis.... d'un jour. Je vous assure que c'est un plaisir pour nous de nous retrouver avec eux. Ils ne semblent pas moins satisfaits de leur côté. L'abbé, qui pendant longues années a été missionnaire dans l'Inde, nous raconte une quantité de drames dont il fut témoin et qui sont loin de parler en faveur de l'Angleterre, la souveraine maîtresse du pays. Il nous explique la révolte de l'Inde contre ce tyran, en nous révélant l'horrible pesanteur du joug. L'honneur des familles, la honte des jeunes Indoues indignement outragées, le repos des femmes constamment troublé, les sévices brutales les plus révoltantes, de cyniques et infâmes vexations de la part de ces orgueilleux Anglais, telles sont les causes de la formidable insurrection des Indous.

Dans les wagons des chemins de fer italiens, on peut communiquer de l'un à l'autre, se promener, aller et venir. Un passage rectiligne est réservé entre les banquettes, comme les allées entre les chaises de nos églises. Or, pendant que je prêtais l'oreille aux récits de notre ami le missionnaire, j'avais avisé un quidam abordant fort courtoisement M. Valmer, et entrant en matière avec lui. Mais leur conversation se prolongeant outre mesure, je m'approchai pour en connaître le motif. Le quidam était-il Français? Pas de doute possible : la pureté de son parler le prouvait. Jamais académicien ne s'exprima avec plus d'élégance, et ne montra plus brillante et plus facile élocution. Aux heureuses figures qu'il employait, on aurait pu croire que c'était un littérateur de premier ordre. Toutes les matières étaient traitées, passées en revue, analysées avec une précision rare, une netteté délicieuse, un tact exquis. Nous restâmes ainsi une heure peut-être, admirant les paysages, parlant poésie, art, voyages, guerre, Crimée, etc., sans que rien nous mît sur la voie de la position sociale de notre personnage. Mais voilà que, au moment où le chef de train se met à crier : Verona! Verona! notre académicien, notre littérateur, voyant que nous allions descendre, nous prend la main, nous la serre avec affection, et nous dit de la façon la plus aimable :

— Vous affirmiez tout-à-l'heure, messieurs, qu'un jour vous visiteriez la Russie, comme vous faites l'Italie en ce moment. J'ai pris note de votre projet. Veuillez donc alors vous souvenir de moi, vous rappeler que vous avez un ami à la cour du Tzar, et, pour le retrouver plus facilement à Saint-Pétersbourg, venir au palais demander M. le comte ***, colonel des pages de S. M. l'Empereur de toutes les Russies...

Sur ce, sans même nous laisser le temps de nous remettre de notre surprise, il nous présente à deux dames, fort élégantes, sa femme et sa fille, qui occupaient une stalle, et, salutations échangées, nous accompagne jusqu'à la portière où, une dernière fois, nous lui serrons la main.

M. Valmer, une fois à terre, me paraît avoir une certaine ressemblance avec un saule-pleureur battu par la tempête.

— Diavolo! fait-il en poussant un soupir, moi qui ai malmené les Russes à l'occasion des affaires de Crimée!...

Nous sommes à la station de Vérone. *Vérone*, sur la rive droite de l'Adige, *Véronette*, sur la rive gauche, sont là devant nous, dans le site le plus enchanteur que la fantaisie puisse créer. Au fond, croupes de collines dentelant l'azur du ciel, et courant aux points extrèmes de l'horizon. Ici et là quelques montagnes portant jusque dans les nuages leurs cîmes fantastiques, dans un lointain prodigieux. Sur les ondulations des collines, des redoutes blanches, des bastions blancs, de blancs châteaux-forts capitonnant la verdure. Dans la plaine tout autour de la ville, merveilleux tapis vert, planté de mûriers et de saules, d'ormaux et de peupliers, festonné de vignes qui courent en guirlandes d'un arbre à un autre arbre. Partout des allées sablées comme celles d'un jardin. Puis la ville, à l'extrémité d'une longue avenue qui précède la *Porta Nuova*, celle du railway. Mais si la nature qui s'étale si gracieusement aux regards, est de tous les âges, la ville, elle, semble oubliée là par les temps antiques, qui ne se sont pas soucié de l'entraîner dans leurs cours. Vous ne voyez dans toute sa circonférence que tours aux formes moyen-âge, en briques rouges, au sommet taillé en crêtes de coq ; des bastions hérissant leurs têtes contre le ciel et déchiquetant l'horizon de leurs créneaux; de vieilles maisons serrées les unes contre les autres, et se groupant pour se regarder plus facilement de leurs plateformes ou de leurs balcons. Portes à plein-ceintre, coupant des rues comme des arcs-de-triomphe ; arcades ogivales; fenêtres décorées de trèfles, tourelles gothiques; palais supportés par des piliers; grilles découpées par la plus bizarre fantaisie; balcons ouvragés ; colonnes antiques; façades chargées de fresques ; attiques avec statues; niches curieuses; fontaines étranges : c'est un tohu-bohu de vieilleries qui vous frappe de stupéfaction, comme si vous entriez dans une cité dont les habitants seraient morts depuis des siècles.

Une immense avenue, bordée d'arbres et de maisons, fort large, bien aérée, le *Stradone della Porta Nuova*, nous montre en perspective la vieille cité de Vérone, dans l'ensemble que je viens de dire. M. Valmer jubile. Je suis certain qu'il ne voit dans les hulans autrichiens, les jolies dames en crinoline, comme dans les nobles gentlemans que nous rencontrons, et les gens du peuple qui fourmillent, je suis sûr, dis-je, qu'il ne voit, lui, que des lansquenets ou des reîtres de 1300; des corsets en taffetas violet, à manches évasées, de couleur verdâtre, bordées de menu-vair ou de blanche hermine; des tailles coupées par une cordelière pendante sur des jupes de camocas jaune; des chaperons de velours vert aux hommes, avec l'aumusse sur l'épaule, le poignard castillan dans la ceinture, l'aumônière de rigueur, les chausses et le pourpoint, et les solerets à la poulaine. On devine qu'il nage en pleine eau dans son cher moyen-âge. Cette transition du vert splendide de la belle nature du dehors aux murs noirs des maisons; les parapets dentelés en créneaux moresques des ponts qui couvrent l'Adige; les églises gothiques enfumées par les cheminées voisines : toute cette décoration vieillie, fanée, polluée, édentée, lui plait, lui sourit, le charme.

Le fait est, cher Monsieur, qu'une semblable apparition vous reporte étrangement vers le passé. Moi aussi, je me mets à ruminer les vieux âges de Vérone, et la part qu'elle prit aux drames de l'histoire.

On croit qu'elle fut fondée par les Euganéens, du ive au ve siècle avant l'ère chrétienne. Ce qu'il y a de bien assuré, c'est que les Etrusques et ensuite les Vénètes, ces derniers peuple de race slave, l'occupèrent successivement. Les Gaulois-Cénomans la leur ravirent ensuite, mais ils en furent dépouillés à leur tour par la conquête des Romains.

Déjà Vérone connaissait le nom de ces terribles Romains, car dans la belle plaine qui l'entoure, *Marius* avait vaincu les Cimbres et avait engraissé la campagne de leurs cadavres.

Vint *Jules-César*, 50 ans avant l'ère chrétienne. Il prit Vérone et la colonisa. Puis, en l'an 46 après Jésus-Christ, cette ville fut élevée au rang de municipe. Alors *Tibère*, le second empereur de Rome, l'entoura de murs bastionnés et flanqués de tourelles; puis un *Castellum*, appelé plus tard le Château-Saint-Pierre, s'éleva pour mettre ses citoyens à l'abri de l'invasion des Barbares que l'on savait en mouvement dans le nord de l'Europe.

Quand Rome tomba en décadence sous la mauvaise administration des empereurs, Vérone fut souvent le théâtre des luttes qui déchiraient le monde romain.

Aussi vit-elle l'empereur immonde, appelé *Vitellius*, battu par *Vespasien*, courir à Rome pour y trouver une mort honteuse.

Ensuite un autre empereur, *Carin*, associé au trône avec Numérien, fit mordre la poussière à *Sabinus*, dans ces mêmes plaines, et sous ces mêmes murailles.

Un autre empereur encore, *Julius Philippus*, dit *l'Arabe*, parce qu'il était né à Bosra, dans l'Idumée, après avoir été chef de brigands, s'étant élevé par son courage et ses talents aux premiers rangs de l'armée, prit le titre d'empereur de Rome, y vint célébrer les dixièmes jeux séculaires, en 247, et repoussa les Barbares, qui menaçaient l'empire, jusque sur le Danube. Puis les faisant encore poursuivre par *Dèce*, l'un de ses généraux, celui-ci, ambitionnant la pourpre impériale, rebroussa chemin, et vint surprendre et tuer, dans Vérone même, l'infortuné Philippe, qui régnait cependant avec sagesse et moralité, car il était chrétien.

D'autres empereurs toujours, *Maxence* et *Constantin*, se mesurèrent dans les champs de Vérone, en 312; celui-là fut vaincu, et celui-ci s'empara de la ville, après un assaut des plus terribles.

Ces grandes tragédies une fois jouées par les empereurs de Rome, sur cette scène grandiose, dont l'antique Vérone complète la décoration splendide, comme toile de fond, voici venir les horribles drames que vont représenter, sur cette même scène, les bandes sauvages des barbares envahissant l'Europe, et surtout l'Italie, en face des peuples consternés.

C'est d'abord *Alaric* et ses fougueux *Visigoths* que culbute, sous les murs de Vérone, *Stilicon*, le favori de Théodose et l'homme de guerre d'Honorius, empereur d'occident, en 402. Mais Alaric se relève et va consommer la perte de Rome.

C'est ensuite *Attila, le fléau de Dieu*, avec ses *Huns* immondes, dont le passage, en 452, est entendu de Vérone, à qui les échos de la plaine et des montagnes apportent le bruit de la chute d'Aquilée, alors que le conquérant se fraie un passage pour marcher aussi vers la ville éternelle.

Puis c'est *Odoacre*, fils d'un ministre d'Attila, qui après avoir erré à l'aventure dans la Norique, quitte ce royaume trop froid, avec ses *Hérules*, domptés d'abord par Attila, puis devenus possesseurs d'un royaume sur les bords du

Danube, et envahit à son tour l'Italie, en 476, pour y trouver des contrées plus chaudes, s'empare de Rome, achève d'en disperser les décombres, et s'établit à Vérone, dont le site lui plaît, et d'où il règne sur ses terres qu'il a soumises. Mais il ne jouit pas long-temps de son triomphe.

Voici que *Théodoric*, né en Pannonie, envoyé à Constantinople, où il prend des idées de civilisation, devient roi des *Ostrogoths*, et, en 487, envahit aussi l'Italie, assiége Odoacre dans Ravenne, où il s'est réfugié, le force à capituler, promet de partager le trône avec lui, quelques jours après le poignarde dans un festin, et reste ainsi seul maître de la Péninsule. Alors, assis sur le trône il commence à peine à régner que l'eunuque *Narsès*, chambellan, trésorier, puis général de Justinien, empereur d'Orient, vient lui livrer bataille dans ces mêmes champs de Vérone, et le force à se réfugier à Rome, où Théodoric, qui est sans contredit le plus grand des rois barbares qui aient envahi l'Italie, efface les ruines, guérit les blessures faites à la ville, rétablit l'ordre, favorise les lettres, l'agriculture, le commerce, s'entoure des Cassiodore, des Symmaque, des Boëce, et règne avec sagesse.

Mais Narsès, son vainqueur, irascible et jaloux, se voyant remplacé dans l'exarchat de Ravenne, dont il avait ménagé la gloire et le repos, par *Longin*, que Justin II envoie pour le remplacer, se venge en appelant encore dans l'Italie, déjà si ravagée, d'autres barbares aussi farouches et plus terribles peut-être que les premiers. Les *Lombards*, en effet, envahissent la Haute-Italie, et *Alboin*, qui régnait déjà dans la Norique, y fonde le royaume Lombard, et fait de Pavie sa capitale. Mais c'est à Vérone, c'est dans ces vieux palais noircis par le temps, que *Rosemonde*, fille de Cunimond, roi des Gépides, égorgé par Alboin, devenue la proie du vainqueur, et ayant été forcée de boire dans une coupe faite du crâne de son père, jure de tirer vengeance de cette odieuse profanation. Elle l'appelle à Vérone, le fait tuer par Péridée, secrétaire d'Helmichilde, son favori, en 573, donne sa main à ce dernier, et s'enfuit avec lui à Ravenne, où elle livre ses trésors à Longin pour en obtenir l'hospitalité.

Alors la Haute-Italie voit se succéder la série des rois Lombards qui fixent leur séjour tantôt à Vérone, tantôt à Pavie. Puis, en 774, deux cents ans après sa fondation, Vérone et Pavie, le royaume Lombard tout entier, tombe aux mains de *Charlemagne*, dont les vexations sanglantes de *Didier*, son dernier roi, vis-à-vis de l'église de Rome, ont allumé la grande colère. Il efface le peuple Lombard du catalogue des nations sans pouvoir effacer son nom, qui reste à la contrée qu'il a occupée. Enfin son fils, Pépin le Bref, s'établit à Vérone pendant quelque temps.

Sous les Carlovingiens, descendants du grand monarque Frank, Vérone devient le chef-lieu de l'une des Marches du royaume d'Italie.

Mais bientôt dans les lambeaux de cette Italie septentrionale livrée à des marquis, à des ducs, qui s'y taillent des principautés, des seigneuries, etc., on trouve moyen de former un petit royaume. Seulement la vie lui manque, et à peine deux rois peuvent-ils en occuper le trône qu'il s'écroule bien vite, et les ensevelit sous ses ruines. Le premier de ces rois est *Béranger*, fils d'Eberhard, duc de Frioul, et de Gisèle, fille de notre Louis le Débonnaire. De nombreux compétiteurs ont entravé son avènement : mais il en triomphe, règne avec bonheur pendant trente-six ans, puis trouve un ennemi plus adroit dans Rodolphe II, duc de Bourgogne-Transjurane, qui l'enferme dans Vérone, et l'y assassine indignement.

Béranger II, son petit-fils, marquis d'Ivrée, doit lui succéder ; mais forcé par la tyrannie de Hugues, un seigneur plus habile qui la devancé sur le trône, de se réfugier en Allemagne, l'empereur Othon, voulant faire de l'Italie un fief relevant de son empire, fait mourir en prison le prince exilé, en 966, et s'empare de Vérone, sa capitale, et de la Marche de Vérone.

Pauvre Vérone! fatiguée de tant de secousses, et prenant en haine profonde l'ambition démesurée des empereurs d'Allemagne, comme toutes les villes du nord, elle se constitue en république, prend une part très-énergique aux guerres des deux ligues Lombardes, lutte avec courage contre Frédéric Barberousse, et malheureusement tombe au pouvoir violent de *Esselino III*, Gibelin forcené, tyran de Vicence, qui s'empare également du pouvoir à Padoue et à Brescia. Bientôt le surnom de *Féroce* est donné à ce monstre, car il commet dans les villes soumises à ses lois des cruautés tellement abominables qu'elles surpassent l'imagination. On parle de ses criminelles débauches, comme de son effroyable barbarie, avec tant de terreur dans toute l'Italie, que le pape Alexandre **IV** prêche, en 1256, contre ce tyran, une croisade dans laquelle entrent tous les Guelfes, et à la tête de laquelle se met le marquis d'Este, son ennemi. Après avoir résisté quelque temps, Esselino finit par succomber. Il tombe mortellement blessé, au pont de Cossano, sur l'Adda, à sept lieues nord-est de Milan, l'an de grâce 1259, et va rendre compte à Dieu des crimes de sa trop longue vie.

Alors le gouvernement de Vérone passe à la famille *della Scala*, l'une des plus fameuses familles Gibelines de la vieille cité.

Enfin, en 1405, elle devient le domaine de la république de Venise. Lorsque la ligue de Cambrai fut concertée entre le roi de France, l'empereur d'Allemagne, le roi d'Aragon et le pape Jules II contre la sérénissime république, Maximilien la posséda pendant huit années, de 1509 à 1516, mais elle revint encore à Venise. La révolution de 1789 amena sa chute entre les mains de l'Autriche, puis elle fit partie du royaume d'Italie fondée par Napoléon Ier. Mais les traités de 1815 la rendirent encore à cette puissance dont, comme toute la Lombardie-Vénitienne, elle ne supporta le joug qu'à contre cœur.

Avant de vous faire entrer dans la ville avec nous, Monsieur, je voudrais vous esquisser le plan de Vérone. Quelle forme lui prêter? Je ne saurais le dire : la géométrie ne me nomme aucune figure qui lui convienne. L'Adige qui l'arrose coulant du nord au sud, dessine au bas de l'amphithéâtre de collines dont j'ai parlé une ω couchée. Or, au nord de la rivière, rien que la plaine. Mais à l'est, *Véronette*, avec la *Porta-San-Giorgio*, le *Castel San-Felice*, en pointe avancée sur la montagne : le *Castel San-Pietro* plus bas et les ruines très-bien conservées d'un *théâtre antique* sur le bord oriental de l'Adige; à côté du vieux *Pont della Pietra*, l'*Église de Saint-Nazaire*, celle de *Saint-Thomas de Cantorbéry*, et la *Place d'Armes*; au sud-est, une longue ligne brisée de fortifications, et la *Porta-Vescovo*; le tout formant l'ensemble de ce qu'il y a de plus inimaginable en vieilles maisons à façade décrépites, en rues tortueuses, aux fenêtres drapées de haillons immondes, et parées de femmes indignes de ce nom. Telle est Véronette. Qu'elle ne me remercie pas, son portrait n'est pas flatté.

C'est donc au sud et au sud-ouest de l'ω, ainsi couchée, dessinée par le fleuve, que se trouve *Vérone*, la grande portion de la cité la plus noble, la plus curieuse et la plus antique. Elle aussi possède un enceinte de fortifications imposantes que coupent, en allant de l'ouest au sud, et du sud à l'est, les *Portes San Zeno*, *Stupa* ou *del Palio*, et *Porta-Nuova*, par laquelle nous avons fait notre entrée, en face du *Stradone della Porta-Nuova*.

Sur l'Adige, en commençant par le nord, on voit d'abord à fleur d'eau les piles d'un pont antique de construction romaine. Puis, juste au coude que présente l'Adige, se dresse comme un fantôme du moyen-âge, le *Castello Vecchio*, entre la rue du Corso et le fleuve, bâti en 1350, par Can II della Scala, et qui communique avec la rive gauche de l'Adige, par un pont d'un effet très-pittoresque.

En continuant à descendre le cours de l'eau, dans le creux formé par l'ω couchée, on trouve l'*Archevêché* et la *Cathédrale*. Puis en tournant avec la rivière, on arrive au *Ponte della Pietra*, dont trois arches sont antiques, ensuite au *Ponte Nuovo*, qui est loin d'être neuf nonobstant son titre, puis au *Ponte delle Navi*, et enfin, au confluent d'un canal qui passe devant le front de la ville, en tête du Stradone, le *Tombeau de Juliette de Capulet*, l'une des gloires de Vérone.

Si vous tirez une ligne de la Porte Stupa, œuvre de l'architecte *San-Micheli*, à l'ouest, jusqu'au fleuve, dans le creux du coude, vous dessinez la principale rue de Vérone, le *Corso*, dont le milieu est coupé par une porte antique romaine, en forme d'arc-de-triomphe, à double arcade, avec colonnes corinthiennes, et un ordre étrange de douze fenêtres superposées, qui s'appelle *Porta Borsari*, et vous arrivez à la *Chiesa Santa Anastasia*, l'une des plus curieuses de la ville.

Tel est le plan général de Vérone. Maintenant avançons, et laissez-moi nous remettre à l'extrémité intérieure du Stradone della Porta Nuova, par lequel nous arrivons. Cette avenue du Stradone nous met d'abord en face d'une autre porte antique, également de forme triomphale, qui a nom *Arco de' Leoni*. A peine l'avons-nous franchie que nous sommes dans Vérone, sur une immense place, occupant juste le milieu du coude qui forme l'Adige, et décorée de monuments qui fixent et captivent aussitôt notre attention. Cette place magnifique se nomme *Piazza Bra*.

Voici d'abord à gauche la colonnade d'un théâtre, le *Théâtre Philharmonique*;

puis à droite, le *Palais della Gran'Guardia*, caserne moderne, monumentale, décorée de portiques corinthiens, et émaillée d'uniformes de toutes couleurs. Voici ensuite le *Palais della Gran'Guardia Antica*, magnifique, mais très-antique corps-de-garde. Mais en face, un peu à droite, voici surtout les *Arènes*, c'est-à-dire l'*Amphithéâtre Romain*.

Cette arène, longue de 156 mètres et large de 125, est de forme ovale comme tous les amphithéâtres. Elle est complète : il ne lui manque que l'enceinte extérieure, l'écorce, dont les cinq ou six arcades qui sont encore debout sous les chiffres LXIV, LXV, LXVI, LXVII, rendraient très-facile la reconstruction du reste. L'arène proprement dite compte 75 mètres sur 45. Les gradins qui l'entourent, tout aussi purs d'arêtes que s'ils sortaient de la main de l'ouvrier, sont au nombre de 45. Aux extrémités du grand axe s'ouvrent deux portes majestueuses que couronnent des tribunes décorées de balustrades. On reconnaît les loges des bellouaires et des animaux qu'ils devaient combattre. Les entrées et les sorties pour les nobles personnages, les vomitoires pour la foule, les égouts pour l'écoulement des eaux après les naumachies, tous les vestiges des divers usages de cet amphithéâtre sont là qui se montrent à vous béants, saisissables, tout prêts à servir, comme si, le soir même, cette arène devait boire le sang des lions, des panthères, des urus et des gladiateurs. D'énormes quartiers de pierres, restaurés, bien entretenus, composent cet imposant édifice dont la majesté saisit l'imagination. En se rappelant que Tibère, par les soins de qui Vérone fut entourée de murs bastionnés et flanqués de tourelles, a sans doute doté la ville de ce monument destiné à d'horribles plaisirs, on devient triste au souvenir des drames sanglants dont il fut le témoin et le théâtre. On raconte que l'empereur Trajan donna dans cet amphithéâtre le spectacle d'un combat de bêtes féroces en l'honneur de sa femme, qui était de Vérone. Vingt-deux mille citoyens pouvaient s'y placer à l'aise et jouir du spectacle de la mort! Aujourd'hui on le décore, on le couvre de velours et de crépines d'or, afin d'y donner une fête à l'archiduc et à sa nouvelle épouse. Nous y assisterons, si possible.

Nous nous devions à nous-mêmes de visiter ce Colysée. Maintenant que ce devoir est rempli, nous prenons, à gauche de la place Bra, une rue transversale qui nous conduit au Corso, précisément auprès de la Porta Borsari. Là se trouve un hôtel qui porte le nom d'*Albergo della Czara*. Russes comme nous sommes, depuis notre liaison avec le colonel des pages de S. M. l'empereur de toutes les Russies, nous nous devions de prendre gîte à l'*Hôtel de la Tzarine*.

L'hôtel en question est russe, en effet, cher Monsieur! Ses lits sont durs, ses appartements mal éclairés, et la table..... Oh! nous nous en abstenons, de crainte qu'elle ne nous serve quelque brouet sarmate. Mais, une fois notre lit assuré, nous retournons sur la place Bra, et de là, remontant les rues qui s'enfoncent dans le cœur de Vérone, rues assez larges, garnies de boutiques assez bien assorties, fort passantes, nous arrivons à une autre place qui, à elle seule, vaut toute la ville, par l'intérêt qu'elle inspire, par les curiosités qu'elle exhibe et par les antiquités dont elle vous entoure.

Cette place a nom *Piazza delle Erbe*. C'est la place du marché à cette heure, jadis c'était le *Forum Veronense*, le *Forum de la République de Vérone*, témoin et antique édifice qui porte sur son front le millésime de 1302, au-dessous d'une niche profonde, ornée d'une fort belle statue de la Vierge-Mère, œuvre de *Campagna*, et dont la large façade, la lourde architecture, et le haut beffroi, aux teintes grises, attestent le vieux âge, les aventures cruelles, et le sanctuaire du pouvoir. C'était jadis le *Duomo dei Mercatori*, la *Maison des Marchands*, le *Palais du Sénat*, aujourd'hui c'est l'Hôtel-de-Ville. Le long et large parallélogramme que forme cette place vénérable, est entouré d'anciennes maisons qui remontent aux XIIIe, XIVe et XVe siècles. Leurs façades sont presque toutes enluminées de bizarres et très-curieuses peintures aux vives couleurs, scènes dramatiques, drames sanglants, cérémonies religieuses. Il y en a pour tous les goûts. Ici et là, de lourds piliers, des colonnes plus sveltes sont accolés aux maisons dont ils appuient la haute taille. Des sculptures fantastiques, des balcons de tous les styles et de toutes les formes les décorent. On dirait que toutes ces demeures s'inclinent majestueusement en présence du puissant seigneur le donjon du beffroi, qui les domine et qui est plus haut du double que notre colonne de juillet. Quand sonne sa cloche au timbre majestueux, les vibrations lugubres qui bruissent aux oreilles, semblent l'écho d'une menace qui recommande de ne pas bouger. Il fut commencé au xiie siècle, dit-on, par de simples bourgeois de Vérone, les *Lamberti*. A l'extrémité de cette place, se dresse un autre palais, le *Palais Maffei*, aux soubassements robustes, aux bossages accentués, comme s'ils devaient résister aux flots d'une marée montante. Enfin, à l'un des foyers de son enceinte presque elliptique, se dresse, solitaire, muette, mais hautaine et menaçante aussi, une colonne de granit, isolée, jadis symbole de la domination de Venise sur Vérone. Le Conseil des Dix l'a érigée là, en face du Sénat, et jadis il l'avait couronnée du lion de saint Marc, tenant l'épée nue, pour ôter aux Véronais l'idée de la révolte en face du souvenir de la vengeance. Mais en 1795, les Français, grands prôneurs de liberté, ont fait disparaître cette image d'un pouvoir absolu et tyrannique. La colonne seule est restée. Jadis, paraît il, du moment qu'un débiteur avait touché cette colonne, il devenait sacré, et nul de ses créanciers ne pouvait plus le poursuivre. Bienheureuse colonne ! Que ne décores-tu l'une des places de notre Paris, en y conservant ton antique privilége, bien entendu : que d'hommages tu recevrais chaque jour. Tous les gamins de Vérone semblent s'être donné rendez-vous sur cette place ; les femmes y bavardent dans les attitudes les plus excentriques et les costumes les plus débraillés ; c'est tout un formidable coassement qui bourdonne et éclate à briser les oreilles. Les paysans des contrées voisines y grouillent partout, et cela se conçoit. On ne marche qu'entre des défilés de montagnes formées par d'énormes pastèques dont cette foule se délecte. Des tas de citrons, des collines de cédrats, d'effrayants amas de légumes, vous barrent le chemin sur tous les points. Quant aux éventaires de poissonnerie, truites, anguilles, sardines, c'est à n'en rien dire, de crainte d'éveiller la pensée d'une odeur..... Cependant, si j'omets de parler de ces produits du lac de Garde, ce sera supprimer un détail qui a son intérêt.

Vous le savez, le lac de Garde est voisin de Vérone, de sorte que c'est à Vérone, que l'on apporte ses *frutti di mare*. Or, voici comment l'on procède à la pêche de la truite. Un grand mât est planté dans l'eau. Un homme monte sur ce mât et s'y asseoit sur une planchette. Alors il reste là, comme une statue, bravant l'agitation, quelquefois même les violentes tempêtes du lac, et, d'une main ferme il soutient des ficelles armées de crochets où se prennent les truites. En est-il une qui morde? vite un signal est fait de son bras droit qui imite le télégraphe, et une barque s'approche, s'empare de la proie, et s'éloigne. On recommence ainsi l'exercice dix, douze, quinze, vingt fois, et pour arriver à un résultat quelque peu satisfaisant, notre pêcheur, hissé sur son mât, doit y passer souvent une journée entière. Aussi la truite se vend-elle fort cher.

Pour les sardines, c'est autre chose. On les apporte vivantes sur le marché, et les amateurs arrivent bientôt. Alors un brasier est allumé : sur sa cendre brûlante on étend les pauvres sardines sortant de l'eau, vives et frétillantes, il faut voir ! Puis on les dépose sur un plat, on les assaisonne de sel, de poivre et d'huile de sermione, et alors : Enlevez et servez chaud !

Vous concevez que nous ne restons pas long-temps témoins de cette cuisine en plein vent. Mais nous nous enfonçons, à notre droite, dans une petite ruelle sombre, étroite et nauséabonde, qui heureusement n'a que huit ou dix mètres de parcours, dont une voûte antique, que couronne une tour carrée, crénelée, écornée, calcinée par le temps, forme la porte. Cette voûte s'appelle *Volto Barbaro*, parce que c'est en ce lieu que Scaramelle assassina le tyran de Vérone, Mastino I, au XIIe siècle, comme je vous le dirai plus loin. Nous atteignons immédiatement une autre place carrée, obscure, enfermée par les hautes murailles, noires et sinistres, de vieux palais dont les ailes convergent et divergent dans tous les sens. C'est tout autour de nous une étrange physionomie de vieux châteaux moyen-âge, véritables prisons sépulcrales, aux pertuis fermés de grilles de fer, aux fenêtres hérissées de barreaux effrayants, aux soupiraux suffisant à peine à tamiser à l'intérieur un jour terne et blafard, aux poternes basses semblant ouvrir dans d'horribles et puantes oubliettes. On ne croirait jamais devoir rencontrer des paletots, des habits noirs ou des chapeaux, mais bien plutôt des aumusses et des chaperons sur une telle place. Pour compléter le tableau, à l'extrémité de cette place, par une déchirure de construction éboulée et formant une autre ruelle, nous entrevoyons des tombeaux gothiques, s'élevant de terre, les uns, comme des cippes, des mausolées, des pyramides ; les autres, suspendus en l'air, par d'élégantes colonnettes, et brodant l'azur du ciel de leurs clochetons, de leurs niches gracieuses, et de leurs trèfles élancés.

— Où sommes-nous donc ici ? dis-je à l'ami Valmer...

— *Piazza dei Signori...* Place *des Seigneurs !* me répond-il, en me désignant du doigt un écriteau indicateur. Les seigneurs, ce sont les della Scala sans doute, dont voici les vieux palais, très-probablement, ajoute-t-il. Mais seigneurs della Scala, ou non, malgré l'aspect funèbre de l'endroit, comme voici le restaurant de Giovanni Squarzoni, entrons et dînons. Ou plutôt n'entrons pas, mais, comme ces officiers autrichiens, faisons mettre notre couvert sur cette place, sous ce rayon furtif de soleil que les interstices de ces créneaux permettent de s'égarer sur les dalles de ce parvis, et, Diavolo ! dînons sans tristesse, car ventre affamé n'a pas... d'yeux. Ne regardons pas, mangeons...

— Et tout en mangeant, cher maître, continuai-je, nous ferons de l'histoire, nous parlerons des della Scala, autrement dit des Scaligeri, dont ces vieux murs vont nous livrer les secrets ; et rien n'est curieux et intéressant comme les faits ressuscités sur les lieux mêmes qui les ont vus... naître.

J'achevais à peine ma tirade que deux jeunes filles, élégamment vêtues, les cheveux au vent, le sourire aux lèvres, deux pastels échappés à leurs cadres, nous apparaissent soudain comme deux papillons capricieux qui errent au hasard, et les voici qui déposant ici et là, sur les tables d'un colonel, de deux majors, de quelques officiers, et sur nos propres assiettes, de délicieux bouquets des fleurs les plus odorantes, s'échappent, plus rapides que ces insectes aux ailes d'or qui butinent le long des cours d'eau, sans attendre le don de quelques piècettes blanches, en échange de leurs jolis boutons d'orangers.

— Heureux présage ! dis-je. Ces sépulcres de là-bas m'avaient attristé ; mais puisque l'on nous couronne de fleurs à notre arrivée, c'est que le bonheur et la sécurité nous attendent à Vérone.

On nous sert. Le silence règne à notre table : mais quelle ardeur à l'œuvre de mastication. Permettez-moi, Monsieur, de chanter ici l'hymne de la reconnaissance. Les *poulets à la Véronaise* sont exquis, et les olives ont une saveur à nulle autre pareille. Les fruits sont plus fins que partout ailleurs ; et le vin, du *Val-Pollicella*, oh ! voyez-vous, le vin est excellent. On raconte de ce vin que l'empereur Auguste n'en buvait jamais d'autre. A la bonne heure, je rends mon estime à l'empereur Auguste. Il pouvait être quelque peu dissimulé, mais il était franc dans ses goûts, et il appréciait bien les choses. Certes ! ce n'est pas pour rien que *Virgile*, le chantre de Mantoue, célèbre ce vin dans ses vers, sans toutefois lui donner le premier rang :

Et quo te carmine dicam
Rhetica ? nec cellis ideò contende Falernis (1).

Columelle, le plus célèbre agronome de l'antiquité, a fait aussi l'éloge de ce vin de Pollicella. *Pline le naturaliste* nous apprend qu'il était les délices des tables romaines ; *Cassiodore*, le ministre de Théodoric, le préfère aux vins de Grèce, et le faisait boire par son illustre maître, qui, malgré ses qualités nombreuses, agissait parfois en Ostrogoth, témoin la mort cruelle qu'il fit subir à *Boëce*, son conseiller, et l'ingratitude dont il paya Cassiodore lui-même. Après tant et de si hauts témoignages, jugez, Monsieur, si nous fêtons ce vin.... Aussi, peu à peu, notre langue se délie, les objets mortuaires qui nous entourent deviennent couleur de rose, nous contemplons avec attendrissement les ravenelles élancées des manoirs des Scaliger, leurs galeries, leurs fenêtres borgnes, où nous croyons voir briller les yeux malins de quelque page lutin, ou le visage narquois de gentes demoiselles, et alors M. Valmer de dire avec emphase :

— Voici donc ces demeures de della Scala, dont l'origine fut brillante comme l'aurore d'un beau jour, et dont la fin, ressemble à ces soirées sinistres qui s'éteignent dans le désordre des éléments. Farouches et barbares, d'abord, comme toutes les familles énergiques de l'Italie, les Scaliger surent s'élever au-dessus du vulgaire par la violence et le crime. Gibelins forcenés, ils se rangèrent au parti des empereurs d'Allemagne, contre le parti populaire représenté par les Guelfes.

Ainsi, dès le début, *Mastino I della Scala*, Podestat à Vérone, après la chute d'Esselin-le-Féroce, en 1259, se montre l'implacable ennemi de ces Guelfes dont la colère s'accroît chaque jour. On est bientôt aux regrets de l'avoir élu capitaine-général perpétuel du peuple. Aussi *Scaramelle des Scaramelles* l'attaque adroite-

---

(1). L'abbé Delille traduit ainsi ces vers :

Rhétie, on vante au loin tes vins délicieux ?
Mais Hébé verserait notre Falerne aux Dieux.

ment un soir qu'il passait sous les arcades du palais que voici, et lui plonge son poignard dans le cœur. C'était le 17 octobre 1277. Par ce meurtre, Scaramelle vengeait l'honneur d'une jeune fille, sa parente, victime de la brutalité de Mastino.

Alberto I, son frère, devient son vengeur, et s'empare du souverain pouvoir, qu'il garde de 1277 à 1301.

Bartholomœo I et *Alboino I*, ses fils, se font eux-mêmes podestats, et commandent à Véronne de 1301 à 1311, mais l'un après l'autre.

Prend alors la souveraine autorité le plus fameux des della Scala, *Can I*, surnommé le *Grand*, *Grande*, troisième fils d'Alberto I, né en 1291, podestat en 1312, guerrier intrépide. Il étend sa domination, non-seulement sur les villes de Brescia et de Padoue, mais aussi sur le Frioul, et il joignit Trévise à ses domaines. On le nomme capitaine-général des Gibelins en Lombardie, et lieutenant et conseiller des empereurs. C'était un souverain magnifique dans ses dons et ses dépenses, grand et noble dans sa conduite. Une fête que Can-Grande donna en 1338, pour la réunion de Padoue, vaincue, à ses autres villes et états, dura un mois tout entier. Des chevaliers, des bouffons, y accoururent de toute l'Italie et d'au-delà des monts, et ils furent tous reçus à sa cour et honorablement traités. C'est lui qui éleva ou agrandit tous ces vénérables palais, noircis par le temps, que tu vois se dresser autour de cette Piazza dei Signori. A leur occasion, les historiens racontent d'intéressants détails de l'ingénieuse hospitalité qu'il y donnait à ses commensaux. Ainsi divers appartements, selon leurs diverses conditions, leur étaient assignés dans ces manoirs : les appartements étaient désignés par des symboles et des devises : la Victoire pour des guerriers; l'Espérance pour des exilés; les Muses pour les poètes; Mercure pour les artistes; le Paradis pour les prédicateurs. A tous il faisait donner des domestiques et une table abondamment servie. Pendant le repas, des musiciens, des bouffons et des joueurs de gobelets parcouraient ces appartements. Les salles, actuellement enfumées, de ces palais étaient ornées de tableaux, peints par *le Giotto*, qui rappelaient les vicissitudes de la fortune. Souvent aussi Can-Grande appelait à sa propre table quelques-uns des hôtes qu'il estimait ou qu'il aimait le plus. A cette époque, l'illustre *Dante Alighieri*, expulsé de Florence, à cause de son opinion, errait de ville en ville, luttant contre la misère. Can I Grande della

Scala, le sachant à Sienne, s'empressa d'appeler à Vérone l'illustre amant de la poésie, qu'il venait de ressusciter. Il l'établit dans un de ses appartements, le traite splendidement, et se montre son ami et son protecteur. Mais Dante ne répondit que par la froideur aux généreuses avances du Scaliger. Un jour que des batteleurs divertissaient les dames de la cour, par leurs jeux et des plaisanteries d'une fade gaité, Dante restait grave et pensif au milieu des rires et des lazzis de ceux qui l'entouraient. Can Grande, par courtoisie, s'approcha du poète, et déplora que ses courtisans prissent leur divertissement à écouter les sornettes de pauvres bouffons, lorsqu'ils pouvaient jouir de l'esprit et de la conversation d'un sage.

— Cela n'a rien d'extraordinaire, répondit Alighieri : les sots écoutent volontiers leurs semblables.

L'écho de la salle redit cette parole blessante aux amateurs de joyeusetés et de fadaises : tout le monde, même le podestat en fut blessé. Aussi Dante s'en aperçut bientôt, et, sans qu'on lui eût manifesté ni froideur ni indifférence, un beau matin, le poète disparut, et s'achemina vers Ravenne, où l'appelait Guido Novello, près de qui la mort le surprit. Mais il demeura toujours l'ami de Can Grande, car ce fut à ce prince qu'il dédia la troisième partie de sa divine comédie, l'*Enfer*, dont on prétend qu'il emprunta l'idée des *Cercles*, aux gradins de l'amphithéâtre de Vérone. Mais tout au moins le grand poète chanta dans ses vers les courses à pied des hommes, à Vérone, où le prix était une pièce d'étoffe, ce qui fit donner le nom de Palio à ces fêtes, dans lesquelles, outre les chevaux, on faisait courir aussi les ânes, les hommes et jusqu'aux femmes. A l'occasion de ces courses, fort ordinaires dans l'Italie, Dante compare au vainqueur son maître *Brunet Latin* :

« Il parut de ceux qui courent le *palio* vert, à Vérone, par les champs, et il parut comme ceux qui le gagnent et non qui le perdent » (1)

Can Grande mourut, en 1329, à Trévise ; mais ses restes sont à Vérone.

---

(1). D'après les curiosités italiennes de M. Valery, (Enfer, can. XV.)

Mastino II et *Alberto II*, neveux de Can I Grande, lui succédèrent. Le premier, né en 1298, eut seul le pouvoir, accrut beaucoup ses États, et organisa une ligue en Lombardie, contre Jean de Bohême. Mais il fut attaqué par les Florentins et la république de Venise coalisés, et réduit à Vérone, Vicence, Parme et Lucques. Il mourut en 1351.

Can II, fils et successeur de Mastino II, se posa en tyran avide et féroce. Aussi, devenu odieux, un jour qu'il revenait à cheval du Château Vieux qu'il faisait construire, et que nous avons vu sur la rive droite de l'Adige, en face d'un pont qui le met en communication avec la rive gauche, son frère, Can Signorio, l'égorga traîtreusement, en lui passant son épée au travers du corps, près de l'église *Santa Eufemia*, le 14 décembre 1359. Aussi *Pétrarque* écrit-il quelque part que Vérone, comme Actéon, était dévorée par ses propres chiens. *Canis*, en italien *cane*, est ici un jeu de mot, par allusion à *can* ou *cane*, prénom de plusieurs des Scaliger.

Can Signorio arrivait au trône par un crime, le crime lui devint familier. Proclamé podestat avec son frère Paolo Albano, il l'enferma dans son château-fort de Peschiera, où il le fit étrangler, pour assurer sa succession à ses bâtards Bartholomeo et Antonio. Il n'est donc pas étonnant qu'il se montrât bientôt tout aussi vicieux, tout aussi mauvais que le frère auquel il venait d'ôter la vie. Depuis Can Grande, la maison della Scala perdant la renommée que celui-ci lui avait acquise, déclinait vers sa chute. Can Signorio embellit Vérone cependant, et ce fut lui qui acheva le beffroi qui domine la maison des Marchands, sur la Piazza delle Erbe. Mais il fut le dernier prince mâle de sa famille.

Lorsqu'il mourut, en 1375, *Antonio* et *Bartholomeo II*, fils naturels de Can Signorio, régnèrent ensemble de 1375 à 1381. Puis Antonio fit tuer Bartholomeo. Mais alors Philippe-Marie Visconti guerroyait, autant par trahison que de l'épée, pour se rendre maître de toute l'Italie septentrionale. Après s'être emparé de Padoue sur les Carrare, il voulut s'emparer de Vérone sur les della Scala. Il en vint à bout. Aussi, dépouillé de ses Etats, Antonio alla mourir dans les montagnes de Forli, non loin de Rome, et ce qui restait des Scaliger s'éteignit dans l'exil et l'abandon, vers 1388.

— A merveille, cher maître, dis-je, enchanté de la brièveté du récit de M. Valmer, d'habitude fort prolixe. Vous avez aussi bien parlé sur les Scaliger que l'eût pu faire Dante lui-même, ajoutai-je. Mais maintenant que nous savons ce qu'ils furent, vivants, allons voir ce qu'ils sont, morts. Leurs tombeaux nous attendent, et nous n'avons qu'un pas à faire pour les contempler.

Ces tombeaux, cher Monsieur, sont placés en avant du portail d'une petite église, *Santa-Maria-l'Antica*, qui jadis faisait partie des palais des Scaliger, et avait un cimetière à l'usage de cette famille. Outre quelques pierres tombales, droites ou couchées, il y a là tout un curieux assemblage de superbes monuments funèbres, véritables modèles d'architecture antique. Le premier de tous est le sépulcre de Can I Grande della Scala. Le regard rencontre d'abord à hauteur d'homme la figure du prince couchée sur un lit mortuaire composé de colonnes élégantes, aux chapiteaux d'un travail exquis, et supportant un dais gracieux en forme de pyramide hexagonale. Sur ce baldaquin s'élève une statue équestre, celle du podestat, mais la visière baissée, le cimier tombant derrière les épaules, et le cheval caparaçonné d'un tissu d'acier à mailles serrées.

Un autre mausolée, placé dans un angle en regard de la place, contient les cendres de Mastino II. Il repose sur quatre colonnes qui ont chacune un architrave de neuf pieds. Sur le couronnement s'élève un marbre carré servant de piédestal à l'urne sépulcrale. Quatre autres colonnes supportent la voûte qui recouvre l'urne, et que couronne également la statue équestre de Mastino.

Enfin Can Signorio, qui voulut élever son tombeau de son vivant, y dépensa dix mille florins d'or. Aussi son cénotaphe est-il d'une extrême magnificence. Il a six faces et est soutenu par six colonnes dont l'entablement reçoit l'urne cinéraire très-richement sculptée. Les chapiteaux de ces colonnes sont d'ordre corinthien. Six autres colonnes élancées servent de support à la voûte sur laquelle se dresse la statue équestre du Scaliger, au regard farouche. Ce monument est entouré d'une enceinte hexagonale de marbre rouge, avec six piliers, sur lesquels sont gravés de pieux bas-reliefs, et que surmontent des statues.

Bref, l'entourage de ces tombeaux se compose d'une grille tissée avec tant d'art, enlacée, ferrements dans ferrements, avec les armoiries des della Scala, *une échelle surmontée d'une aigle*, semées sur les panneaux qu'elle forme, en un mot si artistement travaillée, qu'elle est flexible et s'agite sous la pression comme une étoffe légère.

J'omets la description des autres tombeaux, car il faut en finir. Mais je ne veux pas vous éloigner de cette place, où la mort donne la main à la vie, sans vous signaler encore en regard avec les manoirs des Scala, le *Palais du Conseil de la Ville*. C'est un très-beau travail du xve siècle. Rien de plus gracieux que son entablement. De nombreuses statues le couronnent et se détachent sur le ciel comme une légion de génies supérieurs observant l'espèce humaine qui se meut dans les régions inférieures. Ce sont tous les hommes célèbres auxquels Vérone a donné naissance. Leurs noms sont des plus considérables, jugez-en.

Ici, c'est *Pline-le-Jeune*. Ce premier personnage est bien un peu suspect dans cette réunion, car il doit le jour à Como. Mais n'y regardons pas de si près, et supposons bénévolement que Vérone a voulu le donner comme introducteur aux savants qui le suivent.

Là, c'est *Cornelius-Nepos*, cet auteur latin, si connu et même très-aimé des élèves qui font leurs études, car ses vies des grands capitaines ne leurs offrent pas de grandes difficultés de traduction. Né dans le siècle qui précéda l'ère chrétienne, Népos fut lié avec Catulle, son compatriote, puis avec Cicéron et Atticus, le riche Atticus, qui eut Agrippa pour gendre, Cicéron pour familier, Marius et Sylla pour ennemis. Cornelius Népos est une gloire de Vérone, en effet, car Eusèbe vante sa clarté; Pomponius Méla, son exactitude; Ausone, Aulu-Gelle, Tertullien citent ses ouvrages avec de grands éloges. Malheureusement on ne sait rien de la façon dont cet historien termina sa vie.

Vient ensuite Macer, *Clodius Macer*, préteur en Afrique sous Néron, qui voulut, à l'avènement de Galba, se rendre indépendant et affamer l'Italie, en détruisant les blés qu'elle tirait de sa province. Mais, en 68, Galba le fit tuer.

Mantua Virgilio gaudet, Verona Catullo,

Apparait *Valerius Catulle*, ce poète charmant, né en 86 avant J.-C, qui réussit surtout dans la poésie érotique, mais ne respecta pas toujours la décence. Il avait à peine trente cinq ans que la mort le ravit à l'admiration de ses contemporains et à l'amitié des hommes les plus fameux.

Voici *Vitruve*, le grand architecte, l'auteur du célèbre traité *de Architecturá*, dédié à Auguste, ouvrage qui servit de code aux architectes romains, comme il sert de vade-mecum aux architectes modernes.

Voici *F. S. Maffeï*, marquis et littérateur tout à la fois, qui fit avec gloire la campagne de 1704 au service de la Bavière, puis revint en Italie écrire sa Tragédie de *Mérope*, *l'Histoire de Vérone*, et parcourut le monde pour y recueillir une riche collection d'inscriptions antiques dont il publia des copies exactes dans son *Musœum Veronense*.

Puis c'est *J. C. Scaliger*, l'un des savants les plus célèbres du xvie siècle, et le curieux bavard qui réussit le mieux à tromper ses contemporains sur son origine et sur les circonstances de sa vie. Il prétendait descendre des Scala, et racontait avec de grands détails comment sa mère l'avait soustrait aux perquisitions des Vénitiens ; comment, après avoir été page de l'empereur Maximilien, il avait fait la guerre en Italie, et s'était distingué à la bataille de Ravenne, où il avait perdu son père et son frère aîné; comment il s'était fait cordelier dans l'espoir de devenir un jour pape et de recouvrer ainsi sa principauté; comment enfin , mécontent des privations qu'on lui imposait , il avait quitté cet ordre pour exercer la médecine. Mais tout cet échafaudage s'écroula devant les recherches de Scipion Maffeï, dont je vous parle plus haut. Il est constaté que Jules-César Scaliger était un simple peintre en miniature de Padoue, qui se nommait *Benoît Bordoni*, et qu'il s'adonna aux lettres et aux sciences, vint à Agen , se fit naturaliser Français, sous le nom de Jules-César de l'Escalle de Bordonis, épousa en 1529 Audiette de Roques de Lobejac, âgée de seize ans, et composa les savants ouvrages qui le placèrent en peu de temps à la tête des érudits de son siècle : *Notes sur le Traité des plantes*, par *Théophraste*, *Traduction de l'histoire des animaux d'Aristote*, *et Insomnies d'Hippocrate*, *etc.* Il mourut à Agen, le 21 octobre, 1558, et écrivit l'épitaphe qui décore son tombeau :

Julii Cæsaris Scaligeri quod fuit (1).

Enfin c'est *Paul Calliari*, surnommé le *Véronèse*, fils d'un simple sculpteur , qui se sentant peintre, comme d'autres naissent poètes, dès son début prit pour

---

(1) Ce qui reste de Jules-César Scaliger.

modèles le Titien et le Tintoret. Certes ! il ne pouvait mieux choisir. Mal apprécié dans sa patrie, Paul Véronèse alla se fixer à Venise, qu'il embellit d'une foule de chefs-d'œuvre.

Vous ai-je trop dit, Monsieur, en vous annonçant une légion ? non certes. Mais figurez-vous que la belle façade de ce palais du Conseil est criblée de balles. Il n'y a pas une moulure, pas une corniche, pas une ligne de l'attique qui n'aient été atteintes. D'où proviennent ces témoignages de la fureur populaire? Je n'ai pas eu le temps de me le faire expliquer. Seulement j'ai constaté qu'aucune balle n'avait frappé une fort curieuse Annonciation de la Vierge qui complète l'ornementation de ce monument respectable à bien des titres.

Cependant le soir se fait. Déjà les ombres remplacent sur la Piazza dei Signori les rayons lumineux qui tout-à-l'heure nous réchauffaient à la table de Squarzoni, et donnent à cette place funèbre une apparence fantastique, que ses manoirs et ses tombeaux exagèrent encore. Mais, en outre, les poternes et les soupiraux des palais della Scala se peuplent de têtes immondes, qui regardent au travers des grilles, comme feraient des bêtes fauves, ce que l'intérieur de la cour peut leur offrir de curieux. On nous apprend que ce sont les *prisonniers* qui prennent leur récréation du soir... Ainsi donc l'antique demeure de Can Grande, ses appartements de la Victoire, de l'Espérance, des Muses, de la Liberté, abritent à cette heure ce qu'il y a de plus impur parmi les hommes, l'écume de la société, les voleurs, les meurtriers, les criminels de tous grades. Oh ! éloignons nous...

Nous errons à l'aventure, et le hasard nous porte sur la rive droite de l'Adige, vers ces parties de Vérone les plus populeuses, comme dans toutes les vieilles cités, car le bas peuple aime le voisinage de l'eau. Nous sommes en face de Véronette. Nous revoyons ses masures pittoresques, ses pâtés de barraques dont les étages avancent et reculent, vermoulus, fendillés, verdis, chassieux, grinchus, caducs, hérissés de verrues, effondrés, que sais-je ? et puis ses ponts en briques rouges, aux arches demesurées, aux parapets à scie, dentelés en créneaux. Là, dans ces rues indescriptibles, tout semble encore respirer la guerre civile. On dirait que vous vous heurtez à un assassin, que là vient d'avoir lieu quelque drame sanglant et noir, vous le croiriez sans peine. Aussi sommes-nous tentés de demander si ce n'était pas ici ou là, dans ce carrefour ou près de cette vieille église qu'était la demeure des Capulet. Mais nous n'y trouvons en réalité que le *Palais de Pompée*, près du Ponte di Navi. Sa façade est élégante, simple et harmonieuse. Les fenêtres de l'étage du haut portent sur le bandeau de leur arcade à plein ceintre un mascaron sculpté parfaitement en relief. Le soubassement à bossage est d'un goût mâle, et il est percé de sept arcades. L'ensemble est d'un heureux effet. C'est aussi l'œuvre de San Micheli ou Sammicheli, l'un des plus habiles architectes de Venise, né à Vérone, qu'il a décorée de presque tous les palais qu'elle possède.

Cependant les Capulet ont habité Vérone. Car c'est ici, vous le savez, Monsieur, que *Shakespeare* (1) a placé la scène de l'un de ses beaux drames, *Roméo et Juliette*. Le fondement historique en est emprunté à la vie réelle de l'époque, le XIIIe siècle. Mantoue n'est éloignée de Vérone que de quelques lieues. Dans la première ville habite la famille des Montaigu, et dans la seconde celle des Capulet. Montaigu et Capulet ont autant de haine l'une pour l'autre que le cœur de l'homme peut contenir de fiel. Cependant Roméo de Montaigu et Juliette de Capulet, réunis à une fête par le hasard, se sont vus une fois et se sont aimés. Leur amour est bientôt connu. Indignation des deux familles. Comme Pyrame et Thysbé, les deux jeunes gens se voient en secret : ils veulent s'unir par les liens sacrés de l'hymen. Mais alors Juliette est saisie par les siens, arrachée aux bras de son fiancé par son vieux père, puis enfermée, vivante, mais repue d'un narcotique que lui a fait boire *Fra Lorenzo*, dans un sépulcre où elle meurt de faim. Roméo, à l'aide du poison, s'empresse d'aller rejoindre sa fiancée dans les mondes inconnus. Tel est le fond de l'histoire et du drame. Or, à l'appui de l'histoire et du drame, on montre, à Vérone,

---

(1). *William Shakespeare* ou *Shakspeare*, le premier des poètes dramatiques anglais, né en 1563, à Stratford, comté de Warwick, était fils d'un marchand de laines. Il reçut une éducation imparfaite, se maria à dix-huit ans avec une femme qui en avait huit de plus que lui, mena une vie assez vagabonde, fut forcé à vingt-deux ans de quitter son pays, parce qu'il était poursuivi comme braconnier, vint à Londres, où il se trouva forcé de garder les chevaux à la porte d'un théâtre, fit le métier de souffleur, puis monta sur la scène, se fit auteur, retoucha d'abord de vieilles pièces, et enfin en composa d'originales. Ses premières productions datent de 1589. Chefs-d'œuvre merveilleux. Il fit fortune et mourut en 1616.

le *Tombeau de Juliette de Capulet*. Nous savons qu'il est sur cette rive de l'Adige : aussi nous descendons le fleuve. Nous arrivons : on nous introduit dans un long jardin, *via di Capuccini*, au sud de la place Bra. A l'extrémité d'immenses plants de légumes, nous trouvons enfin une sorte de cuve de marbre rougeâtre, dans une petite cour. Ce sarcophage peut, en effet, contenir un corps de femme : on voit à sa base, à la hauteur de la tête, des trous percés dans le but de donner passage à l'air. Mais est-ce bien là ce qui fut le cercueil de l'infortunée Juliette? Peu importe. Nous déposons quelques fleurs sur ce marbre solitaire, à l'heure où la nuit nous permet à peine de distinguer les objets. Heureusement la lune s'élevant au-dessus des nuages qui couvrent l'horizon, vient à notre secours en perçant le feuillage des amandiers du jardin et en éclairant le tombeau sinistre d'un doux rayon qui semble y déposer un baiser. Nous nous éloignons alors, en récitant les vers que Ducis, le poète de Versailles, a traduits de Shakespeare :

> Je vois avec plaisir, au sein de ces ténèbres
> Le jour pâle et mourant de ces lampes funèbres.
> Cet astre des tombeaux, plus affreux que la nuit,
> Vient mêler quelque joie à l'horreur qui me suit... etc.

On raconte que l'archiduchesse Marie-Louise, après avoir visité ce même tombeau de Juliette, fit monter un collier et des bracelets du marbre rougeâtre dont il est formé. Alors nombre de touristes, et de jolies Véronaises même, ont suivi cet exemple, et l'on voit porter souvent, à Vérone, de petites broches en forme de cercueil faites de cette même pierre.

Après le tombeau de Juliette, nous sommes allés, le lendemain, voir sa maison. Je vous en parle de suite, pour n'avoir pas à y revenir. Elle est située *via di Capello*, rue voisine de la place du Marché. Certes! elle est bien du moyen-âge : façade ridée, vieillie, caduque, mais nobles traces d'architecture, élégantes fenêtres à plein cintre, style romain. Pilastres merveilleusement sculptés à l'une de ses fenêtres, et triglyphes gracieux. Au troisième étage, balcon de pierre dont la balustrade est à moitié ruinée. Voûte d'entrée ; cour avec quatre ailes de bâtiments, décorés de balcons de bois. Sur la porte, au-dedans de la cour, armes parlantes des Capulets, *Capelletti*, *petits chapeaux*. Voici le balcon, au-dessus du jardin, où Juliette du dedans, et Roméo, du dehors, s'entretenaient alors que les étoiles brillaient aux cieux... A cette heure, des âniers, des ânes, des charrettes, un maréchal-ferrant, un cabaret occupent ces palais, désormais sans gloire, mais non pas sans souvenirs.....

Le lendemain de ce premier jour passé à Vérone, cher Monsieur, nous déjeunions sur la place des Seigneurs, côte à côte avec un major autrichien, et après avoir pris, comme rafraichissements de précaution, car la journée promettait d'être chaude, l'un une *aqua di marena*, l'autre un *agro di cedro* (1), nous respirions avec délices les fleurs fraîches, dont nos jeunes bouquetières de la veille venaient de nous enrichir, en se sauvant plus légères que des sylphides, lorsque nous remarquons un mouvement de troupes, des roulements de tambours, et beaucoup de gens se dirigeant du même côté, vers la Porta Nuova. Notre major autrichien, qui parlait parfaitement le français, s'empressa de nous apprendre que cette agitation provenait de l'arrivée de l'archiduc Maximilien d'Autriche. On l'attendait vers deux heures. Nous crûmes de notre devoir de prendre part à la fête, et nous n'en manquâmes pas une des moindres circonstances. C'est hier qu'eut lieu cette entrée solennelle. Tout Vérone était sur pied, moins le beau monde qui s'était enfui aux champs. Le Stradone offrait dès midi un admirable coup-d'œil. Les hulans et d'autres régiments hongrois ou autrichiens étaient pour une bonne moitié dans la splendeur de la fête. Les drapeaux à l'aigle bicéphale, des devises, des transparents se montraient de toutes parts. Le canon annonça bientôt la présence des augustes personnages. Une brillante calèche nous montra enfin, assis côte à côte avec sa jeune femme, l'archiduc Maximilien, saluant dans tous les sens, et la princesse Charlotte s'éventant pour effacer le rouge que la chaleur faisait monter à son gracieux visage. Une revue suivit l'arrivée : le défilé suivit la revue ; un dîner vint après le défilé ; un spectacle aux Arènes après le repas, et une illumination termina le tout.

---

(1). L'*Aqua di marena* est une boisson faite avec des cerises aigres qu'on cueille en juillet et qu'on fait cuire avec du sucre, et l'*Agro di cedro* est une autre boisson faite avec des groseilles.

Ce matin, même mouvement de troupes. Promenade du prince dans la ville. Nous sommes assis parmi les ruines du *Théâtre-Antique* lorsqu'il y arrive, et on nous fait déguerpir pour lui céder la place. Nous étudions le vieux Pont della Pietra, lorsqu'il y paraît à son tour. Enfin, nous nous réfugions dans la cathédrale *S. Maria-Matricolare*, au coude de l'Adige, sur la rive droite, au nord de la ville, où il nous poursuit encore. Mais cette fois nous ne lui cédons plus la place.

C'est un temple antique, consacré à Minerve, qui a fait les frais de cette belle église, rebâtie en 1187, et à laquelle San-Micheli fit subir quelques changements en 1534. Le porche est du xiie siècle. Des colonnes supportées par des griffons fabuleux, forment sa décoration. Les statues du paladin Roland et d'Olivier, son partner, ornent les deux côtés du portail. On les dirait en faction de chaque côté de l'entrée principale. Ils sont sculptés debout sur des pilastres gothiques, au milieu de mille figures symboliques de lions, d'oiseaux, de fruits, de fleurs, de bêtes chimériques, de prophètes, de guerriers, de chasseurs. Ils portent la moustache haute et l'épée nue. Sur celle de Roland on voit gravé, sur la lame, le nom terrible dont elle était baptisé DV-RIN-DAR-DA, *Durandarde*, *qui darde de rudes coups*, d'où l'on a fait *Durandal*. Les armures des deux chevaliers ne se ressemblent pas. La mère de Charlemagne, Berthe *aux grands pieds*, sa femme Fraslade, et sa fille Amangarde, femme de Didier, roi des Lombards, que Charlemagne dut faire tomber du trône, à cause de ses méfaits, ont leurs statues qui surmontent la porte, en reconnaissance de l'érection de l'église dont elles furent les fondatrices. Elles ont été métamorphosées, par l'ingratitude absurde du chapitre, en trois vertus théologales. A l'intérieur on voit une assomption du *Titien* qui est du plus bel effet.

Cette cathédrale possède, dans un bâtiment qui touche à l'église, une *Biblioteca Capitolare* fondée au ixe siècle par un archidiacre du nom de *Pacifico*. Pétrarque, la visitant un jour, ne fut pas peu émerveillé lorsqu'il y trouva les *Lettres Familières de Cicéron*, dont il fit une copie que possède à présent la bibliothèque Laurentienne, fondée à Rome par Léon X, et ainsi nommée de Laurent de Médicis, père de ce souverain Pontife.

Vérone possède un peu plus de cinquante églises. Je ne vous parlerai plus que de deux ou trois qui offrent des particularités remarquables.

La première est la *Chiesa S.-Anastasia*, à l'extrémité nord du Corso, cette grande et belle rue qui coupe Vérone en ligne droite, du sud-ouest au nord-ouest, en passant, à son milieu, sous cette porte romaine qui a nom Borsari. Cette église date de 1261 : sa façade n'a jamais été achevée, et c'est fâcheux, car formant l'horizon du Corso qu'elle termine, elle eut produit un coup-d'œil fort agréable. On est arrêté immédiatement à la porte par deux bénitiers que supportent des statues accroupies qui vous font la grimace. Ces grotesques représentations de mendiants en haillons, à l'aide de marbres de deux couleurs, sont dues, celle de gauche au père de Véronèse, qui était sculpteur, et la seconde à *Daniele Cataneo*, un artiste véronais du xvie siècle. Nous voyons à l'intérieur de curieux bas-reliefs en terre cuite de *Chapelle Pellegrini*, des toiles de *Morone*, de *Girolamo dei Libri*; etc., et pas un *Véronèse*. On est affligé de ne pas trouver, dans sa patrie, une seule peinture de cet artiste célèbre. Dans la chapelle du Rosaire on voit avec intérêt, sur un tableau-rétable, le portrait énergique et fier de Mastino II della Scala, et celui de Thaddea Carrara, de la famille de Carrare, de Padoue, qu'il avait épousée.

La curiosité principale de cette belle basilique, à trois nefs, enrichie de splendides colonnes aux chapiteaux courts et fleuris, est le tombeau de *G. Fregose*, un génois, capitaine des armées de la république de Venise, en forme d'arc-de-triomphe, avec colonnes cannelées d'ordre corinthien, niches, fronton, statues trophées, et superbe figure du Christ sur fond noir.

En sortant de S.-Anastasia, immédiatement, à droite, on rencontre une petite église gothique, appartenant au lycée de Vérone. C'est *S.-Pietro-Martire*.

Mais entre les deux églises, un monument plus curieux encore, appelle le regard, sous forme de tombeau aérien, étrangement mis en équilibre, au plus haut point du ceintre qui couronne une porte d'entrée. Ce monument funéraire, gothique, est celui du *comte de Castelbareo*, dont la statue équestre domine l'édifice et se voit de fort loin.

L'église la plus intéressante au point de vue de l'art est celle de *San-Zenone*. Elle est située presque sur les rives de l'Adige, au point de la ville où ce fleuve pénètre dans l'enceinte des murs, et non loin du Castello-Vecchio. En sortant de S. Anastasia, on n'a donc qu'à descendre le Corso dans toute sa longueur, et une fois au Vieux Château, on suit le quai, et, en tournant à gauche, on arrive à la *Via di Merro*, qui aboutit à l'église. Fondée par Pépin le Bref, fils de Charlemagne, que je vous ai dit avoir fixé son séjour à Vérone pendant quelque temps, Othon I, empereur d'Allemagne, la fit restaurer en 961. Mais elle fut reconstruite de 1138 à 1178, moins le chœur qui est du xve siècle. On est frappé, à l'aspect des côtés de cette église zébrés par des assises alternées de marbre blanc et de briques rouges. Un beau clocher, élancé, richement œuvré, datant de 1045, vous écrase de sa haute taille. On approche. Se montrent alors à vous des portes en bronze qui remontent à l'achèvement de l'édifice, 1178. La façade est décorée de très-curieuses sculptures, œuvre de la même époque. Mais l'intérieur présente une telle grandeur de proportions, que l'on s'incline devant sa majesté. Certes! dès le xiie siècle, les artistes étaient habiles! Quelle magnifique voûte en bois, et quel heureux agencement dans toutes les parties qui la composent! Nous sommes en admiration devant de nombreux spécimens de l'art des vieux âges. C'est, ici, une *Coppa di S. Zenone*, vasque de porphyre de vingt-huit pieds de circonférence; là, c'est le *Tombeau d'Auguste Atalia Valeria*, œuvre du christianisme à son début. Plus loin, voici la *Statue de S. Procuse*, travail de 1392. Enfin, c'est encore une autre statue qui remonte au temps de Julien l'Apostat, à savoir S. Zénon, évêque de Vérone. Je vous signale aussi un *Mantegna*, qui a eu les honneurs du voyage de Paris, alors que Napoléon Ier y envoyait toutes les merveilles de l'Europe vaincue. Celui-ci représente la Vierge sur un trône, entre des anges et parmi des fruits. Un cloître est attenant à l'église et renferme quelques tombeaux; il en est même un que l'on désigne comme celui de Pépin le Bref : mais rien de moins certain.....

Victoire! voici un *P. Véronèse*, le Martyre de saint Georges, sur le maître-autel, toile qui, elle aussi, a fait le voyage de Paris, c'est tout dire. Nous la trouvons dans la *Chiesa San-Georgio*, magnifique église de la renaissance, à Véronette. Cette église possède même un *Tintoret*, le baptême du Christ.

Enfin, au dépôt de mendicité, le *Ricovero*, nous trouvons un tableau, La Mère de douleur, d'*Orbetto*, que le savant M. Valery signale comme le chef-d'œuvre de cet artiste.

Quand je vous aurai dit, cher Monsieur, qu'à la *Chiesa di San-Bernardino*, près du Corso, on voit, comme annexe, une délicieuse chapelle toute sculptée par *San-Micheli*, et qui se nomme *Pellegrini*, dont la pierre, particulière à Vérone, est le *bronzino*, matière plus précieuse que le marbre pour sa finesse et son éclat;

Quand j'aurai ajouté qu'au sud de Véronette, nous avons visité le *Cimetière*, immense parallélogramme entouré de portiques à colonnes doriques, destinés à couvrir les tombeaux, devant être, un jour, l'un des plus beaux *Campi-Santi* de l'Italie, car on l'achève dans ce moment, j'aurai mis à fin les curiosités de Vérone.

Je m'arrête donc à présent. Il me reste à vous exprimer le regret de n'avoir pas su donner aux sujets que j'ai traités, tout l'intérêt qu'ils méritent d'inspirer. Mais j'ai voulu faire preuve de bon vouloir et j'ai parlé de mon mieux. Cherchez donc à embellir et à poétiser, avec le secours de votre imagination, les crudités de mes détails; et sous l'âpreté de la forme, ne voyez que le fond. A cette heure, je vais m'éloigner de vous davantage encore; mais votre souvenir et la pensée de votre bonne amitié me suivent. Aussi, croyez que je vous ai voué le plus tendre sentiment qui puisse éclore dans un cœur jeune et chaud, et agréez en l'expression la plus sincère et la plus vraie.

Votre très-affectionné et respectueux,

E. Doulet.

P. S. A propos, et nos bouquetières !

Entre M. Valmer payant la note de l'hôtel, et le tavernier la recevant, s'interpose une ombre légère qui lui sourit. C'est une de nos sylphides, sans bouquet cette fois, mais tendant une main vide. M. Valmer y a déposé trois swandzigers.

Entre moi et le domestique m'apportant une bougie pour cacheter cette lettre, s'interpose un corps opaque. Je regarde. C'est notre autre sylphide me disant de sa voix la plus douce :

— N'oubliez pas les fleuristes de Vérone, *Excellenza* !

Je lui remets trois swandzigers. Puis rejoignant M. Valmer, je lui conte le cas.

Brrrr ! Ainsi nous avons payé près de 6 francs de jolies fleurs parfumées qui n'avaient pas une valeur de 50 centimes !...

V.

A MADAME DE SAINT LAUMER, AU CHATEAU D'EGUILLY.

De Vérone à Vicence. — Les castels des della Scala. — *Rivoli*. — Le pont d'Arcole à l'horizon. — Dernier souvenir des Capulet et des Montaigu. — Vicence. — Les deux gloires de Vicence. — La Rotonda. — La Basilique ou Palazzo della Ragione. — Le Duomo. — Théâtre olympique. — Les palais. — Madona del Monte. — Les fastes de Vicence. — Un podestat aveugle. — Un podestat moine. — Un podestat féroce. — Les Esselini, à Vicence. — Mélopée géographique. — Padoue. — Arrivée de nuit. — Course fantastique. — Café Pédrocchi. — Comment, de jour, Padoue se fait accorte, lorsque, de nuit, elle se donne des airs barbares. — Antenor, fugitif de Troie, fondateur de Padoue. — Les mésaventures des Padouans. — Esquisses et croquis de la ville. — Prato della Valle. — Piazza delle Uve. — Piazza dei Signori. — Palazzo del capitano. — Le Duomo et son Baptistère. — Scènes de mœurs. - Piazza delle Erbe. — Piazza dei Frutti. — Palazzo della Ragione. — Description de son fameux Salone. — Drames dont il est le théâtre. — Esselino I, II, et III. — Un discours royal prononcé dans le Salone. — Où l'on voit à l'œuvre Esselino le Féroce — Conséquences d'un apologue. — Cruautés d'Asselino. — Pourquoi la peur le saisit un jour. — Le saint ! Le saint ! — Histoire de saint Antoine de Pade. — Une croisade contre le tyran. — Comment meurent les saints et comment trépassent les réprouvés. — Le musée de Padoue. — Tombeau et reliques de Tite-Live. — Règne des Carrara. — Aventures de Novello et de la belle Thaddée. — Où les Carrara triomphent. — Strangulations nocturnes. — L'Eglise de Saint-Antoine de Padoue. — La Madena della Arena. — Le Giotto. — Un juif possesseur d'une Eglise catholique. — Il Bo.

Padoue, 24 août 185...

Madame ,

Quand on porte ses amis dans son cœur et qu'on sait qu'ils nous ont donné une place dans le leur, on est heureux, au milieu même des préoccupations d'un voyage, de faire trêve avec les distractions qui vous entourent, pour pénétrer dans le sanctuaire qu'on leur a consacré, et déposer à leurs pieds la couronne immortelle d'un souvenir constant. C'est ce petit bouquet du cœur, cueilli le long de ma route, que je vous adresse, devinant à l'avance comment il sera reçu, et imaginant sans peine que vous comprendrez à simple vue, les pensées que chacune de ces fleurs exprime.

Vous ne connaissez de l'Italie que les côtes occidentales, Florence, Rome et Naples : je veux, aujourd'hui, lever devant vos yeux un coin de ses contrées orientales. Ma course n'étant pas très-rapide, vous me suivrez sans effort, et par les esquisses que je vous ferai, vous vous représenterez facilement ce que j'omettrai de dire.

Emile, le fameux Emile que notre séjour près de vous, à Eguilly, vous a si bien fait connaître, Madame, est mon compagnon de voyage dans cette seconde excursion en Italie, comme il le fût, l'an dernier, dans la première. En ce moment nous achevons l'examen du royaume Lombard-Vénitien, et nous nous dirigeons vers Venise, en faisant une station à Padoue.

Quand nous avons dit adieu à Vérone, l'autre jour, il faisait une de ces délicieuses journées où la nature entière est en fête, et chante sur tous les tons la grandeur de celui qui la créa. De notre wagon, à l'heure du départ, le soleil levant éclairait Vérone des nuances les plus riches, et nous admirions comment la vieille cité, avec ses antiques murailles flanquées de tours, ses ponts dont les parapets sont des créneaux, ses longues rues, ses églises et ses souvenirs des temps passés, se donne une sorte de grand air qui impose, assise entre de longues croupes de montagnes capricieuses et la plaine fleurie qu'arrose l'impétueux Adige.

Le train part à toute vapeur. Nous traversons d'abord le fleuve sur un beau pont, puis, à notre droite, s'élèvent de charmantes collines, dernières ondulations des Alpes du Tyrol, dont nous suivons les courbes gracieuses depuis le lac de Garde. Nous passons au milieu de vertes prairies et de jolis bocages ; pendant qu'à notre droite se développent les immenses plaines de la Lombardie, que sillonnent l'Adige et le Mincio. Nous rencontrons le village de *Caldiero*, jadis *Calderium*, qu'enrichissent des eaux sulfureuses et alumineuses, et qu'illustra, en 1796, le combat livré par les Français aux Autrichiens, quelques jours avant que notre armée s'emparât de Mantoue. Viennent ensuite de longs rideaux de peupliers, puis des lignes prolongées de mûriers, qui nous cachent le paysage. Alors, quand l'horizon se dégage, sur un mamelon, à gauche, apparaît la jolie bourgade de *Soave*, à laquelle d'antiques fortifications, tours, bastions et castels, élevés par les Scaligeri, forment une enceinte romantique qui charme le regard du voyageur. Mais, au fur et à mesure que nous traversons l'espace, les montagnes reculent, des profondeurs se forment, l'horizon devient immense, vaporeux, nage dans les teintes exquises de l'opale et de l'améthyste; et, sur les rampes de fraîches collines, on voit de nombreux villages qui étoilent la verdure, et d'antiques manoirs qui couronnent les hauteurs. C'est dans ces vastes reculements, baignés par des brumes d'or, rendues éblouissantes par les premiers feux du soleil, que se trouve *Rivoli*, cette terre sacrée, ce champ de bataille rendu célèbre par la victoire de nos Français sur les Autrichiens en 1797.

A notre droite, la plaine va se perdre également dans des profondeurs infinies que l'œil ne peut sonder, mais dans lesquelles il s'égare volontiers, s'arrêtant ici sur le village de *San-Bonifacio*, et cherchant, plus loin, les maisons éparses du hameau, semé dans les marais qui a nom *Arcole*, et dont le pont, si vaillamment enlevé aux Autrichiens, valut à l'armée française une gloire qui vivra dans les siècles; enfin, se fixant sur la blanche bourgade de *Lonigo*.

Mais à partir de Lonigo, métamorphose du paysage. Des exhaussements du sol, verts comme l'émeraude, rétrécissent l'horizon tout-à-l'heure si profond; et comme il y a eu de l'orage pendant la nuit précédente, vers le sud, les croupes des collines se détachent en bleu sur de gros nuages gris bordés d'or, ici, lisérés d'argent, avec un luxe de ton à ravir d'aise un artiste amant de la belle nature.

A gauche, voici *Montebello*. Mais que votre imagination, madame, ne se mette pas en frais de victoire en l'honneur de notre nation. Le Montebello dont il s'agit, n'est pas l'heureux village situé sur le Pô, au-dessus de Tortone et d'Alexandrie, qui valut au général Lannes la faveur insigne de s'appeler le duc de Montebello. Au moins ce Montebello rachète-t-il son absence de gloire par un aspect des plus pittoresques. Au-dessus du village se dresse une délicieuse villa moderne, entourée de ruines magnifiques. Cet heureux manoir semble tout fier de sa jeunesse et de sa beauté, en face de la décrépitude des vieilles murailles qui le ceignent. Plus loin, du même côté toujours, mais séparées de Montebello par une large vallée, apparaissent au sommet d'une montagne, d'autres ruines imposantes, grandioses, splendides, formant deux castels majestueux encore, malgré leurs vêtements percés à jour, l'un plus élevé que l'autre, et semblant se défier mutuellement dans leur fière attitude. De ces deux châteaux, l'un appartenait à la famille des Capulet, dont était la tendre Juliette, et l'autre à la famille des Montaigu, que devait représenter le sensible Roméo. Vous connaissez leur touchante histoire : aussi ne vous en dirai-je rien, si ce n'est que nous avons vu, à Vérone, le tombeau qui renferma Juliette vivante, et reçut les cruelles palpitations de son affreuse agonie. La brume qui monte de la vallée, sur laquelle ils se penchent, voile à peine l'air maussade que se donnent ces deux débris, derniers représentants de la haine de deux familles, qu'ils semblent exprimer encore par un défi mutuel.

Surviennent des régions où les pampres s'attachent en longues guirlandes aux arbres de la belle vallée que nous suivons ; là, grappes superbes suspendues aux ceps et invitant la main à les cueillir; champs de maïs dorés par le soleil ; troupeaux effarouchés à l'approche du train qui les effraie; splendides perspectives pour l'œil attentif et curieux du touriste.

Voici le village de *Tavernelle*, à demi-tapi sous les bandeaux de hautes vignes qui ceignent le front de ses maisons. Voici de nombreuses villas, voici des cottages, voici de jolis castels, voici des charrettes, voici des bœufs, des attelages, des voitures, des carrosses, toutes choses qui annoncent l'approche d'une ville...

Nous sommes à *Vicence*, en effet...

— Vicenza! Vicenza! crie de tous ses poumons le conducteur du train.

Nous descendons, car c'est bien le moins que nous fassions à Vicence l'honneur d'une visite et d'un déjeûner, quand elle a fait, elle, la capitale du Vicentin, l'honneur de son nom à l'un de nos Français, le général de Caulincourt, que Napoléon décora du titre de duc de Vicence. Or, tous les Français sont solidaires. Mais tout d'abord je dirai que c'est un grand désavantage pour Vicence d'être aussi voisine de Venise. Le touriste, impatient de connaître la Fée des Lagunes, sacrifie sans remords Vicence, et il a parfaitement tort, car Vicence est l'une des villes de l'Italie les plus remarquables par ses magnifiques monuments. En effet, ce que l'illustre San-Micheli fut à Vérone, qu'il décora de ses plus beaux édifices, *Andrea Palladio* et *Scamozzi* l'ont été pour Vicence, qui leur doit les plus riches chefs-d'œuvre d'architecture. Ce serait donc un malheur de passer près de cette ville sans la voir, sans chercher à la connaître.

Au pied et au nord de collines, appelées *Monts-Bérici*, au confluent de *Bacchiglione* qui reçoit le *Rerone*, dont les eaux contribuent à le rendre navigables pour les petites barques, au milieu d'une admirable contrée, sous ce beau ciel d'Italie que vous savez, et entourée de fossés maintenant cultivés et de remparts à peu près effacés, figurez-vous Vicence avec des rues larges et droites; de beaux ponts, notamment le *Pont Saint-Michel*; la magnifique *Rotonda*, chef-d'œuvre de Palladio, érigée sur la colline *di San-Sebastiano*, que l'on gravit à l'aide d'un escalier de deux cents marches; un *Hôtel-de-Ville* appelé la *Basilique* ou le *Palazzo della Ragione*, édifice du moyen-âge restauré noblement par ce même Palladio, et produisant le plus magique effet sur la *Piazza dei Signori*, à peu près au centre de la ville; un clocher de quatre-vingt-douze mètres de hauteur, la *Torre dell'Orologlio*, et deux hautes colonnes érigées par la république de Venise, comme symbole de sa puissance, sur cette même Place des Seigneurs; des *Portiques* et un *Arc-de-Triomphe*; la *Cathédrale*, édifice gothique à façade disparate; beaucoup d'autres églises encore, et enfin le *Théâtre Olympique*, autre œuvre merveilleuse de Palladio, à la date de 1584, décoré à l'intérieur par Scamozzi, et vous aurez, Madame, l'idée de l'ensemble magique que produit Vicence aux regards étonnés du voyageur, une heure auparavant, indécis s'il s'arrêterait dans cette ville ignorée.

Et notez bien que j'omets de parler des nombreux palais dont les magnifiques façades, élevées sur les dessins de Palladio, méritent bien qu'on les étudie et qu'on les admire: *Palais Valmazana*, *Barbarono*; *Palais Chiericati*, *Franceschini*; *Palais Trissino* et *Thiene*.

Vicence possède pour promenade le *Campo Marzio*, et sur les collines de Saint-Sébastien, des villas, des jardins, d'où la vue est ravissante et l'air très-salubre. C'est là que l'on voit un casino qui a nom Casino Capra, œuvre célèbre de Palladio, et d'un si magique aspect, qu'un Anglais, lord Burlington, ne pouvant l'emporter parmi ses bagages, à son grand regret, en fit faire le dessin pour le reproduire dans son manoir de la Grande-Bretagne.

La porte de Vicence qui regarde les collines s'appelle *Porta-dei-Monti*. A peine l'a-t-on franchie que l'on trouve à droite un arc d'ordre corinthien attribué à Palladio (1). Cet arc-de-triomphe commence une suite de portiques en arcades qui conduit à la Rotonda, sanctuaire de la *Madona-del-Monte*. Cette longue galerie couverte n'a rien de précisément remarquable, mais elle témoigne de la persévérance dans une entreprise fort couteuse sur des talus rapides et de difficile accès. On trouve quelques bonnes peintures de *Montagna* dans l'église qui, de loin, est d'un effet fort pittoresque. Le réfectoire du couvent possédait un magnifique *Veronèse*; mais lors des troubles de 1848, les Autrichiens, très-habiles connaisseurs en fait d'art, l'ont indignement perforé de leurs baïonnettes. Cette toile représentait J.-C. en pèlerin à la table d'Emmaüs.

La chaîne des Monts-Berici est d'origine volcanique. Il n'est pas étonnant qu'on nous signale des bains chauds dans la contrée.

N'est-il pas vrai, Madame, que c'eût été dommage de ne pas connaître Vicence? C'est, du reste, une cité fort ancienne. Sa fondation remonte à l'an 150 avant l'ère chrétienne. Les Goths d'Alaric la saccagèrent en 401. Attila la détruisit de fond en comble en 452, lorsqu'il envahit l'Italie, effaçant Aquilée de dessus la terre, et causant, sans s'en douter, par la terreur qu'il inspirait, la fondation de Venise sur les lagunes. En 1033, une horrible peste ravagea cruellement Vicence à peine rebâtie. Elle fut l'une des premières villes de la Haute-Italie qui voulut faire partie de la ligue lombarde, contre le despotisme des empereurs d'Allemagne. Prise

---

(1) *Andrea Palladio*, célèbre architecte, né à Vincence, en 1518, mort en 1580, étudia surtout Vitruve et les monuments de l'antiquité. Il orna de ses ouvrages Vicence, Rome, Venise, restaura l'hôtel de ville de Vicence, y éleva le théâtre Olympique, et commença le célèbre théâtre de Parme, que le Bernin acheva.

Scamozzi, architecte comme lui, était son contemporain et son ami.

d'assaut par l'empereur Frédéric II, en 1236, elle fut livrée aux flammes et au pillage. Vint la domination farouche des seigneurs. Alors Vicence subit d'abord le joug cruel de *Esselino I*, qui bégayait, ce qui lui valut le surnom de *bègue*, mais qui avait le bras fort. Ce podestat, déjà seigneur de Romano, ville murée, voisine de Bergame, est le chef d'une maison qui devient bientôt fameuse par ses crimes. Après avoir accompagné, en 1147, l'empereur Conrad III, dans une croisade, et s'y être signalé par ses exploits, Esselino obtient le souverain pouvoir dans Vicence, où il a reçu le jour. Il entre dans la ligue lombarde, combat d'abord Frédéric Barberousse, puis fait alliance avec ce prince, en 1175, et meurt en 1180.

Mais alors Esselino II, son fils, succède à son père dans le gouvernement de Vicence. Chassé de cette ville par la faction des Guelfes, en 1194, il se met à la tête des Gibelins, s'allie avec ceux de Vérone et de Padoue, et combat à outrance les Guelfes, à la tête desquels se range le marquis d'Este. Il finit par rentrer dans Vicence, avec le secours de l'empereur Othon IV, qui lui donne le titre de vicaire impérial. Alors il partage ses États, en 1215, entre ses enfants, et se retire dans un cloître, ce qui le fait surnommer le *Moine*. Il meurt en 1235.

Esselino III, s'empare bien vite de l'autorité, et se met en mesure de donner essor à toutes les passions les plus sanguinaires qui dévorent son âme: C'est un homme de petite taille : mais tout l'aspect de sa personne, tous ses mouvements indiquent un soldat au caractère barbare, au cœur farouche. Son langage est amer, sa contenance superbe, et par son seul regard il fait trembler les plus hardis. Retenez-bien ce portrait, Madame : vous aurez occasion de vous le rappeler lorsque, tout-à-l'heure, je vous parlerai de Padoue, dont l'histoire, en ce qui touche à Esselino III, se confond avec celle de Vicence.

Quand ce tyran fut mort, après avoir bien mérité le surnom de *féroce* qu'on lui donna, et que la postérité lui conserve, Vicence devint tantôt vassale des Véronais, tantôt des Padouans, au milieu desquels elle était placée comme une proie facile, et fut soumise à Padoue. Mais elle secoua leur autorité en 1311. Alors, après avoir changé de maîtres, elle se donna, en 1404, à la république de Venise, à laquelle elle resta attachée jusqu'au xviiie siècle.

En outre de Palladio et de Scamozzi, Vicence a vu naître *Trissino*. Trissino, n'est qu'un poète auteur de vers non rimés; d'une tragédie, *Sophonisbe*, et d'un comédie, les *Ménechmes;* mais tout poète qu'*il* fut, étant homme de talent, pape Léon X le chargea de diverses négociations à Venise, en Danemarck et en Allemagne. Il jouit aussi de la faveur de Clément VII. Né à Vicence en 1478, il y mourut en 1550.

Nous reprenons le chemin de fer, vers le soir. La nature, dans le parcours de Vicence à Padoue, semble avoir subi encore quelque nouvelle transformation. Les aspects ne ressemblent plus à ceux qui nous ont accompagnés depuis Vérone. Plus de montagnes à droite, plus de montagnes à gauche. Au loin, fort au loin, plaines immenses qui verdoient sous les feux du soleil à son déclin. Partout richesse et fertilité du sol; partout aisance rassurante de tous les paysans de la contrée; gaîté des villageoises; grand œil noir méridional de curieux visages qui nous regardent filer comme l'éclair; costumes plus propres; chaumières plus nettes et plus soignées.

Apparition de quelques ondulations dè collines, à droite, à la station de *Poiana.* Le soir se fait pur, doux, parfumé, transparent. C'est l'heure de l'effet, comme disent les peintres. Le fait est qu'à ce moment magique où le soleil s'éteint, tous les objets de la nature revêtus de ces teintes poétiques, or, azur, carmin, améthysté, opale, pourpre, etc., surtout en Italie, font rêver l'âme, et rendent toutes choses si belles aux yeux fascinés, qu'il s'élève du cœur, vers Dieu, comme un parfum d'amour. C'est l'hymne de l'admiration et de la reconnaissance fondues en une mélopée que rien ne peut traduire. Voici la lune qui s'élance dans les cieux, mais terne, pâle : son heure n'est pas encore venue. Tout-à-l'heure elle brillera sur l'horizon, comme un immense ballon enflammé.

Décidément des collines reviennent rompre la monotonie de la vue. En voici qui dentellent le firmament à notre droite. De nombreuses villas commencent à capitonner la plaine : un plus grand mouvement se fait sur la ligne. On pressent l'approche d'une ville importante. En effet, Madame, saluez avec moi *Padoue*, l'antique *Patavium* des Romains, l'italienne *Padova*, la cité jadis inscrite, par honneur, dans la tribu *Fabia* de Rome, en 705. Assise sur [le côté droit du rail-way, à l'inverse de Vérone et de Vicence, qui sont placées sur son côté gauche, Padoue occupe le centre d'une plaine riche et belle, qui ressemble à un magnifique et vaste jardin, sur les bords du *Bacchiglione*, que nous avons déjà trouvé à Vicence, et qu'un canal réunit à la Brenta. Mais de la ville, rien à vous dire, si ce n'est que, pour aller à notre *Albergo dei Imperatori Romani*, nous passons devant des places et des carrefours, qui, aux clartés intermittentes de la lune, nous semblent fantastiques. Padoue a quelque chose de sinistre : c'est une ville moyen-âge, tout ce qu'il y a de plus moyen-âge. A peine peut-on se reconnaître dans certaines rues à la faible lueur de réverbères fumeux. Avec cela, elle est grande à n'en pas finir : le facchino chargé de nos bagages a bien du mal à se retrouver dans un dédale incroyable de petites rues sombres, à croire qu'on va nous couper la gorge ici ou là. Comme à Vérone, l'idée de meurtres, de sang versé, nous suit dans toutes ces myriades de ruelles si propices pour un crime. On se figure y entendre des massacres de Guelfes et de Gibelins. Il n'est pas jusqu'au murmure lointain du Bacchiglione qui ne vous donne des transes. On a froid. Je ne sais quelle teinte tragique voile toutes ces maisons à piliers, sous lesquelles vous ne rencontrez pas un être vivant. Quelle physionomie barbare !

Ah ! l'on chante... Voici des accords de mandoline et de guitare. A merveille... On revient à la vie. C'est du café Pedrocchi que sortent ces symphonies? Vive le café Pedrocchi ! Une fois nos bagages déposés en lieu sûr, nous allons venir souper chez le signor Pedrocchi, à la lueur de son gaz, aux doux accents de ses chansons.

Ainsi dit, ainsi fait. Pardonnez-nous ces détails, Madame : mais quoique l'air de Padoue soit, dit-on, si pur, qu'on y envoie, de tous les points de l'Italie, des malades pour y aspirer la vie, cet air salubre ne suffit malheureusement pas à notre existence, et nous sommes obligés d'avoir recours aux côtelettes de mouton de *Monselice*, admirablement parfumées par les herbes de la montagne que paissent les troupeaux, et par une foule de mets et d'entremets que mon cher Emile sait choisir avec un tact exquis, vous en savez quelque chose. C'est au *Café Pedrocchi* que nous sommes en effet, et voilà son nom parfaitement ciselé sur le fronton de l'édifice. Mais, en vérité, ce café a tout l'air d'un temple. Les colonnes, les murailles, le pavé, tout est marbre; le stuc, qui joue un si grand rôle en Italie dans les constructions, est absolument exclu. Imaginez que vous êtes dans une basilique grecque. Ce sont des colonnades magnifiques qui nous entourent, et jusqu'aux chapiteaux les détails en sont exécutés avec une délicatesse, un fini qui vous étonne. Il paraît que c'est en 1831 que fut construit ce monument culinaire. Il eut pour architectes le signor *Japelli*, de Padoue, et le fameux *Cicognara*, l'artiste le plus éminent. Le célèbre littérateur et prédicateur *Barbieri*, dans un éloge inséré au tome VIII de ses sermons, décrit avec bonheur et loue ce travail magnifique, la perle moderne de Padoue. Ce temple de la cuisine coûta 500,000 francs, ajoute-t-on. Quoiqu'il en soit, les fondations creusées, on trouva les ruines d'une antique basilique sous le sol. Ce fut elle alors qui fit les frais des marbres pour les dalles et les murailles, ce qui dut abréger la dépense.

Pour notre début à Padoue, je suis tout honteux, Madame, de vous avoir introduit dans un café. Mais il était bien tard, notez-le, pour commencer notre examen de la ville par quelque monument plus grand et plus noble qu'un estaminet. Il est vrai que ce café Pédrocchi a la prétention d'être le plus grand café de l'univers, et qu'en outre il contient ce qu'il y a de plus noble, le monde! En effet, je ne sais quel artiste s'est avisé de peindre sur ses belles murailles de marbre un globe terrestre gigantesque, d'une part, et, de l'autre, les différentes contrées qui partagent la terre, de façon que l'on peut voyager à peu de frais dans ce café, sans quitter son divan. Mais je ne vous en dois pas moins mes plus profondes excuses, Madame, pour vous avoir amenée si fatalement dans ce palais du cigare et du moka.

Enfin le jour s'est pris à luire, à Padoue, et nous avons pu voir si la ville gardait, sous les rayons du soleil, cette même physionomie rude, maussade et tyrannique que nous lui avions trouvée pendant la nuit. Eh bien! non, elle n'est pas absolument coquette : ses rues sont mal pavées, étroites, sombres, sales. On trouve encore quelque barbarie dans les colonnes courtes et ventrues qui forment les arcades sur lesquelles de trop nombreuses maisons sont encore à cheval, et sous lesquelles les flâneurs et les touristes cherchent l'ombre ; mais, en somme, on se fait à cet air de vieille à falbalas, qui se maquille, se farde et se dandine pour paraître encore un peu jolie. Donc, faisons-lui grâce, et allons bravement à travers elle la saluer et la visiter.

Permettez-moi de vous conduire en hâte au monument de la vieille cité padouane, qui mérite le plus, à mon avis, d'exciter la curiosité du touriste qui aime l'antiquité, et, tout en vous y conduisant, de vous dire quelques mots rapides de l'histoire de Padoue. Ses Annales sont, du reste, les Annales de presque toutes les villes de la Haute-Italie.

D'après *Virgile*, le chantre de Mantoue, Padoue compterait déjà plus de trois mille hivers, et autant de printemps, puisqu'elle aurait eu l'honneur d'être fondée par *Anténor*, prince troyen, qui, après la chute d'Ilion se serait embarqué avec de pauvres fugitifs de Troie, aurait abordé en Italie sur les côtes des Venètes, et aurait fondé cette ville, qui reçut le nom d'Anténor ; mais, plus tard, à cause d'un marais appelé *Patina*, qui exista long-temps dans le voisinage de la ville, on la nomma *Patavium*, dont on a fait Padoue :

> Hic tamen ille urbem Patavi sedesque locavit
> Teucrorum......

Ainsi donc les Padouans sont Troyens d'origine et descendent des Pélasges.

En se soumettant aux Romains, vers 705, Anténor, prit le nom de Patavium, reçut les droits de cité, et fut inscrite dans la tribu Fabienne. Les citoyens de Patavium, à raison de leur origine grecque sans doute, avaient de la répugnance pour le latin, qu'ils ne parlaient que difficilement : aussi les Romains traitaient de *patavinité* le langage de ses habitants et le style d'un auteur, quand il n'était pas pur. En outre, les Padouans passaient pour lourds, épais; mais on louait leurs mœurs. Assurément les Padouans modernes n'ont rien perdu à l'endroit des mœurs ; mais on peut affirmer qu'ils ont gagné beaucoup à l'endroit de l'esprit.

Padoue fut pillée, puis affreusement saccagée par les Visigoths d'*Alaric* d'abord, et ensuite par les Huns d'*Attila*.

Reconstruite, en 554 de l'ère chrétienne, par *Narsès*, envoyé de Justinien, l'empereur d'Orient, qui avait fait ce vaillant capitaine, tout ennuque qu'il était, duc d'Italie, résidant à Ravenne, Padoue fut de nouveau mise à feu et à sang par les Lombards du farouche *Alboin*, lorsqu'il vint fonder en ces contrées le royaume de Lombardie.

Charlemagne, en l'enlevant aux Lombards, qu'il extermina, la fit sortir de ses ruines; et bientôt elle devint florissante et grande. Alors elle prit part à la ligue lombarde contre l'Empereur d'Allemagne, Frédéric Barberousse. Puis elle s'érigea en république indépendante, et forma le territoire padouan qu'elle gouverna et qui répondait à peu près à la délégation moderne de Padoue. Mais bientôt des discordes intestines troublèrent son repos. Les *Macaruffi* notamment se livrèrent à mille violences dans ses murs. Enfin, en 1216, elle devint la proie du gouverneur impérial *Esselino*, tyran de Vicence, qui la fit ployer sous sa férule et l'asservit.

Jusque-là, Madame, Padoue partageait le sort commun à presque toutes les villes de la Haute Italie, dont les cités, tout en voulant secouer le joug des empereurs d'Allemagne qui s'attribuaient sur elles des droits imaginaires, parce qu'ils descendaient de Charlemagne qui les avait conquises, et tout en voulant recouvrer leur liberté et leur indépendance, se faisaient républiques afin de ne craindre le pouvoir de personne, finissaient par trouver un maître chez leurs propres enfants, et devenaient plus esclaves que jamais, Milan, par exemple, des Visconti ; Vérone, des della Scala; Ferrare, des d'Este; Mantoue, des Gonzague, etc. Aussi allons-nous voir Padoue tomber dans les serres de ces oiseaux de proie, et, délivrée des ennemis du dehors, souffrir davantage encore de ses ennemis du dedans.

Mais avant de vous parler d'Esselin, des Cararre qui le remplacèrent, et d'autres ravisseurs de ses libertés, qui mirent obstacle à son repos et au bonheur de ses citoyens, souffrez, Madame, que je place sous vos yeux la photographie à la plume de la ville qui nous occupe. Vous prendrez ensuite plus d'intérêt aux drames qui se passent, quand vous connaîtrez le théâtre sur lequel ils se jouent.

D'abord, à part les illusions et les apparences fantastiques de la nuit de notre arrivée, et surtout après ample examen, Padoue est positivement une grande et fort curieuse cité. Elle est entourée de murs flanqués de bastions que protége un fossé peu profond et à sec, mais qu'on peut inonder au besoin, grâce au Bacchiglione et à la Brenta, qui coulent à portée. Ces fortifications, commandées par la république de Venise, sont l'œuvre de *San-Micheli*, que nous trouvons aussi habile ingénieur à Padoue, que nous l'avons vu élégant architecte à Vérone, sa patrie. On compte sept portes monumentales qui donnent entrée dans l'enceinte de la ville, et l'une de ces portes a la majesté d'un arc-de-triomphe.

Certainement Padoue est ancienne, mal pavée, pourvue de maisons peu gracieuses, et la plupart de ses rues sont tortueuses, étroites, mal aérées, peu propres. Les arcades qui les bordent, formées par de vieilles maisons dont l'étage supérieur repose sur de lourds piliers, les rendent encore plus sombres. Mais elle a aussi des *contrade* larges et spacieuses qui récréent le regard. Elle possède surtout des places antiques fort pittoresques, excessivement curieuses : d'autres, plus modernes, d'un aspect magnifique, et d'intéressants monuments de toutes les époques.

La plus vaste de ces places, la plus moderne au point de vue de l'ornementation, et l'une des plus vieilles, puisqu'elle conserve la forme orbiculaire d'un amphithéâtre antique qu'elle remplace, est le *Prato della Valle*, situé à l'extrémité nord-est de Padoue. Ce Prato est arrosé par un canal emprunté à la Brenta, qui, coupant la ville en deux parties, se partage à l'entrée de la place, l'entoure complètement, et en forme une île de cinq cent vingt-huit pieds de superficie, plantée d'arbres, et décorée de ponts, de vases, de pyramides et de quatre-vingt statues des plus fameux italiens de toutes les époques, et de tous les hommes illustres qui ont reçu le jour dans la ville. C'est un vrai Panthéon padouan. On pense, à raison de l'immense ellipse que forme cette place, que le Prato della Valle a succédé à des arènes dont toutes traces ont disparu.

Sur un autre point de la ville, se trouve la *Piazza delle Uve*, qu'embellissent des fresques de *Campagnola* ou de *Gualtieri*. Mais j'omets d'en rien dire, pour arriver au cœur même de la cité.

Donc, à peu près à son centre, on rencontre deux et trois places du plus haut intérêt historique. La première est la *Piazza dei Signori*. Les places de ce nom jouent un grand rôle dans l'histoire de ces villes, Vérone, Vicence, Padoue, qui furent, plus qu'ailleurs peut-être, victimes du despotisme de leurs hauts et très-indignes seigneurs. Celle de Padoue conserve et montre presque avec terreur le palais des Essellini et des Carrare, encore debout. Il a nom *Palazzo del Capitanio*. Certes! à le voir, on éprouve un certain frisson. Il faut lever haut la tête pour aller chercher dans les nuages l'énorme et massif donjon qui le domine et qui semble vouloir tout écraser autour de lui. Son architecture grave, sévère, brunie par le temps, est l'œuvre de *Falconetto*. On voit à son entrée, sous le porche, des fresques colossales dues au pinceau de *S. Florigerio*. Ses salles, basses et hautes, ses cours, ses appartements ne sont plus dignes d'être visités, occupés qu'ils sont par une légion d'imprimeurs. Et cependant nous aurions bien désiré pénétrer dans cet intérieur, où ont fermenté tant de passions farouches et si difficiles à museler. Tout au plus nous a-t-on accordé de gravir l'escalier du donjon. Nous y avons gagné une de ces vues indescriptibles qui agitent tous les sens et plongent l'âme dans le ravissement : montagnes alpestres; forêts magnifiques; horizons admirables sur toute la Lombardie et le Padouan; rivières sinueuses; canaux en zig-zags; villes et villages; au loin presque la mer, la mer Adriatique ! Et puis, au-dessous de nous, sur la ville, dans sa circonférence mouvementée, moutonneuse comme des vagues, des miliers d'îlots de maisons de toutes formes, riant, grimaçant, sérieuses, chauves, édentées, coquettes, jeunes, fraîches, puis grinchues, caduques, boiteuses, élancées, et enfin, ici le *Duomo* et son *Baptistère*, à côté ; là, *Santo-Antonio, le Saint! il Santo !* comme on dit à Padoue, comme si, en disant : Le Saint! il Santo! il pourrait être question d'un autre saint que de Santo Antonio, du grand Saint Antoine de Padoue.... Donc, là, Saint-Antoine, avec ses cinq coupoles et ses flèches en minarets, qui lui donnent l'air de mosquée; plus loin, *Santa-Giustina;* plus près, *Santo-Georgio*; à droite, *Senola del Santo;* à gauche, *Madona del l'Arena;* et semés un peu partout, comme des navires à la voile dispersés sur l'Océan, *San-Gaetano, San-Francesco, San-Ganziano, San-Bavo*, etc., etc.

Sur la même Place des Seigneurs, la *Loggia di Consiglio* signale sa présence par le splendide portique dont fit précéder l'édifice du conseil le gracieux artiste *Biaggio Ferrarese.*

Enfin, on y remarque également une haute et riche colonne antique, dépouille opime ravie par les flottes victorieuses de la sérénissime république de Venise, à quelque cité célèbre de la Grèce ou de l'Asie-Mineure, et placée là par le sénat vénitien, comme symbole de la domination sur Padoue, alors que Padoue subissait ses lois. Seulement le lion de Saint-Marc, tenant son épée nue, a disparu, et un chapiteau moderne a remplacé celui sur lequel était scellé l'image du despotique pouvoir du Conseil des Dix.

La seconde et la troisième de ces places du centre de Padoue, vastes, immenses, entourées de maisons et de palais d'un caractère ou noble, ou pittoresque, ou monumental, ou fort ancien, s'appellent l'une *Piazza delle Erbe*, et l'autre *Piazza de' Frutti*, place aux légumes et place aux fruits. Ce sont là des noms bien vulgaires, n'est-il pas vrai, Madame, et en réalité, ce ne sont que pyramides de légumes, corbeilles de fleurs, échafaudages de fruits, fruits des arbres, poires, pommes, prunes; fruits de la vigne, raisins blancs et rouges; fruits de la terre, tomates, melons, concombres; fruits de la mer, crabes, huîtres, homards, langoustes, poissons de toutes sortes; et puis fruits des forêts, marrons et châtaignes; fruits des vergers, oranges et cédrats, que sais-je? Mais, ce qu'il y a de plus curieux sur les places que nous parcourons dans tous les sens, que nous retraversons, que nous sillonnons après les avoir traversées et sillonnées déjà, ce qu'il y a de curieux, dis-je, c'est cet ineffable, cet inexprimable, ce curieux, ce fantastique tohu-bohu de femmes en chapeaux d'homme, de jeunes filles en cheveux tressés de la plus étrange façon, et appliqués à la nuque de la plus mirobolante manière, d'hommes en costumes bizarres, de gamins au visage narquois et aux yeux lançant la malice et l'espièglerie, de muletiers, d'âniers, de charretiers, ce réseau de voitures de toute sorte, ces cris de marchands, ces réponses gutturales des ménagères irritées, ces prières des frères quêteurs, ces paroles brèves des moines interrogés, et puis les poussées imprimées par les gens de la police amenant la confusion alors qu'ils devraient produire et exiger l'ordre et la paix. Il y a eu des moments où j'ai vu des montagnes de pastèques et de courges s'ébouler sous la pression de la foule, rouler dans la boue humide de la place, se disperser partout, et alors les gamins à l'affût, eux, les auteurs du désordre, de s'enfuir avec des pastèques dérobées, des courges dévoyées, et des limons et des citrons plein leurs poches.

Mais silence! Laissons les scènes du marché, et jetons enfin les yeux sur cette splendide, grandiose et importante construction qui, s'élevant, comme un léviathan, au-dessus des flots de la marée humaine, partage la place en deux places, la Piazza delle Erba, et la Piazza de' Frutti, à gauche, et domine toute l'immense enceinte de maisons qui l'entourent, ainsi qu'un géant domine nue armée de nains qui font cercle autour de lui.

C'est le *Palazzo della Ragione*, l'honneur de Padoue, son cœur, son âme, l'œuvre de la république, en 1172, le siége de son gouvernement, le témoin des luttes orageuses et des œuvrées de carnage qui troublaient les délibérations de ses maîtres, la lice et le théâtre de ses fêtes, et en même temps la gloire architecturale de l'Italie, et le chef-d'œuvre de l'Europe entière. Certes! ce monument merveilleux peut être comparé avec avantage aux plus beaux édifices des plus belles villes, de Venise, par exemple. En outre, on peut le dire unique en son genre. Le rez-de-chaussée de sa large façade est composé de grandes arcades à plein cintre auxquelles sont accolées de splendides colonnes de marbre. La décoration du premier étage n'est autre qu'une répétition du rez-de-chaussée sur des formes et dans des proportions moindres. Le développement de cette façade est de 300 pieds. Aussi le regard ne se lasse pas de contempler ces galeries superposées, les colonnes qui les décorent, les corniches arabes qui leur servent de diadème à fers de lances, et cet air mauresque que l'édifice garde dans tout son ensemble.

Mais la véritable gloire de ce palais, ce qui lui donne le surnom de *Salone*, c'est la merveilleuse salle qui, au premier étage, règne dans toute l'étendue de l'édifice, c'est-à-dire 300 pieds de longueur sur 100 de largeur, et 75 de hauteur, voûtée en ogive, sans colonnes, sans piliers, sans nul support autre que les murs, de forme rhomboïdale, parallélogramme dont les côtés sont contigus, et les angles inégaux. Nous cherchons en vain le *Custode*, le gardien, le concierge du Palazzo : personne ne répond à notre appel. Nous sommes contraints de nous en rapporter à notre heureuse étoile. Un escalier se présente, nous l'escaladons : une porte se montre, j'ouvre, et, remplissant vis-à-vis d'Emile les fonctions d'huissier, j'introduis mon homme et j'entre après lui. Notre étoile ne nous fait pas défaut : nous sommes maîtres de la place, et nous pénétrons en vainqueurs. Cet immense Salone, unique en son genre, cette voûte hardie, les fresques des murailles, tout vous étonne. L'admiration se traduit par le silence. Ensuite le jour se fait dans les idées, et l'on voit clair dans ses impressions. Le salon de Padoue est disposé parallèlement à l'équateur, et nous y trouvons une ligne méridienne que l'on y a tracée. Il résulte de cette position que les rayons solaires frappent, chaque mois, le signe du zodiaque peint sur la muraille, dans lequel entre réellement la terre en remplissant son orbite autour du soleil. Ainsi, avant que l'on construisit le *Palais Prétorial*, qui en est voisin, les rayons du soleil, à son lever, entraient par les fenêtres du levant, et passaient par celles du couchant. Dans les solstices, ils entraient par les fenêtres du midi, et sortaient par celles du nord. En outre des signes du zodiaque, plus de 400 fresques, habilement peintes par *Giov. Miretto* disent les uns, par *Giotto*, disent les autres, à tort par exemple, car on n'y reconnaît pas sa manière, appellent votre attention et fixent votre regard. Elles représentent les mois, les événements de la vie sous l'influence des astres et des saisons, les apôtres, les prophètes, les évangélistes, et notamment saint Marc dont la noble figure, peinte sur un fond d'or, occupe le fond de la salle, assise sur un trône, comme symbole du pouvoir souverain de Venise.

Cette voûte splendide, ainsi décorée, est un prodige de hardiesse et de grâce. Elle est l'œuvre de *Fra-Giovanni*.

De gros appuis, au nombre de 90, placés dans les murs latéraux, la soutiennent. Aux quatre côtés, sont de beaux escaliers qui donnent entrée dans la salle par autant de portes. Sur chacune est un buste en demi-relief offrant les portraits d'hommes illustres de Padoue. *Tite-Live*, le prince des historiens ; *Albert*, Théologien ; *Paolo*, juris-consulte, et *Pietro d'Appone*, médecin qui étudia à Paris et y prit des degrés.

Commencé en 1172, cet édifice fut abandonné en 1209, alors qu'il sortait à peine de terre. Mais on le reprit bientôt, et, en 1219 on terminait la voûte qui fut couverte de plomb en 1306. La Salone de Padoue a donc été témoin de tous les grands drames de l'histoire de cette ville : il a été plus que témoin, il fut le théâtre de terribles tragédies.

Permettez moi, madame, de vous en raconter quelques-unes. Je vous disais tout-à-l'heure que bien des discordes intestines troublèrent le repos de la république de Padoue, et que notamment les Macuraffi, l'une de ses plus importantes familles, se livrèrent à mille violences dans ses murs. J'ajoutais qu'enfin, en 1216, elle devint la proie du gouverneur impérial Esselino III, tyran de Vicence, dont je vous ai fait le portrait, et qui, pour étendre le plus possible sa domination sur la Marche de Padoue, et les Marches voisines, quoiqu'il fût déjà seigneur de Romano, de Bassano, de Angarani, d'Onara, etc., affectait un dévoûment et sans bornes à l'empereur d'Allemagne Frédéric II, afin d'être appuyé par lui dans ses projets de conquêtes. Car, à cette époque, la grande querelle des Guelfes et des Gibelins, qui avait divisé l'Allemagne et l'Italie, et amené la ruine de Milan, de Crème, et de beaucoup d'autres villes par Frédéféric I dit Barberousse, était loin d'être terminée. Au contraire, Frédéric II, après s'être fortifié par la paix, avait repris les armes, et, luttant contre la Haute-Italie entière, confédérée par la ligue lombarde, mais minée par l'intérêt des tyrans de chaque ville qui voulaient la prépondérance de l'Allemagne comme soutien de leur pouvoir, venait de forcer Vérone à la soumission, avait pillé Vicence, marché sur Milan et cherché à rappeler les Lombards à l'obéissance par la terreur.

Or, cet Esselino venait de naître à peine, le 4 avril 1194, à Bassano, ce village que je vous ai signalé, où sa famille avait un château, qu'il y avait eu pour premiers jeux des scènes de désordre et de sang. Aussi son père Esselino II s'étant retiré du monde après avoir partagé ses états à ses deux fils Esselino III et Albéric, donnant à l'un Vicence, à l'autre la Marche Trévisane, Esselino rêve des fourberies qui puissent agrandir ses domaines. D'abord, par ruse et par adresse, il se fait élire podestat dans Vérone, et, à peine revêtu de l'autorité, il use de violence pour introduire dans la ville une garnison allemande ; puis, appelant Frédéric II à son aide, il met tout à feu et à sang à Mantoue, à Brescia, à Vérone, à Vicence. Emue par le voisinage du danger et craignant sa colère, Padoue envoie ambassade à Esselino et lui promet soumission et obéissance. Aussitôt, celui-ci, dans le but d'affaiblir l'imprudente cité, en fait saisir les citoyens les plus notables, les enferme dans ses forteresses, dans les donjons de Padoue qui se nommaient *Citadella* et *Santa-Sophia*, abat les tours de Padoue, et renverse bon nombre des maisons qui avoisinent ses portes. Puis sachant et redoutant le crédit dont jouissent les prédications ardentes et nobles du prieur de Saint-Benoit, un monastère de Padoue, il envoie chercher le vénérable *don Jordan*, sous le prétexte d'un conseil qui se tient au Palazzo del Capitanio, et auquel il veut qu'il prenne part, et le précipite sans retard dans un cul de basse-fosse, au manoir sauvage d'Esselino.

Sur ces entrefaites, Frédéric II, qui parcourt la Lombardie la torche à la main, arrive à Padoue, et apprend, dans cette ville, que le pape Grégoire IX vient de l'excommunier. Il ordonne alors d'assembler les citoyens dans le Salone du Palazzo della Ragione, où on lui a dressé un trône, sur lequel il monte avec toute la pompe de la royauté. Son chancelier, Pierre des Vignes, se place à ses côtés, et prenant pour texte ce distique d'Ovide :

> Leniter ex merito quidquid patiare, ferendum est ;
> Quæ venit indigne pœna, dolenda venit.

Ce qui veut dire : *Il faut supporter avec courage le mal qui vous arrive quand vous l'avez mérité ; mais on ne peut que gémir quand il vous advient un châtiment injuste*, Pierre des Vignes, applique ces paroles à l'empereur d'Allemagne, déclare en son nom, que si la sentence d'excommunication lancée contre lui avait été méritée, il ne dédaignerait pas de reconnaître sa faute devant tout le peuple et de se soumettre au jugement de l'Eglise : mais il prend ce même peuple à témoin de l'injustice du procédé du pape, et l'orateur s'efforce d'en prouver la fausseté. C'est en vain qu'il parle. Les Padouans ne disent mot, et savent parfaitement que les violences de Frédéric lui attirent la bulle d'excommunication qui l'inquiète si fort. En effet, Frédéric s'éloigne pour aller vers Rome faire sa paix avec le souverain Pontife. Mais la mort le saisit le 13 décembre 1250.

Déjà la Lombardie était en mouvement. Les Guelfes, commandés par le marquis d'Este, se tenaient en garde contre Esselino III, qui s'était fait donner le titre de vicaire de l'empire. Mais celui-ci, se trouvant affermi dans Padoue, Vicence et Vérone, au point de se passer de l'autorité des empereurs d'Allemagne, lève fièrement la tête, et à ses premières violences ajoute des cruautés inouïes, afin de faire trembler les grands et d'asservir le peuple davantage encore. Tantôt à Vicence, tantôt à Vérone, tantôt à Padoue, partout, il promène ses bourreaux et se fait amener des victimes.

Ainsi, à Padoue, n'écoutant que la soif de sang, il fait amener sur le Prato della Valle, cette place que je vous ai signalée, Madame, tous les gentilshommes dont le crédit lui fait ombrage, il leur fait trancher la tête, et fait périr au milieu des flammes, ou sur les honteux échafauds, dressés au centre de la Piazza delle Erbe, ou de'Frutti, les innocents bourgeois qui témoignent encore quelque attachement à la liberté. Dix-huit de ces infortunés subissent le plus affreux supplice, en un même jour, sur le Prato, et le peuple est contraint de les injurier.

Un autre fois il apprend que des *Carrara* et des *Advocati*, membres des premières familles de Padoue, se sont réfugiés dans des châteaux situés sur la Brenta pour fuir sa tyrannie de plus en plus odieuse. Il s'en empare de force et leur fait subir la mort la plus ignominieuse.

En 1228, ayant mis la main sur Guillaume, un dernier enfant de *Tiso-du-Camp-Saint-Pierre*, un noble Padouan, avec lequel il a été en haine ouverte et qu'il a fait périr avec d'autres de ses frères, il élève cette pauvre petite victime sous ses yeux et se ménage une nouvelle vengeance. L'enfance est oublieuse; mais quand vient l'adolescence, Guillaume s'échappe de sa prison dorée, et court se renfermer dans son manoir de Triviglio, qu'il fortifie. Grande colère d'Esselino! Il fait saisir les seigneurs du Vado, proches parents de Guillaume, les enferme dans sa forteresse de Cornuta, mure les portes et fenêtres de ce nid de vautours, et les abandonne dans cette prison devenue le plus horrible tombeau. Alors, pendant plusieurs jours on entend ces misérables victimes pousser des cris lamentables, puis enfin leurs voix affaiblies se taisent. Quand on ouvre leur sépulcre, on ne trouve plus que des ossements desséchés recouverts d'une peau noire et grimaçant les horribles tortures de la mort par la faim. Effrayé, Guillaume veut se réconcilier avec le cruel tyran, qui est son oncle par les femmes, notez bien ! Mais cet oncle lui enlève sa jeune fiancée d'abord, puis il le précipite dans les oubliettes de son palais.

Parmi les trop grandes victimes de cet égoïsme sans nom et de cette lâche barbarie, il en est une qui se signale par un étrange courage. *Giovanni de Scanarola,* traduit devant un juge inique, âme damnée d'Esselin, et sachant à l'avance le sort qui l'attend, veut au moins délivrer la terre d'un monstre avant de monter au ciel. Il s'élance tout-à-coup sur cette infâme créature qui prétend le juger, la renverse de son tribunal, la frappe à la tête de trois coups de couteau, arme qu'il a pu cacher sous sa robe, au moment d'être introduit dans le Salone où ont lieu les jugements, et la tue, avant même que les satellites du tyran aient eu le temps de mettre en pièces Scanarola de la pointe de leurs hallebardes.

Les prisons ne suffisent bientôt plus au nombre prodigieux des gens suspects qu'Esselino y fait enfermer. Il en construit de nouvelles dans le voisinage de la *Chiesa di San-Thomaso*. Un de ces vils courtisans, que les tyrans savent mettre en œuvre, demande la faveur de veiller à la construction de ces prisons. On les nomme le *Château*, *Castello*. L'indigne courtisan veut s'assurer lui-même un jour, avant de périr dans ces cachots affreux, qu'aucun faible rayon de jour ne peut y pénétrer. Alors Esselino l'y fait jeter *en proie à la faim, à la soif, aux insectes impurs, et haletant après l'air qui lui est refusé dans cet enfer, qu'il a lui-même creusé* (1).

Ce monstre infâme va-t-il s'établir à Vicence, ou, changeant encore de séjour, se fixe-t-il à Vérone? il donne aux villes qu'il abandonne pour un temps des podestats, ou à ses châteaux des gouverneurs, et des prévôts à ses prisons, qui sont aussi cruels et aussi insensibles que lui-même. Ainsi, quittant Padoue pour Vérone, il laisse dans la première de ces villes un de ses neveux *Ansedisius des Guidotti*, qui fait couler plus de sang que son maître lui-même. Un apologue répété imprudemment dans le Salone di Palazzo della Ragione, et appliqué à Esselino, est un crime aussitôt expié par la mort, non-seulement de son auteur, mais aussi de tous ceux qui ont paru y applaudir. Ils sont au nombre de douze : femmes, frères et enfants de ces infortunés suppliciés, sont en même temps plongés dans les cachots.

---

(1). *Rolandino*. Livr. V. Ch. 10. p. 240.

Voici cet apologue. On est curieux de connaître de pauvres vers cause de si terrible châtiment :

>   Accipitrem milvi pulsurum bella, columbæ
>   Accipiunt Regem ; Rex magis hoste nocet.
>   Incipiunt de Rege queri, quià saniùs esset
>   Milvi bella pati, quàm sine Marte mori (1).

Une dame de la noble famille des *Dalesmanini* venait d'épouser en secondes noces un gentilhomme attaché au comte de S. Boniface, ennemi d'Esselino. Cette alliance, conclue à Crémone, exaspère le tyran. On arrête les deux familles. Ansédisius des Guidotti les fait tous périr. Il est allié à l'un des gentilhommes, mais qu'importent les liens du sang ? L'abîme entraîne un autre abîme.

Cette cruauté s'étend au-delà de ce que peut se figurer l'imagination; je vous l'ai déjà dit, Madame, je le prouve : Après que les prisonniers du tyran sont morts dans l'air empesté de ces cachots, ou après qu'ils ont succombé aux horreurs de la torture, Esselino renvoie leurs cadavres dans leurs villes natales, et alors on leur tranche la tête sur la place publique. Cela se fait à Vérone, cela se fait à Vicence, cela se fait à Padoue. Souvent les gentilshommes sont conduits par troupeaux sur ces mêmes places, et abandonnés aux glaives de leurs gardes. Alors on les pique, on les pourfend, on les hâche, on les égorge, on les éventre. Puis, faisant relever les cadavres sanglants, on les débite par morceaux et on les brûle sur des bûchers, en profanant leurs dépouilles. Pendant les nuits

---

(1). Des colombes prirent pour roi un épervier qui devait repousser les attaques d'un Milan ; mais ce roi leur fit plus de mal que l'ennemi même. Les colombes de se plaindre et de dire qu'il eut été préférable de souffrir la guerre que leur faisait le Milan, que de périr sans combat.

lugubres, pendant les jours sinistres de ce règne exécrable, du haut des maisons on ne cesse d'entendre les voix déchirantes de ceux qui succombent sous les tortures. Elles retentissent dans le cœur de tous les citoyens. Les nobles ne sont pas seuls en butte à la rage de ce dogue furieux : les marchands, les jurisconsultes, les prélats, les religieux, les jeunes gens, les femmes, les jeunes filles, les enfants même, oui les enfants, et les vieillards donc! ne sont pas à l'abri de sa fureur. Souvent Esselino force les propriétaires à lui vendre leurs maisons, surtout lorsqu'elles sont situées dans des lieux fortifiés ou près des portes ; puis, peu de jours après, il reprend l'argent qu'il a donné, et avec l'argent la vie du vendeur. Insensible à la beauté, à la jeunesse, n'ayant jamais eu la plus légère affection de cœur, impitoyable pour les femmes, elles ne sont jamais épargnées par lui plus que les hommes.

Peu s'en faut cependant que le courage de deux gentilshommes ne délivre la terre de ce monstre. C'est à Vérone que la scène se passe, sur la Piazza delle Erbe, en face de la Maison des Marchands. Esselino y est à table. Ses satellites amènent deux frères, *Monte* et *Araldo de Monselice*, pour y être mis en jugement. Arrivés devant le palais, les deux jeunes gens attirent l'attention du tyran par leurs paroles bruyantes, et ils excitent tellement sa colère qu'Esselino quitte sa table, et descend au-devant d'eux, sans armes, en s'écriant :

— Qu'ils viennent à la mâle heure, les traîtres !

Monte, dès qu'il aperçoit Esselino, s'arrachant des mains de ses gardes, s'élance sur lui, et le renverse par terre, en tombant sur lui. Tandis qu'il s'efforce d'enlever au tyran le poignard qu'il croit trouver sous ses habits, et qu'en même temps il lui déchire le visage avec ses dents, un des sicaires d'Esselino tranche la jambe droite de Monte avec son sabre ; d'autres mettent en pièces son frère, qui veut le secourir. Mais Monte, comme insensible à cette première blessure, et aux coups qu'on ne cesse de lui porter, n'abandonne point sa proie : il fait même de vaillants efforts pour étouffer le misérable. Cependant une dernière blessure l'achève. Il périt enfin. Toutefois il ne périt que sur le corps même d'Esselino, qu'il a lacéré de ses dents et de ses ongles. Long-temps, bien long-temps, ce lâche et coupable seigneur tremble de terreur, et ne peut se remettre de l'effroi que lui a inspiré la violence de l'attaque.

Cependant les trois villes de Padoue, Vérone et Vicence souffrent des violences dont elles sont victimes, sans paix ni trêve. Vérone surtout, surexcitée par les tortures qu'elle voit infliger dans ses murs, aux plus nobles, comme aux plus vertueux de ses citoyens, se révolte un jour, et fait des efforts inouïs pour s'affranchir du joug intolérable qui pèse sur elle. Mais alors, dans sa colère farouche, le tyran fond sur la ville avec une petite armée de sicaires, et, dans un seul jour, fait mettre à mort douze mille personnes du pays. De ce coup, Vérone est dépeuplée : la consternation règne dans son enceinte.

A quelque temps de là, c'était à Padoue, cette fois, Essellino donnait audience dans le Salone della Ragione, cette salle magnifique d'où j'évoque tous ces souvenirs pour vous les adresser, Madame. Une foule nombreuse stationnait sur les deux places qui entourent le palais. Des gardes veillaient sur tous les points, le glaive et le fouet au bras pour contenir ceux des habitants qui eussent fait mine de ne pas approuver ce qui allait se passer. Ces affreux agens d'un pouvoir abhorré, par la férocité de leurs traitements vis-à-vis du peuple, étaient bien dignes du maître qu'ils servaient. Or, nonobstant les coups de hallebardes et de fouet, la plèbe devisait tout bas sur les anathèmes qui venaient d'être lancés contre le tyran, par trois différents papes, irrités des longues vexations qu'il faisait subir à ses peuples. Mais on ajoutait, hélas ! que parfaitement insensible aux foudres comme aux remontrances de l'Eglise, Esselino préparait des hécatombes de nouvelles victimes. Enfin, l'on disait qu'en ces jours mêmes, Alexandre IV prêchait une croisade qui avait pour but de faire prendre les armes à toute l'Italie, pour courir sus à ce monstre. Soudain, il se fait comme un sillon parmi les têtes, pressées les unes contre les autres, de toute cette multitude dont les flots déferlent contre les portiques du palais. Alors on voit passer un moine, un simple moine, revêtu de la robe brune et de la cuculle de l'ordre de Saint-Augustin, le front découvert, le visage noble, l'extérieur grave et édifiant. Un noble sentiment rayonne sur sa physionomie saintement inspirée : il y brille le feu sacré d'une pieuse audace. A sa vue, les manants de se découvrir, et ce mot de courir de... bouche en bouche :

— Le saint ! Le saint !

Cependant le moine va droit au palais public. Il s'adresse aux satellites qu' en gardent la porte, et demande à être introduit près d'Esselino. On le fait monter l'escalier, et à peine entré dans le Salone, il voit en face de lui le tyran assis sur un trône, jugeant une cause sans doute, et entouré d'une troupe de soldats prêts à lui obéir au moindre signe. Ce spectacle imposant n'effraie pas le religieux. Au contraire, il s'approche plus près encore du trône, écarte ceux qui avaient audience en ce moment, et commence d'une voix vibrante, énergique et mâle, à reprocher au misérable Esselin les horreurs de sa vie criminelle. Il va jusqu'à lui dire que ses massacres, ses pillages et ses sacriléges crient vengeance au ciel, et que tous ceux qu'il a dépouillés de la vie ou de leurs biens sont devant Dieu comme autant de témoins qui demandent justice. On devine qu'à chacune de ces paroles les gardes s'attendent à recevoir l'ordre de frapper le moine, de l'emmener à l'écart, de le faire périr. Aussi quel n'est pas leur étonnement, lorsqu'ils voient Esselino descendre de son trône, pâle et tremblant, se mettre une corde au cou, se précipiter, fondant en larmes, aux pieds du religieux, et le conjurer de lui obtenir de Dieu le pardon de ses péchés...

En 1195, était né, à Lisbonne, dans le Portugal, de Martin de Bullones, officier de l'armée d'Alphonse, et de Marie de Tevera, femme d'un rare mérite, Ferdinand, un enfant, qui dès le début de sa carrière quitta le monde, et, sous le nom d'*Antoine*, alla se consacrer à Dieu chez les moines de Saint-Augustin. Dire sa jeune et belle ferveur, l'austérité de sa vie, son amour pour la retraite, les travaux de ses études, la pénétration de son esprit, la maturité de son jugement, serait en-dehors du but que nous nous proposons. Les vertus du jeune moine furent bientôt éprouvées à ce point, qu'on lui permit d'aller prêcher l'Evangile en Afrique; mais jeté par une tempête sur les côtes de l'Italie, Antoine se retira d'abord dans un petit couvent du Mont-Paul, situé dans un lieu solitaire, près de Bologne. Puis le grand talent qu'on lui découvrit, malgré sa modestie, le contraignit alors à professer la théologie à Bologne, à Toulouse, à Montpellier, à Padoue, et enfin à Limoges. Ce n'était pas encore la vocation qui l'appelait. Il souhaitait avant tout de travailler à la conversion des âmes et de se consacrer aux missions. Du reste, la nature, comme la grâce, semblait l'avoir formé pour une œuvre aussi importante. Antoine avait un extérieur poli, des manières aisées, un air intéressant. Sa voix était forte, claire, agréable, et sa mémoire heureuse.

A ces avantages il joignait une action pleine de grâce; il savait, en variant à propos le ton de sa voix, s'insinuer dans l'âme de ses auditeurs. Puis, brûlant d'un saint amour de voir Jésus-Christ régner sur tous les cœurs ; prêt à faire le sacrifice même de sa vie, si la gloire de Dieu l'exigeait; il parlait avec une onction sublime, et ses paroles étaient comme autant de traits qui allaient percer les cœurs de son auditoire. Aussi le pape Grégoire IX, l'ayant entendu prêcher à Rome, en 1227, en fut tellement touché qu'il l'appela l'*Arche du Testament*. Il advenait quelquefois qu'on s'assemblait en foule pour aller l'entendre dans tous les lieux où il parlait, et que, les églises devenant trop étroites, notre saint se trouvait obligé de parler sur les places publiques, et même dans les champs.

Elevé bientôt aux premières charges de son ordre, très-contrairement à son gré, Antoine s'était rendu à Rome pour demander la permission de s'en démettre. Le souverain pontife donna difficilement son consentement. Une fois simple religieux, Antoine se retira d'abord sur le Mont-Alverno. Puis il vint à Padoue, qui le connaissait déjà pour son mérite de professeur et qu'il édifia bientôt par la doctrine et la beauté de ses sermons.

C'est alors que, un jour, inspiré de Dieu, après avoir invoqué le ciel et l'avoir conjuré de bénir sa démarche, notre Saint ne craignit pas d'aller braver la colère et les fureurs du terrible Esselino III, le *Féroce*, ainsi qu'il fut nommé, et par le zèle et l'autorité de sa parole, il trouva le chemin de son cœur, et l'adoucit au point que le tyran pleura et se jeta aux pieds du Saint pour lui demander grâce. Antoine releva Esselino et lui donna des avis conformes aux réprimandes qu'il lui avait faites de la part de Dieu. Puis Esselino envoya à Antoine un riche présent que le moine refusa, faisant dire au podestat que le plus agréable présent qu'il pût lui faire, à lui Antoine, c'était de restituer aux pauvres ce qu'il leur avait injustement enlevé. D'abord Esselino parut avoir changé de conduite : mais ses belles dispositions s'évanouirent, et il retomba bientôt dans ses crimes.

Cependant la croisade prêchée contre Esselino a trouvé bon nombre d'adhérents. Les croisés forment donc une armée, et se mettent en marche contre lui. Alors Esselino, à la tête des milices de Padoue, de Vérone, de Vicence, et de ses vassaux de Bassano, etc., s'avance vers la campagne de Mantoue, qu'il met à feu et à sang. Il fait ensuite camper ses troupes sur les bords du lac qui entoure cette ville, et veut en faire le siége. Enfin il charge Ansedisius de Guidotti, son lieutenant à Padoue, de marcher à la rencontre des croisés, et de les empêcher de passer la Brenta. Alors, celui-ci veut détourner les eaux du fleuve pour empêcher les vaisseaux de Venise de remonter son cours, et, sans y songer, il ouvre un passage aux fantassins, qui traversent à pied sec le lit de la Brenta. Mais il ne sait pas empêcher non plus la prise des forteresses de Concadalbero, Buvolenta et Causilve. Aussitôt il se renferme dans Padoue. Sur ce, le lundi 18 juin 1256, les croisés se mettent en marche de Piere-di-Sacco, petite ville située sur le Pô, au sud-ouest de Padoue, et s'avancent vers cette dernière cité. L'archevêque de Ravenne, qui marche à leur tête, entouré de prêtres, entonne l'hymne :

> Vexilla regis prodeunt :
> Fulget crucis mysterium.

L'armée entière la répète après lui. Au pont du Bacchiglione, à deux milles de Padoue seulement, les croisés rencontrent quelques troupes qu'ils mettent en fuite. Aussitôt les soldats de l'archevêque profitent de la confusion des fuyards, entrent avec eux dans les faubourgs de Padoue et s'en emparent. Le lendemain, sans retard, la ville est attaquée. Un rude assaut est livré à la *Porta di Ponte Altinato*. Les croisés s'en approchent sous l'abri d'une sorte de galerie mobile, appelée *Vinca*, la tortue des anciens. L'huile, la poix enflammée, le plomb fondu sont jetés sur eux du haut des murs. La galerie prend feu. Mais comme la porte de la ville est aussi de bois, quand les croisés voient brûler leur Vinca, ils y joignent d'autres matériaux, et la porte elle-même est dévorée par les flammes. Ansédisius, effrayé, sort de la ville en toute hâte, par la porte opposée, et l'armée des croisés y entre en triomphe dès que le feu lui cède le passage. Aussitôt on ouvre les prisons. Dans celle de Sainte-Sophie, au Faubourg, on rend le jour et la liberté à plus de 300 prisonniers qui gémissaient dans d'affreux cachots. A la Citadella, le même nombre voit brisser ses fers Mais dans six autres prisons éparses dans la ville, on trouve des milliers d'hommes agonisants, de femmes épuisées, de jeunes filles délicates accablées par la misère et les tortures. Mais ce qui ajoute à l'horreur du spectacle, c'est que du fumier sur lequel ils reposent dans ces souterrains ignorés, on fait lever et sortir des légions d'enfants auxquels le cruel et barbare tyran a fait arracher les yeux et que l'on a mutilés de la façon la plus épouvantable.

A la nouvelle des évènements qui se passent, Esselino se livre à une fureur inexprimable. Il brûle tout, il massacre tout, il saccage tout sur son passage. A Friola, notamment, il condamne la garnison, les habitants, les moines et les prêtres, les femmes et les enfants, à un même supplice. On leur arrache les yeux, on leur coupe le nez, on fauche, oui, on fauche leurs jambes. Alors d'une extrémité à l'autre de la Lombardie, on ne voit plus que malheureux mutilés qui, en sollicitant la compassion, accusent tous Esselino de leurs douleurs. Heureusement la vie du tyran, comme ses crimes, touche à sa fin.

Poursuivi par l'armée des croisés, Esselino veut se rapprocher de l'Adda et se rendre maître des châteaux qui commandent cette rivière : il attaque celui de Trezzo, qui vit périr, empoisonné, un tyran tout aussi cruel que lui-même, Bernado Visconti. Mais il est repoussé, et gagne le pont de *Cassano*, qui n'est pas fortifié. A peine s'en est-il emparé que le marquis d'Este, avec tous les Guelfes qui marchent à sa suite, de Crémone, Ferrare, Mantoue, etc., vient attaquer ce pont qui est emporté de vive force. Mais comme les astrologues avaient prédit à Esselino que Cassano, Bassano, et tous les noms en *ano* lui seraient funestes, ce monstre qui ne croyait à rien, mais qu'une superstition niaise inspirait, avait évité de se trouver au combat de Cassano. Toutefois, à peine connait-il la prise du pont, qu'il s'élance sur son cheval de bataille et s'avance... Alors une flèche qui lui traverse le pied gauche le contraint à reculer. Aussitôt les Brescians, qu'il avait obligés à le suivre, reculent. Au même instant,

Esselino est renversé de cheval, et, blessé violemment à la tête par un homme dont il a mutilé le frère. On le fait enfin prisonnier.

« Esselino, prisonnier, dit un auteur du temps, Rolandini, s'enferme dans un silence menaçant : il fixe sur la terre son visage féroce, et ne donne pas d'essor à sa profonde indignation. Cependant, de toutes parts, soldats et peuples accourent : ils veulent voir cet homme, naguères si puissant, ce tyran terrible et cruel par-dessus tous les tyrans, et une joie universelle éclate sur tous les points... » Conduit dans la tente d'un chef des Croisés, des médecins sont appelés pour le soigner : mais il repousse leurs bons offices, déchire l'appareil, élargit ses plaies, et le onzième jour de sa captivité, il meurt à Soncino, où son corps est enseveli... C'était le 27 septembre 1259.

Hélas! celui qui avait tant souhaité rappeler cet homme infâme à une vie meilleure, et lui éviter les terribles jugements de Dieu, le Saint, comme on disait alors à Padoue, Antoine, lui aussi était mort, à Padoue, le 13 juin 1231. Épuisé par d'énormes fatigues et par des austérités sans nombre, Antoine sentait approcher la mort. Aussi, pour s'y préparer, se retira-t-il dans un lieu solitaire, appelé *Campietro* ou le *Champ-de-Pierres*. Deux religieux d'une grande vertu l'y accompagnèrent. Mais sa maladie augmentant tous les jours, il voulut bientôt qu'on le reportât au monastère de Padoue. Alors la foule de peuple qui s'empressa de baiser le bord de sa robe de moine, sur son passage, était si grande, qu'on dut le laisser dans le faubourg de la ville. On le déposa dans la chambre du directeur des religieuses d'*Arcela*. Après y avoir reçu les sacrements de l'Église, il se mit à réciter les Psaumes de la Pénitence, avec une hymne de la sainte Vierge. Il finissait à peine, qu'il s'endormit tranquillement dans le Seigneur. Il était âgé de trente-six ans. Aussitôt qu'on eut appris qu'il ne vivait plus, les enfants se prirent à crier dans les rues :

— Le Saint est mort ! Le Saint est mort !

Le Saint! Tel est le nom qui lui est resté. Pendant que dans le monde chrétien, on honore le vertueux moine sous le nom de saint Antoine-de-Padoue, saint Antoine-de-Pade, sans scrupule pour l'altération du nom de sa patrie, car enfin il était né à Lisbonne, à Padoue, on ne dit pas autrement, en parlant de lui, que :

— *Il Santo! Le Saint!*

M. Paul de Musset, dans son voyage pittoresque en Italie, s'exprime ainsi : « Non-seulement dans Padoue, mais dans toute la Lombardo-Vénétie, on appelle Antoine de Padoue *il Santo*, c'est-à-dire le Saint par excellence. Le 13 juin, à Venise, je fus étonné en descendant, le matin, sur la place Saint-Marc, de la trouver presque déserte. Un garçon de café que j'interrogeai me répondit : « Tout le monde est à Padoue; c'est aujourd'hui *la fête du Saint!* »

Nous faisons la même remarque à Padoue : mais surtout nous sommes témoins de l'étrange et fervent amour que toute la population de la ville, et celle des campagnes, porte à saint Antoine, lorsque nous faisons nos visites à cette église. Je vous en donnerai bientôt des preuves quand je vous ferai la description de la Chiesa-di-Santo-Antonio-di-Padova.

Quelle différence entre ces deux morts, la mort d'Esselino et celle d'Antoine; la mort du coupable et celle du juste; la mort d'un tyran et celle d'un Saint; la mort d'un homme qui but l'iniquité comme l'eau, et celle de celui qui passa en faisant le bien!

J'en ai fini, Madame, avec l'histoire de Padoue que je voulais vous faire connaître à l'occasion du Salone; mais je n'ai pas encore tout dit sur ce Salone, débris de la République de Padoue, maintenant abandonné, et qui pourrait cependant ne pas rester désormais sans gloire. On semble, en effet, devoir l'employer comme Musée. On a commencé à y placer différents objets qui ont leur côté curieux. Ainsi, à droite et à gauche, en entrant dans la salle, on voit des statues égyptiennes données à la ville par un de ses fils que ses voyages ont illustré, *il signor Belzoni*, qui remonta le Niger, et fit de grandes recherches en Afrique. Aussi, en 1818, a-t-on placé dans le Salone, le médaillon en plâtre du généreux Padouan. Sur les murs, on trouve de nombreuses inscriptions antiques recueillies avec soin. Près de la porte apparaît un cône de granit noir, que l'on appelait, au moyen-âge, *lapis vituperii*, le *pilori*. C'était une sellette de pierre, en forme de cône renversé, sur laquelle les débiteurs qui voulaient en finir avec leurs dettes, devaient se placer pour déclarer leur insolvabilité. Cette cérémonie honteuse mettait fin aux poursuites de leurs créanciers. Que de gens, sans s'asseoir sur cette pierre, se tiennent eux-mêmes quittes de leurs dettes! Mais aussi que de gens, toujours sans user de ce cône de l'ignominie, sont au pilori de l'opinion publique! Plus loin se montre un sarcophage que la ville de Padoue fit élever, en 1661, à la marquise Lucrezia Dondi d'all'Orologio, assassinée, dans son alcôve, par un furieux qui, ne pouvant la séduire, finit par la tuer.

Au xvie siècle, les nobles Padouans donnèrent une grande et belle mascarade qui représentait le siége et la prise de Troie. Or, comme un monstrueux cheval de bois servit aux Grecs à tromper les infortunés Troyens, et qu'ils se firent introduire dans la ville assiégée, en s'enfermant dans les flancs de ce gigantesque quadrupède, pour figurer avec vérité cette circonstance du siége, il devenait indispensable de confectionner l'animal en question. *Donatello*, un très-habile sculpteur florentin, alors à Padoue, se donna la peine de le fabriquer, puis il en fit don à Padoue qui, en souvenir du fait et de l'artiste, a placé le cheval Donatello au beau milieu du Salone, dont il fait le curieux ornement.

Il advint aussi qu'un jour, en 1363, on trouva sur les dépendances du *Monastère de S. Giustina*, à Padoue, une inscription funéraire.

Grand fut l'émoi des archéologues et des légendaires, comme vous pensez bien. On se perdait en conjectures, et l'on chercha long-temps. Mais voici que, en 1413, près du lieu où l'on avait trouvé l'inscription, on déterra, un beau jour, le squelette d'un homme. Dès-lors tout parut expliqué Le squelette humain devint celui de *Tite-Live*, le célèbre historien romain, né à Padoue, l'ami d'Auguste, le précepteur de Claude, et l'auteur de l'Histoire Romaine, à l'occasion de laquelle les Aristarques de Rome avaient dit de Tite-Live, dont ils voulaient blâmer le style, qu'il était entaché de *patavinité*. Alors tous les citoyens de Padoue se levèrent d'un commun accord pour rendre les plus grands honneurs à leur compatriote. On lui éleva d'abord un monument funèbre dans le Salone, juste au-dessous d'une belle figure de saint Marc, qui se détache sur un fond d'or, et on déposa dans le soubassement les restes de Tite-Live renfermées en un cercueil, selon notre usage. Seulement on détacha un os du squelette, et on en fit la remise au roi de Naples, Alphonse d'Aragon, qui envoya tout exprès une ambassade à Padoue, pour solliciter le don de cette étrange relique.

Telles sont les principales curiosités que renferme le grand Salone, la merveille du Palazzo della Ragione, merveille lui-même de la ville de Padoue.

Eloignons-nous maintenant, Madame. Mais sur la *Piazza dei Signori*, que je vous ai dit occuper aussi à peu près le centre de la cité, tout près du point que nous quittons, par conséquent, arrêtons-nous un instant afin que je vous cite au moins les noms des seigneurs qui habitèrent le *Palazzo delle Capitanio*, après le féroce Esselino.

Les Padouans auraient dû profiter de l'expérience que les quarante années qui venaient se s'écouler devaient leur donner. Il n'en fut rien. Vous allez les voir choisir maladroitement un nouveau maitre dans une famille, persécutée par Esselino, il est vrai, mais Gibeline dans l'àme, c'est-à-dire dévouée aux intérêts de l'Allemagne, au lieu de l'être aux intérêts du pays. Une fois le chef de cette maison arrivé au pouvoir, vous serez témoin de tous les efforts que feront ses membres pour se donner l'autorité ou pour se la ravir par le sac, la corde ou le poignard. Je suis affligé de vous mettre sous les yeux d'aussi tristes tableaux, Madame; mais, à l'endroit des seigneurs qui se font du peuple un marche-pied, pour de là s'élancer sur un trône, l'histoire du moyen-âge est d'une uniformité désespérante. C'est le même drame que l'on joue dans toutes les cités de la haute Italie : seulement les acteurs changent de nom. Ils s'appellent ici les Visconti; là, les Gonzague; plus loin les d'Este, plus près les della Scala; ailleurs les Scotti. A Padoue, ce sont les *Carrare*. Et là, comme partout, ils n'auront d'autre rôle que la satisfaction de leur égoïsme. Puis, comme toujours

> De s'entrassassiner se donnant tablature,

ils arriveront à leur perte, parce qu'ainsi le veut le Dieu de toute équité, souverainement ennemi de l'injustice et du crime.

De ces Carrare celui qui, après de longs troubles suivant la mort d'Esselino, ouvre la marche des nouveaux capitani, est *Jacques I*. En 1318, le peuple de Padoue le déclare solennellement chef de la république ou, si vous aimez mieux, capitaine perpétuel. Mais la *Famille des Macaruffi* cherche si fort à lui disputer l'autorité, qu'il est obligé de lutter au-dedans de la ville pour maintenir son pouvoir, et de combattre au-dehors pour repousser les envahissements de Can I. Grande della Scala, seigneur de Vérone, son voisin, qui convoite Padoue, et dont il ne triomphe qu'en partageant son domaine avec Frédéric, duc d'Autriche, dont la force double la sienne.

Marsilio Carrare, son neveu, qui lui succède, est serré de si près par un de ses oncles, son compétiteur, que, de guerre las, il transfère son autorité et la seigneurie de Padoue à l'ambitieux Can I. Grande, de Vérone, et ne se réserve dans la ville qu'un pouvoir administratif. Mais alors, pendant que Can Grande, enfin repu, donne des fêtes à Vérone, pour célébrer la réunion de Padoue à ses états, Marsilio Carrare, en 1337, fait sourdement alliance avec les républiques de Venise et de Florence, et, par leur secours, recouvre la souveraineté dont il se repentait de s'être démis. Il meurt en 1338.

Il a pour successeur *Ubertino Carrare*, son neveu, qu'il a pris soin de désigner lui-même. La famille della Scala, fort heureusement pour lui, confirme cette élection : aussi règne-t-il en paix, et Padoue, calme et paisible, voit-elle enfin quelques beaux jours. Mais ce bonheur et cette paix prennent fin en 1345.

Marsilietto Carrare, parent éloigné d'Ubertino, a été choisi par le prince défunt pour lui succéder. Hélas! à peine est-il reconnu seigneur de Padoue, qu'un neveu de Jacques I, pénétrant traîtreusement dans ce Palazzo del Capitanio, l'égorge cruellement et souille les murailles du palais d'un affreux homicide.

Ou ces sortes de forfaits effraient peu les peuples d'alors, ou ces peuples sont étrangement façonnés au bât que leur impose un despotisme farouche, car les Padouans ne s'insurgent pas contre l'assassin. Au contraire, Padoue le proclame capitanio, sous le nom de *Jacques II*. Alors, pour réparer son crime peut-être, le nouveau maître déploie quelque sagesse dans son gouvernement. Mais celui qui frappe de l'épée périra par l'épée, et en 1350, Jacques II. tombe à son tour sous le fer d'un bâtard de l'un de ses oncles.

Giacomino Carrare, le meurtrier, devient seigneur de Padoue, conjointement avec son neveu François, fils de Jacques II, qu'il fait asseoir avec lui sur le trône, peut-être afin de lui ôter la criminelle pensée de la vengeance. Padoue voit avec étonnement ces deux princes maintenir entre eux la meilleure harmonie pendant cinq ans entiers. Par leurs soins réunis, la république entre dans une voix de prospérité. Mais au bout de ce temps, François, informé que Giacomino médite le projet de le faire assassiner, le prévient en l'arrêtant lui-même, en 1355, et en le renfermant dans une forteresse où meurt le coupable en 1372.

François, seul maître du pouvoir, usant des forces qu'un assez long repos a mis à sa disposition, et voyant s'étendre sur le continent l'influence de la République de Venise, lui déclare la guerre. Mais tout d'abord il est battu et livré à la honte de payer annuellement un tribut. Toutefois, plus heureux en 1378, il conduit vivement les Vénitiens vers leur ruine, et réussit à se faire relever de toutes les conditions onéreuses que lui a imposées le premier traité. Alors, la sérénissime république, lui fait écrire par son doge une lettre pleine de respect, dans laquelle on le nomme *Altesse*, et qui sollicite la paix. Carrare répond à son tour, avec hauteur :

— J'entendrai des propositions de paix, quand j'aurai placé moi-même un frein dans la bouche des chevaux qui ornent le portail de Saint-Marc.

D'autre part, une violente tempête se prépare contre Padoue. Milan a pour souverain un tyran peu endurant, et très-jaloux de la puissance de ceux qui l'entourent. Il a nom Jean Galéas Visconti, comte des Vertus. Et si François de Carrare est malicieux et rusé, il est déjà bien chargé d'années ; tandis que Jean Galéas est un perfide, encore jeune et plus ambitieux. Aussi, attendu les circonstances, le duc de Milan propose-t-il à Venise de faire alliance, et de se venger de l'arrogance et des victoires du Carrare en partageant avec lui, Jean Galéas, les états padouans.

Or, Venise venait d'apprendre que François Carrare, dont les états s'étendaient jusqu'à Mestre, presqu'au bord des lagunes, avait envoyé, une nuit, des bandits qui, débarqués secrètement dans les rues de la ville, avaient enlevé plusieurs sénateurs accusés d'avoir parlé contre lui dans le grand-conseil. Ces sénateurs, amenés dans ce Palazzo del Capitanio, à Padoue, avaient reçu de François les plus sanglants reproches : il les avait menacés d'une mort prochaine. Cependant, s'étant laissé adoucir, il leur avait dit :

— Je permets que vous retourniez à Venise à une condition, c'est que vous couvrirez d'un éternel silence cet enlèvement et le souvenir de ce qui s'est passé. Surtout, jamais les Dix, sous aucun prétexte, n'en doivent rien savoir. D'ailleurs, parlez, si vous en avez le courage. Mais alors sachez qu'il me sera plus aisé de punir un parjure par un coup de poignard, qu'il ne l'a été de vous enlever du sein de votre famille et de votre ville... Nous nous sommes bien entendus?... On va vous reconduire à Venise.

Vous comprenez facilement, Madame, qu'une haine profonde contre la capitaine de Padoue s'allume dès-lors dans la poitrine des Vénitiens. Aussi, l'alliance avec Jean Galéas Visconti est acceptée. On la signe des deux parts. Aussitôt attaqué des deux côtés, le vieux François Carrare reçoit l'injonction de résigner ses états entre les mains de *Francesco Novello*, son fils. *Novello* veut dire *le jeune*. Mais la sérénissime république reconnaît bien vite qu'elle a oublié sa prudence ordinaire. En effet, Jean Galéas ne paraît pas satisfait de l'abdication du vieux François. Il marche contre lui, réfugié à Trévise, et contre François Novello, resté dans Padoue. *Del Verme*, ce capitaine qui a porté la main sur Bernabo, lorsque Jean Galéas le fit arrêter à la porte de Milan, arrête successivement les deux Carrare. Puis l'armée milanaise s'empare de tout l'état de Padoue... Mais il se garde bien d'en accorder la moindre part aux Vénitiens, et, tout au contraire, maître de la Lombardie entière, il fait arborer son étendard, l'étendard de la couleuvre, sur les bords des lagunes, en face des clochers de Venise.

Voilà donc Venise, vaincue par le vieux Carrare, jouée par le jeune Visconti. Celui-ci fait alors enfermer le malheureux François Carrare dans la citadelle de Como, où il meurt en 1393. Puis comme par pitié, et pour sembler tenir le traité d'abdication du vieux Carrare, il accorde à François Novello la seigneurie de *Cortaron*, près d'Asti. Dans cette souveraineté dérisoire, qui consiste en un château à moitié ruiné, Carrare a pour vassaux, et en même temps pour espions, des habitants, presque tous voleurs de grand chemin, d'ailleurs Gibelins acharnés, et opposés à la maison de Carrare, qui s'est faite guelfe.

Néanmoins Novello conduit sa femme, Thaddée d'Este, et toute sa famille à Cortaron. Là, gardant profondément dans son cœur le secret de son départ, il s'occupe à rebâtir son manoir délabré. La ville d'Asti était en ce moment sous la domination d'un français, le duc d'Orléans. Jean Galéas, tout méchant qu'il était, et en ceci plus généreux qu'on ne l'avait été en France, lorsqu'on lui avait concédé seulement le comté des Vertus, comme un apanage donné à l'occasion de son mariage avec une des filles du roi Charles VI, Isabelle, avait transmis ce même comté, et en outre Asti, au duc d'Orléans, comme dot de sa fille, Valentine de Milan. Or, le Français, lieutenant du duc d'Orléans dans Asti, et maître de suivre, dans un pays libre, les mouvements de franchise d'un caractère compatissant, avertit François Carrare, que Jean Galéas avait donné l'ordre de l'assassiner, un jour qu'il viendrait de Cortaron à Asti, et lui conseilla de se dérober à la mort par une prompte fuite.

Je vous prie de permettre, Madame, que j'entre dans quelques détails sur les malheurs de cet infortuné Novello. Ils vous intéresseront d'autant plus qu'ils vont avoir pour théâtre une partie de l'Italie que vous connaissez pour l'avoir parcourue, c'est la partie du pays qui de Gênes s'étend vers Nice, le long de la mer, et que l'on nomme la *Corniche*.

Donc, au mois de mars 1387, François Novello de Carrare annonce qu'il va faire un pèlerinage à Vienne, dans le Dauphiné. Le gouveneur d'Asti lui donne une escorte française jusqu'à la frontière du Montferrat. En outre, il se charge de faire conduire à Florence les enfants de Novello, avec les effets les plus précieux qu'il a fait venir de Padoue. Thaddée d'Este, qui est enceinte, ne veut pas s'éloigner de son époux. François et Thaddée arrivent à Vienne, où ils accomplissent leur vœu. Puis, désirant se rendre à Florence, ils descendent par le Rhône à Avignon, et d'Avignon parviennent à Marseille. Là, ils font équiper une felouque légère qui devra côtoyer le littoral de la Ligurie, jusqu'à l'embouchure de l'Arno. Mais les vents d'équinoxe arrêtent leur navigation. Et puis Thaddée ne peut supporter la mer. Elle supplie donc son mari de lui permettre de débarquer, annonçant qu'elle aime mieux continuer le voyage à pied, que de souffrir des douleurs qui la font mourir, elle et l'enfant qu'elle porte dans son sein. Novello connait les dangers qu'offre un voyage par terre. Il hésite. Il craint que sa femme ne succombe bientôt ; mais enfin il consent à débarquer avec elle, et il ordonne aux matelots provençaux de continuer la route par mer et de se tenir autant qu'il sera possible à la portée de la voix.

Malheureusement il faut suivre une route hérissée de précipices, semée de châteaux appartenant à des Gibelins ou à des partisans de Jean Galéas. Novello, soutenant sa malheureuse épouse, s'avance à travers ces rochers, où une route est à peine tracée. Quelques serviteurs l'accompagnent. Ils ont les yeux constamment fixés et sur la mer, d'où leurs fidèles provençaux leur font de temps en temps des signaux, et sur le chemin ou les émissaires de Visconti peuvent à tout instant se présenter. Au-delà de *Monaco*, les fugitifs passent la nuit dans une église démolie, sur des décombres de tombeaux. A *Vintimille*, ils sont poursuivis par des archers du podestat. Carrare et ses serviteurs, feignant de prendre ces archers pour des voleurs, soutiennent une sorte de combat, et parviennent à se réfugier dans une caverne, d'où, plus tard, ils regagnent le sentier qui cotoie la mer. On ne voit plus la felouque. Cependant il faut traverser les fiefs du *marquis de Carreto*, gibelin sans pitié. La faim commence à tourmenter les pauvres voyageurs. Survient heureusement un berger qui leur vend un chevreau. Il faut des précautions, même pour conclure le marché. Un peu plus loin, la route est occupée par deux hommes qui se sont arrêtés. L'un est un Florentin, agent de Carrare, l'autre un messager d'*Antonietto Adorno*, doge de Gênes, qui, instruit de la triste position du prince et de son dessein de se rendre à Pise, lui promet protection, et lui envoie un brigantin dont le capitaine a ordre de le conduire à Gênes sous un nom supposé. Ce messager remet à Novello une sauvegarde pour traverser les états de la République de Gênes.

Alors, comme le capitaine du brigantin a rallié la felouque, Thaddée se détermine à s'embarquer sur le brigantin. Mais voici qu'une tempête se déclare et il faut se jeter dans la haute mer. Enfin, le lendemain on atteint *Savone*. L'agent Florentin s'y est rendu par terre, et a commandé un souper. A peine nos fugitifs y sont-ils à table, que la porte de l'appartement s'ouvre avec fracas, un autre messager du doge entre avec précipitation et annonce qu'il faut partir à l'instant, non sur le brigantin, mais sur la felouque, parce que Jean Galéas, qui fait trembler toute l'Italie, a fait sommer la République de Gênes de courir sus aux Carrare partout où ils paraîtront dans la Péninsule. Il advient qu'Adorno craint et doit craindre l'autorité du tyran, qui peut chercher des prétextes de mécontentement et de colère. Novello, sa femme et leurs compagnons sortent donc sans manger, se cachent à bord de la felouque, s'y travestissent en pèlerins allemands, naviguent toute la nuit, et menacés de mourir de faim, parce que les vivres sont épuisés, ils ont le courage d'entrer un moment à Gènes. Là, ils ne sont pas reconnus, ou il est ordonné par le doge, Gibelin généreux, de ne pas les reconnaître. Enfin, après mille autres traverses, ils débarquent dans une rade voisine de l'embouchure de l'Arno. Alors François Novello, en portant dans ses bras sa femme qui expire de douleur, lui dit :

— Thaddée, ma seule consolation, il faut encore un peu de courage, car nous n'aurons de repos qu'à Pise. Là, gouverne *Pierre Gambacorti;* il a été persécuté comme nous, et il a dû fuir sa patrie. Il est venu chez mon père avec sa femme et ses fils, malheureux comme nous le sommes à présent. Mon père les a comblés de soins et d'honneurs. Il a marié l'une de ses filles au marquis Spineta : tu peux te le rappeler. Il lui a donné quinze mille florins, et des soldats pour le rétablir à Pise. Pierre y est rentré portant à la main des branches d'olivier, tandis que les Pisans faisaient retentir l'air de cris de joie, et que les cloches de la ville sonnaient en actions de grâces. Vois-tu, Thaddée, si Pierre est heureux et tranquille aujourd'hui, il n'oubliera pas que c'est à nous qu'il le doit...

Novello achève à peine que revient le messager envoyé à Pierre Gambacorti. Il fait répondre qu'*Antoine Porro*, cet autre capitaine milanais qui arrêta Bernabo à la porte de Milan, par ordre de Jean Galéas, vient d'entrer à Pise avec un parti de cavalerie, et qu'il demande à la Seigneurie de faire arrêter les Carrare, mais sans savoir qu'ils sont si près de Pise. A cette nouvelle, Thaddée tombe évanouie. Rappelée à elle, l'infortunée regarde tristement son mari, et lui dit à son tour :

— François, et les secours! et les branches d'olivier !...

François est accablé de douleur : mais il semble que son courage redouble. Il se détermine à entrer à Pise, y regarde fixement les cavaliers de Jean Galéas, loue un cheval pour sa femme, et la conduit avec sa petite troupe sur la route de Florence, dans une hôtellerie si misérable, qu'il leur faut coucher dans l'écurie. Ils s'y étendent sur la paille, et cherchent à y prendre quelque sommeil, après un affreux repas. Mais alors un bruit de chevaux se fait entendre. Les cavaliers s'arrêtent : on frappe à la porte. C'est un nouveau messager de Gambacorti. Personne à Pise ne sait que les Carrare sont si près. Aussi leur envoie-t-il en présent dix palefrois, des rafraîchissements, de l'argent, et il ordonne à tous les seigneurs pisans de traiter avec magnificence les voyageurs qui vont passer par leurs châteaux. Aussitôt, l'hôtellier surpris vient offrir son propre lit à Novello et à Thaddée. Ils l'acceptent. Depuis qu'ils sont partis de Marseille, c'est la première fois qu'ils ne couchent pas sur la paille, sur des pierres ou sur la pierre nue.

Enfin nos intéressants fugitifs arrivent à Florence, où la république les accueille, et où ils retrouvent leurs enfants, leurs bagages et leurs trésors, religieusement envoyés par le gouverneur français d'Asti. Mais Novello ne s'y livre pas au repos. Il se rend de là à Bologne, puis il part pour la Croatie, gouvernée par le comte de Segna, qui a épousé sa sœur. Bref, il trouve des secours, une armée, rentre en Italie, marche avec le marquis d'Este, seigneur de Mantoue, à la rencontre de Galéas. Les Vénitiens, toujours inquiets de voir le drapeau des Visconti, cette couleuvre élevant la tête, sur les bords des lagunes, donnent passage aux troupes de Novello. Alors Carrare, s'avance jusqu'à la frontière des anciens États de son père, en faisant porter devant lui trois étendards, celui de Padoue, le sien propre, char d'or sur azur, armoiries parlantes des Carrare, et celui des comtes della Scala, anciens seigneurs de Vérone, chassés par Jean Galéas, et que Novello a la prétention de rétablir sur le trône, dans la personne de Can Francesco della Scala, fils d'Antoine, que le Visconti a dépouillé et empoisonné.

A la vue des étendards de la patrie, les peuples, que Jean Galéas écrase chaque jour d'impôts nouveaux, courent aux armes. L'armée de Novello grossit tous les jours. Il est campé devant Padoue, et il somme le général qui y commande pour Visconti de se rendre à discrétion.

— Il est bien fou celui qui, étant sorti par la porte, croit pouvoir rentrer par-dessus les murs... répond l'insolent Milanais.

Heureusement Carrare sait que pour posséder Padoue, il n'est pas nécessaire de sauter par-dessus les murs. Il existe au-dessous du pont de la Benta, un gué, où on n'a de l'eau que jusqu'au genou, et, dans cet endroit, l'entrée de la ville n'est fermée que par une palissade de bois. Novello s'y présente avec douze hommes armés de haches. Pendant qu'ils sapent la palissade, des bandes de paysans, poussant des clameurs de guerre, appellent l'ennemi sur un autre point. Le Milanais néglige la défense la plus importante. La palissade tombe. Deux cents soldats de Carrare pénètrent dans Padoue, en criant :

— Carro! Carro! Vive Carrare!

Aussitôt les Padouans, jusqu'alors comprimés, sortent en armes de leurs maisons. Les Milanais se réfugient dans les deux forteresses de la ville. Mais la première de ces forteresses est bientôt livrée. Le lendemain, à tous les instants du jour, on apprend que toutes les populations de l'État Padouan redemandent l'autorité de François Novello. A ces nouvelles de bonheur et de succès, François, que son peuple entoure pour le bénir, se jette à genoux au milieu d'acclamations surhumaines, sur cette Piazza del Capitanio, et remercie Dieu à haute voix du triomphe qu'il lui accorde.

Puis, au même instant, Can Francesco della Scala, âgé à peine de six ans, est proclamé et reconnu seigneur de Vérone.

Je n'ajouterai pas que les forteresses qui tenaient encore sont obligées de se rendre.

Ceci se passait en 1390.

Seize ans après, c'est-à-dire en 1406, un matin, le 16 janvier, alors que l'aube blanchissait à peine les cieux, à Venise, dans le palais des doges, un moine vêtu de la cuculle noire, est introduit sous la voûte d'un souterrain qui conduit au cachot le plus obscur des *Puits*. C'est le nom donné aux humides prisons de Venise. Le geôlier fait grincer les lourds verroux dans leurs solides rainures, et le moine s'avançant à l'aide d'une lanterne sourde, trouve couché sur une paille immonde, un homme de taille moyenne, bien proportionné, quoiqu'un peu gros. Ce prisonnier, à la vue du noir fantôme qui s'approche, se lève, et prête l'oreille pour savoir ce que veut de lui la République qui lui députe ce prêtre.

— Je viens vous exhorter à recevoir la mort avec courage! dit le moine d'une voix lugubre qui retentit sourdement sous la voûte.

A cette annonce sinistre, le captif se livre à la fureur d'abord. Mais quand le moine lui a montré la croix du Christ qu'il porte sur sa poitrine, la noble victime s'apaise, se prosterne aux genoux du religieux, se confesse saintement et communie tout après. Ensuite, à peine le moine s'est-il retiré, que deux des Dix membres du terrible conseil de la république de Venise, paraissent à leur tour, à l'entrée du cachot de la victime recueillie. Des bourreaux et leurs aides, au nombre de vingt, suivent les deux Dix; leur costume mi-partie rouge et noir révèle le but de leur présence. Aussitôt, le prisonnier, saisi d'un accès de colère, se précipite, hors de lui, sur un escabeau de bois, le saisit, s'en fait une arme, tombe sur ceux qui envahissaient sa cellule, et... Mais accablé par le nombre, saisi par tous les membres, renversé, rendu immobile, à la lueur d'une torche fumeuse, on lui passe au cou la corde d'une arbalète, et soudain... la mort, une mort cruelle, ignominieuse, s'empare de sa proie, qui se débat en vain dans de suprêmes convulsions... C'est horrible, n'est-ce pas, Madame? Ce qui l'est d'avantage encore, c'est que le lendemain 17 janvier, les mêmes deux Dix, les mêmes bourreaux et les mêmes aides, amènent à la même heure, dans le même cachot, pour les étrangler, l'un après l'autre, au même lieu où la veille avait péri leur père, les enfants de l'infortunée victime. Ainsi le voulait la sérénissime république de Venise. Cette dernière scène fut horrible. Le plus jeune des deux frères périt le premier, sans mot dire, comme un pauvre agneau qui ne sait ce qu'est la vie, qui ne sait ce qu'est la mort. On le nommait *Terzo*, parce qu'il était le *troisième* fils du supplicié. L'aîné, voyant en face la mort, ne pâlit pas. Il demande la permission de remplir deux devoirs: le premier, de prier pour son père et son frère, le second, d'écrire à sa jeune femme. Puis, il tend lui-même la tête au lacet fatal, et tombe lourdement à côté du cadavre de son frère, là où son père était mort, il y avait quelques heures...

De qui vous parlé-je, ici, Madame, et quels sont mes héros? Hélas! François Novello Carrare, et ses deux fils... Oui. La république de Venise, jalouse de leurs succès et de l'amour dont le peuple de Padoue les entourait; d'autre part, ne craignant plus Jean Galéas Visconti que Dieu avait jugé, s'était alliée avec le successeur du duc de Milan, avait déclaré la guerre au Carrare, au noble Carrare, avait assiégé Padoue, avait vaincu Novello, l'avait attiré à Venise, avec ses deux fils, sous le prétexte de faire un traité de paix perpétuelle, puis une fois entourés d'honneur et sous sa griffe, elle avait songé à accroître ses domaines de la ville et des états de Padoue. Alors elle s'était réunie en conseil pour délibérer sur le lieu que l'on donnerait comme prison perpétuelle à François Carrare et à ses fils. Mais, dans cette délibération, le farouche del Verme avait dit :

— Je ne vois de prison sûre, avec les Carrare, que la prison du tombeau !...

On adopta cet avis, et, comme vous venez de le voir, on occit les Carrare. Fut-il jamais trahison plus infâme ?

Depuis ce jour fatal, Padoue resta le domaine de la jalouse Venise. Padoue ne changea de maître qu'en 1797, alors que Venise, ruinée à son tour, passa, elle aussi, au pouvoir et sous le joug non moins jaloux de l'Autriche.

En 1805, Padoue devint le chef-lieu du département de la Brenta, royaume d'Italie. Mais en 1815, comme toute la Lombardo-Vénétie, elle retomba sous le sceptre de l'Allemagne.

Pour vous bien faire connaître Padoue, la Padoue ancienne, car elle a conservé toutes ses richesses antiques, et la Padoue moderne, car elle se rajeunit et efface ses rides, j'aurais à vous conduire, presqu'au centre de la ville encore, pour vous y montrer le *Duomo*, la cathédrale, bâtie sur les desseins de *Michel-Ange*, dit-on, mais certainement élevée par *Andrea della Valle*. Nous y verrions le monument du philosophe *Speronare-Speronari*, ami de notre poète Ronsard, maître du Tasse; puis un buste du bon *Pétrarque*, qui fut chanoine du chapitre; et encore des curiosités dignes d'une visite, un vase grec en argent; un riche évangéliaire; un épistolaire de 1529, et un Missel sur vélin, de Venise, 1491, avec de splendides miniatures; et enfin une Madone, d'après Titien, peinte par *Pondavino*, ou le *Padouan*, comme nous disons en France. Cet artiste est de Padoue, ainsi que le révèle son nom, et il a du mérite. La beauté de la cathédrale est toute intérieure. Commencée au xiie siècle, et achevée au xve siècle, elle parle peu par la forme extérieure.

A côté du dôme, nous verrions le *baptistère*, dont il est séparé, élevé par Fina Buzzacharina, femme du vieux François Carrare. On y trouve de fort belles peintures du *Padouan*, et des élèves de *Giotto*.

Les monuments de Padoue semblent immenses, eu égard à la population actuelle. Mais celui de tous qui est le plus vaste, paraît cependant trop petit, trop étroit, eu égard à l'énorme affluence de visiteurs qui s'y pressent, à toute heure du jour. Je veux vous parler de *l'église du Saint*, de la *Chiesa di Santo Antonio di Padova*. C'est là le temple que je voudrais surtout vous faire connaître, Madame, pour sa beauté, sa splendeur architecturale et ses richesses artistiques, autant que pour la piété, la ferveur, la dévotion, l'amour que l'on y voit s'élever de toutes parts en gerbes parfumées, en oraisons sublimes, de tous les pèlerins qui y accourent, de tous les paysans qui y abondent, de tous les Padouans qui s'y prosternent, et de tous les chrétiens que la foi y amène. Nulle part, peut-être, si ce n'est à Notre-Dame de Fourvières, à Lyon, à la Scala Santa, à Rome, et à Santa-Lucia, à Naples, je n'ai vu pareille piété, semblable foi, comme à S. Antoine de Padoue, où l'on conserve les reliques et le tombeau du modeste moine. Son autel est l'objet d'une dévotion assidue, constante, brûlante, unique. On ne vénère pas seulement le saint, on lui parle, on cause avec lui, on lui expose ses besoins, on détaille ce qu'on sollicite. Rien n'est curieux comme la naïveté des nombreux pèlerins et fidèles qui le visitent. Le bras tendu, la main appuyée sur la plaque de cuivre qui recouvre le tombeau, de bout, le pied en avant, paysans, villageoises, vieillards courbés par un long travail, jeunes laboureurs, jeunes filles des champs, enfants au début de la vie, beaux messieurs, officiers de tous grades, grandes dames, vierges de la ville, tous les rangs se confondent, et, étrangers l'un à l'autre, prient, parlent, s'entretiennent à voix basse, sollicitent, obtiennent, se réjouissent ou pleurent, près du tombeau, à l'entour de l'autel... C'est un spectacle touchant qui m'a ému. J'ai prié, moi aussi, j'ai prié long-temps pour ceux que j'aime, pour ceux dont l'image est dans mon cœur, morts et vivants. J'ai parlé pour vous, Madame. Vous savez ce que j'ai pu lui dire, à cet *il Santo*, tant aimé, tant vénéré, parce qu'il écoute, parce qu'il exauce...

En arrivant à l'église du Saint, en avant du portail, on se trouve face à face avec une haute statue équestre, modelée dans le goût de la sculpture antique. « Le cheval, a dit un artiste fameux, *Vasari*, le cheval semble frémir sous la main du cavalier. » Il y a du vrai. C'est qu'aussi le cavalier est un rude jouteur, au mâle visage, à la tête fière, au regard malin. Cheval et cavalier sont l'œuvre de *Donatello*, le très-habile sculpteur Florentin : c'est la première statue qui ait été fondue en Italie, et cette statue représente le très-rusé condottiere *Erasmo di Narni*, plus connu par le surnom de *Gatta-Melata*, *Chatte mielleuse*, que lui valut sa façon très-précautionnée de faire la guerre. Ce que j'aurais à dire sur ce général des armées de la sérénissime république, qui figure dans les siéges de Brescia, ne pouvant vous intéresser, je passe outre.

Sur une place assez vaste, située au nord-est de Padoue, apparait avec majesté cette magnifique Eglise de S. Antoine, que surmontent quatorze pilastres soutenant huit superbes coupoles bysantines du plus heureux effet. On se croirait en présence d'une mosquée. Son portail est orné de deux rangs de loges et de décorations architecturales qui révèlent l'œuvre du xiii° siècle. Au-dessus de sa porte principale, figure le nom de Jésus, et de chaque côté s'élèvent deux splendides fresques représentant saint Antoine et saint Bernardin, peintes par *Mantégna*, dont le travail a malheureusement disparu sous de nombreuses et inintelligentes retouches.

Elle est l'ouvrage d'un grand artiste, tout à la fois sculpteur et architecte, *Pisano*, ou *Nicolas de Pise*, la gloire du xiii° siècle (1).

L'intérieur du monument est admirable. Nefs immenses, à perte de vue : forêt de colonnes, très-modernes ; voûtes hardies. Puis aux murailles, aux colonnes, dans les chapelles, partout, objets d'art merveilleux semés d'une main prodigue : tombeaux, sarcophages, statues, bustes, fresques, peintures murales, bas-reliefs, *Madona Nova* ou *Vierge Noire*, statue assise de 1392, entièrement et richement vêtue; tableaux, vases, lampadaires. Puis chœur isolé, avec portes de bronze ; candélabre merveilleux de *Riccio*, 1507; autres bas-reliefs au nombre de douze, de *Donatello* ; crucifix de bronze, par *Donatello* encore; Christ au tombeau par *Donatello* toujours ; un autre Christ de *Tiziano Aspetti*, et ceci, et cela.

Dans la nef latérale de gauche, avant le transept, juste en regard de la chapelle précédente, *Capella di Santo Antonio*, le sanctuaire par excellence, le point

---

(1). *Pisano* ou *Nicolas de Pise*, sculpteur et architecte, naquit à Pise, au commencement du XIII° siècle, et mourut à Sienne, en 1270. Il embellit sa patrie de plusieurs monuments, entre autres du clocher de l'Eglise des Augustins et de la chaire en marbre du Baptistère. A Padoue, ce fut lui qui éleva l'Eglise de Saint-Antoine. On regarde comme son chef-d'œuvre en sculpture le tombeau de saint Dominique, à Bologne.

miraculeux de l'église, le rendez-vous des croyants. Elle est d'une magnificence architecturale qui vous expliquera le nom de son auteur, *Sansovino*, l'artiste florentin qui décora Venise (1). Sa façade se compose de cinq arceaux qui retombent sur quatre colonnes et deux pilastres. Pour couronnement, rangée de niches avec leurs statues. Les deux pilastres, merveilles de l'art, d'un travail simple, gracieux, bien conçu, parfaitement exécuté, sont dus, celui de droite à *Marc. Allio*, Milanais fort habile; celui de gauche à *Gir. Pironi*. L'autel, en marbre vert antique, de 1598, est surmonté de la statue de bronze de saint Antoine, et, comme acolythes, des statues de saint Louis et de saint Bonaventure. Quatre anges supportent des lampadaires ouvrage de *T. Aspetti* (2). Mais le prodige de l'adresse humaine dans cette chapelle, sont les deux candélabres en argent qui se dressent à droite et à gauche du tombeau. Le premier, du poids de mille six cent sept onces, est de *F. Parroi*; le second, pesant mille quatre cent cinquante onces, est d'*O. Marinati*. On y voit toute une création; pour la chanter, il faudrait écrire une épopée. Neuf bas-reliefs en marbre, plus splendide l'un, plus admirable l'autre, reproduisant tous les actes et les miracles du Saint, décorent l'intérieur de la chapelle. Les décrire demanderait aussi un véritable poème. C'est là, sous l'autel, que repose le Saint; c'est là qu'on le prie, c'est là qu'on s'entretient avec lui.

Je voudrais vous montrer aussi, Madame, et la *Chapelle de Saint-Georges*, avec ses peintures murales de *Jacopo d'Avanzo*, jadis convertie en hôpital, puis abandonnée à un simple particulier qui, heureusement, l'a sauvée du vandalisme;

Et la *Chiesa S. Giustina*, élevée sur l'emplacement d'un temple de la Con-

---

(1). *Jacques Tatti, dit Sansovino*, sculpteur et architecte, né à Florence, en 1479, n'a guère été surpassé que par Michel-Ange dans la sculpture. Comme architecte, il éleva le Palais de la Monnaie, la bibliothèque de S. Marc, le Palais Cornaro, et la Loggia, au pied du Campanile, à Venise.

(2). *Titien Aspetti*, célèbre sculpteur et fondeur, né et mort à Padoue, 1563-1607. Il est l'auteur de l'autel et de la statue de saint Antoine, à Padoue, et des portes du chœur de la même Église.

corde, à l'extrémité de l'ancien amphithéâtre où l'on ne respectait guère cette concorde et que remplace le Prato della Valle, cette belle place dont je vous ai parlé, qui, vue de loin, ressemble un peu à un cimetière, à cause de ses nombreuses statues couronnées de verdure : nous y aurions admiré le martyre de la Sainte, par *Paul Veronèse*, et une *J. Palma*, et un *Luca Giordano* ; voire même les deux lions du porche;

Et les *Eremitani*, église des Augustins, bâtie en 1276, qui renferme les tombeaux de Jacques et Ubertino Carrare ;

Et la *Madona della Arena*, fondée en 1303, par Enrico di Scrovegno, dont les grandes fresques de *Giotto* (1) représentant la vie de Jésus et de sa Mère, couvrent les murailles, et où l'on admire surtout le célèbre jugement dernier, exécuté par l'artiste, d'après les inspirations de Daule, son ami, au-dessus de la porte d'entrée. Vous eussiez été frappée de l'état de délabrement de cette église abandonnée, et placée au fond d'un grand jardin négligé, et propriété d'un Juif! On pleurerait volontiers, sous ses voûtes à fond d'azur semé d'étoiles d'or, qui ne sont plus témoins des saintes cérémonies du culte. Comment quelque riche Padouan n'achète-t-il pas cette perle livrée à un infidèle ? A l'extérieur, cette église est parfaite de conservation. Rien de plus gracieux que l'encadrement d'arbres verts et de guirlandes de vignes qui l'entourent. A peine y entend-on les lointaines rumeurs de la ville... Je l'ai quittée l'âme endolorie. Un Juif

---

(1). *Giotto*, ainsi nommé par corruption pour *Angiosotto*, diminutif d'*Angelo*, peintre, sculpteur et architecte, né, vers 1266, à Vespignano, près de Florence, mort en 1334, fut, dans son enfance, gardien de troupeaux. *Cimabué* devina son talent et le prit pour élève. Cimabué avait déjà restauré les arts en faisant revivre l'étude de la nature depuis long-temps abandonnée; mais sa manière était ru de e sèche. Giotto, en prenant aussi la nature pour modèle, la revêtit de formes plus nobles et prépara ainsi Raphaël. Sa manière est grande, calme, simple et gracieuse. Il dirigea, comme architecte, les fortifications de Florence, en 1334. Giotto fut l'ami du *Dante*, dont il a conservé les traits dans un petit tableau, et qui, en retour, lui consacra quelques vers dans sa *Divine Comédie*. Notre Louvre possède l'un des plus remarquables tableaux de ce maître, Saint-François d'Assises recevant les stygmates.

posséder ces merveilleuses scènes de la passion du Christ, peintes par Giotto !..
Et un chrétien payer un juif pour les voir et les admirer !.. C'est navrant !...

Enfin je voudrais vous montrer *il Bo*, c'est-à-dire l'*Univeristé*. Il Bo est le nom par lequel on désigne cet établissement qui date du xiiie siècle. La colonnade qui l'entoure est de *Sansovino*, et l'on y voit les noms et armoiries des docteurs, la statue d'*Elena Lucrezia Cornaro Piscopra*, cette illustre Padouane qui savait l'hébreu, l'arabe, le grec, le latin, le français, l'espagnol, l'italien, chantait des vers en s'accompagnant sur l'épinette, dissertait sur l'astronomie, les mathématiques, la théologie, et beaucoup de choses en ie; était belle à ravir, ne voulut pas se marier, et mourut en 1684, à l'âge de trente huit ans.

Je voudrais vous montrer l'*Observatoire*... Mais le temps s'envole, l'heure presse, Venise nous appelle...

Lirez-vous cette longue lettre, Madame? Je l'espère. Pour vous aider à en faire disparaître l'ennui, rappelez-vous qu'elle n'est que le symbole de la pensée qui vous suit, qui vous entoure, qui se consacre à vous, et qui sera vôtre tant que vivra

       Votre très-humble, mais très-dévoué

          VALMER.

VI.

A MADAME F. DOULET, A PARIS.

Passage de la Brenta. — *Fusine.* — Adieux à la terre-ferme. — Aspect des Lagunes. — Viaduc de deux lieues sur les eaux.— Indescriptible fantasmagorie.— Venise.— Bizarres effets d'optique. — Arrivée à Venise. — Débarcadère. — Premières impressions. — Canaux au lieu de rues. — Gondoles pour voitures. — Ce que c'est qu'une Gondole. — Le grand canal de Venise. — Silence et calme funèbre. — Apparences tumulaires. — Cris et signaux des Gondoliers. — Palais mélancoliques dormant sur les bords des canaux. — S du grand canal. — Effets des marées à Venise. — Cause originelle des Lagunes. — Comment Venise est protégée contre la mer. — Portes de l'Adriatique. — Langue de terre du Lido. — Ce qu'est le Rialto. — Apparition des coupoles della Salute. — La Dogana. — Le Port. — Les Lagunes. — L'Hôtel de la Lune. — Arrivée en Gondole en face du Mole. — Saisissement d'admiration. — L'escalier de marbre, et les deux colonnes de la Piazzetta. — Pont de la Paille. — Quai des Esclavons. — Profil du Palais des Doges. — Les Prisons. — Le pont des Soupirs. — La Piazzetta. — La Libreria Vecchia. — La Zecca. — La Piazza. — La Basilique de Saint-Marc. — Les Procuraties. — Le Campanile. — La Loggia. — Objets d'art et souvenirs de la Place Saint-Marc. — La tour de l'Horloge. — Forum de Venise. —Physionomie du Môle. — Le peuple de Venise. — Photographie de la place S.-Marc, le soir. — Les mille et une nuits réalisées. — Impressions.

Venise, 28 août 185...

Ai-je rêvé, ai-je véritablement vu ce que je vais raconter, ma très-aimée mère ? Je ne saurais l'affirmer encore. Mais il me semble que je viens d'être le jouet d'une hallucination et que les féeries dont, à cette heure, s'illumine mon imagination, sont le résultat de quelque fièvre chaude qui m'aura saisi à mon départ de Padoue. Ce qu'il y a de bien certain, c'est que ma journée d'hier, commencée par des réalités bien positives, s'est achevée au milieu d'une telle fantasmagorie, que, ce matin, je n'ose y croire. Quoiqu'il en soit, songe ou vérité, voici ce qui m'advint dans ce mémorable jour du 27 août 185...

C'était jour de foire à Padoue. Nous avions passé une heure ou deux à contempler le curieux spectacle des groupes pressés, joyeux les uns, affairés les autres, des paysans et des paysannes arrivant à la ville de toutes les contrées voisines. La coquetterie des femmes portant la valeur de leurs métairies en jolis bijoux décorant à profusion leurs doigts, leur cous, et jusqu'à leurs cheveux noirs, nous avait beaucoup amusés. Puis, nous avions chargé nos bagages sur un *calesso*, et nous nous étions dirigés vers le chemin de fer, tout en continuant nos études sur les types de bonne couleur locale et les physionomies narquoises des villageois italiens.

Alors, gravement assis en face de bons vieux prêtres qui fumaient le chibouck comme de révérends mamamouchis, — c'est l'usage dans le Tyrol, et honni soit qui mal y pense ! — après un dernier regard jeté sur l'aspect mauresque que donnent à Padoue les nombreuses coupoles dont plusieurs de ses monuments sont affublés comme des mosquées, nous avions été lancés à toute vapeur à travers des plaines luxuriantes, les dernières limites de la Lombardie. D'abord, à *Ponte di Brenta*, première station du rail-way, nous avions traversé la fameuse *Brenta*, ce cours d'eau très-accidenté, torrent dans les Alpes du Tyrol, rivière sinueuse dans la Lombardie, qui, sortant de terre à l'orient de *Trente*, passe à *Cismone*, à *Bassano*, et va tomber dans la mer Adriatique, non loin de *Brondolo*. Déjà les Alpes, à notre gauche, se perdaient dans un profond éloignement ; déjà de nombreux canaux, sillonnant des champs de maïs, et bordés de mûriers et de guirlandes de pampres, nous annonçaient l'approche des lagunes. Tour à tour nous avions salué *Dolo*, puis *Mazano*, les derniers villages lombards, puis *Mestre*, la dernière ville du continent, cette insolente cité d'où les Visconti faisaient briller, comme un orgueilleux défi et une menace à l'adresse des Vénitiens, leur drapeau rouge semé de couleuvres d'azur ; puis le *Fort de Maghera*, puis le hameau de *Saint-Julien des Lagunes*, puis enfin le village vénitien de *Fusine*, quand tout-à-coup commença pour moi la magie, l'étrange fantasmagorie dont je parle.

Figurez-vous ce que je vais peindre, ma bonne mère. D'abord l'horizon manque à nos regards. Nous ne voyons plus devant nous, autour de nous, qu'une longue ligne bleuâtre que rien ne brise. En même temps que les arbres disparaissent ainsi soudain, que la végétation fait défaut, que les montagnes s'affaissent, que les collines s'effacent, que les moindres ondulations s'évanouissent, on voit s'étendre, à perte de vue, une longue, une large nappe réfléchissant les chauds rayons du soleil avec tout l'éclat de l'acier poli. On dirait que l'on pénètre dans une région fantastique, dans une plaine fabuleuse, sous un climat inconnu, et que, douée d'une puissance nouvelle, la locomotive vous entraîne sur un vaste désert couvert d'un semis de fine poussière de diamants qui réfléchit tous les feux du midi. Seraient-ce donc là les lagunes? Pourtant nulle vague n'en agite la surface, nul pli, nulle ride ne s'étend sur cette nappe or et azur. D'ailleurs, comment le monstrueux serpent, que composent nos wagons, pourrait-il se précipiter ainsi dans le gouffre de leurs eaux? Mais vraiment oui, ce sont les lagunes : voici l'onde amère qui nous entoure de tous côtés, et, comme jadis le divin Sauveur, nous marchons sur la mer, sans tomber dans ses profondeurs. Je m'élance aussitôt à la portière.

Un viaduc long de trois mille six cent quatre-vingt trois mètres, large de neuf, surélevé de trois, et composé de cinquante-sept grandes arcades, séparées l'une de l'autre par des terre-pleins solides, et subdivisées en deux cent vingt-deux arches de moindre dimension, coupe les lagunes comme un trait, et relie la terre ferme, qui se perd à l'œil dans le lointain, mais que l'on voit encore nager dans la brume du matin, à l'aspect le plus merveilleux qu'il soit possible de rêver...

Au sein de ces belles lagunes sur lesquelles flamboie le soleil, vers l'orient, surgissent des îles, tout un cortége d'îles, îles vertes comme des émeraudes, îles aux toits rouges comme des coraux, îles dorées comme des topazes, et, au centre de ces îles, ainsi qu'une reine majestueuse et belle, une ville, une ville portant au front le plus riche diadème, clochers, donjons, tours, campaniles, dômes, flèches élancées ; une ville avec des collines de palais dont les ravenelles découpées dentellent l'éther bleu ; une ville avec des ceintures de maisons blanches et roses ; une ville dont l'ample manteau d'azur, pailleté de rubis et d'opales, traîne autour d'elle fort au loin ; une ville qui semble naviguer sur les eaux, sous le souffle des brises, comme une flotte magique ; une ville enfin dont toutes les voix des touristes proclament le nom en la saluant avec enthousiasme :

— *Venezia! Venezia! Venezia!*

Oui, c'est *Venise*, Venise la belle, Venise la grande, Venise à nulle autre pareille, Venise la reine de l'Adriatique, Venise la fée des lagunes, Venise la perle des mers, Venise la gloire de l'Italie, Venise la souveraine des nations jadis, à cette heure la victime éprouvée, la victime pantelante, mais la victime noble et sainte, que nous avons devant nous, vers qui la vapeur nous entraîne, comme nous y porterait l'aile colossale d'un dragon mythologique.

D'abord, ainsi vue à distance, Venise ressemble assez à une ville submergée, dont les sommités, seules, auraient échappé à l'inondation. On ne voit pas le sol sur lequel reposent les constructions. Aucune verdure ne les accompagne ni ne les abrite. Des mâts de vaisseaux se mêlent dans le lointain aux flèches, aux clochetons et aux colonnes qui s'élèvent sur tous les points. Mais à mesure que l'on approche, on commence à mieux distinguer les édifices. Les mâts et les clochers semblent s'abaisser à la vue. Enfin on arrive à son enceinte, on pénètre dans ses murs, on touche la ville, on met le pied sur ses dalles, le sol se montre. En toute hâte on prend ses bagages, on exhibe ses papiers, on s'élance dans la... Point de rues, point de voitures! Des canaux remplacent les rues, des bateaux tiennent lieu d'omnibus, et pour fiacres, calèches ou landaus, des gondoles... Voici donc ces poétiques gondoles tant vantées? Barquette longue et étroite comme un poisson; cabane, à toit ceintré, recouverte de drap noir et que l'on nomme *felze*, placée au milieu de la barquette; portière au centre de la façade de la logette; place pour deux au fond de ce joli boudoir ambulant, et, pour deux autres personnes placées de chaque côté, sur un petit divan employé le plus ordinairement à étendre les pieds; à droite, à gauche et en face, glaces ou persiennes, glissant dans des coulisses, et restant ouvertes ou fermées, au choix du promeneur. En avant de la barquette, gracieux bec de la gondole armé d'une lame de fer en col de grue, garni de six larges dents destinées à établir l'équilibre ; à l'arrière, espace réservé à la manœuvre pour un ou deux gondoliers, à volonté. La gondole dans toutes ses parties, barquette, boudoir, felze, divans, etc., est noire, peinture noire pour le bois, étoffe noire pour l'extérieur, velours noir pour le dedans. Les persiennes seules sont vertes. Il en est ainsi depuis trois cents ans, par ordre, afin de rendre impossible le luxe, et de laisser plus de mystère à ces véhicules uniformes. Que de mystères, que de drames, que de... dans ces pirogues étranges qui, par milliers, sillonnent Venise et les Lagunes!

Donc, ébloui par les féeries qui commencent, et à peine descendus des wagons, M. Valmer nous fait entrer dans une de ces gondoles, donne l'ordre aux gondoliers de suivre le *Grand Canal*, et nos hommes, poussant un cri rauque, nous éloignent du quai. Alors glissant sur l'onde amère, comme les mouettes des mers, nous voici voyant passer autour de nous de longues files de palais merveilleux, alignés sur pilotis que baigne la vague des deux côtés de la large nappe d'eau sinueuse, sans berge, qui a nom *Grande-Canale*. A droite et à gauche, confluent, divergent, convergent, aboutissent, s'éloignent, se croisent ici une rue ayant un autre canal à son centre, et un double quai bordant le canal; là des ruelles étroites; plus loin des places avec de splendides églises; ailleurs des rues larges autant que celles des villes du continent, et offrant un terrain solide bordés de magnifiques monuments, avec dômes splendides, colonnades magiques, et des fontaines, et des statues. Partout des ponts à profusion. Et sur les canaux glissent des gondoles; sur les rues, sur les places, sur les ponts, passent, vont, viennent des gens affairés. Mais au milieu de ce panorama nouveau, fantastique, bizarre, une chose me frappe : le silence! En effet, nulle voiture n'ébranle le pavé; pas le moindre bruit à l'oreille. On croit errer dans le dédale d'une cité tumulaire dont tous les habitants sont des fantômes, et voltigent sur le rivage de lacs infernaux, ou naviguent sur les fleurs de l'Erèbe, en compagnie de Caron, conduisant au tribunal de Minos les âmes enfermées dans ses noires gondoles. Aussi le murmure de Venise, au milieu du jour, ressemble à peine au silence de la nuit dans les autres villes ordinaires. Tout au plus recueille-t-on ce léger frôlement de l'aviron soulevant la vague. Seulement, au détour d'un canal, à l'angle d'une île de maisons, à l'approche d'un pont, dans leur marche rapide, mais précautionnée, les gondoliers font entendre un cri sépulcral qui vibre un moment, et va s'éteignant sous les voûtes des palais reposant sur les pilotis. Ce cri a pour but de donner un avis afin d'éviter une rencontre.

— *Sia stali...* veut dire de prendre la droite.
— *Sia premi...* indique qu'il faut aller à gauche.
— *Sia di lungo...* désigne qu'il faut aller tout droit.

Je le répète : il y a quelque chose de fantastique à errer ainsi sur les canaux silencieux de Venise que surplombent les balcons élégants de belles demeures patriciennes dues au génie des *Palladio* et des *Sansovino*, ces artistes fameux qui ont décoré Venise, et dont nous avons admiré déjà les œuvres splendides à Vérone et à Padoue. Quand l'œil pénètre sous les portiques de marbre, ou glisse sous les façades ogivales, dont le caractère oriental se révèle à chaque pas, il est impossible de ne pas éprouver une douce surprise en voyant se réaliser les plus gracieux caprices de l'imagination.

Pour vous aider à comprendre Venise, avant de vous en donner les détails, je vous dirai tout d'abord, ma bonne mère, ceci, comme préambule:

Au fond du *Golfe Adriatique*, à l'extrémité nord-est de l'Italie, s'étend, entre le Pô et les Alpes, un territoire, formé aux dépens des eaux du golfe, par le limon qu'y ont successivement déposé les plus grands fleuves de la Péninsule, le *Pô*, le *Tagliamento*, la *Brenta*, l'*Adige*, et d'autres encore. La conformation toute particulière de ce rivage, qui n'est plus la mer et n'est pas encore la terre-ferme, où cette Brenta, cet Adige, ce Tagliamento, et les différentes bouches du Pô ont creusé des canaux profonds au milieu de lagunes à peine couvertes de deux pieds d'eau, dont des barques légères peuvent seules sillonner la surface; cette conformation exceptionnelle, dis-je, a permis à une ville de s'y asseoir sur des pilotis enfoncés dans les lagunes. Voilà comment Venise a pu s'élever au sein des eaux, à environ deux lieues de la terre-ferme, sur un groupe de 120 ilots, isolés les uns des autres par des canaux, mais reliés ensemble par 366 ponts d'une seule arche.

Par sa forme, Venise, érigée sur ces cent vingt ilots, ressemble quelque peu à un poisson couché. Tournez la tête de ce poisson vers le couchant, son dos au nord et sa gueule au levant, puis, sur le ventre, dessinez un S ainsi placé ∽,

LE RIALTO.

et vous aurez l'image de Venise et la figure du Grande-Canale, long de 3,750 mètres et large de 70, qui divise la ville en deux parties à peu près égales, et, dans son ensemble produit l'effet des sinueux boulevarts de Paris.

Rien n'est curieux comme la marée, à Venise. A marée haute, le pied des édifices plonge dans l'eau. A marée basse, on découvre l'incroyable forêt de pilotis qui supportent ces mêmes édifices, et le jour se fait sous les assises de ces magnifiques monuments. La hauteur de la marée est de trois pieds environ.

Mais à Venise ainsi plantée sur les lagunes, entre la terre et la mer, il fallait, contre cette dernière, un rempart qui la protégeât. La nature y a pourvu. A la distance d'une lieue, vers le sud, une langue de terre, large de six cents pas, élevée de dix mètres, fortifiée ensuite par la main de l'homme, et d'une longueur suffisante, arrête les envahissements de la mer Adriatique. *Le Lido*, tel est le nom donné à cette langue de terre, qui porte trois villages à peu près à égale distance, et qui se creuse à trois endroits différents, pour donner passage à la marée haute, le premier au *Port de Venise*, le second à *Malamocco*, et le dernier à *Chioggia*. Par ces trois ouvertures, que l'on pourrait appeler les Portes de la mer, les vaisseaux vont et viennent, s'aventurant à travers les lagunes à l'aide de poteaux indicateurs qui en signalent les canaux naturels; et par ces mêmes ouvertures, l'eau des lagunes, constamment renouvelée, n'a jamais le temps de se corrompre. Ainsi les lagunes comprises entre la langue de terre du Lido et la terre ferme, forment, autour de Venise, un espace de dix lieues de longueur et de trois en largeur. Les lagunes offrent cet avantage que, nonobstant les violentes tempêtes de la mer Adriatique, et alors même que les flots déferlent avec fureur contre le Lido et les digues de Malamocco, leurs eaux restent calmes toujours. Leurs petites vagues, à peine émues, se contentent de baiser les marches du palais, et jamais leur clapotis ne se permet de mouiller les pieds des citadins ou des dames qui descendent dans leurs gondoles.

Cependant nous avons atteint le *Rialto*, un pont tout en marbre, qui, jeté sur le milieu du Grand-Canal, est orné d'autels adossés aux côtés de ses culées, et sert de communication aux deux grands groupes d'îles que divise ce canal. *Antonio da Ponte* fut l'architecte de ce pont dont l'arc très-courbé n'a pas moins de 28 mètres, et qui offre trois passages parallèles dont celui du milieu est bordé de boutiques. Les pilotis qui se supportent, au nombre de 12,000 ont chacun dix pieds de longueur.

Notre course vertigineuse continue sur le grand canal. J'imagine que M. Valmer nous a fait prendre cette voie royale pour que tout d'abord les splendeurs de Venise se révèlent à nous sans transition, qu'elles nous montent au cerveau et qu'elles nous enivrent. Son but est atteint. Je suis en extase et, je le répète encore, une hallucination dont je ne puis me rendre compte, me conduit de prodiges en prodiges, jusqu'à ce que la magnifique église de *Santa-Maria della Salute* et la *Dogana di Mare*, en dressant leurs coupoles à l'extrémité sud-ouest du grand canal, nous signalent l'entrée des grandes lagunes du sud, en face de l'Adriatique et du Lido, et sous les rampes de l'admirable place de Saint-Marc.

Alors, en arrivant à cette partie sud de Venise, nous avons à notre droite l'immense *Canale della Giudecca*, où des navires à voiles de toute forme sont à l'ancre, la longue et sinueuse *Isola della Giudecca*; l'*Isola di S. Giorgio*; puis, en face la *Lagune Saint-Marc*; plus loin, le port de Venise avec de nombreux vaisseaux, des vapeurs, des péniches, des bâtiments de toutes les nations, laissant flotter au vent leurs banderolles de toutes les couleurs; à l'horizon, vers le sud, le *Lido* et *Malamocco*; et enfin à gauche, tout près de nous, mais se prolongeant en une longue ligne accidentée et ruisselante de beautés, d'abord le *Palazzo Reale* et son *Giardino* tout verdoyant; puis la tête et le cœur de Venise, c'est-à-dire la *Piazza di San-Marco*, dont je vais vous peindre les enchantements, puis le *Môle*, le magnifique *Quai des Esclavons*, et au loin l'*Arsenal* et le *Jardin Public* aux arbres centenaires.

Aussitôt nos gondoliers tournent à gauche, et à l'angle de la *Zecca*, ou Hôtel de la Monnaie, dans un angle où le remous des lagunes se fait à peine sentir, au pied d'un escalier de marbre où se trouve groupée une douzaine de gondoles, comme des voitures qui attendent leur maître; ils nous arrêtent et nous désignent l'*Osteria della Luna*, que nous avons choisie pour demeure pendant notre séjour à Venise, à raison de son voisinage avec la place Saint-Marc. Nous nous y installons, ce qui est bientôt fait : nous y dînons, ce qui ne nous prend guère plus de temps ; et tout après, nous voici de rechef dans notre gondole. Nous ne lui demandons plus que quelque coups d'aviron, après quoi, convention faite que, le lendemain, elle se tiendra du matin au soir à notre disposition, chaque jour, au prix quotidien de 5 francs de notre monnaie, nous la congédierons.

En effet, notre gracieuse et légère gondole, d'après l'ordre donné, nous porte au large des lagunes, afin de revenir ensuite droit au pied du bel escalier de marbre de la place Saint-Marc, et, en y arrivant par degrés, de nous permettre d'en juger peu à peu les merveilles.

La *Place de Saint-Marc*, l'honneur, la gloire, le prodige, la tête, le cœur de Venise, le théâtre de sa vie privée, jadis le Forum de sa vie politique, est divisée en deux parties inégales. La première, ayant forme de parallélogramme long de quatre-vingt dix-huit mètres et large de quarante huit, se nomme la *Piazetta* ou *Petite Place*, et fait face aux lagunes du sud, qui déferlent aux pieds du long quai qui le borde sous le nom de *Môle*. La seconde, *Piazza* ou *Grande Place*, se dérobe en partie à la vue de la mer, et faisant un angle droit avec la Piazetta, produit également un parallélogramme, mais beaucoup plus grand, cent soixante-seize mètres de longueur sur cinquante-six de largeur, et s'enfonce, à gauche du visiteur qui gravit l'escalier des lagunes, dans un magique encadrement de palais.

Arriver, en gondole, par les lagunes, en face de la Piazetta, et y monter par l'escalier de marbre du Môle, est un de ces rares spectacles dont un touriste intelligent se ménage toujours la surprise. Vous allez le comprendre, mon bon ange de mère, en lisant le détail des richesses d'art qui se déploient successivement aux regards éblouis.

D'abord, escalier de marbre qui occupe toute la largeur de la Piazetta. Puis, au premier plan de cette place, distantes entre elles d'une trentaine de pas environ, deux colonnes de granit transportées en 1125, de l'archipel de la Grèce à Venise, par le doge Michieli, et dressées où nous les voyons en 1170, après qu'on leur eut préparé une base et adopté des chapitaux de bronze. Sur celle de droite, s'élève, debout sur un crocodile, la statue de saint Théodore, premier patron de la république. Celle de gauche est surmontée du Lion ailé de saint Marc, tenant l'Evangile ouvert sur lequel repose sa griffe. La place des Invalides, à Paris, jadis posséda ce lion enlevé par Bonaparte à Venise, alors que l'Europe entière envoyait ses trésors artistiques à notre capitale et à ses musées. Mais 1815 le rendit à Venise. Seulement il ne possédait plus alors son Evangile, qu'une main profane lui avait enlevé. C'est entre ces deux colonnes que le Conseil des Dix faisait exécuter ceux de ses criminels qu'il ne tuait pas dans le secret de ses *puits*. Là, fut décapité le brave et infortuné Carmagnola; là, jadis, étaient frappés de la main des bourreaux et les coupables et bien des innocents. C'était à ces colonnes que le même conseil, si ombrageux et si terrible, faisait attacher par les pieds les cadavres de tous les suppliciés pour des crimes ou de prétendus crimes d'Etat.

Ensuite, à droite sur l'emplacement d'un premier palais du ixe siècle, devenu la proie des flammes en 979, après que le Doge P. Candiano IV y eut été massacré, *Calendario*, architecte et sculpteur du xive siècle, fut chargé de construire le palais que nous y voyons, véritable Capitole de l'aristocratique Venise, Louvre des Doges, Tribunal du Conseil des Dix, en un mot le *Palais-Ducal*, édifice rectangulaire, masse imposante et noble. Ce monument magnifique marqueté de marbre blanc et rouge, offre l'aspect d'une mosaïque orientale et produit le plus étrange effet. Il porte au front, comme diadème, une corniche découpée à jour, festonnée de feuilles d'acanthe, d'aiguilles et de pyramides. Le gros œuvre repose sur une colonnade à fûts énormes, rendus plus lourds encore par l'exhaussement du sol, renflés de plusieurs pouces, et que couronne un second rang de colonnes formant une galerie aérienne, dans le mode arabe, galerie trilobée, à jour, dont la svelte et frêle élégance fait contraste avec la masse gigantesque dont elle est destinée à porter le faîte effrayant. Un maître-pilier, plus robuste que les autres, forme l'angle de la Piazzetta et du quai *della Riva*. Comme les autres angles, celui-ci est orné de colonnettes en spirales qui montent et portent vers le ciel de délicieux clochetons dont la beauté complète l'ensemble. La vaste façade de ce palais percée d'immenses fenêtres ogivales décorées de sculptures, de statues, qui datent de 1528 et de 1538, portant un splendide balcon enjolivé de niches, de figurines, de pyramidions dressés sur d'élégantes coupoles, et dominé par une belle effigie de la vierge, règne dans toute sa largeur.

Mais cette première façade n'est pas la seule qui commande l'admiration. Le palais des Doges regarde aussi le Môle et les Lagunes du sud, et cette seconde façade, sur la Riva ou quai, possède aussi une grande fenêtre d'un beau travail qui remonte à 1404. La troisième façade du palais ducal est bornée par un canal qui coupe la Riva et que couvre le *Ponte della Paglia*, le *Pont de la Paille*, ainsi appelé de ce que, jadis, on couvrait de paille le sol de cette partie du rivage pour en amortir le bruit et permettre de s'entendre dans les délibérations du palais.

Alors une troisième façade, de style renaissance, du palais règne le long de ce canal, le *Rio della Paglia*, et communique par-dessus le canal de la Paille, à l'aide d'un très-beau pont en marbre, à plein ceintre, élevé à la hauteur d'un second étage, qui n'est autre que le fameux *Pont-des-Soupirs*, avec un vaste bâtiment assis de l'autre côté de l'eau, et qui fait partie du Palais-Ducal sous le nom de *Prisons*.

Sous les combles recouverts de lames de plombs de ce vaste bâtiment annexé au palais ducal et renfermant les prisons se trouvent les terribles cachots connus sous le nom de *Plombs de Venise*, et dans les souterrains, se trouvent les cachots non moins terribles désignés sous le nom de *Puits de Venise*. J'aurai occasion d'en parler, car vous ne doutez pas que nous visitions ces deux curieuses parties du Capitole de la sérénissime république.

A part sa formidable destination, ce *bâtiment des Prisons* est d'un bel aspect, montre une élégante façade qui regarde le quai des Esclavons, régnant tout le long du port de Venise, en face du Lido et des lagunes du sud, et servait de résidence aux magistrats patriciens, chargés d'informer sur les crimes d'Etat, et date de 1589, comme œuvre de l'architecte *And. da Ponte*, qui fut aussi le restaurateur de la portion du palais ducal que dévora un violent incendie, le 20 décembre 1577. Dans ce funeste sinistre périrent le Paradis de *Guariento*, et des chefs-d'œuvre de *Bellini*, du *Titien*, de *P. Véronese*, du *Tintoret* et de *Carpaccio*.

Enfin, ce même palais ducal possède une quatrième façade, qui, voisine de l'église de Saint-Marc, se confond avec les bâtiments de cette basilique. Mais alors, près de cette église, sur la Piazzetta, s'élève la porte d'entrée du palais, la *Porta della Charta*, ainsi nommée à cause des écrivains qui se tenaient dans le péristyle et qui y rédigeaient les lettres et les mémoires pour le Doge ou le Conseil.

Cette porte, fort belle, est l'œuvre de *Bon*, père, comme architecture, et de *Bon*, fils, comme sculpture. Elle est de 1140.

Une indiscrétion facile permet de voir, par cette porte, la cour intérieure du palais ducal, si merveilleusement ouvragée, son escalier des Géants, le pallier où fut décapité le doge Marino Faliero, et les citernes en bronze où les porteurs d'eau de Venise, je devrais dire les porteuses d'eau, car ce sont de jeunes femmes en jupes courtes, pieds nus, et la tête couverte d'un chapeau d'homme qui viennent y chercher dans des sceaux de cuivre l'eau que l'on y approvisionne chaque nuit, apportée de la terre ferme. Mais n'est pas venu le moment de peindre les beautés de l'intérieur.

A gauche, le visiteur qui débarque sur la Piazzetta, repose d'abord avec plaisir son regard, émerveillé déjà, sur la verdure et les bosquets d'un square que l'on appelle le jardin du Palais-Royal, car il est dominé par des bâtiments dont la façade s'étend sur la Piazzetta, en face de l'église Saint-Marc, et qui forment le *Palazzo-Reale*.

Ensuite, à l'angle de la Riva et de la Piazzetta, l'œil s'arrête sur la *Libreria-Vecchia*, monument autrefois destiné à recevoir les livres et archives de la République, maintenant transférés dans le palais ducal. *Sansovino*, l'architecte-sculpteur par excellence, est l'auteur de cet édifice, consacré de nos jours à la résidence du gouverneur de la ville au nom de l'Autriche. Vingt-et-une arcades, doriques et ioniques, surmontées d'un entablement que l'artiste dut exhausser démesurément afin de le raccorder avec les constructions qui forment l'encadrement de la grande place Saint-Marc, règnent le long de la Piazzetta, en face du palais des Doges. Sur la balustrade de l'attique s'élève tout un monde de statues, de *P de Salo*, de *T. Lombardo*, et d'autres élèves de Sansovino : mille figures décorent aussi les archivoltes. La Libreria Vecchia touchait à sa fin, en 1545, quand sa voûte s'écroula. Aussitôt Sansovino fut mis en prison. On lui retira son emploi : on le condamna à payer mille écus d'or. Heureusement pour lui, Sansovino avait des amis, et à cette époque l'amitié était encore chose sainte et sacrée. *Titien* et *Aretin*, c'était là les trois amis inséparables, firent tant et tant que le prisonnier revit la lumière, répara le désastre, et peupla Venise de chefs-d'œuvre.

Dans le même palais de la Libreria-Vecchia, est agencée la *Zecca*, Palais ou *Hôtel de la Monnaie*, dans lequel on pénètre par un vestibule ouvrant sous les portiques de la Libreria, et, comme elle, œuvre remarquable de Sansovino.

Il en est de même du *Palazzo-Reale*, qui occupe l'angle de la Piazzetta et de la Piazza, en face de la Porte du Palais ducal.

A ce point de rencontre des deux places Saint-Marc, sort de terre et s'élève hardiment vers les cieux le *Campanile*, ou *Clocher de Saint-Marc*, isolé de l'église de ce nom par la ligne et la largeur de l'angle droit que forme la réunion de ces deux mêmes places. C'était de ce Campanile que s'élançaient jadis les sons lugubres de Saint-Marc lorsqu'il s'agissait d'une exécution sanglante, ou d'une entreprise nouvelle, et les joyeux accords des cloches alors que le Doge allait pompeusement, suivi d'une flotte immense et d'un peuple nombreux, jeter l'anneau d'or dans les vagues de l'Adriatique, et épouser la mer, noble alliance de la République avec l'Océan, source de sa grandeur et de ses richesses. Dominant la Piazza de 98 mètres, et dominé lui-même par son toit aigu, que surmonte un ange d'or, ce Campanile semble le phare de Venise, car il en commande tous les édifices. Carré comme un donjon, il permet d'atteindre sa plateforme par une pente douce qui n'a qu'une seule large marche à chaque angle du mur. On l'édifia au Xe siècle, mais ce fut seulement au XVIe qu'on le surmonta d'une flèche. Autrefois on voyait à son milieu une cage en bois suspendue à une maîtresse poutre qui débordait au-dehors et la balançait dans le vide au gré du vent. Cette cage servait de prison aux prêtres coupables de quelques méfaits. Ils y passaient ainsi en plein air, nourris de pain et d'eau, un temps plus ou moins long. Ce supplice fut heureusement aboli en 1518. Demain ou tout autre jour, nous ferons l'ascension de ce Campanile, d'où, j'imagine, nous aurons à contempler un spectacle peu ordinaire. Il paraît que certaines gens ont eu le caprice de se précipiter de la plate-forme sur les dalles de la place. Aussi, à cette heure, le visiteur n'y monte jamais seul.

La base du Campanile, se terminant par des pierres brutes, devait choquer le regard des administrateurs de la République. Elle n'était certes pas en harmonie avec les magnificences de la Place. Aussi *Sansovino*, — toujours Sansovino, vous voyez, — fut-il chargé de la décorer. Dans ce travail l'artiste révèla tout son génie. Rien de plus délicieux que le petit édifice carré, revêtu de marbres, de bronzes et de statues, dont il l'entoura. C'était vers 1540 qu'il exécuta ce chef-d'œuvre qu'on ne se lasse pas d'admirer. On ne peut imaginer quelque chose d'aussi gracieux, d'aussi délicat, d'aussi bien harmonié que cette sorte de petit palais en miniature que l'on nomme la *Loggia*. D'abord la Loggia fut destinée à servir de salle de réunion aux nobles Vénitiens. Mais, en dernier lieu, les Procurateurs de Saint-Marc l'occupèrent, et c'est de là qu'ils commandaient la garde pendant les séances du Grand Conseil.

En face de ce chef-d'œuvre de Sansovino, près de la porte du Palais Ducal, à l'angle sud de la Basilique de Saint-Marc, on voit un *Groupe de porphyre*, ébauche imparfaite de deux statues réunies, que, dans leurs conquêtes en Orient, les Vénitiens trouvèrent dans l'atelier de quelque artiste, et qu'ils rapportèrent comme un trophée de victoire. Les archéologues, ou plutôt les antiquaires voient dans ce porphyre un Harmodius et un Aristogiton. C'est ainsi que l'on ne peut faire un pas dans cette belle Venise, sans rencontrer quelque riche dépouille opime, enlevée à la pointe de l'épée par les grands conquérants de la Sérénissime République.

A deux pas de là, par exemple, le regard est frappé de la présence d'un autre débris étranger. C'est un tronçon de colonne renversé, et qui fut apporté, en 1256, de Saint-Jean-d'Acre. On lui donne le nom de *Pietra del Bando* ou *Pierre des Proclamations*. Il paraît que c'est du haut de ce tronçon de colonne que l'on proclamait autrefois, en présence du peuple, les lois de la République.

On remarque aussi devant la porte de la basilique, deux *Colonnes quadrangulaires*, quelque peu sœurs de la précédente, car elles proviennent aussi de Saint-Jean-d'Acre, et sont arrivées à Venise, à la même époque. On y lit des monogrammes très-mystérieux, et que les savants interprètent tous à leur façon. Aussi *adhuc sub judice lis est*, ce qui veut dire que la question reste encore à trancher. Ce qu'il y a d'avéré, c'est que ces colonnes sont de curieux spécimens de la sculpture ornementale des Grecs au vi^e siècle. Elles sont là comme objets d'art, et au point de vue de l'histoire elles ont leur intérêt, car elles appartenaient au temple de Sainte-Saba.

A l'occasion de toutes les curiosités disséminées dans la ville et dans les monuments, après avoir été enlevées de tous les points du globe, un artiste a très-spirituellement dit que *Venise ressemblait à un Pirate retiré des affaires.*

Je ne vous peins encore que la Piazetta, ma bien aimée mère, car nous arrivons à peine à la Piazza, à la grande place de Saint-Marc. Mais avant de vous décrire cette dernière, bien autrement riche en merveilles, je dois vous dire ce qui, de ces merveilles, frappe déjà le regard du touriste atteignant le haut de l'escalier du Môle et touchant les premières dalles de la Piazetta.

C'est d'abord en face de lui, entre les deux colonnes de Saint-Théodore et du Lion, mais au dernier plan, la *Tour de l'Horloge* qui s'élève sur le côté et dans l'angle nord de la Piazza, et dont la grande arcade ouverte sert de passage pour communiquer avec la *Merceria*, c'est-à-dire l'un des quartiers les plus marchands de Venise. Cette haute tour, sorte de Beffroi, date de 1496, et laisse voir un Jacquemard et sa femme sonnant les heures sur des timbres, et, à côté, un cadran d'azur, marquant les vingt-quatre heures du jour.

C'est aussi le magique profil de la *Basilique de Saint-Marc*, avec ses cinq coupoles aériennes, fort pittoresques, je vous assure; ses galeries légères, et les portiques superbes de sa façade; les fameux chevaux, jadis, mais pendant peu de temps, placés sur l'arc de triomphe de notre place du Carrousel, à Paris, qui la surmontent; ses mosaïques ruisselantes d'or et de vives couleurs qui la décorent; et les mille colonnes des marbres les plus précieux, enlevés à toutes les contrées et à tous les monuments de l'Orient qui en font ressortir les splendeurs.

C'est enfin la perspective des arcades et de l'aile grandiose des *Procuratie Vecchie*, qui terminent l'ensemble de cette fantasmagorie.

De toutes ces beautés je vais vous donner un croquis, ma tendre mère. Seulement, au lieu de pénétrer par la Piazetta, qui semble pourtant la voie la plus naturelle pour atteindre la Piazza, je dois vous dire en fidèle historiographe de notre voyage, que nous prenons, non pas le chemin des écoliers, mais celui des artistes qui en toutes choses recherchent l'effet. Car ce n'est pas du côté de la

Piazetta que l'on peut juger de l'aspect grandiose de la Piazza : on en est trop voisin. C'est de l'extrémité occidentale de la Piazza même, précisément du point qu'occupe notre Hôtel de la Lune. Or, comme nous avons des goûts d'artistes, nous nous hâtons de suivre notre impulsion, et, traversant le Giardino di Palazzo-Reale, sur le Môle, de là, passant devant notre Hôtel, qui est à deux pas de la Piazza, nous faisons notre entrée solennelle par la galerie de l'ouest, sur cette féerique *Place de Saint-Marc*.....

Il n'est pas de spectacle comparable à celui qui se présente à l'œil. En face de soi, à l'extrémité de la place, s'élève la belle basilique de Saint-Marc, que surmontent cinq coupoles d'un gris argenté, dont la plus grande compte quarante deux pieds de diamètre. Placée à une hauteur différente des autres, celle-ci, avec ses sœurs, produit au regard l'aspect d'une pyramide de coupoles d'un aspect féerique. Mais ce qui ajoute à la magnificence de l'ensemble, ce sont le péristyle bysantin de l'édifice ; ses porches se couronnant du diadème de leurs mosaïques à fond d'or ; la verrière grandiose qui rutile derrière les Chevaux de Corinthe, et d'où ruissellent les plus vives couleurs ; ces quatre chevaux encore dorés, qui, après avoir décoré les arcs de triomphe de Néron et de Trajan, à Rome, après avoir orné Bysance sous Constantin, furent ensuite transportés de Constantinople à Venise, au xiiie siècle, et enfin, après un dernier voyage d'agrément, à Paris, ont pris place sur la façade de la basilique où ils font une étrange figure ; ses clochetons élégants ; ses colonnettes formant une galerie aérienne ; ses ogives surmontées de statues ; ses nombreuses colonnes de vert antique, de porphyre, de serpentine, de brèches de toutes nuances, enlevées à la Grèce, à Constantinople, à l'Asie, et distribuées sur toute la façade ; mystérieux édifice, tout à la fois, mosquée, temple, église, véritable monument créé d'après les rêveries orientales et les contes de Scheherazade, et digne des récits des Mille et une Nuits.

Un rayon furtif du soleil, échappé aux combles des Procuratie Vecchie, derrière lesquels disparait l'astre du jour, inonde d'une vive lumière cette splendide création de l'art, et fait étinceler la brillante mosaïque sur laquelle se détache la grande figure de l'évangéliste saint Marc en relief sur son ciel d'or. C'est d'une magnificence à éblouir, et long-temps je reverrai la basilique de Venise dans mes rêves.

En avant du portail, de trois piédestaux en bronze, sculptés par *A. Leopardo*, s'élèvent trois mâts rouges, qui ont donné leur nom aux mâts vénitiens, énormément élancés, sveltes, et servant jadis de hampes aux étendards de la république. A cette heure, ils laissent paresseusement flotter, d'un air découragé, les oriflammes jaunes aux aigles bicéphales de l'Autriche. Mais ils ajoutent au caractère de cette physionomie magique de la Piazza, car ils restent là toujours, et rappellent qu'ils furent autrefois le symbole de la domination de Venise sur les royaumes de Chypre, de Candie et de Morée.

Puis, à droite, à partir de l'angle de la Libreria-Vecchia, du Palazzo-Reale, et du Campanile, isolé près d'eux, vient à nous, pour se rattacher à la galerie sous laquelle nous sommes en extase, la longue enfilade des arcades des *Procuratie Nuove*, immense et haute construction, composée de trois ordres, et œuvre de *Scamozzi*, un architecte de notre connaissance, car nous avons déjà jugé son savoir-faire par certains monuments dont il a doté Vicence, sa patrie.

Enfin, à gauche, de la Tour de l'Horloge, comme point de départ, s'achemine également vers notre galerie, l'autre file d'arcades du vaste palais des *Procuratie Vecchie*, jadis demeure des Procureurs de Saint-Marc, et formant une aile parallèle avec celle des Procuratie Nuove.

La galerie qui nous sert d'observatoire, à l'extrémité de la Piazza, en face de Saint-Marc, fait elle-même partie de l'*Aile Nouvelle du Palazzo-Reale*, dont le jardin est sur le môle. Mais ce fut une malheureuse idée qui fit élever cette aile nouvelle, en 1810, et qui la réunit aux bâtiments des deux Procuraties. Car, figurez-vous que, jusqu'à 1810, à ce même endroit, juste en face de Saint-Marc, en regard de la basilique, s'élevait une superbe église dédiée à *San-Geminiano*, et son architecture était en harmonie parfaite avec la basilique de Saint-Marc, qu'elle regardait. Mais il fallait une salle de trône, et alors on a délogé Dieu de son sanctuaire et l'art de son domaine, pour élever à sa M. I. et R. un misérable palais mesquin et sans nul caractère. Aussi lui tournons-nous le dos avec un profond dédain. La façade de San-Geminiano était de *Sansovino*, et datait de 1556; jugez de la perte qu'a faite la Piazza di San-Marco.

Tel est cet antique Forum de Venise, cette merveille de la sirène de l'Adriatique, ce vaste salon que l'Europe entière visite avec bonheur. Autrefois ce Forum Vénitien était moins étendu. Une portion notable en était occupée par un jardin potager, *Brolo*, qui appartenait à des religieuses de S. Zaccharia. Aussi appelait-on *Broglio* la partie voisine des arcades du Palais-Ducal, où les nobles Vénitiens causaient des affaires de la république. Un canal passait au travers de ce Brolo, vers le milieu de la Piazza, et la partie sud-ouest de la place, sur la rive du canal, s'élevait avant le XIIe siècle, une première église San-Geminiano. Ce fut vers 1100, que le canal fut comblé, la vieille église démolie pour être réédifiée où est l'aile nouvelle de Palazzo-Reale, et la Piazza agrandie. Vers la seizième arcade des Procuratie-Nuove, on voit une petite dalle de marbre rouge : c'est le signe commémoratif de l'emplacement du canal.

Aujourd'hui, plus de jardin sur la place, mais un immense parquet de dalles de marbre, ondulant quelque peu, à raison du peu de solidité que présente le sol des Lagunes. Ces dalles sont formées d'une pierre graniteuse piquetée, entremêlée de feldt-spath et de quartz provenant des collines Euganéennes, avec des intervalles remplis de pierre d'Istrie d'un grain très-dur en usage dans les assises pour soutenir les briques dont on voit que sont construites la plupart des maisons. L'Ilot de la place Saint-Marc et des constructions qui s'y rattachent est sans contredit le plus étendu de tous les ilots qui composent Venise.

Maintenant, ma très-honorée mère, voulez-vous me permettre de vous donner une idée du panorama mouvementé, animé, que présente la place Saint-Marc, et qu'offrent ses alentours ? Le voici :

Autrefois c'était sur cette Piazza que se donnaient les fêtes de la république. Peut-être vous en dirai-je quelques détails dans une autre lettre; mais, pour le moment, je m'en tiens à notre époque, et je vous signale le coup d'œil que nous trouvons sur la Piazza del S. Marco, au mois d'août 185...

D'abord, assez peu le matin, davantage dans l'après-midi, et très-fort le soir, le jardin du Palais-Royal est émaillé de promeneurs qui ont cette désinvolture parisienne que nous rencontrons aux Tuileries ou sur les promenades de Bade, d'Ems ou de Spa. La foule s'y rue *con furore*, et c'est à qui, parmi les dames, mettra le plus en saillie les énormes avantages des crinolines.

Les abords du débarcadère de la Piazzetta et les assises du Môle élèvent de toutes parts une série de lanternes de toutes formes, hissées sur des demi-mâts et peinturées d'images de Saints de tous les degrés. Des centaines de gondoles et de barques s'agitent sous le remous de la marée, attendant la pratique, et jonchées de leurs gondoliers endormis au grand soleil qui les change en pain d'épices. Approchez-vous de l'escalier pour entrer dans une gondole, ou pour en sortir ? un essaim de drôles, jeunes faquins sans travail, ou vieux gondoliers mis au repos, mais vieux mendiants surtout, harponnent la gondole d'un bâton à crochet, et vous forcent ainsi à subir un impôt vingt fois renouvelé dans la journée. Autour des deux colonnes de S. Théodore et du Lion, comme sur les marches de l'escalier des lagunes, grouille tout un peuple de ciceroni, de gondoliers, de lazzaroni, d'invalides de tous les états, d'enfants malingres à moitié nus, tous bronzés par le soleil, qui vous épient arriver, qui vous couvrent du regard lorsque vous approchez, s'élancent à votre rencontre, vous parlent, vous comprennent à demi-mot, et vous accompagnent, leur bonnet rouge à la main si vous acceptez, l'air résigné si vous refusez. Cette population indolente en apparence, mais en attendant le travail, éparpillée sur les dalles, groupée sur les piedestaux des colonnes, assise sur les parapets du môle, les époussette et les essuie depuis si long-temps de ses haillons ou de ses vêtements, que les plus fines sculptures ont disparu, usées par le frottement. Vont et viennent, dans la matinée surtout, des femmes et des filles, assez jolies quelquefois, le plus souvent fanées, la tête coiffée d'un chapeau d'homme, tromblon Pipelet de vieux feutre noir, jambes et pieds nus, jupons courts, portant dans des seaux de cuivre rouge attachés aux deux extrémités du bâton placé sur leur épaule, l'eau de la terre ferme, dont on fait une réserve, pendant chaque nuit, dans les citernes de la cour du Palais-Ducal.

A droite, sous les arcades de ce palais, quatre pièces de canon, montées sur affût jaune et noir, la gueule fermée tournée vers la Piazzetta, le caisson sous la galerie; force fantassins hongrois à l'habit blanc et à la culotte bleue collante, se promenant ici et là; et les sentinelles, l'arme au bras, paradant en avant de leurs guérites zébrées de jaune et de noir, les deux couleurs autrichiennes, semblent vous regarder de travers.

A gauche, devant la Librería, la Zecca et le Palazzo-Reale, gens de lois, d'affaires, de robe, de négoce, causent, dissertent, discutent, s'échauffent, ou se livrent au far-niente de baïer aux corneilles.

Sur la Piazza, des milliers de chaises sont entassées en attendant le frais, tandis que, sous les arcades, les nombreux cafés, *café Florian*, le plus renommé de tous, et tenu par un Français, *café Sustil*, *café Panceria*, *café Quadri*, etc., etc., sont peuplés de tous les amateurs de journaux, de vin de Chypre, qui est excellent, de glaces, de plombières, de granits, de sorbets, de limonata, d'aqua di marena, etc. Ces cafés sont en tel nombre, et occupent tant d'espace, que l'on croirait que toutes les arcades des deux Procuraties leur appartiennent. Le soir venu, toutes les chaises sont étalées sur la place, dans tous les sens, et, comme on n'a pas à craindre les voitures, les dalles de la place entière sont envahies, et la Piazza devient un immense salon où la consommation se fait sur une échelle effrayante. Alors, de toutes parts, retentissent des accords de harpes, des trilles de guitares, des cantilènes de flûtes, des fioritures de violons, des lamentations de violoncelles, des chants de femmes, des romances de jeunes filles, des barcarolles et des opéras, en un mot une musique rendue discordante par la quantité et le voisinage des virtuoses. Alors aussi voltigent dans l'espace des papillons aux ailes d'or, je veux dire des fleuristes comme nous en avons vu à Vérone, ou, si vous voulez, des demoiselles vêtues de moire et de velours, et tout aussi pimpantes que les fleurs animées de nos boulevards, qui viennent vous décorer la boutonnière, au choix, de boutons d'oranger, de camélias, de lis, de résédas, de roses ou d'odorants œillets. Alors enfin, aussitôt que le gaz s'allume sous chacune des arcades et dans les cafés, la foule arrive de tous les quartiers de la ville, car le Vénitien aime par-dessus tout sa place Saint-Marc : les étrangers viennent de leurs hôtels; les promeneurs du Lido, des îles ou des lagunes, débarquent de leurs gondoles. Il descend de toutes les rues voisines une armée de petits marchands qui vous entourent, vous cajolent, vous pressent, vous fatiguent et souvent vous séduisent et vous volent, marchands aux jolis éventaires ceints aux reins, avec allumettes de toutes les inventions, marchands de délicieux coquillages, marchands de charmants et frêles bijoux, marchands de jouets, marchands de foulards, marchands de tabletteries, et jusqu'à des marchands de chaussures. Que sais-je? Mais parmi ces marchands, dont quelquefois j'ai compté jusqu'à plus d'une douzaine réunis autour de moi, attirés par la convoitise de mon regard, et qui me harcelaient à faire sauter M. Valmer, ceux que j'accueille et auxquels je donne ma faveur, ce sont les marchands de fruits glacés. Ces fruits, cueillis le jour même, et enfilés en brochette sur un petit bâton, sont trempés dans un sucre délicieux et rafraichissent admirablement la bouche. Aussi me proposé-je de leur faire ma cour. Les petits marchands se le sont dit, j'imagine, car hier, ils ont fait cercle toute la soirée autour de la table qui portait nos sorbets, et près de laquelle nous fumions en écoutant les cavatines d'une jeune Vénitienne qui chantait à ravir. Or, comme toutes les tables et les chaises sont occupées par la foule qui survient sans cesse, comme tous les curieux sont installés ici et là, ou vont et viennent; comme toutes les guitares, flûtes, harpes, clarinettes, violoncelles et mandolines sont en pleine exécution de symphonie, c'est un murmure étrange qui bourdonne sur toute cette place en feu, dont les monuments prennent des apparences fantastiques, c'est un tohu-bohu bizarre, un mouvement inimaginable, une vie indicible qui tient en vérité de la fantasmagorie.

Oui, vraiment, c'est d'un aspect féerique qui émeut et qui impressionne, car, pour peu que vous vous trouviez au centre de la Piazza, vous voyez alors, sous les arceaux lumineux des Procuraties, se promener les curieux, comme des âmes en peine qui cherchent une issue dans le cercle de feu qui vous entoure, s'arrêter ici, là, un peu partout, devant les vitrines des boutiques peuplant le rez-de-chaussée de ces galeries, et contempler les étalages des magasins, bijoux et parfums qui ne ressemblent plus aux nôtres, livres et gravures d'un aspect nouveau avec des formes et des sites inconnus, fruits savoureux et patisseries bizarres, dont on ignore les noms, verroteries de Murano et gants vénitiens, les deux objets de commerce que Venise produit avec orgueil et qu'elle expédie jusqu'aux confins du monde.

Oui, c'est d'une inexprimable magie que cette Venise, le soir, quand la fantaisie vous prend de vous éloigner un moment de ce foyer de lumière et de vie pour passer sous l'arcade de la Tour de l'Horloge, par exemple, et vous enfoncer dans le dédale de petites rues de la Merceria, car alors vous vous perdez dans des ruelles si étroites, qu'en écartant vos deux jambes, vous touchez les deux lignes de maisons qui les bordent; ou bien, en levant les yeux vers le ciel, il vous semble que vous vous noyez au fond d'un puits, et que vous pataugez dans les ondes d'une obscurité qui vous glace et vous pénètre. Alors aussi, en pénétrant, à l'autre extrémité de la Piazza, dans le labyrinthe également étroit des rues qui s'acheminent vers le Théâtre de la Fenice, vous passez sous les feux croisés de bazards dans le voisinage desquels on vous provoque d'un regard escarbouclé qui révèle des Juives, et, d'une fenêtre à l'autre des maisons qui se regardent, on entend des chuchottements et de mystérieuses causeries.

Enfin, rentre-t-on sur la Piazza, les yeux éblouis, les oreilles bourdonnant des mille bruits de la place, l'odorat frappé des tièdes parfums des fleurs, le ciel constellé qui étend sur l'immensité son riche pavillon d'azur semé de diamants, puis les fanaux de la plage et du môle, le phare du port, les feux des îles, les lanternes des vaisseaux, les fallots des gondoles, la fraîche température de la nuit, et souvent aussi la lune qui se lève sur la lagune, comme pour écouter le doux frémissement de ses vagues, les scintillements de la mer, la phosphorescence de l'onde, tout vous jette dans une hallucination que vous ne pouvez peindre, et dont vous subissez l'étrange influence.

Aussi, ce matin, à cette heure que je vous écris, ma bien-aimée mère, suis-je encore sous le charme de cette délicieuse nuit parfumée de poésie, de mélodie, de splendeurs de nature et d'art, la première que nous venons de passer à Venise, tantôt sur la Piazza, au milieu des richesses de l'art, tantôt sur le môle, en face des merveilles de la nature. Voilà pourquoi je me demande si tout ce que j'ai vu depuis hier n'est pas un rêve. J'ai passé, nous avons passé la nuit toute entière sur cette Piazza, comme c'est l'usage à Venise, car à peine se couche-t-on ici, si ce n'est quand l'aube blanchit aux cieux: alors peut-être ai-je succombé sous la fatigue de la veillée, et ai-je vu dans un songe tout ce que je viens de vous dire.

Mais ce qui n'est point un rêve, certes! c'est l'amour que je me sens au cœur pour vous, car il bouillonne dans mes veines avec mon sang; il s'agite dans ma poitrine avec toutes les pensées de mon esprit ; il me porte vers vous avec toute l'impétuosité de mon âme, qui bondit à la pensée de vous revoir, et de vous serrer avec ivresse dans mes bras de fils, n'ayant de vie que par sa bonne et tendre mère.

Emile Doulet.

VII.

A MADAME ELISABET D'AUGEROT, A PARIS.

Comment, un matin, deux amis ne peuvent plus se reconnaître. — La trompette du jugement dernier. — Ascension du Campanile. — Lever du soleil. — Aspects merveilleux. — Nappe d'argent semée d'émeraudes. — Lido, Malamocco. — Chioggia. — Les îles. — Venise à vol d'oiseau. — La Piazza, la Piazzetta, le Grand Canal vus du Campanile. — Relief du Palais-Ducal, des Procuraties, etc. — Silhouettes des clochers, des coupoles, des portiques, des monuments, etc. — Le Quai des Esclavons, le Port, le Jardin Public. — Réveil, mouvement, vie, splendeur. — Comment on déjeune à Venise. — Les mâts vénitiens de la Piazza. — Pourquoi l'on se heurte partout aux objets d'art. — Histoire de l'Evangéliste saint Marc. — Comment on dérobe son corps aux cryptes d'Alexandrie. — Physionomie de la Basilique de Saint-Marc. — Photographie de sa magnifique façade. — Les chevaux de Corinthe. — Les Sept Porches. — Détails architectoniques. — Les mosaïques. — Les 500 colonnes. — Le péristyle. — Portes bronze et argent. — Le Baptistère. — Intérieur de la Basilique. — Eblouissement vertigineux. — Les mosaïques des Zuccati. — Oratoire de la croix. — Chapelle dei Mascoli. — Le chœur — Les tribunes. — Ciborium. — La fameuse Palla d'Oro. — Portes de la sacristie. — Chapelle Saint-Isidore. — Fantasmagorie. — Besoin d'air. — Café Florian. — Canova et M. Florian. — Une fête sur la Piazza. — Les pigeons de la place Saint-Marc. — Promenade sur le Grand Canal. — Palais. — Architectes immortels. — Le Palazzo Foscari. — Les palais Mocenigo. — La Ça d'Oro. — Dîner à Quinta-Valle. — Visite au Lido. — Coucher de soleil. — La mer Adriatique. — Crépuscule. — Illumination des gondoles sur les Lagunes. — Venise flamboyante. — Féerie.

Je n'habite plus la terre, je ne suis pas sur mer, et je n'ai pas les cieux en partage, Madame. Ne me croyez pas pour cela en enfer, ni même en purgatoire : non. L'administration des postes n'a pas encore ouvert de communications avec ces résidences. Où me trouvé-je donc? Sur le point du monde le plus merveilleux, le plus admirable, le plus surprenant, le plus délicieux, le plus parfumé, le plus bizarre, le plus original, le plus varié, le plus vanté, le plus recherché, le plus désiré, le plus aimé. Le poète, le peintre, l'artiste et le touriste sont en extase devant les beautés uniques de ma patrie du moment. On n'y voit rien, on n'y entend rien, on n'y fait rien de ce que l'on voit, de ce que l'on entend, de ce que l'on fait ailleurs. C'est un Eden peuplé d'alhambras, del-dorados, d'alcazars : la féerie s'y montre à chaque pas. Figurez-vous les Mille et une Nuits réalisées, et faisant mirer ses palais fantastiques et ses magnificences magiques dans les eaux les plus pures. Dans cette contrée sans rivale, l'air est plus doux, le climat plus serein, le soleil plus tiède, le ciel plus bleu, le jour plus lumineux, la nuit plus transparente, la verdure plus fraîche, les fruits plus savoureux, les fleurs plus éclatantes, les eaux plus calmes, le sol plus facile. Les hommes y sont-ils meilleurs et les femmes plus... aimables? Les femmes sont aimables partout,... quand elles le veulent; quant aux hommes, nous n'avons pas à nous en plaindre. Mais, à cette heure, il ne s'agit pas de l'humanité.

Devinez-vous?

Eh bien! Madame, je suis à la cour d'une sirène qui baigne ses pieds nus dans les ondes voluptueuses de belles lagunes réfléchissant l'azur des cieux, et qui repose sa tête charmante et ses membres délicats sur les talus verdoyants de gracieux îlots. Je suis dans le palais d'une fée qui drape autour de sa taille flexible le tissu soyeux d'un large et long manteau ducal semé de perles et de rubis. Je suis sur les marches du trône d'une reine qui se met au cou les plus riches colliers, et aux bras, et aux doigts, les bijoux les plus étincelants. Jadis cette reine levait fièrement son front ceint des couronnes de nombreuses victoires ; mais à cette heure, épuisée par ses exploits, elle se repose dans un mol abandon de sa gloire.

Donnez-vous votre langue aux chiens ?

Alors, sachez-le, Madame, je suis à.... Venise!

Ah! vous comprenez donc enfin ? Oui, car vos yeux s'allument et votre âme s'émeut à ce nom de Venise. Or, maintenant que vous avez le mot de l'énigme, je puis dater ma lettre :

Venise, 10 septembre 185...

Venise! le beau nom! Mais si vous voyiez quelles splendeurs rutilantes ce nom gaze et cache, Madame! Eh bien ! je veux que votre imagination vous les représente ; je veux que vous partagiez notre enthousiasme; je veux même que vous deviniez la beauté du tableau, rien que par la richesse de l'encadrement. La place Saint-Marc, à Venise, c'est presque toute Venise : je ne vous dirai rien de la place Saint-Marc, rien de Venise, et vous verrez l'une et l'autre, uniquement par l'harmonie de la bordure qui les enserre et les décore. Pour vous faire juger l'ensemble, je n'ai qu'à vous raconter l'emploi de ma journée d'aujourd'hui, 10 septembre, 185.... C'est un dimanche : il a été bien employé par moi, certes ! Il aura son résultat pour vous. Ce que j'ai fait, ce que j'ai vu, ce que j'ai ressenti depuis ce matin, je vous l'écris ce soir, bercé par les vagues mélodies qui s'échappent encore de cette place Saint-Marc, dont notre hôtel est voisin : je vous le retrace, alors que je suis encore halluciné par le doux ressac des lagunes qui déferlent, là, sous mes fenêtres mi-closes.

Toutefois, avant d'entrer en matière, permettez-moi de vous dire l'une des surprises qui nous était réservée, à mon compagnon de voyage et à moi, dans cette ville des surprises. Le jour de notre arrivée, nous nous étions couchés très-tard, oh! fort tard, je l'avoue, je crois qu'il était quatre heures du matin. Mais c'est l'usage à Venise, où les nuits parfumées et transparentes vous invitent aux promenades sur les lagunes ou aux délicieuses veillées de la place Saint-Marc. Nous étions entrés dans notre appartement, bougies à la main, tout impressionnés de Venise, et, la tête un peu lourde, nous n'avions pas songé à en fermer les fenêtres. Les brises des lagunes étaient si douces! Puis nous nous étions endormis, dans les langes de feu, rêvant d'architecture mauresque, de gondoles, de guitares, de bayadères. Or, le lendemain, le soleil brillait dans les cieux, et nous envoyait ses plus tièdes rayons pour nous baiser au front, lorsque nous nous réveillons.

— Il est tard, dis-je à Emile, levons-nous en toute hâte...

— A quoi bon? fait-il : n'avons-nous pas à nous le jour et la nuit?

— Rien de mieux; mais le jour nous fera voir des choses que nous ne verrons pas la nuit....

— Et la nuit, des choses que nous ne verrons pas le jour... Je sais cela, cher maître.

Bref, nous quittons notre lit... peu douillet; car, si j'ai un reproche à faire à la belle Venise, c'est de ne pas gâter son monde par trop de mollesse dans le coucher. Puis, ainsi qu'il vous arrive aussi sans doute, à vous, Mesdames, je l'imagine, notre premier pas nous porte à la glace pour qu'elle nous aide à réparer les désordres du sommeil, d'un sommeil surtout pendant lequel mille rêves nous ont agités. Donc je m'achemine vers la glace : Emile en fait autant.

— Diavolo! m'écrié-je.

— Fichtre! fait-il.

— Avons-nous donc été métamorphosés par quelque sorcière?

— Oh! la métempsycose est une vérité! Mon âme habite maintenant le corps d'un Bédouin...

En effet, Madame, je ne me reconnais plus : Emile ne se retrouve pas davantage. Cette glace est-elle une indigne calomniatrice? Non; ce n'est que trop vrai, et la glace est dans son droit : nous avons subi une atroce métamorphose. Venise, la cité des prodiges, en a fait un... mais à notre détriment. Nos visages sont transformés. Quelle transformation, hélas!

Voici le fait : L'Italie en général, et les lagunes de Venise en particulier, ont pour inconvénient d'offrir aux voyageurs les tendresses d'une infinité de moustiques. Les moustiques sont de vilaines petites cruelles bêtes que le dictionnaire d'histoire naturelle qualifie d'insectes et qu'elle range parmi les carnivores ; moi je les place parmi les *Carnisuces*. Or ces infâmes petites créatures, se croyant invitées à un festin sur notre peau par le signal des bougies que nous avons laissées flamboyer dans notre appartement, à l'heure du coucher, sont entrées par les fenêtres, très-malheureusement entr'ouvertes, et se sont livrées aux orgies les plus échevelées sur nos visages, sur nos bras, sur nos poitrines, sur.... De leur piqûres il a résulté des masses de boutons; les boutons ont tous produit une enflure très-prononcée ; l'enflure a engendré une horrible rougeur ; et la rougeur entraîne à sa suite une intolérable démangeaison. Nous sommes en feu : il nous semble que dix mille allumettes chimiques brûlent notre épiderme. Pour mon compte, je trouve dix-sept boutons sur mon nez, vingt-neuf sur mes joues et mon front; ailleurs, leur nombre est incalculable. Emile a noblement, généreusement partagé les faveurs de ces petits barbares, gros comme des cirons, formidables comme des géants. C'est donc cela que, pendant mon sommeil, j'ai cru entendre sonner à mes oreilles la trompette du jugement dernier! Oh! de quelle puissance de son est douée la trompette de ces atômes! Je ne l'oublierai de ma vie.....

En attendant, et malgré que le mardi-gras soit passé depuis long-temps, nous sortons; travestis, déguisés, masqués, mais non parés. A peine sur la place Saint-Marc, un garçon du café Florian nous rit au nez. Déjà notre hotellier ne nous a pas reconnus, et nous a pris pour des gens suspects. Jugez des déboires de notre journée !

Heureusement, à cette heure, notre visage rouge encore, encore enflé, se rapproche de la forme d'une figure humaine. Aussi levons-nous un peu plus fièrement la tête.

A l'un des foyers de la place Saint-Marc, il est une tour carrée, fort haute, qui domine la ville et permet au regard de s'étendre bien au loin sur tout ce qui entoure Venise. Cette tour s'appelle le *Campanile*. Nous montons au Campanile, alors que le jour se lève à peine. Nous voulons voir Venise en déshabillé, faisant sa toilette, mettant l'un après l'autre ses parements de fête, ses atours qui en font une fée si ravissante, une reine si merveilleuse. Nous atteignons la plate-forme, où nous nous installons, n'ayant plus au-dessus de nous que le toit aigu que couronne un ange debout, doré comme un soleil, symbole de la beauté de la souveraine maîtresse qu'il représente. La tour du Campanile surpasse en en élévation les tours de Bologne, de Vienne et de Strasbourg. Elle compte trois cent trente-quatre pieds, y compris cet ange debout qui a dix pieds pour sa part. Ce qui donne lieu à la surprise, c'est que cet édifice n'ait jamais dévié de sa perpendiculaire, quoiqu'il ait sa fondation dans un sol vaseux et affermi seulement par des pilotis. Il fut commencé en 888, sous le Dogat de *Tribuno* : mais la bâtisse ne sortit du sol que sous *Morosini*, en 1148. Le Campanile est cannelé dans toute sa hauteur et finit en arcades soutenues par des colonnettes de marbre. Au-dessus de cette partie est un balcon qui règne à l'entour. De là, s'élève un toit en pierre formant une pyramide dont la base est ornée de sculptures sur ses quatre faces. Ce balcon joue un rôle dans une conspiration que les Espagnols, au moyen de leur ambassadeur Bodmare, formèrent contre Venise en 1618. Or, c'est de ce balcon, composé de quatre arcades supportées par des colonnettes de marbres rouge et vert et qui forment autant de loges d'où l'on peut contempler le plus admirable spectacle, celui que Dieu donne à l'homme pour le lever du soleil sur la terre et sur la mer, sur les îles et les lagunes, sur Venise et sur l'Italie.

A l'horizon, du côté de la mer, à l'orient, sur de vastes bancs de nuages formés par les vapeurs du matin, et teints de toutes les nuances les plus vives, le soleil lance déjà ses feux dans l'espace. Leurs éblouissants rayons sont répétés par la surface des eaux qui scintillent dans les mille replis de leur remous, et prennent toutes les teintes du ciel. La perspective, agrandie, jette le regard dans l'illusion, car les lagunes semblent engloutir dans leurs reflets lumineux les îles éparses, amoindries et comme submergées par la réverbération flamboyante des petites lames que fait onduler, en les ridant, une brise légère.

Puis, quand peu à peu se sont effacées les brumes d'or, d'argent, d'opale et d'améthyste amoncelées par l'aurore, l'infini, un infini blanchâtre, à peine encore légèrement teint de pourpre, se déploie et montre, vers l'est et le sud, une ligne arrondie, bleuâtre, mystérieuse et profonde qui révèle l'immensité, et donne le vertige à l'imagination. On peut alors reconnaître le golfe de Venise ou mer Adriatique qui creuse ses rivages de gauche à droite, en une ellipse formidable, dans un horizon sans limites, et on suit facilement de l'œil l'étendue, la forme et les bornes des lagunes qui, sur un espace immense, servent d'accompagnement et de bordure à la côte occidentale de cette mer.

En effet, depuis le fleuve de la *Piave* qui, au nord, tombe dans le bassin de l'Adriatique, jusqu'à la *Brenta*, qui vient se jeter dans les lagunes, en face même de Venise, et de la Brenta à l'*Adige* et au *Pô* qui, au sud, portent le tribut de leurs eaux à la même mer, l'amoncellement du limon de ces fleuves, dans une longueur de douze à quinze lieues, produit ces *lagunes* qui ne sont que de vastes marais submergés par les eaux vives de l'Adriatique. A la teinte bleue de leur surface, on reconnait facilement leur présence. Mais comme la nature est toujours sage dans ses œuvres, dans la prévision que l'homme utiliserait ces marais sous-marins, et y construirait des villes sur les îles et les îlots qu'ils forment, entre les fureurs de la mer Adriatique d'une part et le calme plat de ces eaux des lagunes de l'autre, elle a placé du sud à l'est, quatre grandes îles extrêmement alongées, séparées seulement par des goulets qui servent d'entrée dans les lagunes aux navires de la haute mer, comme un rempart infranchissable. Ces îles alignées, ainsi qu'est aligné un mur formidable, sont au nord, *Lido* et *Malamocco*, *Palestrina* au centre, et *Brandolo*, au sud. Cette langue de terre, ainsi providentiellement placée entre Venise et la mer, s'appelle quelquefois du nom unique de Lido, et c'est l'une des belles promenades que Venise invite le touriste à faire dans les gracieuses et sveltes gondoles.

Alors, quand le soleil s'est élancé vers son zénith, et qu'il s'est éloigné de l'horizon, la limpidité des lagunes qui cessent de miroiter, et la douce transparence qui s'établit dans le ciel, permettent mieux de saisir, de comprendre et d'admirer la silhouette des objets qui capitonnent l'espace.

Ainsi, au loin, c'est la mer, l'immensité de la mer, blanche et terne, allant se perdre dans les profondeurs de l'horizon.

Puis c'est le rempart, le long rempart verdoyant, semé des villages de Lido, de Malamocco, de Palestrina, et de la ville de *Chioggia*, dont les flèches jalonnent la jetée colossale, qui sépare la mer des lagunes, et forme l'encadrement des îles, dont votre regard rencontre l'aspect pittoresque et curieux.

Comme des mouettes effleurant la surface des eaux de leurs ailes, apparaissent tour à tour l'île de *Poreglia*, où se trouve le lazareth de Venise et où les navires font quarantaine; *San Clementi*, la résidence pénitentiaire des moines et des prêtres réprimandables; l'*île des Arméniens* qui renferme un couvent-collège où l'on étudie les langues orientales; et les iles de la *Sanita*, de la *Grazia*, et de *San-Servolo*, où s'élève un vaste bâtiment dont toutes les fenêtres grillées laissent voir les visages mièvres et fantastiques des pauvres fous. C'est une vision du Dante.

D'un autre côté, voltigeant sur la moire des eaux, comme des nuages qui auraient jeté l'ancre dans les profondeurs du ciel, ici on découvre *San Secondo*, île à fleur d'eau que chaque soir on craint de ne plus retrouver à l'aube du lendemain; *Burano*, dont les femmes, femmes de simples pêcheurs, fabriquent de fort jolies dentelles; *Murano*, où se font les glaces et les cristeaux de Venise, jadis si renommés, ainsi que les verroteries, or, argent, et de toutes couleurs, que les dames du monde entier apprécient et recherchent comme de gracieux ornements de leur beauté; *San-Michele*, avec sa chapelle Emilienne, petit édifice hexagone, qui date de 1430; *Torcello*, et vingt autres îles et îlots diaprent l'onde azurée, ainsi que des corbeilles de fleurs promenées par les vents.

Enfin, au-dessous et en face du Campanile, le relief charmant de *l'île de Saint-Georges-Majeur*, la première île faisant partie de Venise, et portant fièrement l'armure de son beau clocher rouge, de ses bastions blancs, de son vaste bassin et des navires dont la haute futaie l'entoure.

Puis, tout à côté, à peine séparée de l'île Saint-Georges, la très-longue *île de la Giudecca*, qui se relie à Venise par un immense canal peuplé de vaisseaux de toutes formes et de toute grandeur. La Giudecca s'honore du titre de faubourg, en élevant dignement vers le ciel la coupole immaculée de son *Eglise du Rédempteur*, placée à son milieu et occupée par des Capucins. Une noble façade de belles maisons contemple sa reine et maîtresse, du côté de la ville; mais, du côté des lagunes, elle ceint sa taille d'une riche écharpe de jardins fleuris et de vergers verdoyants.

Immédiatement au-dessous de soi, on sent battre le cœur de la ville, car là, s'étale la Piazza, l'Eglise Saint-Marc et le Palais des Doges qui développent leurs splendeurs, les acrotères qui les couronnent et l'immense mosaïque des dalles qui forment le tapis qu'ils foulent aux pieds. Mais ce qui frappe le plus, ce sont les toits de plomb de ce palais des Doges sous lesquels gémirent tant de victimes du despotisme des Dix, autrefois, et naguères encore, de la tyrannie de l'Autriche, alors qu'elle y faisait attendre le *carcere duro* à de jeunes amants de la liberté de leur patrie, tels qu'Oroboni et Silvio Pellico, et Maroncelli et bien d'autres.

Des arcades situées au levant et au midi, si nous passons aux arcades d'où la vue s'étend vers l'ouest, nous avons alors la vue de terre, qui, à l'extrême horizon borne les lagunes et nage dans les vapeurs rutilantes dorées par le soleil. Puis le *rail-way*, qui, semblable à une flèche rapide, vole du rivage à la ville qu'il réunit; le *Grand Canal*, ce Corso de Venise, qui, en dessinant son méandre sinueux à travers des palais somptueux, semble la grande artère communiquant le sang et la vie, du cœur de Venise où nous sommes, à ses extrémités les plus éloignées. Là, dans le vaste océan de toits rouges qui moutonnent ainsi que les vagues d'une mer de corail, s'élance comme des léviathans et dominent le flot des habitations vénitiennes le plus harmonieux panorama d'édifices merveilleux, de splendides basiliques, ou de palais gracieux qui appellent, flattent et carressent le regard.

A l'entrée du Grand Canal, voici la *Dogana*, que surmonte la statue de la Fortune, debout sur un globe d'or; voici la *Basilique de Santa Maria della Salute*, que couronne un double dôme; voici *Santa Maria del Carmine*, dont la façade s'exhausse pour vous montrer son diadème; voici la tour de briques, que surmonte un croissant, mais un croissant foulé par le pied d'une statue, de *San-Stefano*; voici le porche anfractueux de *Santa Maria dei Frari*, s'élevant d'un air curieux pour voir ce qui se passe autour de lui; voici la noire coupole de cuivre oxidé de *Saint-Siméon-le-Petit*; voici *San-Geremia*, qui a vu les boulets du siège de 1848, blesser son donjon et sa coupole; voici les *Scalzi*, voici *San-Sebastiano*, voici des flèches et des tours, voici des clochers et des dômes, voici des pyramides et des aiguilles à n'en plus finir. Puis, pour reposer le regard, ici se montre la verdure des hauts arbres du *Champ-de-Mars*; là, la nappe verte du *Jardin Botanique*, puis les places et les puits élégants qui les décorent ; puis des palais et leurs casques d'or ; puis des Théâtres, et notamment la *Fenice*, avec leurs colonnes et leurs statues.

Enfin, en passant au côté septentrional du Campanile, à travers des forêts de cheminées de toutes formes, parmi les accidents désordonnés des toitures les plus bizarrement découpées, dans une chaude et brûlante teinte d'horizon de terre, en admirant deux alcyons qui blanchissent sur la bleuâtre lagune et qui sont les deux îles égarées de *San-Giorgio in Alga* et de *Santo-Angelo delle Polvere*, on trouve pour toile de fond, toile vaporeuse et douce à l'œil, les silhouettes grises des *Monts Euganéens*, l'une des branches des Alpes du Frioul. Puis le regard suit de longues bandes vertes que capitonnent ici *Padoue*, réduite à l'état de brouillard; là, *Mestre et Fusine*, semblables à de petits nuages capricieux; et en face de soi, en tournant vers la droite et le levant, d'abord le grand clocher rougeâtre de *Santa Maria del Orto*; la tourelle blanche et la croix d'or sur boule d'argent de la *Chiesa dei Santi Apostoli*; puis le fronton chargé de statues qui miroitent sur l'éther des *Gesuati*; puis encore le dôme de *San Zanipolo*; la gracieuse et svelte tour de *Santa Maria Formosa*, blanche au milieu des tons roussâtres de l'horizon qui l'entoure; les deux églises et l'enceinte rosée du *Campo-Santo*, *San Christoforo* et *San Michele*. Enfin, voici tour à tour *San Francisco della Vigna*, dont les paneaux blancs et rouges signalent le donjon; les coupoles plombées, surmontées de boules et de croix, de *Santo-Andrea* et de *San Zaccaria*; et, à l'extrême pointe de la ville, les ravenelles et la tour carrée de l'*Arsenal*, la *Darsena* et ses bassins, la tache verte du *Jardin Public*; derrière les arbres qui la masquent, le clocher vénitien, c'est-à-dire rouge et carré, de *San Piétro di Castello*, où jadis, au début de la république, Venise avait un *Castello*, château-fort puissant qui donne son nom à l'île, *Isola di Castello*, et, dans les Castello, des prisons qui tinrent long-temps leurs victimes jusqu'à la création des *plombs* et des *puits*, et la façade angulaire surmontée d'une flèche aigue de *Santa Elena*. Notez que j'en passe et des meilleurs. En dernier lieu, en reprenant les arcades du Campanile qui regardent l'orient, le bruit et l'agitation qui s'en échappent, appellent l'attention sur le *Quai des Esclavons*, *Riva degli Schiavoni*, avec ses hôtels, ses tavernes, son peuple qui fourmille au soleil, en face du port dont les nombreux navires chargent ou déchargent leurs cargaisons.

Alors, en baissant la tête, et en regardant au pied du Campanile, que de merveilles! La *Porta delle Charta* du palais des Doges; les coupoles byzantines et tout *Saint-Marc* en relief; la *Tour de l'Horloge*; la *Loggia*; et ceci, et cela, splendeurs sans pareilles! C'est à être ébloui, fasciné, magnétisé...

Pour couronnement à ce panorama féerique, sur les lagunes qui entourent Venise, le long du grand canal, au sein du canal de la Giudecca, sur le port, partout, sur les mille canaux de l'intérieur de la ville, dans le scintillement des vagues, comme sur les rubans d'azur qui miroitent au soleil, représentez-vous, Madame, un incroyable va et vient de barques et de gondoles, de chaloupes et de péniches, de vaisseaux et de bricks cinglant vers la mer en arrivant au port, de bateaux à vapeur détachant leurs aigrettes de noire fumée sur la moire des cieux, et traçant sur les eaux un large et long sillage, creusé par les palettes des hélices, sillage que le soleil fait flamboyer, comme si la mer devenait un or liquide, et dites-moi si ce n'est pas une belle jouissance que se donne un touriste de monter la pente douce du Campanile de Venise, pour aller y admirer les magnificences du réveil de la nature? Nous serions restés long-temps peut-être en extase devant le grandiose panorama qui s'offrait à nous dans cette belle Venise, livrant ainsi tant de merveilles à notre admiration, et occupés à la comparer à un immense poisson, couché sur le flanc, dont la tête regarde les côtes de la Lombardie, pendant que son dos tourné au nord, et sa queue au levant, nous laissent voir son ventre sillonné par ce grand canal, en forme d'S, si un bruit de bourdon ne nous eût rappelés à la vie réelle, comme les accents des trompes célestes à l'heure du jugement. C'étaient les timbres du Campanile, placés au centre de la plate-forme, aux quels nous tournions le dos, sans les remarquer, qui sonnaient neuf heures.

J'en finis donc avec l'aspect de Venise, vue, étudiée ainsi à vol d'oiseau, Madame; et nous descendons en hâte de crainte que l'air trop vif des régions supérieures de l'atmosphère n'ajoute à notre appétit. Car, je ne vous le dissimule pas, cette ascension matinale, les émanations salines des lagunes, la nouveauté du spectacle, la beauté de la nature, la jouissance en un mot, nous font ressentir à l'estomac un certain tintillement qu'il est important de faire cesser. Aussi traversons-nous la Piazza, et pénétrant dans les Procuraties Vieilles, devenues à cette heure, comme notre Palais-Royal, le Temple de la Cuisine, nous allons nous asseoir à la table d'un restaurant.

Venise offre aux gastronomes des jouissances fort variées. Je ne vous parlerai ni de son bœuf de Styrie, ni du veau de Chioggia, sur la langue de terre qui sépare la ville de la mer; je ne vous parlerai pas davantage de grasses et fines volailles que donne la Polesine, c'est-à-dire le territoire de Rovigo. Mais je vous apprendrai que le voisinage des marais rend le gibier nombreux, excellent et peu cher. Le lièvre est parfait; les bécassines délicieuses. Toutefois le poisson de l'Adriatique est surtout le mets préférable que présente au voyageur la reine des mers. Notez qu'on le pêche jusque dans les rues de la ville. Le roi de ces poissons est le turbot, *Rembo*. Les sardines fraîches, *Sardelle*, viennent ensuite. On les appelle les ortolans de l'Adriatique, tant elles sont délicates. Les véritables amateurs les mangent grillées et se passent d'assaisonnement. Il est une autre sorte de poisson, l'ombrine, qui pèse jusqu'à quatre cents livres, dont on fait un grand cas. Le thon figure aussi avec avantage; on en prend qui pèsent de quatre à cinq cents livres. L'Arsenal donne une quantité d'huîtres énormes, grasses et fort savoureuses; on y trouve aussi des *poux de mer, pidocchi*. Des huîtres et de ces poux je m'éloigne avec horreur; de ceux-ci, à cause de leur nom; de celles-là, parce que, souvent imprégnées du cuivre des navires, elles vous occasionent d'affreuses tranchées. Au milieu de toutes ces bonnes choses, voyez comme nous sommes sobres! nous nous contentons de deux bécassines, d'un joli turbot, et de vin de Chypre, dont le verre coûte seulement trente centimes.

Puis comme la grosse cloche de Saint-Marc sonne à toute volée, que c'est aujourd'hui dimanche, et que nous tenons à entendre la messe, nous nous dirigeons vers la basilique.

Chaque dimanche, du point du jour à minuit, aux trois mâts vénitiens plantés sur leurs piedestaux de bronze, en avant de Saint-Marc, flottent ces étendards jaunes liserés de noir, de l'Autriche, avec ses aigles bicéphales.

Si l'on a dit de Venise qu'elle ressemblait à un pirate retiré des affaires, et qui se serait entouré d'un amalgame incohérent des mille dépouilles enlevées à tous les points du globe, ceci doit être dit plus encore de la basilique de Saint-Marc, car le marbre des temples païens, et le bronze des autels des faux-dieux, les cuves des idoles, et les richesses des forum, tout s'y trouve réuni. Seulement, ces merveilleux débris des temps passés et d'un culte mauvais, s'y distribuent, s'y groupent avec un incroyable bonheur, et y forment une admirable monument des plus admirables choses.

Avant de vous parler de l'église de pierres et de marbres, permettez-moi, Madame, de vous dire quelques mots du patron de cette église.

Lorsque, dans l'an 452, Attila envahit l'Italie, la partie du littoral de l'Adriatique où étaient Padoue et Aquilée portait alors le nom de *Terra Venetorum*, territoire des Vénètes, nom de ses premiers peuples, ou *Venetia*. On disait *Venetia prima*, pour la distinguer de la *Venetia secunda*, formée des îles et des lagunes, situées en face. A l'approche du terrible fléau de Dieu, les habitants de la Vénétie première, vinrent chercher un refuge dans la Vénétie seconde. Aquilée ayant été complètement détruite, ses habitants désolés se réfugièrent dans les lagunes. Le bourg de Rialto, situé au centre des lagunes, en accueillit le plus grand nombre. L'orage passé, ces demeures de l'exil ne furent pas abandonnées ; au contraire, elles devinrent l'origine d'une ville, qui devait être la belle Venise.

Alors chacune des îles des lagunes se constitua en un petit état démocratique, gouverné par des juges.

Mais quand, en 568, les Lombards se ruèrent à leur tour sur la Vénétie, le patriarche d'Aquilée, que les ruines de la ville épiscopale n'avaient pas éloigné, s'enfuit devant l'approche de l'Arianisme lombard, et vint aussi se fixer sur les lagunes.

A cette époque, depuis cinq cents ans déjà, l'église d'Aquilée honorait, comme son patron, l'évangéliste *saint Marc*, qui lui avait fait le don de sa foi, en venant prêcher la doctrine de Jésus-Christ dans ses murs. Le saint patron arriva avec le patriarche sur les lagunes, et plus que jamais saint Marc y fut vénéré des pieux Vénètes. Bien plus, en 697, une assemblée générale de ces Vénètes, réfugiés dans les îles, ayant décidé l'élection d'un *duc* ou *doge* qui gouvernerait les habitants des Lagunes, Venise et les îles qui l'entourent, furent constituées en république, en dépit de Padoue, jusqu'alors leur suzeraine. Alors saint Marc devint le patron de la République naissante, et le *Lion*, symbole de l'énergique rédacteur de l'Evangile, fut désigné comme le symbole, les armes parlantes de la même république. De ce moment, le Lion figura sur tous les étendards du nouvel état, qu'il couvrit de gloire, et sur les actes de la domination que Venise étendit fort loin.

L'évangéliste saint Marc, vous le savez, Madame, converti à la foi, après la résurrection de Jésus-Christ, était juif de nation, et devint l'interprète et le disciple de saint Pierre. Selon les uns, on doit entendre par ce titre d'interprète, que saint Marc donnait le style et le tour aux lettres de saint Pierre. Selon les autres, sa fonction consistait à rendre en grec ou en latin ce que saint Pierre dictait dans sa langue hébraïque. Quoiqu'il en soit, Papias et Clément d'Alexandrie rapportent que saint Marc composa son Evangile à la prière des fidèles de Rome, qui désiraient avoir par écrit ce que saint Pierre leur avait enseigné de vive voix. Du reste, dans cet Evangile, saint Marc a surtout analysé celui de saint Mathieu, en y ajoutant seulement quelques détails connus par saint Pierre. Ce fut en Italie qu'il l'écrivit, vers l'an 49 de N. S.

Pendant le séjour que saint Pierre fit en Italie, l'apôtre chargea plusieurs de ses disciples d'aller prêcher l'Evangile dans différentes contrées. C'est ainsi que saint Marc vint à Aquilée dont il fonda l'église. Puis, d'Aquilée l'Evangéliste se rendit en Egypte, où il aborda dans la douzième année du règne de Néron, la soixantième de Jésus-Christ. Alors le saint missionnaire porta le flambeau de la foi nouvelle dans la Libye, dans la Thébaïde, détruisit les superstitions égyptiennes, fit tomber les temples des idoles, et enfin, arrivant à Alexandrie, forma bientôt dans cette ville une église dont il devint l'évêque. Mais Néron ayant ordonné des persécutions contre les chrétiens, Marc fut saisi, lié avec des cordes, traîné vers des précipices par un peuple furieux, et jeté dans un abime à Bucoles, sur les bords de la mer, le 24 avril, 68.

Heureusement les chrétiens réussirent à enlever ses dépouilles mortelles et les inhumèrent à Bucoles, sur les côtes d'Afrique. On construisit même un église sur son tombeau. Mais Alexandrie réclama bientôt ses reliques, et on les plaça dans un réduit solitaire que rendit fameux la vénération des fidèles.

Or, la république de Venise ayant grandi, et son commerce et ses conquêtes l'ayant rendue très-florissante, vint un jour où ses trafiquants, se trouvant à Alexandrie, entendirent parler des miracles dus aux reliques de saint Marc. A cette époque les peuples chrétiens attachaient un grand prix à ces dépouilles sacrées, dont l'esprit de foi comprend seul la valeur. Nos marchands avisèrent que le ciel leur envoyait une excellente occasion de se procurer des reliques de leur saint Patron. Ils songèrent donc à enlever le précieux trésor : leur conscience s'effrayait d'autant moins de ce larcin, que la population d'Alexandrie était généralement livrée au culte de Mahomet. Cependant fallait-il encore prendre certaines précautions, pour ne pas heurter la susceptibilité musulmane. Que font nos Vénitiens ? Après avoir fait garder l'église délabrée qui possédait saint Marc, ils y arrivent cauteleusement pendant la nuit, munis d'une manne d'osier. Le corps du saint martyr est enlevé à son cercueil : on le dépose dans la manne, et, pour le soustraire à la visite au sortir d'Alexandrie, on l'enveloppe d'algues et d'herbages, et on le recouvre de tranches de porc, viande réputée immonde par les Mahométans. Puis, comme saint Marc portait partout avec lui son Evangile, écrit de sa main, et que cette autre relique se trouvait dans le cercueil du saint, les marchands s'en emparent et s'embarquent pour Venise.

Vous dire la pompeuse et triomphale réception du corps saint à Venise, et vous peindre la procession du clergé, l'assemblée des magistrats, la cour du doge et l'affluence du peuple, allant recevoir le Patron de la ville, désormais son palladium et sa sauve-garde, à la descente du navire, demanderait un poème en quatre chants.

C'est ce poème, non écrit, mais traduit en mosaïques à fond d'or, ruisselantes de cobalt, de vermillon, de cinabre, ouvrage de l'artiste habile *Pietro Vecchia*, qui décore le portique de Saint-Marc, et c'est pour vous en donner l'intelligence, Madame, que je viens d'analyser la vie et ce qui suivit la mort du saint Evangéliste.

Voici quel est l'aspect grandiose de ce portique, de cette admirable façade de Saint-Marc :

La façade de la basilique, sur la Piazza, dont elle occupe le fond, en regard du couchant, présente un ordre inférieur, avancé, percée de sept porches à pleins-ceintres, et surmonté de cinq arceaux, pleins-ceintres également, dont celui du milieu est ouvert en niche colossale, que précède une large plate-forme, garnie d'une balustrade, et que couronnent des clochetons élancés se terminant en pyramides. Le tout est surmonté, un peu à l'arrière, de cinq coupoles, qui devaient être dorées, mais qui sont blanches, et dont la plus élevée, produisant la pyramide à cause de l'élévation moindre de ses voisines, s'élève à la hauteur de cent dix pieds.

Les arcades des porches sont reliées entre elles par des gerbes de colonnettes au nombre de cinq cents, toutes de porphyre, de vert antique, de serpentine, de jaspe, de paros, de pentélique, de cipollino, de ce marbre blanchâtre veiné de vert et de gris, si rare et si précieux, que les anciens nommaient *lapis phrygius*, trésors inappréciables enlevés à la Grèce, à Bysance, à l'Asie-Mineure, partout où il y avait à prendre, et passés du culte des idoles au service du Christ.

Sous les voussures s'étalent des spirales de feuillages exquis, des rinceaux délicieux, des fleurs et des fruits; des cordonnets de têtes d'anges et de saints; des guirlandes d'arabesques; des nuées d'oiseaux.

La balustrade de la plate-forme, terminée à ses deux extrémités par des statues assises, est émaillée d'entrelacs, de figurines et de chimères, jetant un regard timide ou faisant la grimace au touriste émerveillé qui les contemple, bouche béante.

Sur la plate-forme et de la niche ouverte semblent s'élancer les coursiers de bronze de Corinthe, verdâtres sous leur vernis d'or qui s'efface, de grandeur naturelle, la crinière coupée droit, le poil hérissé, l'œil en feu, comme s'ils traînaient encore leur quadrige triomphal. D'où viennent ces quatre chevaux, magnifique objet d'art, fort bizarre pour une église ? De Paris, d'abord, où ils ont fait la gloire de l'arc-de-triomphe du Carrousel; puis de Constantinople, où ils décoraient l'hippodrome de Constantin jusqu'au xiiie siècle, que les Vénitiens s'en emparèrent; puis de Rome, de l'arc-de-triomphe de Trajan, auquel Constantin les avait enlevés, comme Trajan les avait dérobés à la Maison-d'Or de Néron, dont ils ornaient le péristyle; enfin, de Corinthe, qui avait vu le statuaire *Lisyppe* les fondre, et que les Romains en avaient dépouillée.

Des sept porches de cette merveilleuse façade, cinq ouvrent sur le péristyle de la basilique, et deux conduisent sous les galeries extérieures, latérales, couvertes, qui entourent l'édifice. Les tympans des cinq porches qui donnent dans l'église possèdent les rutilantes mosaïques que je vous ai déjà signalées. Celui du centre, la porte principale, représente le Jugement dernier, et est l'œuvre de *Pietro Spagna*, d'après les cartons d'*Antonio Zanchi*. Cette mosaïque est de 1680. Le Christ, sa Mère, saint Jean, les justes à droite, les réprouvés à gauche, tel est le sujet. Les anges sonnent de la trompette ; un archange soutient la croix. La porte qui est au-dessous est ornée de valves de bronze que capitonnent des têtes fantastiques d'animaux fabuleux.

Le tympan de la première arcade du côté du palais ducal représente le corps de saint Marc enlevé frauduleusement d'Alexandrie, et celui de la seconde nous fait assister à l'arrivée des reliques à Venise. Le fond d'or de ces mosaïques et les vives couleurs des personnages sont d'un effet magique. Au-dessus de l'une de ces portes, et au-dessous de la mosaïque, à l'arcade voisine de la Piazzetta, s'avance en relief un reliquaire noir et or, que supportent des anges descendant des nervures de l'ogive.

Le porche qui suit l'entrée principale représente sur la mosaïque de son tympan la cour du doge, le sénat, les nobles de Venise venant offrir leurs hommages aux reliques de saint Marc, placées sur une châsse et voilées par une riche draperie bleue. On voit, dans un angle, des Musulmans profiler sur le fond d'or leur face blême et confuse d'avoir perdu le trésor enlevé par les Vénitiens. Enfin la dernière mosaïque du cinquième tympan n'est autre que l'image de la première église construite à Venise en l'honneur de son patron. On y voit entrer le reliquaire du saint, porté par des évêques, et suivi de femmes vêtues de longues robes traînantes constellées d'émaux.

Au-dessous de cette mosaïque, l'œil est appelé par un autre specimen de l'art, en bronze, qui reproduit un bœuf, un lion, un aigle et un ange, les quatre symboles évangéliques, le tout doré, et dominant cinq petites fenêtres à treillage d'or, qui remplissent la partie inférieure du porche.

Or, sur cet ensemble, ravissant de grâce et de richesse, mêlez le profane au sacré, par exemple Cérès montée sur un char en regard du groupe des Evangélistes ; puis Hercule foulant aux pieds l'Hydre de Lerne et emportant sur sa robuste épaule la biche aux pieds d'or de la forêt d'Erymanthe, en face de l'archange Gabriel, l'aile ouverte, le nimbe au front, le pied botté, oui, botté, et s'appuyant sur la hampe de sa lance, et d'autres anomalies prêtées aux retombées des archivoltes; semez ici et là, partout, surtout dans le fronton, des ogives gracieuses, des trèfles élégants, des fleurons délicats ; jalonnez, émaillez, cloisonnez, arc-boutez le tout de ces splendides colonnettes si belles et si rares, et vous n'aurez pas encore l'idée de la magnificence du portail seul de Saint-Marc, surtout si vous l'inondez d'un rayon du soleil d'Italie !

Oui, c'est merveilleux, c'est sublime ! En effet, il ne suffisait pas aux Vénitiens d'avoir les reliques et l'Évangile de leur saint Patron ; ce n'était pas assez pour eux d'avoir brodé l'image du Lion de Saint-Marc sur leurs drapeaux et les pavillons flottants au sommet des mâts de leurs navires et aux hampes de leurs tours ; le culte de saint Marc, devenu populaire, exigeait qu'on élevât un temple digne du Saint, digne de la république. Et, comme Venise prenait le titre de reine de l'Adriatique et qu'elle se faisait la souveraine des nations, il était dans les convenances que toutes les nations, et les cultes de ces nations, contribuassent à l'embellissement de la basilique de Venise. Aussi les idoles de l'Orient, de la Grèce, de la Dalmatie, de l'Egypte, furent peu à peu dépouillées des colonnes, des bas-reliefs, des statuettes, des autels et des marbres qui décoraient leurs cellas. Par crainte sans doute des exécutions nocturnes des puits et des plombs, et par effroi du Conseil des Dix, les pauvres dieux de l'Olympe, ainsi spoliés, se gardèrent bien de réclamer. Il advint donc que Venise entassa les plus riches matériaux, et qu'enfin, en 828, le Doge *Giustiniano Participazio* posa la première pierre de l'édifice destiné à Saint-Marc. Ses successeurs terminèrent le monument, et on l'enrichissait de tous les ornements enserés à l'orient, lorsque, sous le dogat de *Pietro Candiano*, en 976, un cruel incendie dévora cette première basilique de Saint-Marc.

Aussitôt le nouveau Doge, *Piétro Orseolo*, s'empressa de réparer le désastre. Au même lieu qu'occupait l'église incendiée, une autre première pierre fut posée l'an 977. *Domenico Cantarini*, successeur d'Orseolo, vit achever cette œuvre nationale, en 1043, et la dédicace solennelle de la seconde basilique de Saint-Marc eut lieu le 4 octobre 1111, *Ordelaffo Faliero* étant doge de Venise.

Seulement ce nouveau monument élevé à la gloire du saint Patron de la république ne fut encore que la chapelle privée du doge, attenant et communiquant avec le Palais-Ducal. La basilique ne devint cathédrale métropolitaine qu'après la chute de la république, en 1817, époque à laquelle le siége patriarchal y fut transféré. Mais cependant, quoique chapelle ducale, l'église de Saint-Marc servit de tout temps aux grandes cérémonies religieuses qui avaient un caractère national.

Maintenant, le plan de cet édifice remarquable appartient-il au xe siècle, ou porte-t-il le caractère du xie siècle? On ne saurait dire autre chose sinon que Saint-Marc est la reproduction d'un genre spécial d'architecture développée, à Bysance ou Constantinople, sous les empereurs, genre dans lequel la coupole forme la base des combinaisons accessoires de l'architecture, genre enfin que l'on est convenu d'appeler *Bysantin*.

Quand on a traversé le porche principal, on pénètre, non pas encore dans l'Eglise, mais dans un vaste péristyle ou atrium, dont la voûte arrondie en coupoles, offre en mosaïque les nombreuses et poétiques scènes bibliques de l'ancien Testament. Arbre de la science du bien et du mal; Tentation du serpent; Chute d'Adam et d'Eve; Meurtre d'Abel par Caïn; Noé et construction de l'arche; Déluge et ses péripéties; long défilé des animaux destinés à repeupler la terre; plantation de la vigne; séparation des frères Sem, Cham et Japhet; Tour de Babel; dispersion des peuples, etc., etc.

En face du visiteur qui arrive, trois portes de bronze incrusté d'argent, constellé de figurines et d'ornements de toute sorte, œuvre de *Bertuccio*, et conduisant à la nef de la basilique. Les venteaux de la porte de droite ont appartenu à l'église de Sainte Sophie de Constantinople. La porte centrale est décorée de colonnes dont les chapiteaux sont remarquables au point de vue de l'art et à ce titre qu'elles furent transportées jadis du temple de Jérusalem à Constantinople. La mosaïque qui couronne cette porte centrale représente saint Marc en habits pontificaux. Elle est de 1545, et fut l'œuvre de *Francesco et Valerio Zuccati*.

En face, dans la demi-lune, Crucifixion et Mise au tombeau du Sauveur, autre ouvrage des frères Zuccati, en 1549.

Sur la frise de l'Atrium, Anges et Docteurs; sur les angles latéraux supérieurs, les huit Prophètes ; et sur les angles inférieurs, les quatre Evangélistes, des frères Zuccati toujours.

A droite de cet Atrium, chapelle Zeni, dont le centre est occupé par le tombeau du cardinal Zeno, avec sa statue couchée, et qui possède un autel enrichi de bronzes, de marbres, etc.

Jadis, le 23 juillet 1177, un fait historique important consacra cet Atrium, et sur les dalles du sol, on voit un losange de marbre rouge qui marque l'endroit où se tenait le principal acteur de la scène. L'empereur Frédéric Barberousse avait insulté, par ses actes, le pape Alexandre III. Venise prit à honneur de réconcilier les deux antagonistes, fort irrités, cependant, car il s'agissait des grandes querelles des Guelfes et des Gibelins. La Sérénissime République réussit, et le souverain Pontife consentit même à venir à Venise, apporter son pardon au farouche empereur d'Allemagne. Quand le Saint Père approcha des lagunes, le doge, le patriarche d'Aquilée, les nobles Vénitiens, le peuple vinrent en foule à sa rencontre, de sorte que la mer disparaissait sous l'innombrable quantité des embarcations. Le souverain Pontife se trouva d'abord en présence de Frédéric I dans l'Atrium, au lieu fixé, et celui-ci, mettant un genou en terre, lui dit d'une voix ferme :

— *Non tibi, sed Petro !*.... ce qui veut dire : Ce n'est pas à vous, mais à Pierre dont vous êtes le successeur, que je rends hommage !

A quoi Alexandre III, levant la tête, répondit :

— *Et mihi, et Petro !* Et à moi, et à Pierre !

Puis le Pape officia solennellement à l'église Saint-Marc. Le moment de la réconciliation de deux augustes personnages fut imposant et solennel. L'empereur déclara publiquement que, trompé par de perfides insinuations, il avait injustement attaqué l'Eglise ; puis il ajouta qu'il regrettait de tout son cœur les maux que la guerre avait causés. Alors la paix fut jurée sur les saints Evangiles, et le Pape excommunia ceux qui violeraient leurs serments. Ainsi finit un schisme déplorable.

Avant d'entrer dans l'église, une porte ouverte appelle notre curiosité. Nous pénétrons dans le *Baptistère*, partie de l'église, en Italie, ordinairement isolée du reste de l'édifice. Première coupole représentant Jésus-Christ dans sa gloire :

merveilleux rayonnement des splendeurs célestes ; et aspect du démon enchainé, et de la mort, vaincue, rampant aux pieds de son vainqueur. Seconde coupole montrant les Apôtres baptisant dans les différentes contrées du monde. Je ne sais de qui sont les peintures de ces apôtres ; mais leur auteur leur a donné un air féroce, des tuniques sévères, et à Jésus même, le plus beau des enfants des hommes, il a enlevé la radieuse douceur de son visage pour la remplacer par la physionomie d'un juge formidable.

Sur les murs, Histoire de saint Jean-Baptiste, depuis sa naissance jusqu'à l'heure de sa décollation. A cet instant fatal, festin chez Hérode. Apparition d'Hérodiade et de sa fille. D'une part entrée du chef sanglant de la victime, de l'autre, entrée d'un faisan rôti sur son plat... Réalisme étrange !

Pour fonts baptismaux, vasque de marbre et couvercle de bronze, de 1545, par *Desiderio*, de Florence, et *Tiziano*, de Padoue, élèves de notre artiste admiré, le fameux Sansovino.

Une pierre rapportée de Tyr, par le doge *Domenico Michiel*, en 1126, et d'après la chronique, ayant servi de chaire à Jésus-Christ, lorsqu'il prêchait aux Tyriens, sert d'autel dans ce baptistère.

L'idée de cette pierre, changée en autel, est fort belle.

« N'est-ce pas, en effet, sur cette humble pierre, divinisée par le pied du céleste prédicateur, que sont fondées toutes les Églises du monde chrétien ? » dit à juste titre T. Gautier, dans son *Italia*.

Enfin, adossé au mur du porche extérieur se dresse le Tombeau d'un Doge. Je m'en approche pour y chercher un nom, quand une vieille sibylle qui semble sortir du cercueil, quitte la pénombre qui l'enveloppe, et, s'approchant, me dit :

— Andrea Dandolo !

— Andrea Dandolo ! répète, d'un ton chevrotant, comme la voix de la vieille, l'écho de la voûte.

La vue de cette femme courbée vers la tombe me fait mal. On dirait le génie, vaincu et humilié, de Venise, larmoyant sur la grandeur éteinte de la sérénissime et glorieuse République.

Je rejoins Emile, qui m'attend dans l'atrium, et, passant au-dessous de la belle mosaïque des Zuccati , nous entrons enfin dans la basilique de Saint-Marc , dans cette seconde partie de l'Eglise qui est sa nef , le *Grembo*.

Ebahissement religieux. Admiration extatique. Frisson en face de l'aspect grandiose. Impressions fantastiques. Il semble que des voûtes tombe une pluie d'or : c'est la lumière réfléchie par les mosaïques des coupoles qui descend et vous enveloppe de ses nimbes. De quelle matière sont donc composées ces mosaïques étincellantes, d'où l'or ruisselle, et d'où s'échappent, en rayons lumineux, le carmin , l'émeraude et l'améthyste? Tout simplement de petits cubes en verre doré, vermillonné , teint d'opale , d'azur ou de safran , fabriqués aux verreries de Murano , cette île que je vous ai montrée dans les brumes de l'horizon de Venise , et habilement placées côte à côte, dans un mastique appliqué aux murailles ou aux voûtes , selon les nuances du dessin , par des maîtres mosaïstes, de manière à résister au temps et à braver ses coups.

Immense croix grecque, au centre de laquelle s'élève majestueusement la vaste coupole , toute resplendissante de reflets d'or et de vives couleurs impérissables , supportée par quatre massifs piliers, décorés eux-mêmes de manière à charmer le regard. Là , dans une suave lumière apparaît Géhovah , apparaît la cour céleste , Chérubins , Séraphins, Vierges et Saints. Toute l'armée des cieux est là , sous cette coupole, rangée avec ordre, nageant dans l'espace, et montrant en relief les merveilles du Paradis. En vérité, l'imagination orientale a reçu un rayon d'en haut lorsqu'elle a choisi les formes circulaires de la coupole, comme représentation , comme image des cieux, dans les monuments destinés au Seigneur des mondes, afin de pouvoir y placer, dans un lointain nébuleux, le trône du Tout-Puissant. Sur chaque bras de la croix grecque , autres coupoles , moindres de dimension, et disposées de manière à rehausser la coupole centrale. En un mot, ensemble d'un effet saisissant.

Une croix grecque n'admet pas de bas-côtés ou collatéraux. Représentez-vous donc, Madame, la voûte de Saint-Marc reposant sur les hautes murailles de l'édifice, sans le secours d'aucune colonne. Sur ce grand arc de la nef se partageant en croix à pans égaux, semez d'innombrables mosaïques diaprant les voûtes, les coupoles et jusqu'aux angles les plus reculés. La plupart sont dues aux talents des Zaccuti. Je ne vous en tracerai pas le dessin et ne vous dirai rien des person—

nages. Il vous suffira de savoir qu'elles offrent des scènes tirées de l'Apocalypse. En entrant dans plus de détails, j'aurais à craindre de vous fatiguer.

L'objet d'art qui, tout d'abord, en entrant, frappe le regard à droite, est un *Bénitier* de porphyre. Il a pour support un autel antique de sculpture grecque, avec dauphins et tridents.

En avançant dans ce même côté droit, on passe devant une porte qui ouvre sur le Baptistère, où nous avons vu le Tombeau de Dandolo, mort en 1354, le dernier doge enterré à Saint-Marc.

Puis on arrive au bras droit de la croix, où se trouve une chapelle d'une décoration majestueuse. C'est là que nous entendons la messe et que nous assistons à l'office.

A côté de cette chapelle se trouve placé le *Trésor de Saint-Marc*. Nous en faisons la visite. Mais il a beaucoup perdu des objets précieux, apportés de Constantinople, qu'il possédait. Je vous signalerai cependant un siége d'évêque, *Cathedra*, d'où est venu le nom Cathédrale donné aux Eglises qui ont un évêque, qui est du viie siècle, et une amphore de granit portant, en caractères cunéiformes, cette légende : Artaxercès, grand roi.

Une des premières richesses de Saint-Marc, en entrant, du côté gauche, est une admirable petite chapelle, isolée, ronde, composée de six colonnes supportant un joli dôme, sous lequel se trouve un crucifix qui, jadis, à cet endroit même, frappé par un profanateur, répandit du sang. Aussi cette petite chapelle porte le nom de *l'Oratoire de la Croix*. On y vénère le Christ miraculeux d'abord, puis on y admire ensuite les six colonnes, formées des matières les plus rares et les plus précieuses, surtout celles qui sont placées du côté du sanctuaire, car elles sont de porphyre noir et blanc. En outre, la petite coupole est surmontée d'une boule faite d'une agathe, la plus grosse que l'on connaisse.

Du même côté gauche, à l'entrée du chœur, se dresse une *Chaire* fort curieuse. Elle est composée de deux chaires superposées, soutenue par dix piliers de la plus belle brèche, dont deux sont de vert antique, et octogones. La chaire inférieure, de brèche grise, affecte dans ses pans la forme hexagonale. La chaire supérieure est de moindre dimension, également hexagonale, mais avec des pans renflés. Six petites colonnes de marbre rouge supportent une délicieuse petite coupole bysantine, avec dessins dorés, qui la surmontent. Un pupitre, monté sur colonnettes, achève la décoration de cette chaire supérieure, à laquelle conduit la longue rampe d'un escalier de marbre. Du côté droit se trouve également une chaire octogone. On l'appelle *Bigonzo*. C'était dans cette chaire que montait le doge, après son élection, pour se montrer au peuple.

Dans le bras gauche de la croix, chapelle Notre-Dame-des-Mâles, *de' Mascoli*, appartenant jadis à une Confrérie qui n'admettait pas de femmes. Son autel en marbre est d'une très-heureuse sculpture du XVe siècle.

On passe ici devant une porte conduisant à un très-long péristyle extérieur, faisant le pendant du Baptistère, tout revêtu de marbre, orné de 40 colonnes, ayant aussi ses mosaïques, et servant de vestibule à la *Chapelle Saint-Isidore*, bâtie pour recevoir le corps de ce martyr, apporté de Chio, en 1125. La porte de cette chapelle est couronnée d'une mosaïque représentant l'Arbre généalogique de la sainte Vierge, par les *Bianchini*, ces ennemis des Zuccati, rendus fameux par les maîtres mosaïstes de G. Sand.

Mais rentrons dans l'Eglise. En vérité, l'on croirait pénétrer dans une caverne d'or émaillée de pierres précieuses. Le soleil, qui tamise sous sa voûte un rayon furtif, fait scintiller d'une étrange manière les fonds d'or et les draperies de couleur. On dirait que tous les personnages des mosaïques, tout-à-l'heure endormis, se prennent à vivre, et s'agitent sous le tremblottement du rayon lumineux. C'est d'une fatasmagorie qui remue l'âme. Les figures s'animent sous le baiser du ciel. Il semble que Dieu parle, et que les légions célestes s'approchent et prennent des poses pour l'écouter. Il n'est pas jusqu'au Lion de Saint-Marc qui ne paraise s'agiter et se disposer à rugir. Aussi les Vierges s'écartent, et les processions de saints Martyrs s'avancent hardiment. Puis, au loin, dans les profondeurs de nue, on dirait que voici venir de blancs fantômes et de rouges spectres, pour ouïr également la voix divine qui va tonner sous la voûte. Ici et là des éclairs brûlants jaillissent des courbes qu'illumine le rayon de feu. Mais, hélas ! soudain le jet de lumière s'éteint, un nuage sans doute s'est placé entre le soleil et la voûte radieuse, l'empyrée rentre dans le repos. Adieu à ma belle vision de quelques secondes.

Que ces murailles de l'aile droite et de l'aile gauche sont splendides ainsi marquetées des plus beaux marbres disposés en losanges, en carrés, en rhomboïdes, en figures géométriques les plus variées.

Mais je n'ai rien dit encore du chœur de Saint-Marc. Il est exhaussé sur un soubassement de vert antique et vu au travers des huit colonnes de porphyre et de serpentin qui le séparent de la nef ! Avez-vous jamais imaginé décoration mieux agencée que cet intérieur de la Basilique que nous parcourons, Madame ? Ecoutez : Sur ces huit colonnes est assis un entablement de marbre de Vérone, que surmontent un grand crucifix d'argent et quatorze statues de grandeur naturelle, les douze Apôtres, la sainte Vierge et saint Marc. Puis, à droite et à gauche du chœur se dressent deux tribunes en forme de portiques, soutenues par des colonnes du plus beau marbre. Elles sont drapées de soie rouge, comme si le Doge et le Conseil des Dix allaient encore venir s'y asseoir. Nous remarquons surtout la tribune placée du côté de l'Epître, car, c'est de cette tribune que fut prêchée la quatrième Croisade; c'est de cette tribune qu'*Henri Dandolo*, ce vieux doge chargée de quatre-vingt-quatorze hivers, parla aux Vénitiens pour obtenir l'honneur de commander la flotte qui allait porter les barons chrétiens sous les murs de la ville sainte ! Son vœu fut exaucé.

Au-dessous des tribunes, *Sansovino* a placé douze bas-reliefs en bronze, représentant les actes de la vie de saint Marc. Puis sous les bas-reliefs s'étagent des stalles d'un merveilleux travail, couvertes de fines marqueteries, au millésime de 1536.

Une balustrade ornée de figure des quatre Évangélistes, par *Sansovino*, et des quatre Docteurs de l'Église latine, par *J. Caliavi*, à la date de 1614, annonce le sanctuaire. Apparait, en effet, le maitre-autel, placé sur un *ciborium* ou baldaquin en marbre serpentin, soutenu par quatre colonnes de pentélique, gravées en manière de haut-relief, ciselées, burinées, fouillées, évidées comme de l'ivoire. C'est dans cette partie de l'Eglise que se plaçaient le doge, les ambassadeurs, le sénat, le primicier et les chanoines, dans les fêtes solennelles et nationales.

Deux *icônes* ou tableaux, dont l'un sert d'écrin à l'autre, décorent cet autel, et c'est là une merveille de Saint-Marc. La première icône, de style grec, peinte à l'huile, sur bois, est composée de quatorze compartiments, et, sans nul doute, fut l'une des premières peintures vénitiennes. *Paul*, et ses fils, *Luc* et *Jean*, de Venise, sont les auteurs de ce curieux specimen de l'art à son origine. Mais tout chef-d'œuvre que peut-être cette icône, elle ne sert qu'à voiler une seconde icône, bien autrement précieuse. Aussi ne l'expose-t-on qu'aux grands jours aux regards des fidèles ; mais on la montre à toute heure aux touristes qui achètent cette faveur par un don quelconque. Nous sommes de ces heureux privilégiés.

L'année dernière, à Milan, dans la vieille église du IVe siècle, Santo Ambrogio, nous avions admiré le *Paliotto*, enveloppe d'or et de pierres précieuses qui couvre le tombeau de saint Ambroise. Mais la magnificence du Paliotto de Milan est effacée, à Venise, par l'éblouissante splendeur de la *Pala d'Oro* de Saint-Marc. Cette Pala d'Oro est un tableau bysantin formé de lames d'or et d'argent massifs, sur lesquelles sont peintes d'étranges et bizarres figures, acteurs représentant les scènes principales de la vie du saint évangeliste. Sur la surface de l'icône, sur les vêtements et les fronts des personnages, ici, là, partout, c'est le plus étonnant fouillis de ciselures, de guillochis, d'arabesques, et le plus éblouissant semis de camées, de perles, de diamants, de rubis ; et des émeraudes, et des smaragdes, et des topazes, et des opales, et des onyx, et des saphirs, et des turquoises, et des grenats, et des lapis-lazzuli, et des camaïeux, à en paver un Louvre. Le doge *Orseolo* commanda cette icône à Constantinople, en 976. Elle était destinée à la première basilique, et elle ne décora que la seconde, celle où nous la voyons. C'est un riche monument de l'art du bas-empire au Xe siècle.

Ce maître-autel en cache un autre plus modeste. Mais tant modeste soit-il, à Venise, c'est encore un prodige. Ce petit autel, *Autel Cryptique*, avec bas-relief en marbre et en bronze, de *Sansovino* toujours, a des colonnes d'albâtre d'autant plus appréciées que, deux d'entre elles, surtout, sont d'une transparence admirable, unique.

Un petit escalier conduit aussi dans une chapelle souterraine placée sous le chœur. Mais on a dû l'abandonner à cause de l'invasion des eaux des lagunes.

Elle contenait cet autel que je viens de décrire, dans lequel fut mystérieusement déposé le corps de saint Marc, en 1094. C'est dans cette crypte qu'on le retrouva en 1811. A cette heure, le corps repose sous l'autel principal de la basilique. L'Evangile du saint est sans doute avec lui, car on ne le montre plus dans le trésor de l'église. Il est, m'a-t-on dit, non sur du papyrus d'Egypte, comme les P. P. Mabillon et de Montfaucon se le sont imaginé, mais sur un papier fait de coton, ainsi que l'a écrit Scipion-Maffei, qui l'a scrupuleusement examiné, et qui était bon juge en cette matière (1).

Enfin derrière le maître-autel encore, se présente une dernière merveille. Rien de fini comme ce travail auquel *Sansovino* consacra, dit-on, vingt années de sa vie. C'est une simple porte cependant, la *Porte de la Sacristie*, mais quelle porte! Bronze et marbre blanc, voilà la matière. Mais sur ce bronze, mais sur ce marbre, l'artiste a jeté tant de vie, répandu tant d'animation, de sentiment, d'intelligence, d'expression, que c'est à rester bouche béante d'admiration. Têtes d'Evangelistes et de Prophètes pleines de feu sacré, pleines de cette inspiration du ciel qui révèle le souffle de Dieu. Voilà le beau du sujet. Voici maintenant l'ombre du tableau : Parmi ces têtes, — petit amour-propre d'auteur, — portrait de Sansovino ; passe pour celui-là. Puis visage noble et digne du Titien ; va pour Titien. Ces deux artistes s'aimaient, c'est bien le moins que l'art immortalise leur affection mutuelle. Puis encore ; oh ! c'est là qu'est la honte ! entre ces deux types d'amis, pour compléter l'inséparable trio qu'ils formaient, face effron-

---

(1). Voir l'ouvrage de ce savant critique, *Historia Diplomatica*, imprimée à Mantoue, en 1727, vol. in-4°.

De Montfaucon a prouvé que l'Evangile de saint Marc était écrit en latin et non en grec. On dit que l'empereur Charles IV ayant trouvé à Aquilée, en 1355, ce manuscrit contenant sept cahiers, ou vingt-huit feuilles, obtint avec beaucoup de peine les deux derniers cahiers, de Nicolas, Ev. d'Aquilée, son frère. Quant aux cinq autres cahiers qui restaient à Aquilée, ils furent portés, après la ruine de cette ville par Attila, à Fréjus, et delà à Venise vers l'an 1420.

tée, cynique, méphistophélique de... l'Arétin ! l'Arétin dans un sanctuaire !... C'est à se voiler la tête...

Dixi... j'ai dit... J'en ai fini avec la basilique de Saint-Marc : je me tais. Ce n'est pas dommage, n'est-il pas vrai, Madame ?...

La tête courbée par d'incessantes impressions, subies pendant trois heures et plus, en face de tant de belles choses, nous repassons sur les dalles en mosaïques de tous marbres, même de vert antique, de la nef, sol boursoufflé, moutonnant, comme les petites vagues d'un lac ému, par suite du tassage des pilotis qui le portent et qui s'enfoncent plus ou moins dans la vase des lagunes; mais sol décoré par l'art, car ces mosaïques de marbre représentent des guirlandes de fleurs et de fruits, des animaux fantastiques ou réels, etc. Enfin nous allons respirer l'air de la Piazza, et prendre des glaces au café Florian, sous les arcades des Procuraties neuves.

Ce café célèbre, fondé par un Français, M. Florian, dans les anciennes mœurs de Venise, était une espèce d'institution : il n'a pas échappé à la décadence de la ville. « Ce café, ainsi que le dit M. Valery, dans son *Italie confortable,* comme les autres grands cafés de la place Saint-Marc, Quadri, Suttil, etc., fréquentés sans inconvenance, animés par les dames, reste ouvert toute la nuit, en toutes saisons, et ne ferme jamais. Florian était autrefois l'homme de confiance, l'agent universel de la noblesse de Venise. Le Vénitien qui descendait chez lui avait des nouvelles de ses amis et de ses connaissances ; il savait l'époque de leur retour, et ce qu'en son absence ils étaient devenus; il y trouvait ses lettres, ses cartes, et probablement aussi ses mémoires; enfin, tout ce qui le concernait avait été fait par Florian avec soin, intelligence et discrétion. *Canova* n'oublia jamais les services plus essentiels qu'il avait reçus de Florian au commencement de sa carrière, lorsqu'il avait besoin d'être connu, et il resta son ami jusqu'à la fin de sa vie (1). Florian étant alors tourmenté de la

---

(1). *Canova Antine,* sculpteur italien, né à Possagno, village de l'Etat vénitien, en 1757, mort à

goutte qui se portait souvent aux pieds; Canova fit le modèle de la jambe, afin que le cordonnier pût prendre sa mesure sans le faire souffrir. Cette jambe de limonadier ne me paraît pas faire moins d'honneur à Canova que son *Thésée*. Il est doux d'estimer l'homme après avoir admiré l'artiste... »

Je vous retrace l'origine du café Florian, Madame, afin que vous excusiez bénignement nos séjours répétés aux tables de ce fameux restaurant glacier : c'est d'abord l'usage à Venise, où l'on a besoin de se rafraîchir souvent. Mais c'est aussi prendre place sur cette belle Piazza, où tous les spectacles vous sont donnés. Il faut bien s'asseoir quelque part : on ne peut rester debout toujours.

C'était sur cette place Saint-Marc que la république donnait ses plus belles fêtes. Voici le récit rapide de l'une de ces fêtes, décrite par la main d'un maitre, *G. Sand*, et que j'emprunte à ses *Mosaïstes* : « Le jour de Saint-Marc 1570, selon Stringa, et 1574, selon d'autres auteurs, l'immense procession fit le tour de la Piazza, sous les tentes en arcades dressées à cet effet, en dehors des arcades des Procuraties, trop basses pour donner passage aux énormes croix d'or massif, aux gigantesques chandeliers, aux chasses de lapis-lazzuli, surmontées de lis d'argent ciselés, aux reliquaires terminés en pyramides de pierres précieuses, etc. Aussitôt que les chants religieux se furent engouffrés sous les portiques béants de la basilique, tandis que les enfants et les pauvres recueillaient les nombreuses gouttes de cire parfumée, répandues sur le pavé, par des milliers de cierges, et cherchaient avidement quelque pierrerie, quelque perle échappée aux joyaux sacrés, on vit se découvrir comme par enchantement, au milieu de la place, un vaste cirque entouré de tribunes en bois, gracieusement décorées de festons bariolés et de draperies de soie, sous lesquelles les dames pouvaient

---

Venise en 1822. Il fut appelé à Rome. Bonaparte le fit venir à Paris, et notre institut le mit au rang de ses associés. *Thésée et le minautaure vaincu.* — *Mausolée de Clément XIII et de Clément XIV*, à Rome. — *Psyché enfant.* — *Mausolée d'Alfieri*, à Florence, etc. Telles sont ses œuvres principales.

s'asseoir à l'abri du soleil et contempler la joûte. Les piliers qui soutenaient ces tribunes étaient couverts de banderoles flottantes, sur lesquelles on lisait des devises écrites dans le naïf et spirituel dialecte de Venise. Au milieu s'élevait un pilier colossal, en forme de palmier, sur la tige duquel grimpaient une foule de charmants lézards dorés, argentés, verts, bleus, rayés, variés à l'infini ; de la cime de l'arbre, un beau génie aux ailes blanches se penchait vers cette troupe agile, et lui tendait de chaque main une couronne. Au bas de la tige, sur une estrade de velours cramoisi, sous un dais de brocart orné des plus ingénieuses arabesques, siégeait la reine de la fête, la donneuse de prix, la petite Maria Robusti, fille du *Tintoret*, belle enfant de dix à douze ans, que *Valerio Zuccato* (l'un des mosaïstes dont je vous ai signalé les œuvres dans la basilique), se plaisait à appeler, en riant, la dame de ses pensées, et pour laquelle il avait les plus tendres soins. Lorsque les tribunes furent remplies, Maria parut habillée à la manière des anges, des anges de *Giambellino*, avec une tunique blanche, une légère draperie bleu de ciel, et un délicat feston de jeune vigne sur ses beaux cheveux blonds, qui formaient un épais rouleau d'or autour de son cou d'albâtre. Messer Orazio Vecelli, fils du *Titien*, lui donnait la main. Il était vêtu à l'orientale. Les tribunes étaient remplies des dames les plus brillantes, escortées de jeunes cavaliers. Dans une vaste enceinte réservée, plusieurs personnages importants ne dédaignèrent pas de prendre place. Le doge *Luigi Mocenigo* leur en donna l'exemple : il accompagnait le jeune duc d'Anjou, qui allait devenir Henri III, roi de France, et qui était alors de passage à Venise. Le doge avait à cœur de lui faire, pour ainsi dire, les honneurs de la ville, et de déployer à ses yeux, habitués à la joie plus austère et aux fêtes plus sauvages des Sarmates, le luxe éblouissant et la gaîté pleine de charme de la belle jeunesse de Venise. »

Telle est la mise en scène de ce tournoi fameux donné sur cette place Saint-Marc, mais dont je ne puis vous transcrire la longue description, pour laquelle je vous renvoie aux *Maîtres Mosaïstes*.

La Piazza est, en effet, un merveilleux cadre pour les tableaux d'une fête royale ou populaire. C'est aujourd'hui dimanche : il n'est pas deux heures encore, et voici déjà qu'elle s'anime et s'émeut. Les promeneurs y arrivent de toutes parts,

On y sème sur tous les points les chaises et les tables ; chacun s'installe et se dispose, tout en savourant les sorbets et les glaces, à jouir du coup-d'œil qu'elle offrira bientôt. Mais vous nous permettrez de la quitter, Madame, car nous avons notre gondole qui nous attend sur le quai des Esclavons, et nous voulons parcourir le grand canal, pour en revoir et en admirer les magnifiques palais.

Voici que du Campanile se fait entendre la voix de bronze qui sonne deux heures... Que signifie cette immense nuée de pigeons qui s'abat sur les dalles de la Piazza, tombant des coupoles et des combles de la Basilique, des plombs du palais ducal, des acrotères des Procuraties, et de tous les toits des maisons voisines et des tours? Ce sont là des citoyens de la Sérénissime République avec lesquels je dois vous faire faire connaissance : permettez-moi donc de vous les présenter, Madame.

Jadis, la République de Venise, austère et rude pour les humains, était compatissante et courtoise pour les animaux. Une société protectrice n'avait pas encore été fondée en faveur de ces derniers, que déjà Venise les prenait sous sa sauve-garde. Or, des pigeons ramiers, venant parfois picorer jusque sur la place Saint-Marc, s'y trouvaient si parfaitement accueillis qu'ils songèrent à élire domicile dans le voisinage. D'abord ils n'eurent pour vivre que les nombreuses miettes tombées du pain que le peuple mangeait sur la Piazza. Mais bientôt la République, leur donnant droit d'asile et les naturalisant Vénitiens, voulut assurer leur position. Il y eut des fonds de votés tout exprès pour eux. Les pigeons de Venise eurent donc un âge d'or. Hélas! pour eux comme pour tous les mortels, succédèrent, à l'âge d'or, l'âge d'argent et l'âge d'airain, quand eut lieu la décadence de la glorieuse République. Enfin, quand la République eut succombé et qu'elle fut morte, alors vint l'âge de fer pour les infortunés pigeons. Ils ne vécurent plus que d'aumônes faites par la charité publique. Toutefois une âme généreuse s'avisa de pourvoir à leur subsistance. De précaire leur sort devint assuré. Chaque jour, depuis longues années déjà, à deux heures précises, s'ouvre une persienne verte des Procuraties vieilles, et s'avance un bras anonyme qui jette à profusion du grain pour plusieurs centaines de volatiles ; puis, tout aussitôt la persienne entrebâillée se referme mystérieusement. Aussi, exacts au rendez-vous, comme des soldats bien disciplinés, dès une heure et demie les pigeons prennent place sur tous les points culminants qui entourent la place, et le premier coup de deux heures sonne à peine que, semblables à une avalanche, nos pigeons se précipitent sur les dalles de marbres pour prendre leur part du festin quotidien qui leur tombe du ciel. Un des beaux jours de ces ovipares fut celui où les Procuraties vieilles cessèrent d'être habitées par le tribunal de l'Inquisition des Dix, et se convertirent en un vaste sanctuaire de l'art culinaire. Les tables de la place devinrent leurs tables, et ils purent se promettre un banquet perpétuel, sans jamais avoir à craindre d'être immolés sur les autels de la gourmandise; car, malheur à qui toucherait aux pigeons de Venise! On les respecte ici, comme à Troie, jadis, on respectait le Palladium. Aussi ces beaux messieurs et ces belles dames étalent-ils fièrement leurs robes lustrées sous les chauds rayons du soleil d'Italie, caquetant, minaudant, frétillant, se rengorgeant, roucoulant, et se promenant, de ci, de là, parmi les amateurs de café, de glaces, de vin de Chypre et d'*orzata*, sans que nul les trouble dans leur digestion, sans que nul les dérange dans leurs complaintes sentimentales, et sans que l'on contre-carre leurs ébats. Il n'est pas de repas que nous fassions chez Florian dont ces pachas à une queue n'aient large part et pendant lequel ils ne se permettent avec nous mille privautés, comme de sauter sur notre pied tendu, de monter sur nos genoux, et volontiers, je crois, ils feraient l'assaut de la table pour marauder jusque dans nos assiettes. Vous comprenez dès-lors combien est curieux le spectacle de cette foule aérienne se laissant choir sur le sol pour y faire leur curée non sanglante et se livrer au plaisir de banqueter, lorsque sonnent les deux heures de l'après-midi.

Mais laissons là les pigeons, et hâtons-nous d'aller faire signe à notre *barcarolo* d'approcher sa gondole de l'escalier de la Piazzetta.

Quelle magnifique promenade que celle du *Grand-Canal*, Madame, dans l'après-midi d'un beau jour, alors que les façades des palais qui le bordent à droite et à gauches sont teintées d'ombres et de lumières, nuancées, les unes, les autres dorées par le soleil qui s'incline à l'horizon! Quelle voie princière, quelle avenue magique que ce vaste bras de mer dessinant son S majuscule, d'une lieue de développement, entre une haie majestueuse de portiques splendides, de frontons sublimes, de colonnades altières, d'attiques monumentales, et de somptueuses façades! Penser que de chacun de ces palais sont sortis des hommes fameux, des Do-

LE GRAND CANAL.

ges au caractère rigide, des Procurateurs, des Sénateurs, des Capitaines, ou des membres du Conseil des Dix, dont les noms farouches, et pourtant glorieux, enregistrés dans les fastes de l'histoire, vous portent à voir, dans une hallucination mystique, leurs fantômes planer dans l'éther autour de ces demeures qu'ils ont habitées, au-dessus de ces monuments grandioses qu'ils ont créés, sur l'immortelle Venise, qu'ils ont rendue grande, forte, et reine puissante ! Oui, c'est vraiment là le livre d'or de l'aristocratie vénitienne, signé par les architectes fameux *Sansovino, Scamozzi, Longhnà, Massari, Mazzoni, San Micheli* et vingt autres, mais portant au beau milieu de ses pages monumentales les noms glorieux des Foscari, des Mocenigo, des Grimani, et d'autres non moins renommés. Aussi, jugez quelle extase perpétuelle lorsque, sur les deux rives du canal que l'on parcourt, se succèdent, sans interruption, tous les styles, style grec, style gothique, style lombard, style byzantin, puis les types de la renaissance, de la décadence, le rococo, le goût et la fantaisie, l'art et le caprice, et que devant vous, à perte de vue, dans un rayon qui fuit et se tord comme un serpent, se meut et change sans fin le plus délicieux horizon architectural qu'il soit possible de rêver !....

Sur notre droite, par exemple, de l'entrée du grand canal, au pont de fil de fer qui enjambe le bras de mer en face du musée, tour à tour, nous voyons le *Palais-Giustiniani*, XV siècle, portant au cou le carcan de l'humiliation dans cette légende : Hôtel de l'Europe ; le *Palais Trèves*, XVIIe siècle, qui abrite les deux statues colossales d'Hector et d'Ajax, par *Canova;* le délicieux *Palazzetto Contarini-Fasan*, XIVe siècle ; puis l'œuvre de *Sansovino*, de 1592, le *Palazzo Corner della Cà Grande;* puis les fenêtres ogivales de la façade XVe siècle du *Palais Cavalli*, domaine du duc de Bordeaux; puis le *Palais Giustiniani-Lolin;* puis le grandiose et cependant incorrect monument du XVIIIe siècle, par *Massari*, qui porte le nom invisible de *Palais Grassi*, et celui trop visible d'Hôtel de l'Empereur d'Autriche.

En même temps, sur notre gauche, se profilent et la *Dogana di Mare* avec sa boule d'or portant une fortune échevelée, et la double coupole blanche de la *Salute*; et les silhouettes d'une foule d'autres palais, *Palais Dario, Palais Manzoni, etc.*, le *Seminario Patriarcale*, le *Palais Contarini*, de style ogival, etc.

Ici, contraste frappant avec l'aspect sévère des palais. D'abord *Pont du Musée*, à cheval sur le canal. Puis en face du pont, à gauche, le *Campo-San-Vitale*, aux maisons roses, aux maisons rouges, aux treilles vertes. Enfin, au fond du Campo, façade gracieuse du *Palais des Beaux arts*, fort beau débris d'un monastère par trois fois incendié, mais que coiffe ridiculement un lion molasse, la patte sur une boule, chevauché par une Minerve bastionnée de formidables appas.

Après l'académie et le gai Campo San-Vitale, continue le panorama des palais, *Palais Contarini dai Scrigni*, en partie double, de *Scamozzi*; *Palais Rezzonico*, de Longhena, grandiose page de marbre, et les trois *Palais Giustiniani*, réunis en un seul sous le nom de *Foscari*.

Arrivés à ce pont du canal, nous entendons une musique lugubre s'échapper comme une plainte, de l'un de ces vieux palais déserts; car, Madame, tous ces palais ont perdu leurs maîtres jadis revêtus de pouvoir et d'opulence. Vendus à l'encan, on en a fait des tavernes, des hôtels, ou ils sont devenus la propriété de quelques bourgeois mesquins qui les louent par étages, et pas cher, au mois, ou à la quinzaine. C'est sordide, mais cela est. D'autres ont échappé à la honte d'appartenir à de misérables spéculateurs et sont revenus le domaine de la duchesse de Berry, par exemple, ou du duc de Bordeaux, ou de la reine de... la danse, la tant fameuse Taglioni, qui a choisi le plus beau encore, la Ça d'Oro. Mais n'a-t-on pas vu dans un moment un trafic plus hideux. Des Anglais, oh ! je les reconnais bien là, des Anglais se sont trouvés qui achetaient de ces monuments de l'art et de l'histoire, en numérotaient les marbres, les démolissaient, en chargeaient des navires, et les expédiaient pour leur Angleterre. Heureusement on a coupé court à ce vandalisme. Quelques-uns de ces palais sont peut-être encore aux mains des nobles familles vénitiennes qui les ont créés et habités. Mais ceux-là sont rares, et ces nobles familles sont pauvres. Aussi l'aspect grandiose de ces admirables chefs-d'œuvre est voilé d'une inexprimable mélancolie. Aussi la sinistre symphonie qui s'échappe de l'un de ces tombeaux majestueux ajoute-t-elle à l'amère tristesse qu'ils nous inspirent.

Voici donc, sur notre gauche, la porte basse, et les deux ordres de colonnettes, de trèfles et d'ogives du célèbre *Palais Foscari*, dont la façade l'illumine d'un rayon de soleil au détour du canal. Mais quoique vivifié par ce reflet de lumière, le masque du monument cache difficilement sa noire humeur. On l'a fait caserne pour messieurs les sbires de l'Autriche, lui qui reçut Henri III, à son passage à Venise, lorsque ce roi de France, en 1574, assista, comme je vous l'ai dit, Madame, au tournoi de la Piazza; lui qui fut témoin du martyre paternel du noble Doge Foscari, contraint de mettre à mort son fils; lui, qui vit tomber raide mort le vieux Foscari saisi par la main du trépas, lorsqu'il entendit vibrer dans l'air le carillon de Saint-Marc, en l'honneur de celui qui le remplaçait au Dogat, lui que *Bordone* enrichit de ses peintures !....

Mais continuons notre *giro*, comme disent les gondoliers.

Après le *Palais Moro-Lin*, à notre droite, s'avancent en rang de bataille les trois *Palais Mocenigo*, illustrés par les doges de ce nom; illustrés, les deux derniers du moins, par lord Byron, qui composa dans cet asile et son *Don Juan* et son *Marino-Faliero ;* illustrés enfin par la belle Margarita Cogni, la femme d'un boulanger, mais la violente Fornarina du poète.

Puis viennent, à gauche, les *Palais Balbi, Grimani, Persico, Tiepolo, Pisani*, où l'on montre le célèbre tableau de *P. Veronèse*, la Famille de Darius aux genoux d'Alexandre le Grand; *Barbarigo, Bernardo, Dona*, et les trois ordres dorique, ionique et composite, de la façade élégante du *Palais Tiepolo ;* et à droite, à la suite du palais Mocenigo, la petite terrasse et l'austère élégance du *Palais Corner-Spinelli*, de style lombard, par *San-Micheli*, et les autres palais : *Grimani*, aujourd'hui simple bureau de poste, *Farsetti, Lorèdan, Bembo*, et *Manin*, le dernier doge de la République.

Nous sommes au *Rialto*, ce pont majestueux, qui enjambe le canal avec l'audace d'un géant : et nous voici passant à droite la revue des autres palais *Fondaco dei Tedeschi*, jadis orné des fresques, maintenant effacées, du *Titien* et du *Giorgione ; Mangilli-Valmaruna ; Michiel delle Colonne, Sagredo*, dont l'escalier a des peintures de *Longhi*.

Là se montre à nos regards émerveillés la fameuse *Ca d'Oro*, (1), ce palais de

---

(1) Ça d'Oro, pour Casa d'Oro, maison d'or.

la *Taglioni*, que j'ai nommé déjà. Quel bijou! Le XIV et le XVe siècles se sont réunis pour en faire un chef-d'œuvre unique. Pour vous en faire comprendre la svelte élégance, les admirables fenêtres ogivales, les fabuleuses vitrines moresques, la porte charmante, et les gracieux diadèmes qui la couronnent fièrement, il me faudrait vous en envoyer le croquis. Vous le recevrez, Madame.

Enfin, du même côté, terminent la file, les *Palais Grimani*, de *Scamozzi*, de Vicence, *Erizzo*, XVe siècle, et *Vendranni-Calergi*, fouillé à jour comme un treillis, grandiose et fier, car il est le trésor de la duchesse de Berry, qui y possède une superbe galerie de tableaux, et les deux statues d'Adam et d'Eve, par *Tullio-Lombardo*, jadis placées sur le tombeau du doge Vendranni, qui avait pour devise la légende que nous lisons sur le soubassement du palais : *Non nobis, Domine, non nobis !*

Sur notre gauche, profils magiques du *Palais des Trésoriers*, de l'*Aile des Vieux Portiques du Rialto*, de la *Fabriche nuove di Rialto*, signée *Sansovino*, du *Palais Corner della Regina*, une merveille de marbre, habité jadis par la reine de Chypre, Catherine Corner, l'héroïne de l'Opéra de ce nom, et aujourd'hui théâtre de l'exhibition et de la mise en gage des chiffons du prolétaire ou des bijoux des reines déchues, en un mot le Mont-de-Piété; puis les figures magiques, les casques, les panaches, les trophées, les dentelles, les ordres rustique diamanté, ionique, composite, l'architecture pompeuse enfin du *Palais Pesaro*, par *Longhena*, et des *Palais Tron, Battaglia, Fondoco d'e Turchio*, et *Corner*.

Ouf! notre giro est à sa fin. Que c'est beau! que c'est triste! Beau ? l'art s'est offert à nos yeux sous le plus riche aspect d'un parterre de marbre émaillé des fleurs les plus admirables. Triste ? chaque pan de muraille nous a conté sa légende funèbre.

Aussi, revenons à la vie. Après le culte de l'art, les soins de la nature.

— Gondolier, vivement de l'aviron ! Repassez le grand canal, et poussez-nous à la pointe de Quintavalle, là-bas, près de l'arsenal... En avant !

Quintavalle, à l'extrémité du quai des Esclavons, dans l'île San-Pietro, à la pointe orientale de Venise, est tout simplement un... cabaret champêtre. Hélas ! oui, Madame, un vrai petit cabaret qui abrite ses convives sous des tonnelles de chèvrefeuille, en face des lagunes, d'où vous avez une vue des îles, une vue de mer, une vue de l'infini qui parle à vos yeux et à votre imagination, pendant que vous parlez à votre estomac, en lui donnant des consolations à l'aide d'une soupe aux *pidocchi*, etc. Je vous avoue que pidocchi veut dire *poux de mer*! n'en faites pas trop fi! comme moi d'abord. C'est un mets exquis. Du reste, je me contente du menu du repas, qui est assez confortable. Vous pouvez, sur ce chapitre, vous en rapporter, comme moi-même, à mon estimable ami, Emile Doulet.

Après boire, que faire? La soirée sera belle, la journée ayant été magnifique. Profitons donc de la soirée...

— Gondolier, au Lido!

Nous partons. Les lagunes s'élargissent devant nous: derrière, Venise s'amoindrit. Quel spectacle! un coucher de soleil est admirable partout: à Venise, il est sublime, il est divin. Nous avons fait enlever le *felze* de notre gondole, qui devient ainsi la plus gracieuse chaloupe. Elle vogue sur les eaux avec l'élégance d'un cygne qui poursuit sa compagne. La surface des lagunes est semée de mille embarcations. Au loin, les îles semblent nager comme des alcyons. On voit à fleur d'eau, tout autour de soi, leurs clochers rouges flotter pêle-mêle avec de noires cheminées de speronari, de pyroscaphes qui fument, de mâts et d'agrès de grands navires. Partout voiles grecques, voiles latines, qui effleurent la plaine humide; partout mystérieuses gondoles qui la sillonnent.

Au couchant, ciel d'or et de pourpre dans lequel Venise étale la silhouette de ses quais, de ses tours, de ses campanile, de ses palais. Longues files de maisons teintes des derniers feux du soleil, et qu'interrompent ici et là les dômes de Santa Maria della Salute, la statue de la Douane de mer, la coupole de l'église du Rédempteur, les acrotères de nombreux édifices.

A droite, nous saluons *l'île des Arméniens*, qui s'enveloppe dans la fourrure de ses bocages, comme une coquette qui craint l'humidité du soir. A gauche, nous sourions à la France, en regardant *l'Isola della Grazia*, dont l'hôpital militaire, construit par Napoléon Ier, se détache en blanc sur la verdure qui forme son enceinte.

Pour musique d'accompagnement, cloches argentines de Venise qui font voltiger dans les airs les joyeux carillons de *l'Ave, Maria*.

Le ciel d'or du couchant devient flammes rutilantes; les lagunes s'embrasent de leurs reflets; les édifices de Venise s'allument. C'est l'heure du plus magnifique spectacle qu'il soit donné à l'homme de contempler sur la terre. Puis, peu à peu, en plongeant sous l'horizon, le disque lumineux du soleil s'efface, comme un bouclier rougi au feu qui tombe. Peu à peu aussi, l'incendie du ciel s'éteint, et la brume d'or, seule, reste à la surface de la terre et des eaux. Pendant une heure encore ses reflets flamboyants nous font jouir de charmes incomparables.

Nous touchons au Lido : notre gondole est amarée; nous sautons à terre. Quelques maisonnettes, de ci de là des tavernes, une foule nombreuse de promeneurs aux costumes pittoresques, des chants, des danses, des violons et des flûtes, le tout dans la zône de feuillages que forment les bosquets du rivage, tel est le Lido. Nous traversons cette première île, formant la langue de terre qui sépare Venise de la mer. Il a fallu une heure pour atteindre le Lido; il faut à peine un quart d'heure pour arriver à l'Adriatique. Petite chapelle où l'on quête pour les morts. Donnons pour le repos de l'âme des trépassés, de ceux surtout que nous aimons et dont le souvenir leur survit!... Puis, petite plaine en talus, avec chevaux de bois, balançoires, jeux, orchestres en plein vent, groupes de curieux, groupes d'amateurs, paysans vénitiens, etc., enfin la mer...

Voici donc l'Adriatique? Oui, c'est bien la mer tempêtueuse échevelée, furibonde. Ecoutez comme elle déferle! Voyez comme elle vient baigner nos pieds! Au loin, voiles blanches qui s'effacent dans les vapeurs du soir, mais qui nous révèlent que la mer Adriatique, elle aussi, comme tous les océans, est la vassale de l'homme. Je te salue, mer Adriatique, qu'aux jours de la splendeur de Venise, son doge venait solennellement épouser en jetant avec pompe son anneau nuptial dans tes flots émus. Bruit majestueux des vagues; ressac puissant; remous poétique, je vous salue. Au-delà de vos abîmes s'étendent la Dalmatie, l'Illyrie, la Grèce... Que ne puis-je vous franchir pour aller visiter ces contrées fameuses !

Cependant la nuit tombe: une à une les étoiles s'allument dans les profondeurs du firmament. Nous franchissons de nouveau le Lido, et nous reprenons notre gondole qui glisse de conserve avec une foule d'autres pirogues. Mais alors chacune des embarcations qui sillonnent les lagunes est décorée d'une guirlande de lanternes de couleurs variées. Il en résulte, sur la vaste surface des eaux, des milliers de feux magiques doublés encore par le miroir des vagues qui ruissellent de paillettes d'or, de reflets d'opales et de rubis, des scintillements d'escarboucles et de saphirs. Au loin, le couchant, lumineux encore, permet de voir la fée des lagunes mollement assoupie dans les langes de pourpre, qui peu à peu se fondent et se perdent dans les tons gris et bleuâtres qui l'entourent. On dirait la vision d'un léviathan monstrueux, hérissé de verrues gigantesques, qui se coucherait dans un noir linceul taché de sang. Mais voici bientôt que, comme au firmament les étoiles, sur la masse opaque de Venise, s'allument les feux du gaz, les fanaux des navires, les phares du port, et des gerbes rutilantes, plus compactes, plus flamboyantes que partout ailleurs, nous signalent l'espace qu'occupent, au centre de la plage de Venise, et sa Piazza, et sa Piazzetta. En même temps des chants s'élèvent des nacelles ; les gondoliers redisent leurs barcaroles ; une balancelle, chargée d'un orchestre complet, passe à distance, faisant retentir l'air de ses fanfares joyeuses. En un mot, c'est un spectacle délicieux, où les yeux sont charmés, les oreilles agréablement frappées de douces mélodies, et où l'odorat lui-même savoure de suaves senteurs dispersées, éparpillées par les brises de mer et de terre.

C'est avec raison que le proverbe dit : Venise fait de la nuit le jour ! En effet, à peine avons nous mis le pied sur la Piazetta, que nous la voyons remplie des flots pressés de promeneurs de toutes conditions ; et de cette foule compacte s'échappe des bouffées d'harmonie, qui vous montent au cerveau et vous enivrent. Mais ce ne sont plus les virtuoses ordinaires qui se font entendre ce soir, dimanche. Aux violons, aux hautbois, succèdent les nombreux cuivres d'une musique militaire qui, groupée autour d'un foyer de lumière s'échappant d'un arbre de bronze planté au centre de la Piazza, exécutent tantôt l'ouverture de *Guillaume-Tell*, tantôt la *Lucia*, ou tout autre morceau d'opéra. Il faut le reconnaître : chaque partition est jouée avec une justesse, un ensemble, une verve admirables. Aux jouissances de la musique autrichienne, les *dilettanti* joignent une inimaginable consommation de glaces et de sorbets. Puis l'on va, l'on vient. On rit, on cause, on fume. Ici la lanterne magique montre aux enfants ses ombres chinoises ; là, un improvisateur vous débite d'incroyables impromptus qui font rougir souvent ceux qui en sont l'objet. Enfin, quand cesse le morceau final de la *Banda*, aussitôt reprennent sur tous les tons, et dans tous les coins, les violes et les contrebasses des virtuoses. L'amour des Italiens pour la musique est telle qu'à peine une société de ces musiciens en plein vent a-t-elle fini son concert devant un café, aussitôt elle est remplacée par une autre. Or, à chacune de ces *Banda*, qui quêtent bien entendu, on donne, on donne encore, on donne toujours. Une troisième banda succède à la seconde, et une quatrième à la troisième, et l'on recommence à donner. Il faut dire, par exemple, que c'est toujours la plus jolie, ou au moins la plus avenante des musiciennes qui fait la quête. Alors aussi, les petits marchands circulent et vous fatiguent de leurs : *Signori! Signori! achetez de mes galanteries!* Ils appellent galanteries tous les petits objets qui peuvent s'offrir à une dame. Et la nuit s'écoule dans ce cauchemar charmant, tout de parfums, de fleurs, d'ambroisie, de nectar, d'accords aériens, de chants, de toilettes et de promenades incessantes que l'on nomme : La place Saint-Marc de Venise, le soir!

Telle fut l'une de nos journées à Venise, telle je vous la peins, Madame.

Mais il se fait tard : voici l'aube qui blanchit aux cieux ! Je vous souhaite le bon... jour, et je vais me coucher. Puissé-je continuer à vous écrire, dans un rêve d'or. Cette lettre ne vous en fatiguera pas davantage, et moi, j'y gagnerai de vous parler encore. C'est un bonheur ! Que n'est-il une réalité !

Au revoir, Madame, et jusque-là, veuillez agréer mes hommages et me croire

Votre dévoué et respectueux serviteur,

Valmer.

VENISE.

VIII.

A M. ET Mme BRETIN-PINARD, A NANTES.

Les rues, les places, les traguets, etc. à Venise. — Promenade matinale. — Venise en déshabillé. — Aspects curieux. — Le sestiere della Merceria. — Santa Maria Formosa. — Un drame dans cette Eglise. — Les douze fiancées. — Pirates et Vénitiennes. — Fête delle Marie. — L'orgue gigantesque. — Enterrements à Venise. — L'île des morts. — Le cortége rouge. — San Zanipolo. — Le Panthéon des Doges. — Ce qu'étaient les Venètes.. — La Vénétie. — Où paraît Attila. — Fuite des Venètes dans les Lagunes. — Vénétie de terre ferme et Vénétie insulaire. — Fondation de Venise au milieu des eaux. — Rivo Alto, Rialto. — Constitution civile. — Origine du Dogat. — Les premiers Ducs au Doges. — Conquêtes des Vénitiens. — Emeutes et séditions. — Grand conseil — Quarantie. — Sénat ou Pregadi. — Exploits des Doges. — Puissance, gloire et richesses de Venise. — Mariages des Doges avec l'Adriatique. — Dissentions. — Livre d'Or. — Conseil des dix. — Conspiration de M. Faliero. — Les traîtres mis à mort. — Conseil des Trois. — Inquisition. — Terreur. — Les plombs et les puits. — Le canal Orfanello. — Guerres avec les Génois. — Pisani. — Guerre avec les Carrara, de Padoue. — Le condottiere Carmagnola. — Le Doge Foscari. — Ses malheurs. — C. Cornaro, la reine de Chypre ! — Découverte de l'Amérique. — Décadence de Venise. — Ligue de Cambrai. — Chute. — Bonaparte à Venise. — Tombeaux des Doges. — Le chef-d'œuvre du Titien. — Une rixe de femmes. — Les Scalzi. — Les Frari. — Les Eglises. — Les Scuole. — La Scuola San-Rocco. — Le sestiere della Frezzaria.

Venise, 16 septembre 185...

Vous avez bien voulu me suivre en pensée, l'an dernier, dans mon voyage en Italie, mes chers parents, et vous avez accueilli avec bienveillance les récits d'impressions que j'ai osé vous faire. Je vous en remercie de toute mon âme.

Mais voici l'inconvénient de votre générosité : Les quelques félicitations que vous m'avez adressées m'encouragent à vous écrire pour vous entretenir de mon second voyage, et vous esquisser ces villes que l'on désire connaître, dont on aime à parler et qui vous laissent d'impérissables souvenirs.

Venise est de ce nombre. Elle est admirable par l'amalgame inimaginable de trésors de l'art que l'on heurte à chaque pas; elle est admirable par l'excentricité de sa position unique et l'originalité de sa façon d'être, *canaletti* pour rues, *canale* pour boulevards, *traghetti* pour places ou carrefours, gondoles pour voitures, palais pour demeures ; elle est admirable enfin par la puissance des contrastes qu'elle offre aux regards étonnés : ici, voies royales, places majestueuses, édifices imposants; là, inextricable réseau de petites rues de trois pieds de largeur, de petites ruelles ayant la base dans l'eau et la tête brûlée par le soleil, d'enfilades de maisons au sommet desquelles on voit un sillon bleu qui serpente sur les toits, pendant que vous circulez au fond de ces catacombes ouvertes ; rues, ruelles, enfilades de maisons qui se suivent, se bifurquent, se croisent se coupent, s'écartent, se rapprochent, s'enchevêtrent ; séries d'impasses qui vous forcent à reculer, de *Sotto-Portici* ou passages qui vous effraient ; et de ponts innombrables, à cheval sur les canaletti, mettant toutes les îles en communication, se répétant à chaque pas, vous forçant à gravir péniblement leur ceintre très-prononcé, et offrant aux yeux une telle monotonie, un même aspect si multiplié, qu'on ne sait comment s'y reconnaître, qu'on s'y perd, qu'on s'égare, qu'on marche beaucoup, qu'on s'obstine à retrouver sa route à l'aide de flèches rouges marquetant le pavé, de distance en distance, et tournant la pointe vers le cœur de Venise, la place Saint-Marc: si bien que souvent, après une course frénétique, échevelée, on se retrouve absolument au point du départ, comme dans le labyrinthe antique.

Ici, les rues ne s'appellent plus *Via* comme à Turin et à Rome, *Strada*, *Contrada*, *Corso*, *Stradone*, selon leur plus ou moins de largeur et de longueur, comme à Gênes, à Milan, à Vérone, à Padoue; ou *Vico*, *Vicolo*, etc., comme à Naples, etc. Elles reçoivent différentes dénominations d'après leur nature.

D'abord *Calle* est le nom générique. Mais la calle devient *Lista* quand plusieurs ruelles y aboutissent. C'est une *Salizzada* si elle est longue et se termine à une place. Le *Rio-Terra* est un ancien canal comblé et converti en calle. Excepté la place Saint-Marc, qui est une *Piazza*, et sa petite place une *Piazetta*, comme dans toute l'Italie, à Venise, le *Campo* est le nom d'une place, et *Campiello* celui d'une place moindre. La place est-elle sans issue? on lui donne le nom de *Corte*, et si elle est voisine d'un canal et d'une station de gondoles, c'est alors un *Traghetto*. On nomme *Sotto Portico* le passage sous une arcade qui fait communiquer une calle avec une autre calle. *Fundamenta* veut dire quais. Malheureusement on songe à créer des quais dans la ville et le long des canaux les plus larges, ce qui, un jour, dépouillera Venise de ce cachet pittoresque qui lui est propre. *La Riva dritta* et *La Riva sinistra* des canaux sont le côté droit et le côté gauche, sans quais. Quelquefois ce nom de *Riva* signifie également quai ; ainsi, le quai des Esclavons s'appelle *Riva degli Schiavoni*. Un quartier se désigne par *Sestiere*, auquel on joint le nom de la paroisse, *Parrochia*, ou du pont, *Ponte*. Enfin, les calle, Lista, Salizzada, Rio-Terra, Sotto-Portico, Campo, Campiello, Traghetto, Fundamenta, etc., prennent le nom de *Ramo primo*, *Ramo secundo*, quand ils se subdivisent et se ramifient.

Donc, l'un de ces derniers jours, le coup de canon du port venait de faire osciller Venise sur sa base mobile, et de tous ses clochers s'élançaient en grappes sonores la douce prière de l'*Ave, Maria!* quand je sortis de notre Osteria della Luna, assise sur le Grand-Canal, près de la place Saint-Marc, avec l'intention de m'enfoncer dans le dédale des petites rues de Venise. Je voulais aller à pied, et négliger ce jour-là notre gondole. Mon but était de visiter Santa-Maria-Formosa, d'abord, puis Saint-Jean et Saint-Paul, pour y faire un pèlerinage aux tombeaux des doges, et enfin de voir et d'étudier les plus fameuses des deux cents églises de Venise. Pour ce faire, je traversai la place Saint-Marc, puis le *Campiello degli Leoni*, à l'angle nord-est de la place et de la basilique, et je pénétrai dans l'immense labyrinthe en question.

Déjà sur le môle et sur les divers traghetti que je rencontre, les gondoliers faisant la toilette de leurs véhicules, lavant à grande eau la coque noire des gondoles, brossant le velours ou le drap des felzi, fourbissant les becs de grue de leurs proues, battant les coussins de cuir des cabines, pour les boursoufller, en un mot, s'escrimant de leur mieux. Les porteuses d'eau, leurs marmites de cuivre en équilibre sur l'épaule, vont et viennent des citernes du palais ducal aux maisons, et des maisons aux citernes. Sur les canaux circulent les nacelles, apportant de la terre ferme leurs lourdes charges de veaux et de moutons, décapités net, non dépouillés, et saignant à faire reculer d'épouvante ; de volailles et de légumes ; de fleurs et de fruits, de bois et de charbon ; de poissons de mer, *frutti di mare*, et de boissons de terre ; enfin de cuves de vin ouvertes, et ballottant leur liquide empourpré.

Dans les calle, les boutiques sont ouvertes. A l'intérieur, la ménagère s'empresse de tout mettre en ordre; à l'extérieur, on dispose les marchandises de manière à les faire valoir et à tenter la convoitise du chaland. Mille odeurs nauséabondes sont chariées par le courant d'air humide de ces couloirs que l'on nomme calle. En voilà de si étroits, qu'en m'écartant avec un peu d'effort, j'ai la jambe droite dans une *Farmacia*, et la jambe gauche dans celle d'un friturier. Pouah ! quelle odeur ! Dire qu'il y a de ces fritureries dans chaque ramo. Cela se conçoit, le peuple de Venise vit de friture. La friture entretient l'existence, sans donner les ennuis de la cuisine. Avez-vous faim? Voici des pates, voici des beignets, voici du poisson frit qui vous attendent, qui vous appellent, qui s'annoncent à vous par leur... parfum. Avez-vous soif? comptez-vous pour rien ces pastèques juteuses, aqueuses, savoureuses, à l'écorce verte si agréable à l'œil, et aux tranches roses, rouges, jaunâtres, qui vous montrent leur chair fraiche et leurs dents blanches ? Choisissez. Avec la pastèque vous avez surtout à boire ! Voilà une alimentation facile et peu coûteuse. Avec un swandziger, vous faites un repas homérique. Jugez comme l'indolence vénitienne s'accommode de cette cuisine toujours sous la main.

Il est, d'autre part, un système qui économise la locomotion. Un panier descend tout seul d'un troisième ou d'un quatrième étage, à l'aide d'une cordelette. Regardez d'où part le *psitt!* qui siffle d'en haut, et vous verrez une jolie tête blonde, gracieusement attachée à de belles épaules par un cou élégant. C'est une Vénitienne qui fait signe au marchand. Celui-ci met toute une cargaison dans la manne légère : citrouille, concombres, fruits, voire du poisson et des épices. Un *psitt*, parti d'en bas, répond au psitt d'en haut, et vogue la nacelle ! La provision du matin remonte à la mansarde ou au quatrième étage.

Dans le *Sestiere della Merceria*, parmi des étalages d'étoffes du Levant des contrées occidentales, d'éventails, de ganterie, de parfumeries, de verroteries et de cristaux, de comestibles de toutes sortes, épices et pales, confitures sèches et liquides, liqueurs et boissons, je compte surtout bon nombre de boutiques, affectées à la rente des billets de loterie. Le peuple de Venise aime les chances émouvantes de la loterie. Pour le séduire davantage, sur les devantures de ces boutiques, les numéros gagnants des dernières semaines sont exposés aux regards dans de brillantes auréoles de papier doré : puis, afin de mieux tenter la vieille femme ou le paresseux lazzarone, par l'espoir d'un gain assuré, les numéros, non écoulés encore, sont signalés comme les meilleurs, comme les numéros destinés à un succès infaillible. Dans tous ces magasins et dans toutes ces boutiques, entre deux petites lampes fumeuses, on voit invariablement attachée à la muraille du fond, plus ou moins richement encadrée, objet d'art quelquefois, plus souvent simple image enluminée digne de la fabrique de Pèlerin, à Epinal, la Madone avec son divin Enfant. Il n'est pas jusqu'aux loteries qui ne possèdent, avec plus de luxe peut-être, ce saint emblème de l'amour et de la foi.

Enfin, après les calle pleines de vie, d'animation et de foule, viennent les calle désertes, dont les portes majestueuses restent fermées. Ce sont les demeures des banquiers, des agents de change, des hommes d'affaires. Puis un canal succède à un canal, un pont à un pont, un soldat solitaire à un prêtre pensif, et bientôt j'arrive au Campo que décore l'église que je cherche.

Le nom de *Santa Maria Formosa* semble devoir appartenir à une belle église. En effet, construite en 1492 sur les restes d'une ancienne basilique, cette chiesa fut rebâtie sur les modèles des belles œuvres de *Sansovino*. A part un tableau à six compartiments, dont le milieu représente sainte Barbe, une œuvre capitale de *Palma-le-Vieux*, et une autre peinture de *B. Viramini*, cette église n'a rien qui puisse fixer long-temps le touriste (1). Mais un souvenir historique m'y appelle. Ce souvenir, le voici :

C'était la coutume, à Venise, que tous les mariages arrêtés entre les principaux habitants se célébrassent le même jour avec une pompe à laquelle prenaient part tous les corps constitués de la République. Mais comme les fortunes n'étaient pas égales dans la ville, on décréta que, chaque année, douze jeunes filles, choisies parmi les plus pauvres, mais les plus vertueuses et les plus belles, seraient dotées aux frais de l'État, et conduites à l'autel par le doge en costume. On poussa la délicatesse jusqu'à les parer d'or, de perles et de diamants, afin que l'amour propre de ces rosières ne fût point humilié par la riche toilette des autres fiancées. Alors, la veille de la Chandeleur, des gondoles élégamment ornées, et montées par les couples qui devaient être unis, se dirigeaient vers l'*île San-Pietro di Castello*, où le Patriarche faisait sa résidence, près de sa Cathédrale, pour l'inviter à venir bénir les mariages, le lendemain, à l'église Santa Maria Formosa, dans la petite *île d'Oliveto*, voisine de San-Pietro. De tous les quartiers de la ville, les parents et les amis des fiancés leur faisaient cortège, et la foule, se pressant sur le quai des Esclavons, accueillait de ses cris joyeux chaque embarcation qui passait. En l'an 944, *Candiano III*, étant doge, des pirates de l'Istrie, instruits de cet usage, eurent la hardiesse de venir se cacher, pendant la nuit, au milieu des îlots qui entourent l'île d'Oliveto, puis, au moment où les fiancés entraient dans Santa Maria Formosa, ils traversent à la hâte le canal qui entoure l'île, fondent sur les jeunes filles, que leurs amis désarmés ne peuvent défendre, les emportent sur leurs barques, et forcent de voiles pour s'éloigner. Le doge Candiano était présent. A la tête des époux éplorés, il parcourt la ville et appelle les Vénitiens à la vengeance. Les

---

(1). *Palma*, dit le *Vieux*, peintre de l'école vénitienne, naquit près de Bergame, en 1548, et mourut en 1574. Il se forma sur les ouvrages du *Giorgione*. Nombreux ouvrages.

Casserelli, les menuisiers, si vous aimez mieux, qui formaient la principale population de l'île d'Oliveto, fournissent bientôt le plus grand nombre de barques. On s'élance à la poursuite des ravisseurs, qu'on atteint dans les *Lagunes de Caorlo*, en un petit port, qui prit à cette occasion le nom qu'il a conservé, de *Porto delle Donzelle*, le Port des Pucelles. En quelques instants, les belles captives sont délivrées, sauvées avec leurs *arcelles*, le coffret renfermant leur dot, et les pirates sont taillés en pièces.

» La Fête *delle Marie*, c'est-à-dire des Vierges, à laquelle donna lieu le retour des fiancés, et leur aventureux hymen, dit M. Valéry, dans ses *Curiosités Italiennes*, s'est célébrée annuellement à Santa Maria Formosa, jusque dans les derniers temps de la République. Mais alors il n'y avait plus de mariages : le doge se rendait simplement à l'église avec la seigneurie ; le curé allait à leur rencontre, et leur offrait, au nom de ses paroissiens, des chapeaux de paille dorés, des flacons de vin de Malvoisie et des oranges.

« L'origine de ces présents est une scène touchante du moyen-âge. Après la délivrance des fiancées, on offrit aux menuisiers la récompense qu'ils pourraient désirer. Ils sollicitèrent seulement du doge l'honneur de le recevoir dans leur paroisse, le jour de l'anniversaire du rapt. Le doge, frappé d'un tel désintéressement, et voulant leur donner occasion de demander davantage, feignit d'élever des difficultés sur la possibilité de sa visite, et avec la naïveté du temps, il leur dit :

— Mais, s'il venait à pleuvoir ?

— Nous vous donnerions des chapeaux pour vous couvrir ! répondirent-ils.

— Et si nous avions soif ?

— Nous vous donnerions à boire, ajoutent les *Casserelli*.

» Les douze cuirasses d'or garnies de perles, qui, jadis, composaient la parure des fiancées, n'existent plus : elles furent vendues, en 1797, afin de pourvoir aux pressants besoins de l'époque. Les perles, gardées avec soin au trésor pendant l'administration française, ont servi depuis à payer l'entretien de l'église Saint-Marc, et sont passées dans les écrins des grandes dames de Vienne, qui ne les ont pas achetées trop cher. Ainsi ont disparu jusqu'aux dernières traces de la fête nationale et poétique *delle Marie*... »

Deux ou trois canaux, autant de ponts, une salizzada et cinq ou six calle me séparent à peine de l'église Saint-Jean et Saint-Paul, seconde station de ma promenade matinale. Je les aurais franchis en quelques minutes, si je n'avais été subitement retenu au sommet d'un pont par de bruyants accords qui m'annonçaient de loin le passage de quelque régiment autrichien. J'attends donc comme un dieuterme. La musique militaire a toujours eu mes plus tendres sympathies : il suffit de quelques tambours pour éveiller mes instincts belliqueux. Toutefois je me demande comment un régiment de soldats hongrois peut circuler librement dans ces étroites calle, ou naviguer en gondoles. Cependant les fenêtres s'ouvrent de toutes les maisons, même des plus désertes en apparence, et de partout se montrent des têtes jeunes et fraîches, graves et sévères, regardant sur le canal qui fait le coude à quelque distance. Que signifie cette bruyante musique, et d'où vientelle ? J'ai bientôt le mot de l'énigme. Voici paraître au tournant du canal, sur un bateau plat, lentement conduit par deux rameurs à la poupe et par un autre à la proue, un orgue de Barbarie des plus gigantesques, et haut comme une pyramide. Paris tout entier s'assemblerait pour voir un tel prodige, et ses notes colossales seraient entendues dans toute l'étendue de notre Champ-de-Mars. Cet orgue monstre forme un orchestre complet et des mieux composés. Rien n'y manque, pas même la grosse-caisse, le tambour roulant, les cymbales, les tymballes ou le chapeau chinois. Pourquoi ne vous l'avouerais-je pas, ma bonne cousine ? je prends goût à cette étrange et grandiose musique, que suit un nombreux cortége de gondoles et de barques chargées de dilettanti. Aussi je laisse venir le bateau, je le laisse passer, je le salue de quelque monnaie, je le laisse s'éloigner, et j'écoute encore ses mélodies lointaines alors qu'il a disparu. Puis après m'être délecté un quart d'heure, comme un Italien, des accords de cette mécanique ambulante, je me dirige enfin vers l'église qui m'appelle.

Mais alors, c'est un spectacle d'un genre différent et des plus funèbres qui m'arrête une seconde fois, à la porte même de la maison de Dieu. Je veux parler d'un enterrement. Oui, c'est bien un enterrement, car voici la croix, les chandeliers, les prêtres, puis la bière, une bière rouge, que portent des croque-morts, vêtus de rouge, suivis d'assistants en rouge qui sortent gravement du temple. On croirait voir un cortége de bourreaux conduisant leur victime au lieu du supplice.

La procession rouge s'achemine vers le canal le plus proche, et celui-là n'est pas loin. Là, le porte-croix, ses acolythes et le clergé descendent dans une barque rouge; le défunt est casé dans une gondole rouge, avec ses porteurs et les suivants, et alors la flottille tourne la proue vers l'une des îles qui avoisinent celle de Murano. A Venise mouillée par les lagunes, il fallait un cimetière mouillé par les lagunes. C'est là que dorment les morts, un peu dans l'eau sans doute. Puisse l'accueil du Seigneur être moins amer à leurs âmes que l'onde de la mer à leurs corps !

Saint-Jean et Saint-Paul, que les Vénitiens, dans leur gracieux dialecte, nomment tout simplement *San-Zani-Polo*, n'est à proprement parler qu'un Panthéon de Doges. Les Doges et les Grands-Hommes de la république ont, presque tous, leurs tombeaux dans cet édifice, « où on est choqué, dit M. Valery, de voir l'homme occuper tant de place dans la maison du Seigneur... » L'architecte de cet édifice est inconnu : on sait seulement qu'il fut commencé en 1240. Malheureusement, la façade de briques du dehors ne répond en rien aux magnificences du dedans. Arrêtée dans ses grandes œuvres, par ses désastres, la Sérénissime République n'a pas eu le temps, selon ses intentions, de revêtir le portail de marbre et de colonnes, de sculptures et de bossages. Toutefois la porte est achevée.

Mais, à l'intérieur, quel riche musée que cette église ! Tout d'abord, en pénétrant dans ce Wesminster, faut-il habituer ses yeux à cette mystérieuse obscurité qui la remplit comme une catacombe. Puis quand le regard commence à percevoir les objets, faut-il ne pas se laisser éblouir par tous les genres de magnificence qui vous entourent, vous saisissent, vous appellent et vous convient.

C'est ici, ou jamais, que pour visiter, comme il convient, les merveilles de ce Panthéon, est requise la connaissance de l'histoire de Venise. Permettez-moi donc, mes chers parents, de vous en tracer ici une rapide analyse :

Il est constant, selon *Tite-Live*, qu'après la ruine de Troie, *Anténor*, un de ses princes infortunés, à la tête d'une troupe nombreuse de *Hénètes* ou *Vénètes*, chassés de la Paphlagonie par une sédition, et privés de leur roi Pylémène, mort sous les murs d'Ilion, pénétra jusqu'au fond du golfe Adriatique, et que, chassant devant eux les Euganéens établis entre la mer et les Alpes, les Vénètes, réunis aux Troyens, prirent possession de leur territoire. Pline, Justin, Virgile,

Ovide, Strabon, rapportent et confirment la même tradition. Le comte *Figliali*, qui a composé un savant ouvrage sur les origines de Venise, démontre que ces Venètes habitèrent non-seulement cette province que l'on appela depuis Etats Vénitiens de Terre-Ferme, ou *Venetia Prima*, mais encore les îles disposées sur les lagunes, ou *Venetia Secunda*. La nature du sol déterminant dans chacune de ces deux contrées la vocation de leurs habitants, les uns cultivèrent leurs riches plaines, les autres s'adonnèrent à la navigation et au commerce. Ce fut chez les Venètes de Terre-Ferme, dit Strabon, que Denys, tyran de Syracuse, établit son haras pour les chevaux qu'il destinait à disputer le prix des Jeux Olympiques; en sorte que la race des poulains venètes fut long-temps célèbre chez les Grecs. Accoutumés bientôt aux douceurs de la paix, les Venètes, d'alliés qu'ils étaient d'abord, devinrent sujets des Romains, sans même chercher à défendre leur indépendance. Alors, incorporés à la Gaule-Cisalpine, devenue province romaine, ils jouirent, après la guerre sociale, du droit de cité que leur accorda Jules-César.

Mais si le sort de la Vénétie fut heureux et tranquille pendant long-temps, elle devait payer plus tard les jours de paix qui lui avaient été donnés. Déjà plus d'une fois, sous les Césars, les prétendants à l'Empire avaient choisi ses plaines comme champs de batailles, et lorsque, vers la décadence de la puissance romaine, les Barbares, ayant franchi la barrière du Danube, descendirent des Alpes Juliennes en Italie, ce fut la Vénétie qui s'offrit la première à leurs coups.

Toutefois, le sort de ses deux territoires fut loin d'être le même. Tandis que la Vénétie Seconde ou les îles des lagunes, qui s'occupait de la pêche, du cabotage ou de la production du sel, échappait aux vainqueurs, les riches cités de la Vénétie Première ou de la Terre-Ferme, Aquilée, Padoue, Vérone, étaient ravagées, décimées par le fer ou le feu. Telle fut la cause de la fondation de Venise.

En effet, lorsqu'en 452, *Attila* accourut se venger du mépris que Valentinien faisait de son alliance en portant la flamme dans Aquilée, dans Altinum, dans Concorelia, dans Padoue, les habitants, épouvantés, se réfugièrent sur les îlots qui s'élevaient au sein des lagunes. Déjà l'un de ces îlots contenait la bourgade de *Rivo-Alto*, devenu plus tard le *Rialto*. Elle fut alors le centre autour duquel rayonnèrent les nouvelles habitations nécessitées par ce surcroît de population, et bientôt plusieurs îlots, réunis entre eux par des jetées ou des ponts, ne formèrent plus qu'une seule cité. Puis, lorsqu'Attila se retira vers la Pannonie, les nouveaux habitants des îles n'abandonnèrent pas tous l'asile qui venait de les dérober aux désastres de l'invasion. Les agriculteurs retournèrent cultiver les plaines fertiles du continent, il est vrai, mais les familles patriciennes restèrent au milieu des lagunes. De là, les deux classes qui formèrent la nation vénitienne; d'une part, la noblesse faisant remonter son origine jusqu'aux familles les plus illustres du patriciat romain; de l'autre, cette race de navigateurs hardis descendant des premiers habitants de la Vénétie insulaire.

L'histoire de Venise, au début du moyen âge, participe de la sécheresse et de l'obscurité des chroniques du temps. On sait cependant que sous le règne de Justin l'Ancien, de 518 à 527, les Esclavons s'étaient emparés de la Dalmatie et qu'adoptant les mœurs des anciens Illyriens, ils se livraient à une piraterie continuelle. Montés sur des barques fragiles, ils traversaient l'Adriatique pour aller ravager la côte italienne. Mais ces mêmes Vénètes qui s'étaient enfuis devant les hordes d'Attila, enhardis par l'habitude de la mer, résistèrent victorieusement aux attaques des forbans esclavons, et, les attaquant à leur tour, ne cessèrent de les poursuivre jusqu'à ce que la Dalmatie tout entière se fût soumise à leurs armes.

Puis, quand les Lombards vinrent, à leur tour, en 568, venger sur la malheureuse Italie la tyrannie que Rome avait exercée si long-temps sur l'ancien monde, leur invasion eut pour Venise un double avantage, celui d'augmenter la population de ses îles par une émigration nouvelle d'abord, ensuite de leur procurer un clergé indépendant. Car, le patriarche d'Aquilée, l'évêque de Concordia et celui de Padoue, fuyant l'Arianisme qu'apportaient avec eux les conquérants, fixèrent leurs siéges dans les îles restées fidèles à la foi orthodoxe.

Ce fut en 697, que la constitution civile vint achever l'œuvre qu'avait commencée déjà la constitution religieuse. Tous les habitants de la Vénétie insulaire, patriciens, citoyens, clergé, s'assemblèrent à Héraclée, résolus à placer au-dessus des *Tribunes*, qui jusqu'alors avaient isolément gouverné chaque îlot, un chef suprême auquel ils confièrent le pouvoir et le titre de *Duc* ou *Doge*,

Le patricien, revêtu de l'autorité du Dogat, tout en respectant les décisions des assemblées nationales, devait réunir tous les droits d'un pouvoir exécutif fortement constitué. Disposant des emplois, maître de faire la paix ou de déclarer la guerre, il dirigeait les forces communes de la nation contre les ennemis du dehors, ou contre les factions au dedans. C'était par son ordre que les assemblées ecclésiastiques avaient lieu. L'élection des prélats se faisait par le concours du peuple et du clergé ; mais ils recevaient l'investiture du doge et n'étaient intronisés que par son ordre. Avec toutes ces prérogatives royales, et en face d'une autorité aussi absolue, comment Venise pouvait-elle arborer le titre fastueux de République ? Cela se conçoit peu.

Plus tard, la monnaie fut frappée au nom du doge, mais le lion de Saint-Marc remplaça toujours ses armoiries. D'autre part, le doge ne pouvait choisir d'épouse qu'à Venise. En entrant en charge, il devait aussi se fiancer solennellement avec l'Adriatique, comme symbole de la puissance de Venise par la mer. Enfin, sous le dogat de Lorenzo Tiepolo, alors que le siège du gouvernement eût été transféré à Venise après sa nomination, on commença à porter le doge en triomphe, assis sur sa chaise ducale, autour de la place Saint-Marc. Le privilége de porter ainsi le doge sur leurs épaules fut accordé aux marins et aux ouvriers de l'arsenal. Ces divers usages, consacrés pour l'avenir, devinrent l'origine de fêtes brillantes qui donnèrent un grand renom et un vif éclat à Venise.

Cette suprème magistrature, conférée à vie, fut donnée pour la première fois à *Paoluccio Anafesto*, d'Héraclée.

Le siége du gouvernement était alors à Malamocco.

Ce premier doge usa de son autorité pour calmer les esprits surexcités par les prétentions jalouses des tribunes humiliées, pour repousser les Esclavons et les Lombards, et assurer les limites du territoire vénitien contre toute aggression ultérieure.

Toutefois Venise vit naître quelques orages dans le sein de sa jeune république. De brillants succès, sur terre et sur mer, signalèrent le règne vigoureux de ses premiers doges; mais *Urse*, qui occupa le trône ducal en 726, ayant abusé de son pouvoir, le peuple assaillit son palais et l'égorgea. Le dogat fut aboli et remplacé par un magistrat annuel sous le titre de *Maître de la Milice*. Puis, peu après, une seconde révolution rétablit le dogat, et, chose digne de remarque ! ce fut le fils du même Urse, dont la tyrannie avait fait abolir le gouvernement, qu'on élut pour doge.

Bientôt Charlemagne ayant renversé la domination lombarde, Pépin le Bref, son fils, devenu roi d'Italie, voulut soumettre les Vénitiens. Il détruisit Héraclée, s'empara de Chioggia et de Palestrina, puis menaça Malamocco. Mais *Participazio Angels*, l'un des nobles, détermina ses concitoyens à le suivre sur l'île de Rialto, entourée de bas-fonds, d'où il fit brûler la flotte du roi Frank, qui s'y était engagée.

C'était en 809. Depuis ce moment, Rialto devint la capitale de l'Etat. On réunit par des ponts les cent vingt îles dont elle était entourée, et le nom de *Venetia*, en italien *Venezia*, *Venise* en français, nom qui désignait toute la république, lui fut donné. Ce souvenir de Rialto subsista néanmoins et se perpétue dans le nom de Rialto, laissé au pont qui fait communiquer les deux côtés du grand canal. Le palais ducal fut alors élevé sur la place où il se trouve aujourd'hui, et qui devint la place Saint-Marc, depuis que le corps de cet Evangéliste, secrètement enlevé d'Alexandrie, fut déposé dans l'église qui en fait la principale décoration.

Alors le vingt-sixième doge, *Pierre Urscolo II*, jeta les fondements de la puissance maritime de la patrie. En 997, il soumit la ville de Narenta, dont les habitants infestaient depuis long-temps la mer Adriatique par leurs pirateries. Puis, vers 1025, *Pierre Candiano III* étant doge, ce fut le tour des forbans de l'Istrie d'être châtiés, lors de l'enlèvement des fiancées au moment de leur bénédiction nuptiale, à Santa-Maria Formosa, comme je vous l'ai raconté tout-à-l'heure, mon cher cousin. Alors toute la côte illyrienne, Zara, Salone, Sebenigo, Spalatro, Belgrade, Raguse, etc., reconnurent la suprématie de Venise.

Dès que les Vénitiens se virent maîtres de l'Adriatique, ils portèrent au loin leur pavillon et étendirent leur commerce jusque sur les côtes les plus orientales de la Méditerranée, d'où ils enlevèrent les richesses artistiques qui furent constamment employées à décorer les monuments de Venise. Mais dans l'Orient, ils trouvèrent dans les Musulmans des rivaux, et, plus encore, des ennemis. Aussi voyons-nous bientôt les Vénitiens seconder de tous leurs efforts les Croisades, qui, sans doute, satisfaisaient leur sentiment religieux, mais aussi ne nuisaient pas à leurs intérêts. Non contents de transporter les Croisés sur leurs vaisseaux, ils se chargèrent d'approvisionner leur armée, et plus d'une fois joignirent victorieusement leurs armes à celles des chevaliers accourus de tous les points de l'Europe à la conquête du Saint-Sépulcre.

Dès la première croisade, deux cents vaisseaux vénitiens, commandés par le fils du doge *Vital Michieli I*, s'emparèrent de Smyrne, et concoururent à la prise de Jaffa. Aussi Venise reçut des priviléges à nul autre pareils.

Mais dans une guerre avec l'empereur Manuel, le doge *Vital Michieli II* ayant laissé périr par la peste la plus belle flotte que Venise eut encore armée, il éclata dans la ville une telle sédition, que le doge imprévoyant fut cruellement mis à mort par le peuple irrité, en 1173.

A cette époque, l'autorité du doge dut reconnaître des limites. Deux conseillers lui furent adjoints, sans lesquels il ne put prendre aucune détermination. En outre, dans les affaires majeures, il dut appeler à sa délibération dix notables de son choix, ce qu'on appela le *Consiglio degli Pregadi*, le Conseil des Invités. Puis un conseil de quatre cent quatre-vingt-cinq citoyens pris parmi les *six sestiere* de la ville, exerçant conjointement avec le doge l'autorité souveraine, devint le *Grand Conseil*. Enfin, quelques années après, on enleva au doge la juridiction criminelle pour la confier à la *Quarantie*, tribunal composé de juges tirés du Grand Conseil.

Lors de la ligue de Lombardie contre Frédéric Barberousse, les Vénitiens équipèrent une flotte qui battit celle de l'empereur. Puis après, sous le dogat de *Sébastien Zani*, premier doge nommé depuis la création du Grand Conseil, Venise, qui se tenait en dehors de la querelle des guelfes et des gibelins, comme de celles des pontifes et des empereurs, à l'endroit des investitures, reçut dans ses murs le pape Alexandre III, qui venait, comme sur terrain neutre, y traiter de la paix avec Barberousse. Le 24 juin 1177, les deux souverains se rencontrèrent sous le vestibule de la basilique de Saint-Marc, où les conduisaient en pompe le doge, le patriarche, toute la noblesse et le clergé. Dès que Frédéric aperçut le souverain pontife, il détacha son manteau et se prosterna devant lui. Puis, la réconciliation terminée, toute l'assistance entonna un solennel *Te Deum*. En reconnaissance de cette mémorable journée, le pape offrit au doge un anneau d'or, comme symbole de sa suzeraineté sur la mer Adriatique. Ce fut là ce qui donna naissance à la singulière idée de faire épouser tous les ans cette mer au doge, qui jetait un anneau dans les flots, afin d'apprendre au monde que la mer est soumise au doge de Venise, comme la femme est soumise à son mari.

Bientôt Innocent III faisant prêcher, en 1198, une nouvelle croisade par Foulques de Neuilly. *Henri Dandolo*, quarante-unième doge de Venise, âgé de 94 ans, parut alors à la tribune de gauche du chœur de Saint-Marc, et, de là, sollicita et obtint du peuple le droit de commander une flotte vénitienne qui marcherait avec les croisés. Dandolo, malgré son grand âge, « car vieil homme il était, dit un auteur du temps, et quoiqu'il eût les yeux beaux en la tête, si n'en voyait-il goutte, que perdue il avait la vue par une plaie venue en son chef, » Dandolo, dis-je, arrivé sous les murs de Constantinople, pendant que les Français attaquaient la ville par terre, rangea la flotte sur une seule ligne, et se porta avec une telle vigueur contre les remparts, balayés par les flèches de ses arbalétriers, qu'il planta l'étendard de Saint-Marc sur la muraille et s'empara de la ville.

Mais à cette même époque, *Pietro Zani* étant doge à la place de Dandolo, mort à Constantinople en 1205, Venise trouve une puissante rivale dans Gènes, à qui elle a enlevé le monopole du commerce entre l'Asie et l'Europe. Aussi des luttes commencent avec une énergie qui ne s'arrêtera pas de long-temps. Mais l'effet important de ces guerres incessantes est le changement qu'elles produisent dans la politique vénitienne. Jusque-là Venise est demeurée le plus souvent indifférente aux querelles des guelfes et des gibelins; et si quelquefois elle a pris parti, comme dans la croisade, contre Esselino, le tyran de Padoue, c'est pour le pape contre l'empereur. Or sa haine contre les Génois qui lui ont enlevé l'église de Saint-Saba, à Saint-Jean-d'Acre, et qui lui ont brûlé ses magasins à Tyr, porte les Vénitiens à embrasser désormais la cause des gibelins, puisque Gènes est guelfe. En outre, en 1295, sous le dogat de *Pietro Gradenigo*, quatre galaires vénitiennes ayant été prises par sept bâtiments génois dans les mers de Chypre, *Spinola*, un amiral génois, bat encore les Vénitiens à la hauteur d'Ajaccio. Puis la Canée, un établissement vénitien de l'île de Crète, est incendié. Alors grande colère de Venise ! Une flotte est armée en hâte. *Andrea Dandolo* s'avance contre *Lamba Doria*, sur l'Adriatique. La rencontre a lieu près de l'île de Corzola ; mais les Vénitiens sont battus, Dandolo est fait prisonnier, et la flotte est brûlée. Que faire? Accepter la paix. Elle est signée en 1299.

Cependant le doge, Pietro Gradenigo, dont l'élection n'a été acceptée qu'avec peine par le peuple, conserve un profond ressentiment contre la bourgeoisie. Il veut la priver de l'espoir d'arriver jamais à faire partie du Grand Conseil. N'osant pas décréter l'hérédité du titre de conseiller, il fait décider du moins que l'on ne procèdera à son renouvellement qu'en cas de forfaiture. Puis il décide que tout membre des familles patriciennes peut y entrer de droit à l'âge de vingt-cinq ans.

Un décret ordonne alors que la Quarantie ouvrira un registre, que l'on appellera le *Livre d'Or*, où chaque personne réunissant les nouvelles conditions d'éligibilité sera tenue de se faire inscrire. C'est une pairie héréditaire et immobilisée dans un certain nombre de familles.

Bon nombre de patriciens se trouvent alors exclus de la part du pouvoir à laquelle ils croyaient avoir des droits par leur naissance. Ils unissent donc leur essentiment à celui du peuple, et forment le projet de s'emparer du palais ducal, de tuer le doge et de donner à l'État une constitution nouvelle. Mais la conspiration est connue de Gradenigo, la veille même de son exécution. Il sait qu'on se réunit en foule au palais de *Boemond Tiepolo* et de *Guerini*, les premiers chefs de la sédition. La prévenir n'est plus possible. Toutefois des mesures sont prises et on fortifie les petites rues qui débouchent sur la place Saint-Marc. Le lendemain, au lever du soleil, un de ces violents orages, qui sont si fréquents en Italie au mois de juin, vient retarder la lumière du jour impatiemment attendue. Le tonnerre, la pluie, l'obscurité jettent quelque désordre parmi les conjurés. Cependant ils attaquent des postes isolés, brûlent les archives d'un tribunal, pillent un grenier public et les boutiques voisines. Puis, nonobstant cet orage, ils se mettent en marche. Tiepolo commande une division, et Guerini l'autre. La division de ce dernier débouche sur la place Saint-Marc. Mais quel n'est pas l'étonnement des factieux, lorsqu'ils la trouvent occupée. Aussitôt on se bat avec fureur. Les troupes du doge, fortement retranchées, repoussent toutes les attaques; et les assaillants, gênés par leur nombre, dans les rues étroites qui aboutissent à la Piazza, font de telles pertes qu'ils doivent enfin se retirer vers le pont du Rialto, où ils se retranchent à leur tour. Mais content de sa victoire, le doge ne veut pas les poursuivre. Il lui suffit de les déterminer à sortir de la ville, sous la condition de ne plus y rentrer. C'était le 13 juin 1370, qu'avait lieu cette bataille sanglante.

Aussitôt on institua un nouveau conseil, le *Conseil des Dix* ! Il est revêtu d'un pouvoir dictatorial, avec le droit de poursuivre et de punir les délits commis par les nobles, au moyen d'une procédure secrète et inquisitoriale, dans laquelle les témoins ne seront ni nommés, ni confrontés avec les coupables. Élu d'abord pour deux mois, ce conseil va subsister pendant cinq cents ans. Ainsi, les patriciens sont contraints de sacrifier leur liberté politique, et même leur indépendance personnelle, sous le coup de la police la plus ombrageuse et la plus terrible, qu'ils avaient prétendu diriger contre le peuple seul.

Mais voici bientôt surgir d'autres évènements aussi graves. *Marino Faliero* monte sur le trône ducal, le 11 septembre 1364. Il a pour épouse une femme jeune et belle, dont il est jaloux à l'excès. Un patricien, *Mikaeli Steno,* l'un des chefs de la *quarantie criminelle,* s'étant pris de querelle avec le doge, écrit sur les murs du palais une phrase injurieuse (1). Le vieux Falieri dénonce Steno. On le punit. Mais Faliero est loin d'être satisfait. Il veut se venger, se venger contre Venise tout entière. L'amiral du port, maltraité par un noble, lui demande justice. Faliero répond en déplorant son impuissance, l'abaissement du dogat, et en insinuant ses désirs de vengeance. Dès ce moment, une conjuration est ourdie. Quinze chefs principaux s'affilient chacun soixante conjurés. Tous doivent, au premier son de la cloche d'alarme de Saint-Marc, qu'on ne sonne jamais sans l'ordre du doge, marcher en armes vers la place, en occuper toutes les avenues, et mettre à mort les membres du Grand-Conseil à mesure qu'ils viendront s'informer, au palais, de la cause du signal d'alarme, qui ne doit pas

---

(1) Marin Falieri dalla bella moglie
Altri la gocte edegli la mantione.

cesser de retentir. La nuit du 15 décembre 1355 est fixée pour l'exécution du complot. Mais la veille, l'un des conjurés, soit ignorance du véritable but de la conspiration, soit repentir, vient révéler quelques détails à Nicolo Lioni, l'un des membres du Conseil des Dix. Aussitôt celui-ci se rend chez le doge. A son récit, Faliero se trouble : ses réponses, son hésitation semblent un aveu tacite. Le conseil fait arrêter sur le champ ceux des complices dont il a les noms; la torture leur arrache l'aveu complet du crime. Alors le doge est gardé à vue dans son palais. Le Conseil des Dix, composé en réalité de seize personnes, les conseillers *noirs* ou les dix et les six conseillers *rouges* formant le petit conseil du doge, s'adjoint vingt patriciens des plus anciennes familles, et forme un tribunal qui prend le nom de *Giunta*. On y appelle aussi les chefs de la Quarantie criminelle, les Avogadors, magistrats chargés de l'exécution des lois, les Seigneurs de nuit et les cinq Juges de Paix : tous s'accordent à prononcer une peine capitale. En effet, le 17 avril 1355, sur l'escalier ducal, à l'endroit du palier qui prend le nom d'*escalier des géants*, et au lieu même où le doge a prêté serment de fidélité à la république, lors de son intronisation, l'infortuné Marino Faliero est décapité, les portes du palais étant fermées. Mais aussitôt que la tête à barbe blanche est tombée, et roule sanglante sur les degrés de marbre, un membre du Conseil des Dix saisit la hache du bourreau, se met à une fenêtre du palais, la brandit toute fumante devant le peuple et s'écrie :

— Le traître a reçu son châtiment !

Alors les portes sont ouvertes sur le môle, et la foule se précipite vers l'escalier, pour contempler les restes de celui qui fût le doge. La populace qui stationne en face de la Porta della Charta se rue à son tour dans la cour, et sur les marches rougies, pour jouir du même spectacle. Puis le sénat de Venise fait remplacer le portrait de Marino Faliero, qui se trouve avec ceux de ses prédécesseurs dans la salle du Grand-Conseil, par un voile noir, couvert de cette inscription :

Hic est locus Marini Falieri decapitati pro criminibus.

Plus de quatre cents personnes sont emprisonnées, et punies comme complices du doge (1) ; et cependant la terreur est à peine à son début !

Il advient bientôt que le Grand-Conseil, effrayé des empiètements d'autorité du Conseil des Dix, essaie, mais envain, de le briser. Au contraire, le Conseil des Dix forme dans son sein un triumvirat terrible, qui prend le titre de *Conseil des Trois* ou *Inquisiteurs d'Etat*. Cette nouvelle création a lieu sous le dogat de *Agostino Barbarigo*. L'histoire n'offre rien de semblable à la sévérité, ou plutôt à la cruauté que déploient ces nouveaux magistrats dans l'exercice de leur pouvoir, devant lequel s'éclipse celui du Conseil des Dix. Ils recherchent les faux monnayeurs, préviennent les séditions, jugent les crimes d'Etat, commis dans la ville et les provinces de terre-ferme. Les lieutenants des villes, généraux, provéditeurs, dépendent surtout des Inquisiteurs d'Etat, dont la juridiction est plus redoutable aux patriciens qu'au peuple. Ils inspirent tant de terreur qu'on n'ose pas même prononcer leur nom. Ils accusent, jugent, condamnent et font exécuter en secret, sans rendre compte à personne. C'est alors le règne des fameux *Plombs*, des terribles *Puits*, des supplices au-delà du *Pont des Soupirs*, des noyades dans le profond *Canal Orfanello*, et des strangulations nocturnes dans le *Cachot Noir*. On tremble dans Venise ; on tremble hors de Venise. On abandonne, on renie quiconque tombe sous la griffe du Conseil des Trois. Il ne faut pour cela que la plus légère accusation. Dans une des salles du Palais-Ducal, — et nous avons visité, examiné, étudié tous ces endroits redoutés et redoutables, mes chers amis, — dans une des salles du Palais-Ducal, espèce d'antichambre du conseil, et lieu de passage dans cet immense édifice, on place une tête de lion en bronze, ouverte comme une boîte aux lettres, dans laquelle on jette des lettres signées, des lettres anonymes, des

---

(1) Les derniers moments de ce vieillard, perdu par sa jalousie et lui sacrifiant sa dignité ducale, offraient à la scène dramatique un sujet dont elle n'a pas manqué de s'emparer. En 1817, lord *Byron* a écrit Marino Faliero, et, après lui, *Casimir Delavigne* l'a transporté sur le théâtre français.

dénonciations vraies, des accusations fausses, des papiers qui n'ont d'autre but que d'amener des vengeances, et les inquisiteurs reçoivent tout, croient tout, jugent, condamnent, exécutent impitoyablement. S'ils le veulent, deux d'entre eux peuvent faire étrangler le troisième. Le sort du doge, qui ne possède plus que l'ombre du pouvoir, dépend d'eux. Ils ont leurs procureurs, ou procurateurs, leurs farouches agents, qui habitent près d'eux, dans le palais des procurateurs, sur la place Saint-Marc. Alors Venise reste glacée, comme dans un état du stupeur perpétuelle.

Jean Gradenigo, *Jean Delfino*, *Laurent Celso*, *Marco Cornaro*, sont tour à tour revêtus du titre de doge à Venise, lorsque, *Andrea Contarini* ayant été appelé à la première dignité de la république, en 1367, a lieu le premier acte du long drame appelé la *Guerre de Chioggia* ou *Chiozza*, cette île qui termine la langue de terre du Lido.

Cette guerre fut amenée par le ressentiment qu'avaient conçu les Vénitiens contre *François Carrara*, seigneur de Padoue, qui, pendant une expédition dirigée contre eux par Louis de Hongrie, avait constamment fourni des vivres à l'armée de ce prince. Ils attaquent donc ses États, en octobre 1372, et en moins d'un an, le réduisent à envoyer son fils demander à genoux devant le Sénat de Venise qu'on veuille bien accorder la paix à son père. De telles humiliations ne s'oublient guère, aussi Carrara saisit-il avec empressement l'occasion de se liguer avec les éternels ennemis des Vénitiens, les Génois. *Jean Obizzi*, le général de ses armées, et *Lucien Doria*, au nom des Génois, entrent dans une lutte avec *Pisani*, le généralissime vénitien. Les deux flottes se rencontrent sur la côte d'Istrie, le 29 Mai 1379. Doria est tué, mais Pisani est vaincu. Aussitôt les Inquisiteurs d'Etat le jettent au fond d'un cachot. Cette injustice reçoit sa punition. Les Génois attaquent Chioggia par mer, et Carrara, au revers, par les lagunes. Alors ce boulevard de Venise voit flotter sur ses tours l'étendard de Padoue. La ligne de défense qui forment les îles du Lido, se trouvant ainsi envahie, la ville tremble, et le Sénat, subissant l'influence d'une multitude qui s'assemble chaque jour autour du palais de Saint-Marc pour demander la paix, envoie des ambassadeurs à Chioggia...

— Vous n'aurez la paix, répond François Carrara, que quand nous aurons bridé de nos mains les chevaux de bronze qui sont sur votre place Saint-Marc, C'est en leur mettant un frein nous-mêmes que nous serons sûrs de leur docilité.

Les Vénitiens ne songent plus qu'à se défendre. Pisani est tiré de ses puits, et remis à la tête des troupes. Bois, métaux, cordages sont employés à construire et armer des galères. Les canaux de Venise sont fermés avec des chaînes. Des vaisseaux ronds sont chargés d'artillerie dont l'usage commence à se répandre. Tous les citoyens se font soldats. Le vieux doge Contarini monte le premier sur les galères. On court assiéger et reprendre Chioggia. Alors Venise triomphe à son tour.

Puis, pendant que les Génois s'éloignent, Venise, pour se venger de Carrara, suscite contre lui l'ambition des seigneurs de Vérone. Mais quand *Mastino della Scala* a étendu sa domination sur Padoue, et fait flotter ses drapeaux jusque sur les rivages des lagunes, inquiète d'un si redoutable voisin, elle comprend qu'il vaut mieux encore ramener à Padoue le fils de Carrara que de voir briller de si près la bannière d'une des familles les plus redoutables de l'Italie. Rétabli sur son trône, François Carrara sert alors les Vénitiens. Toutefois, l'esprit de conquête qui pousse le doge *Michel Steno* fait que Padoue est investie de nouveau, sous le prétexte de secourir les Vicentins, qui, pour échapper à la domination de Carrara, se sont donnés aux Vénitiens. Le siège est long ; mais la trahison des gardes de la Porta Santa Croce, ouvre la ville aux soldats de Venise. Padoue voit alors se déployer sur ses remparts le pavillon de Saint-Marc. Quant aux Carrara, jetés dans les puits de Venise, ils y furent indignement étranglés par ordre du Sénat.

Cette triste, mais terrible politique de Venise lui vaut bientôt toutes les provinces qui forment encore aujourd'hui l'Etat Vénitien. Feltre, Bellune, Padoue, Vicence, Vérone, ne sont plus gouvernées que par des podestats envoyés de Venise.

En 1413, *Thomas Mocenigo* occupant le dogat, la province du Frioul est ajoutée encore au territoire de la République.

Mais en 1423, le nouveau Doge, *François Foscari*, entraîne la République vers de nouvelles conquêtes et la met aux prises avec le vautour de la Lombardie,

Jean Marie Visconti, duc de Milan. Les troupes vénitiennes sont à cette époque commandées par l'habile général *Carmagnola*. Mais après de nombreux succès et quelques revers, Carmagnola, dont une épizootie a démonté la cavalerie, est rappelé à Venise.

Il se met en route, accompagné de Jean François de Gonzague, seigneur de Mantoue. A Mestre, il trouve les Seigneurs de nuit qui sont venus à sa rencontre pour lui faire honneur. Huit nobles le reçoivent aux premières approches de la ville et lui font cortége jusque dans le palais ducal. Dès qu'il y est entré, les portes du palais se ferment et le séparent de sa suite. La soirée était avancée. Le général, avant qu'on l'introduise chez le Doge, cause avec quelques patriciens, lorsqu'on vient lui dire que le prince François Foscari est incommodé, qu'il ne peut le recevoir le soir même et qu'il lui donnera audience le lendemain matin. Carmagnola descend pour se retirer chez lui, mais comme il traverse la cour :

— Seigneur, lui dit un des patriciens qui l'accompagnent, suivez de ce côté....

— Mais ce n'est pas le chemin... répond le condottiere.

— Allez, allez toujours... ajoute le patricien.

Aussitôt des sbires s'avancent, Carmagnola est entouré... Une porte s'ouvre, il est poussé dans un couloir qui conduit à un cachot. Là, il passe trois jours sans vouloir prendre de nourriture. Le 11 avril 1432, amené devant le Conseil des Dix, puis dans la chambre des tortures, et appliqué à la question, il ne veut rien avouer. On essaie de lui faire subir le tourment de l'estrapade. Voici comment s'appliquait ce supplice : L'estrapade, chez les Français, la *Corda*, chez les Italiens, s'infligeait *à campanella* ou *à tralli*. Dans les deux manières, le patient avait les mains liées derrière le dos. Aux bras, ainsi contenus, on attachait une corde au moyen de laquelle on enlevait le patient à une assez grande hauteur. Or, quand la sentence portait à *campanella*, on le laissait tomber à terre doucement; mais la douleur était grande, parce que les bras avaient à supporter tout le poids du corps. Quand la sentence portait à *tralli*, on laissait retomber brusquement le patient à deux pieds de terre; et alors il pouvait arriver que, du premier *trallo*, les bras fussent démis par une violente secousse. On essaie donc de faire subir l'estrapade à Carmagnola ; mais comme il avait eu le bras cassé au service de la République, il ne peut être suspendu par la corde. Alors, les bourreaux lui mettent les pieds sur un brasier, jusqu'à ce qu'il ait fait les déclarations qu'on voulait lui arracher. Le premier supplice achevé, il est remis en prison. Mais le 5 mai, au soir, c'est-à-dire 25 jours après, il est conduit entre les deux colonnes de la Piazzetta, ayant un baillon dans la bouche. Il lève les yeux, regarde le Lion de la colonne de gauche, et puis sa tête tombe sous trois coups de hache...

Après une aussi déplorable vengeance, la paix fut conclue avec le Visconti, jusqu'en 1438, époque à laquelle une nouvelle rupture entre la Seigneurie et le duché de Milan mit encore en campagne les forces vénitiennes. Les belles plaines qu'arrosent l'Adda, le Pô, le Tessin, l'Adige, devinrent de nouveau le théâtre de combats où la fortune abandonna et suivit tour à tour le drapeau de Saint-Marc. *Francesco Sforza*, à la tête des Milanais, fit d'abord éprouver aux Vénitiens défaites sur défaites. Le salut de Venise fut maintes fois compromis. Mais la chute des Visconti, en appelant les Sforza au trône de Milan, sauva la république.

Cependant, la seconde moitié du XVe siècle est la plus brillante des fastes de Venise. Son drapeau flotte depuis le pied des Alpes du Frioul jusqu'à Ravenne et Rimini, du nord au sud; depuis l'Istrie jusqu'à Bergame et Brescia, de l'est à l'ouest. Toute la côte de la Dalmatie, Zante, qu'elle a prise aux Catalans; Lépante, Patras, Modon, Argos, Napoli de Romanie, Chypre, Candie, reconnaissent son autorité. Son commerce, plus encore que ses conquêtes, ont étendu partout sa puissance. Des rivages de la mer Caspienne jusque dans la Cyrénaïque, sur les bords de la Mer-Noire, dans celle d'Azoff, aux Dardanelles, dans l'Archipel, sur les côtes de Syrie, sur les rivages de l'Afrique, les Vénitiens ont des comptoirs où ils échangent les produits de tant de contrées diverses. Ils comptent quatre mille navires, quarante mille matelots, seize mille artisans dans leurs arsenaux. Est-il au monde plus glorieux empire ?

Maintenant, mes bons parents, veuillez juger la république de Venise rien que par les faits qui vont suivre : Le doge Foscari, ce noble vieillard à qui la république est en partie redevable de tant de puissance et de gloire, après avoir eu le cœur déchiré par la perte successive de trois de ses fils, se voit décrié par de nombreux ennemis. Un membre de la famille Contarini ose même attenter à ses jours, et la punition du coupable ne sert qu'à irriter les méchants. Bientôt de nouvelles douleurs viennent briser son âme de père. Jacques Foscari, son quatrième fils, est accusé d'avoir reçu des présents de Philippe Visconti pour lui rendre son père favorable. Aussitôt le Conseil des Dix ordonne l'arrestation du jeune homme, et les tortures les plus cruelles lui arrachent des aveux qui font prononcer contre lui la peine capitale. Mais les larmes et les prières du vieux doge font adoucir la sentence. Jacques est condamné à un exil perpétuel, d'abord à Napoli de Romanie, puis à Trieste. C'est alors que le vénérable vieillard, déposant la corne de pourpre et d'or qui coiffe ses cheveux blancs, offre sa démission au sénat. Mais le Sénat lui ordonne de remettre sur la tête les insignes du dogat. Sur ces entrefaites, *Ermolao Donati*, procurateur de Saint-Marc, et l'un des membres du Conseil des Dix qui ont condamné Jacques Foscari, est assassiné sous les arcades des Procuraties, un soir, dans l'obscurité. Bien vite les ennemis du doge font planer des soupçons sur le jeune exilé. Le terrible Conseil ordonne au fils du doge de comparaître encore, et les souffrances horribles de la question le jettent cette fois dans une démence complète. Le pauvre fou n'en est pas moins condamné à un exil plus sévère que le premier. Envoyé à la Canée, dans l'île de Candie, il est tenu de se présenter chaque jour devant le gouverneur de la ville. Cette contrainte, l'éloignement de la patrie et de sa famille lui inspirent le plus furieux désir de les revoir. Il écrit au duc de Milan une lettre qu'il sait devoir être interceptée. Elle est surprise, en effet. Les inquisiteurs d'État envoient chercher de nouveau leur victime. Le pauvre jeune homme subit une troisième fois le supplice de la torture. Il explique alors les motifs qui l'ont porté à décrire cette lettre fatale. On le renvoie en exil; mais il y succombe à tant de souffrances, et meurt. A peine sait-on qu'il n'est plus, qu'un homme, au moment d'expirer, déclare être seul l'auteur de l'assassinat d'Ermalao Donati. Il n'était plus temps, hélas! de réparer l'erreur commise. Aussi advient-il que tant d'infortunes ont si violemment ébranlé le moral du doge, qu'il tombe à son tour dans une sorte de démence. Il se renferme dans son palais et n'assiste pas aux conseils. Mais une dernière humiliation l'attend. Le Sénat lui demande l'abdication qu'il avait voulu donner en 1445. Le vénérable vieillard retrouve toute sa force pour refuser ce qu'il regarde comme une honte. Alors, contraint par le redoutable Conseil des Trois, il abandonne la corne ducale et se retire dans son propre palais, sur le grand canal. Là, peu de jours après, la douleur qu'il éprouve en entendant les cloches de Saint-Marc sonner joyeusement l'intronisation de son successeur, *Pascal Malipieri*, est si vive, qu'il tombe soudain frappé d'apoplexie foudroyante, âgé de quatre-vingt-trois ans. C'était en 1457. Cette révolution de palais excite bien quelques murmures; mais le Conseil des Dix est là, debout devant sa proie étendue morte, et à la chute de ce fantôme, qui lançait la foudre, peuple et souverain s'inclinent, heureux de devoir la vie à cette nouvelle bassesse.

Cependant de toutes les conquêtes ou acquisitions de Venise, aucune n'égala en importance celle de l'île de Chypre, conquise lors des Croisades, par Richard-Cœur-de-Lion, et demeurée le patrimoine d'une longue suite de rois, descendus de Guy de Lusignan, dernier roi de Jérusalem. En 1460, le possesseur de ce royaume, du nom de Jacques, inquiété par le sultan d'Égypte, pour se ménager la protection de la république, imagine d'épouser *Catherine Cornaro*, la fille d'un des plus puissants patriciens de Venise (1). Pour honorer ce mariage, le Sénat adopte Catherine, et la déclare fille de Saint-Marc ou de la République. Or, Jacques étant mort sans postérité, la reine de Chypre, Catherine, est amenée à résigner sa couronne aux mains du Sénat, qui se fait donner par le sultan d'Egypte l'investiture de l'île.

Mais alors la découverte de l'Amérique et celle de la nouvelle route du cap de Bonne-Espérance pour aller aux Indes, enlèvent à Venise le commerce de ces contrées, fait tarir la source de ses richesses, et met un terme à la supériorité de sa marine, qu'éclipsent celles d'Espagne et de Portugal.

---

(1) Cet épisode de l'histoire de la république de Venise a fourni motif à un charmant opéra français, la *Reine de Chypre*.

Alors aussi Constantinople tombe au pouvoir des Turcs. Entraînée, malgré elle, dans la guerre que soutient Charles-Quint contre les Musulmans, la république perd quatorze îles de l'Archipel ; puis Sélim lui enlève l'île de Chypre, et Achmet, visir de Mahomet IV, celle de Candie.

Enfin en 1508, la Ligue de Cambray, dans laquelle les papes Jules II, Ferdinand le Catholique, l'empereur Maximilien, le roi de France Louis XII, le roi de Naples, les ducs de Savoie, de Ferrare, et le marquis de Mantoue se réunissent contre la Seigneurie de Venise, abandonnée à ses propres ressources, arrive à son tour pour mettre la république aux abois. Heureusement elle ne désespère pas de la fortune de Saint-Marc. Néanmoins, malgré les condottieri qu'elle soudoie, vaincue à la bataille d'Agnadel, par Louis XII, elle se voit enlever toutes ses conquêtes. Alors Venise perd tous ses domaines de terre-ferme, et les frontières de ses états sont fixées à Mestre et à Fusine. Mais les Français et les Allemands, une fois maîtres du sol, sont amenés peu à peu à s'éloigner, par suite d'une politique d'égoïsme et de fourberie du plus intéressé des souverains d'Italie à les voir partir une fois qu'on lui a rendu ses domaines. Ce prince fait plus encore : il s'unit aux Vénitiens, qui recouvrent leurs possessions, et font la paix avec les auteurs de la Ligue.

Il est un dernier fait obscur qui signale la décadence de Venise. Vers le milieu de mai 1618, un matin, on voit plusieurs hommes inconnus pendus au gibet, sur la place Saint-Marc. Aussitôt on parle de conspiration découverte, d'arrestations, d'exécutions, de Français poignardés, noyés, étranglés. La ville est dans la terreur... De tout ceci la vérité sortit peu, sortit mal. Mais il paraît néanmoins qu'un Espagnol, La Cueva, ambassadeur connu sous le nom de Bedmar, avait ourdi une conspiration pour faire tomber Venise et ses possessions sous la domination de l'Espagne et de l'Autriche, alors au même souverain. Il paraît aussi que les conjurés avaient été conduits sur le balcon du Campanile, et que là, l'un d'eux, Jacques Pierre, avait fait voir aux autres les passes des lagunes, expliqué, en homme expérimenté, comment on pouvait y faire manœuvrer les navires, et que, de plus, il avait désigné la Zecca ou l'Hôtel-des-Monnaies, en disant :

— N'est-ce pas dommage que tout cela n'appartienne pas à un roi ! Les gens de guerre en seraient bien autrement récompensés !

Il paraît enfin que la conjuration découverte, on aurait eu le talent de compromettre bon nombre de Français de néant, mais innocents, pour sauver les Espagnols coupables, et qu'un profond mystère ayant enveloppé cette affaire, les Français avaient payé pour les Espagnols, et que même les membres du Conseil des Trois n'étaient pas à l'abri de tout reproche.

Toutefois, ces ébranlements divers ne permettant plus à Venise de reconquérir son ancien prestige, son imposante puissance et sa gloire éteinte, elle se contente de faire succéder à son autorité suprême une fine et spirituelle galanterie. Elle devient une ville de plaisir et de fêtes. On s'amuse et l'on rit où l'on avait tremblé, où l'on avait souffert. Son aristocratie reste la première du monde, et ses magnificences demeurent incomparables. Mais la main du temps efface tout.

Voici venir l'année 1796, et avec elle Bonaparte, vainqueur des Autrichiens dans la Haute Italie. Ce héros des temps modernes met le siége devant Mantoue, et offre à la république de Venise, qu'il a intérêt à ménager, une alliance avec la république française. Il y met pour condition que l'aristocratie vénitienne modifiera la constitution et la rendra plus populaire. Les nobles de Venise refusent tout accord, et, n'osant pas se déclarer non plus en faveur de l'Autriche, annoncent qu'ils garderont la neutralité. La neutralité ! le général français s'y fie peu. Aussi, l'année suivante, en s'engageant dans les gorges du Tyrol pour marcher sur Vienne, commence-t-il par laisser ses garnisons dans les villes importantes du territoire vénitien de Terre-Ferme, Vérone, Padoue, Brescia, Bergame, etc. Ses précautions ne sont pas inutiles, car pendant son absence des troubles violents éclatent. Les familles patriciennes de ces vieilles cités, qu'irritent depuis long-temps l'insolence de l'aristocratie du Livre d'Or, s'unissent au peuple pour provoquer une révolution dans les principes français. Le peuple de la campagne, au contraire, soutient la cause de l'antique despotisme, et ce, à l'aide de massacres dont deviennent victimes, à Vérone surtout, nos soldats français. Aussi, maître de l'Autriche, Bonaparte accourt, parle avec énergie au Sénat de Venise, proclame l'égalité parmi les citoyens, et brûle le Livre d'Or. Cette autorité suprême dompte ces tyrans énervés, et la république de Venise, née de la terreur que sût inspirer Attila, s'écroule devant le souffle puissant de Bonaparte.

Telle est l'histoire de Venise vue d'un coup d'œil rapide, mes chers lecteurs. J'aurais pu vous citer une foule de drames et d'épisodes qui s'y rattachent : le siége de Famagoste, en 1571, dans lequel les Turcs triomphèrent après avoir tué 50,000 Vénitiens et écorché vif le général qui les commandait ; La fameuse bataille de Lépante, que gagna don Juan d'Autriche, et qui arrêta enfin les envahissements de Sélim II et des musulmans ; Les Uscoques, ces pirates illyriens, soutenus secrètement par l'Autriche, et portant le fer et le feu dans les établissements de la Seigneurie ; et bien d'autres faits qui se succèdent jusqu'au moment où 3,000 Français entrant à Venise, le Sénat se hâte de prononcer sa propre déchéance, les conseils se dispersent, et s'éclipse le dernier des doges.

Donc, après avoir évoqué tous ces souvenirs, je passe enfin la revue mortuaire des doges et des grands hommes de la république, couchés là, sous le marbre des tombeaux dans ce Saint-Denis de Venise, que l'on nomme San-Zanipolo.

Il serait inutile et froid, mon cher cousin, de vous faire un détail plastique de tous ces tombeaux, mausolées, cénotaphes et sépulcres, où l'on trouve tous les styles, styles gracieux du gothique des premiers âges, et formes suaves et délicates de la renaissance. Pour juger ces sortes d'œuvres, il faut les voir. Je vous signalerai cependant :

D'abord le monument du doge *P. Mocenigo*, mort en 1476, où l'on voit le fameux guerrier endormi du dernier sommeil sur son lit de parade, dont deux séraphins soulèvent les courtines. C'est un modèle du style vigoureux de *Lombardi*.

Puis le tombeau du vaillant *Bragadino*, le héros de Famagoste dont je vous parlais il n'y a qu'un moment, ce brave capitaine qui fut écorché vif dans la capitale de l'île de Chypre, dont fut reine la belle Catherine Cornaro. Monsieur Ch. Blanc, dans son livre de Paris à Venise, dit que « les Vénitiens auraient dû faire un tambour avec sa peau, comme les Hussites avec la peau de Ziska (1). En battant la charge sur ce tambour, on eût été sûr de la victoire. »

Vient aussi le mausolée du doge *Valier*, qui occupait le dogat en 1566, et de sa femme qui, elle aussi, contre l'usage, fut couronnée de la corne ducale. C'est une œuvre de *Longhena*, majestueuse et colossale. Elle est composée de près de trente statues dont quelques-unes charment le regard. La Charité, sur le soubassement, par *P. Baralta*, allaitant un enfant en même temps qu'elle offre des fruits, est d'une suavité ravissante.

Mais le prodige du lieu est le grandiose et très-élégant mausolée, style renaissance, du doge *A. Vandramin*, de 1470, dont l'habile et savant artiste *Cicognara* a dit que c'était le modèle le plus parfait de la sculpture vénitienne.

Cette église renferme, en outre, de nombreux tombeaux, de riches peintures de *Jean Bellin*; dans le transept de droite, une magnifique fenêtre en vitraux de couleurs, chose rare à Venise! dessinés par *Vivarini* et exécutés par *J. Mocetto*; dans la chapelle du Rosaire, de belles peintures dont la disposition rappelle les plafonds du Palais Ducal et qui sont dues au *Tintoret* fils; quelques tableaux de *B. Palma*; une toile splendide, mais altérée, du *Tintoret* père; un couronnement de la Vierge Marie, par *J. d'Udine*, etc.

Mais surtout, elle montre avec orgueil, et il y a lieu, sur le second autel à gauche, en entrant par la porte principale, la merveille de l'art vénitien, à savoir

---

(1). J. *Trocznov Ziska*, fameux chef des Hussites, né en 1360, était un noble Bohémien. Ayant perdu un œil au service, d'où lui fut donné le surnom de Ziska, il se mit à la tête des Bohémiens révoltés, peu après le supplice de J. Huss, prit Prague en 1419, refusa de reconnaître l'empereur Sigismond, pilla les couvents, ravagea les terres des seigneurs, forma une confédération puissante contre Sigismond, le battit, perdit son autre œil et força l'empereur à lui donner le titre de vice-roi de Bohême avec pouvoir absolu. La peste l'enleva en 1424. Les Bohémiens firent un tambour de sa peau, et le son de ce tambour avait la vertu, disaient-ils, d'intimider et de mettre en fuite leurs ennemis.

le martyre de saint Pierre le Dominicain, par le *Titien*. Cette peinture, sur bois, a eu les honneurs du voyage de Paris : c'est vous en raconter toute la beauté. Monsieur *Ch. Blanc* dit de cette œuvre magistrale : « Le martyre de saint Pierre est un morceau tout d'inspiration et de génie. Pas d'estampe qui puisse en donner une idée, car il y a autant de beauté dans la couleur que d'heureux imprévu dans la mise en scène. La touche est aussi vaillante que l'expression est forte. L'action se passe au débouché d'une forêt, dans un lieu agreste, qui la rend encore plus dramatique. L'inquisiteur est renversé à terre sous l'épée nue d'un assassin qui va le frapper, et son visage exprime à la fois les émotions de la frayeur humaine, à l'aspect de la mort, et le sentiment d'une espérance divine, à la vue de deux petits anges qui lui montrent gracieusement d'en haut la palme du martyre. Le Dominicain qui accompagnait Saint-Pierre s'enfuit en poussant des cris affreux que le peintre nous fait entendre. Sa tunique blanche le fait saillir sur les vigueurs du terrain, et son manteau noir, que le vent soulève, le détache sur les clartés du ciel... Tout est sublime : le jeu du clair-obscur, le mouvement, le geste, etc. Non, jamais on ne verra une plus superbe peinture : il faut y renoncer. »

En sortant de San-Zanipolo, tout ému, tout impressioné par la vue des tombeaux, mais surtout du magnifique tableau du Titien, le grand artiste vénitien, je me trouvai en face d'une haute statue équestre, en bronze, qui se pavane sur le Campo. C'est un autre monument, érigé à la mémoire de *Bartholomeo Colleone*, de Bergame, illustre condottiere, qui laissa une somme d'argent à la République de Venise, à la charge de lui élever une statue. Voilà un moyen comme un autre de perpétuer son souvenir : seulement celui-là est plus facile, quand on est riche! Cet ouvrage est de *A. del Verocchio* : il est le second travail en bronze en Italie. Certes! ce devait être un rude jouteur que Colleone, à en juger par la façon raide et farouche dont le cavalier est campé sur sa selle.

Je reprends ma course échevelée au beau travers de Venise, n'ayant cure que d'une chose, à savoir de parcourir tout le nord de la ville dont je connais le sud. Aussi je vais d'église en église, de campo en campo, admirant, ici, les magnifiques margelles, sculptées finement, finement fouillées, évidées, chantournées, feuillagées, ciselées, par je ne sais quels artistes de grand mérite assurément, que l'on est sûr de trouver sur tous les campi, ornant l'embouchure des citernes remplies de sable, où l'eau demeure fraîche et s'épure, et, là, étudiant la physionomie des femmes et des jeunes filles qui viennent y renouveler leur provision. Ainsi, sur l'une de ces places, et auprès de l'une de ces merveilleuses margelles, je suis témoin d'un duel, non pas au pistolet, au sabre ou à l'épée, mais aux coups de poing, et je vous avoue, chers, que ce n'est pas sans douleur que je vois pocher des yeux, et tomber, arrachées, des mèches entières de cheveux, les plus beaux du monde. O mes jolies Vénitiennes ! Est-il possible que sous d'aussi frais minois, sous des poitrines aussi élégantes et pures, et dans des bras aussi mignons, on trouve autant de colère, de rage, de passion et de vigueur ! Je voulais bien intervenir ; mais il tourbillonnait autour des têtes un tel moulinet de bras, de torses, et d'éclairs d'yeux enflammés, que je me contentai de faire des vœux pour le rétablissement de l'entente cordiale. Ce fut long à venir, mais cela vint... quand l'une des matrones s'affaissa sur elle-même, en feignant un évanouissement.

C'est ainsi que dans ma longue promenade, j'ai visité tour à tour les *Scalzi*, églises des Carmes déchaussés, sur la rive septentrionale du Grand-Canal, magnifique édifice, tout incrusté de marbres de diverses couleurs, de plafonds à fresques, dus à *Tiepoletto* et à *Lazzarini*, mais de tons si légers, si clairs, si roses, si azurés, qu'on se croirait volontiers dans une splendide salle de concert.

C'est ainsi que j'ai admiré la *Chiesa Santa Maria Gloriosa dei Frari*, style roman gothique, œuvre du XIIIe siècle et de *Nicolas de Pise*, où je voulais saluer la cendre du *Titien* et de *Canova*. D'abord l'église est vaste et belle. Sa façade ogivale prévient en sa faveur. Mais ensuite on y trouve un vrai musée de riches peintures et un second Panthéon des nobles illustrations de Venise. En cherchant le mausolée du Titien, et après avoir admiré les belles figures en marbre blanc qui décorent le sarcophage en marbre gris, et la brève, mais suffisante inscription : *Titiano Ferdinandus I, MDCCCII*, j'ai rencontré le tombeau de *Foscari*, ce noble doge, cet infortuné père qui mourut de douleur, en 1457, en entendant la cloche de Saint-Marc proclamer l'avènement de son successeur. Celui de Canova se compose d'une haute pyramide adossée au mur. La porte en est ouverte, et produit,

« par son vide au milieu du mausolée, une ombre noire dont l'effet pittoresque et théâtral est sans dignité, » dit M. Ch. Blanc. A droite, pleureuse drapée, chargée d'une urne et suivie d'un jeune homme qui tient une torche. A gauche, grand génie, efflanqué, avec un lion ailé qui dort à ses pieds. Puis quelques femmes en deuil, des guirlandes et des fleurs. Tel est le tombeau, élevé par une souscription européenne, en 1827, au grand sculpteur de Venise, avec ces mots seuls : *Canova*.

C'est ainsi encore que j'ai vu *San-Rocco*, qui a quatre grandes toiles du *Tintoret*, de fort curieuses stalles de chœur, un très-remarquable autel du xve siècle, d'après *B. Bon*, et une école, *la Scuola di S. Rocco*.

Un mot sur cette école, et sur les autres *Scuole* de Venise; ce mot, je l'emprunte aux *Maîtres Mosaïstes* :

« Tout le monde sait que, dans les beaux jours de sa splendeur, la Seigneurie de Venise, outre les nombreux corps constitués qui maintenaient ses lois, comptait dans son sein une foule de corporations privées, approuvées par le Sénat, d'associations pieuses encouragées par le clergé, et de joyeuses compagnies tolérées, et même flattées en secret par un gouvernement jaloux de maintenir, avec le goût du luxe, l'activité des classes ouvrières. Les confréries dévotes étaient souvent composées d'une seule corporation, lorsqu'elle était assez considérable pour fournir aux dépenses, comme celle des marchands, celle des tailleurs, celle des bombardiers, etc. D'autres se composaient des divers artisans ou commerçants de toute une paroisse, et en prenaient le nom, comme celle de Saint-Jean-Eléémosinaire, celle de la Madone-du-Jardin, celle de Saint-Georges-dans-l'Algue, celle de Saint-François-de-la-Vigne, etc. Chaque confrérie avait un bâtiment qu'elle appelait son atelier, *Scuola*, et qu'elle faisait décorer à frais communs des œuvres des plus grands maîtres en peinture, en sculpture et en architecture. Ces ateliers se composaient ordinairement d'une salle basse, appelée l'Albergo, où s'assemblaient les confrères; d'un riche escalier, qui était lui-même une sorte de musée, et d'une vaste salle haute, où l'on disait la messe et où se tenaient les conférences. On voit encore à Venise plusieurs *Scuole*, que le gouvernement a fait conserver comme des monuments d'arts, ou qui sont devenues la propriété de quelques particuliers. Celle de Saint-Marc est aujourd'hui le musée de peinture de la ville;

celle de Saint-Roch renferme plusieurs chefs-d'œuvre du *Tintoret* ou d'autres maîtres illustres. Les pavés de mosaïques, les plafonds chargés de dorures ou ornés de fresques de *Véronèse*, ou de *Pordenone*, les lambris sculptés en bois ou ciselés en bronze, les minutieux ou coquets bas-reliefs, où l'histoire entière du Christ ou de quelque saint de prédilection est exécutée en marbre blanc avec un fini et un détail inconcevables, tels sont les vestiges de cette puissance et de cette richesse à laquelle peuvent atteindre les Républiques aristocratiques, etc., etc. »

C'est une scuola de cette sorte que je visite en sortant de San-Rocco. La *Scuola di San Rocco*, bâtie aux frais de la confrérie, coûte 47000 séquins. La façade, voisine de l'église, avec laquelle elle forme un angle droit, est de *Lombardi*, date de 1550, et offre un aspect remarquable. Dans sa salle basse, toutes les peintures sont du *Tintoret*. On y trouve une verve énergique, pittoresque, pleine de poésie. Toutefois on reproche à ces peintures des tons noirs et sombres. L'escalier, splendide et riche, est de *Scarpignano*. *Le Titien* y a peint une Annonciation, et *le Tintoret*, une Visitation. Dans l'Albergo, comme dans la salle haute, on retrouve encore et toujours l'artiste vénitien, l'habile Tintoret. Sa belle œuvre est la Crucifixion. On est ébloui et attristé en même temps : on pleure et on prie.

Ailleurs, je ne sais vraiment plus dans quelle Scuola ou quel musée, j'ai vu une autre œuvre de grand artiste, et jamais je n'oublierai l'effet qu'a produit sur moi cette peinture des siècles passés représentant une des grandes fêtes de Venise. Elle nous montre un des riches palais de la ville, avec un balcon élégant surplombant la voie humide qui réflète sa façade. Le balcon est orné de femmes charmantes et noyées dans des flots d'étoffes splendides. Ces Vénitiennes regardent une gondole couverte de drap d'or, que conduisent deux nautonniers richement vêtus, et dans laquelle on voit une femme ayant son bras nu, en partie caché par le velours cramoisi sur lequel elle repose. Cette femme est d'une ravissante beauté. En admirant ce tableau gracieux, je me reportais à deux cents ans en arrière à cette époque où le luxe, déployé par les doges et le Grand Conseil, gagna bientôt les demeures des familles patriciennes. Ce fut alors que Venise se modifia profondément dans ses habitudes et ses mœurs, et devint, non plus *Venise la Belle*, mais *Venise la Galante, Venise la Somptueuse*. Ce luxe prit de telles proportions, qu'on n'hésita pas à décorer les gondoles des tapis les plus rares et des étoffes de velours et de brocart les plus riches. Mais aussi, bientôt, ces prodigalités, qui rappellent celles qui furent si fatales aux Romains, ayant occasioné la ruine de plusieurs familles patriciennes, émurent le Conseil. Celui-ci, constatant d'autre part que la république vénitienne perdait sa puissance maritime et que son commerce n'égalait pas l'importance qu'il avait autrefois, mit un frein à ce luxe effréné en décrétant qu'à l'avenir toutes les gondoles, à l'exception de celle du doge, seraient peintes en noir et ornées de drap noir. Cette injonction, qui a encore force de loi, explique pourquoi les gondoles n'offrent plus, même à l'époque des fêtes du carnaval, cet aspect saisissant tant de fois décrit et qu'on est surpris de ne plus trouver lorsqu'on arrive à Venise, par une belle journée, alors que les canaux silencieux sont sillonnés par plusieurs milliers de gondoles.

Ah! si Venise n'est plus maîtresse de l'Adriatique, si ses maisons et ses palais n'abritent plus deux cent mille habitants, enfin si son port ne compte plus trois à quatre mille navires, cette curieuse cité, toujours divisée en deux parties par son grand canal de trois mille sept cent cinquante mètres de longueur, et comptant toujours trois cent six îles présentant son inextricable réseau de *canaletti* reliés par trois cent dix ponts d'une seule arche, n'en est pas moins la ville pittoresque par excellence, la plus riche en souvenirs, et la plus admirable à voir sons le ciel des nuits couronné d'étoiles brillantes, avec ses gondoles caressant légèrement les ondes et permettant d'entendre des voix qui charment l'air de leurs douces ondulations.

Bref, mes chers parents, en achevant de m'enfoncer dans le dédale de Venise, je m'oriente cependant de manière à me rapprocher de la Piazza, où le bienfait du dîner ne sera pas perdu, je vous l'assure. En passant donc par la *Chiesa di San-Mose*, au portail rococo, tant il est boursouflé, échancré, tailladé, perforé, creusé, épanoui en volutes, en fleurs, en fruits, en draperies, en rocailles, en choux, en cartouches, en mascarons, j'arrive à la *Frezzaria*, l'un des *sestieri* les plus curieux, les plus étroits, les plus mouvementés, les plus truculents, et les plus interlopes de Venise. Qu'y vois-je? Oh! je ne saurais vous le dire!.... J'avise seulement la place Saint-Marc à son extrémité, et j'y cours, car mon estomac bat la chamade, il sonne, il tinte, il carillonne, et la table m'attend...

Maintenant donc que j'ai levé pour vous, sur Venise, un coin du voile qui cache mes impressions, et que je vous ai peut-être inspiré le désir de connaître cette ville fameuse, tout en vous offrant un témoignage de mon souvenir amical, pardonnez-moi, bien-aimés parents, de songer autant à un repas ! Mais ventre affamé matérialise son malheureux propriétaire, et lui enlève toute poésie..... Pourtant, je sens que j'ai un cœur, qui parle bien haut pour vous et qui vous envoie mille tendresses, mille souhaits, mille baisers. Faites-en le partage, et croyez qu'à Venise à cette heure, comme à Florence bientôt, je suis et me déclare à tout jamais.

Votre féal et très-aimé cousin.
Emile Doulet.

IX.

A. MONSIEUR ET MADAME W. PERKINS, A FLORENCE.

Venise de jour. — Venise au clair de lune. — Les lagunes le soir. — Rêveries. — Le Palais-Ducal. — Ses façades. — Porta della Charta. — La cour du Palais. — L'escalier des Géants. — Un détail sur l'intronisation des Doges. — La Cour des Sénateurs. — Margelles des citernes. — L'escalier d'or. — Salle des quatre portes. — Chambre du Grand Conseil. — Paradis du Tintoret. — Portraits des Doges. — La Bussola. — La Gueule du lion. — Chambre du Conseil des Dix — Curieuses révélations. — Chambre du Conseil des Trois. — Chambre du Sénat. — Salle du scrutin — Les Prisons. — Les Plombs. — Les Puits. — Souvenirs. — L'Échafaud de la Piazetta. — Académie des Beaux-Arts. — Salle de l'Assomption. — *Le Titien.* — *Le Tintoret.* — P. *Véronèse.* — Pléiade des artistes vénitiens, *Sansovino, Palladio,* etc. — L'École vénitienne. — Lampes et madones. — Venise au point du jour. — Son peuple. — Usages, mœurs. — Santa Maria della Salute. — L'Ile des Arméniens. — Adieux au Lido. — L'Isola di Castello. — L'arsenal. — Son musée. — San Francisco della Vigna. — Les églises. — Teatro della Fenice. — Une dernière promenade. — Harmonie des cloches à l'*Ave-Maria.* — Adieux à Venise.

Venise, 20 septembre, 185...

Cette fois, c'est pour tout de bon ! Nous allons prendre le chemin qui conduit à votre belle Florence. Mais, soit dit sans vergogne, il faudra que cette fleur des Apennins ait un bien riche calice, des nuances bien délicates : il faudra qu'il s'échappe de ses pétales un parfum bien suave, pour qu'elle puisse nous faire oublier notre Venise et ses enivrements. Voilà près de trois semaines que nous savourons les charmes de cette sirène des mers, et nous sommes loin d'en être rassasiés. On s'y fait une vie si enchanteresse ! En voulez-vous un croquis rapide ? Ecoutez :

Chaque matin, promenade en gondole par de fraîches brises, et bains au Lido, sur un sable doux, au sein de vagues arrivant en droite ligne des plages de la Grèce et rendues tièdes par son brillant soleil; puis déjeûner qu'arrose un vin de Chypre de premier choix, à l'ombre des arcades des Procuraties, sur la belle place de Saint-Marc, parmi ses ramiers qui courtisent les touristes, il faut voir ! enfin visites aux églises, alors qu'elles sont encore ouvertes. Il y en a tant à Venise, et de belles, et de riches !

Chaque après-midi, quelque peu de sieste d'abord pour rétablir les forces et laisser passer le grand soleil, puis alors station à l'Académie des Beaux-Arts, au Musée de l'Arsenal, à la Bibliothèque de la ville, héritière d'une bonne partie des dépouilles de Constantinople, et, en conséquence, possédant d'innombrables manuscrits grecs et latins et de magnifiques statues antiques, ou dans ces Palais élevés par les plus grands architectes de l'Italie et notamment par *Palladio*. Mais si l'on trouve encore là, et à profusion, des tableaux, des fresques, des bas-reliefs, des statues, des marbres et des colonnes d'un travail précieux, ces demeures, hélas! sont vides d'habitants, ou transformées en auberges.

Chaque soir, zig-zags capricieux, en gondole toujours, au travers de Venise et sur tous ses canaux ; cercle immense décrit autour de cette fée nageant sur les eaux, pour l'étudier dans le moindre de ses replis et la connaitre sous toutes ses formes. Ainsi, hier, nous visitions le *Ghetto*, cet étrange quartier des Juifs, bâti le long du *Canal Carmoreggio*, derrière les Scalzi, et près de l'embarcadère. Quels aspects imprévus ! Quels groupes indescriptibles ! Quelles scènes dignes du crayon de Callot ! Jamais demeures plus pittoresques dans leur épouvantable délabrement n'ont frappé vos yeux ! Figurez-vous des huit étages superposés, percés de nombreuses fenêtres, et pour tendelets, pour persiennes, à chacune de ces fenêtres, des haillons, des loques immondes, faisant croire à la misère, et mettant à l'ombre des trésors de Crésus. La juiverie se met un masque d'indigence, pour mieux voiler les richesses de son intérieur. C'est son sytème. Ainsi, aujourd'hui, nous avons fait le tour de l'*Isola Santa Chiara*, dont le grand clocher nous semblait, dans la pénombre du soir, un blanc fantôme sortant des lagunes; et nous avons vu le *Champ-de-Mars*, où un cheval, le seul qui ait frappé nos yeux à Venise, nous a rappelé la vision de l'Apocalypse. Ainsi, demain, nous irons à Malamocco, et ensuite à l'île de Chioggia, nous extasier devant le teint brun, les cheveux noirs et la taille élégante des *Chioggiotes*, ces nobles modèles de la forme antique, dont *Véronèse* et *Titien* ont enrichi leurs toiles, et qui ont posé pour notre infortuné *Léopold Robert*, dans son beau tableau des Pêcheurs de l'Adriatique.

Chaque nuit enfin, veillée panoramique sur la place Saint-Marc, et sous les arcades des Procuraties, où s'étalent les costumes et les types de toutes les nations; veillée anacréontique, où les brises vous bercent de suaves mélodies de canzonnette, de romances et de barcaroles; veillée fantastique, pleine de jeux, d'ombres et de lumières, où ruissellent aux feux du gaz les splendeurs de l'opulence et les paillons de la misère, où vous ne savez distinguer la réalité de l'apparence, le songe de la vérité; veillée balsamique, parfumée des fleurs de toutes les contrées, des chants de tous les maestri, de causeries dans toutes les langues, et des poésies sous toutes les formes.

Et si je vous disais les fabuleux aspects des lagunes, les indescriptibles mirages des îles, la fantasmagorie de la ville, de ses édifices, de ses dômes, de ses tours, de ses coupoles, la nuit, lorsque la douce lune les blanchit de ses rayons d'argent, et que sur le bleu pavillon du ciel flamboient les étoiles? Oh! vous comprendriez alors la puissance occulte du talisman magique qui attache le touriste à la conque triomphale de cette sirène des mers, à sa *Piazzetta*, à sa *Piazza*, à ses canaux, à ses gondoles, à ses lagunes, à ses îles, à ses campi, à ses calle, à tout ce dédale mélange de terre, d'eau, de pierres, de marbres, de richesses, d'art splendide et de nature merveilleuse que l'on nomme Venise, qu'entoure la mer Adriatique et que couronne le ciel de l'Italie.

Pour peu que vous ayiez étudié son histoire, il n'est pas un point de cette ville magique qui ne parle à votre imagination, soit aux sombres lueurs des lampes fumeuses qui, en mille endroits, brûlent devant les images de la Madone, dans les rues et les carrefours de son réseau intérieur, soit au du clair de lune le plus brillant et le plus pur; étincelant sur ses lagunes et ses quais. Rien d'émouvant, par exemple, comme la Piazzetta, ce bras de la place Saint-Marc qui se plonge dans les lagunes et les retient collées à son escalier de marbre, quand se lève l'astre des nuits, sortant de l'Adriatique, et rouge comme un disque de fer qu'une explosion lancerait au-dehors d'une fournaise en feu. Pour le promeneur qui arrive du Lido et qui fend les lagunes en laissant derrière sa gondole un long sillage de lueurs phosphorescentes plus vertes que l'émeraude, en voyant la lune qui argente peu à peu de ses reflets le Pont-des-Soupirs, suspendu comme un cercueil d'albâtre entre le Palais Ducal, où l'on condamnait les victimes, et les prisons où on les exécutait, d'abord ; ensuite ce magnifique édifice mauresque aux nombreuses colonnes qui le supportent et qui a nom le Palais des Doges ; et, au centre de la Piazetta, ces deux monolithes isolées, impassibles et roides comme des potences, entre lesquelles on suppliciait les grands coupables, et parfois des innocents illustres dont la mort devait être une leçon, c'est à se trouver saisi d'effroi, et à courber la tête sous une sinistre impression. Il vous semble que vous voyez s'agiter autour d'elles dans une effroyable sarabande, ainsi que des démons, les bourreaux rouges et les bourreaux noirs qui composaient l'inexorable Conseil des Dix. Vous croyez même reconnaître dans la brume du Canal de la Paille la forme d'une gondole stationnant au-dessous de ce Pont-des-Soupirs, en face de la porte basse qui se trouve au niveau de l'eau. Alors votre imagination vous fait assister à un funèbre spectacle : La poterne s'ouvre en silence ; la mystérieuse gondole détache son amarre et s'approche. Les bras d'un corps invisible lui font recevoir un objet long qui ressemble à un cadavre enveloppé d'un suaire. Aussitôt elle s'éloigne et va droit aux lagunes. Là, parmi les nombreux canaux creusés dans les profondeurs sous-marines des lagunes, cette gondole choisit le plus large, le plus creux, le Canal Orfanello, celui qu'un décret du Conseil des Dix prohibe à toute embarcation. Une fois au large, le bourreau-gondolier saisit la proie qu'on lui a confiée et la laisse glisser dans l'abîme qui s'entrouvre. Le long fantôme blanc s'enfonce dans les eaux avec d'autant plus de rapidité, qu'on lui a mis aux pieds un poids énorme qui doit le retenir dans le gouffre, le forcer à rester debout et à devenir désormais le spectre des lagunes.

Mais c'est assez parler de visions fantatisques qui, cependant, naguères encore, étaient une vérité. Venez avec moi voir le *Palais-Ducal* ; là, nous trouverons des réalités bien dignes de nous occuper.

Ce Capitole de la sévère République a une façade sur la Piazetta dont il occupe tout un côté, et une autre sur les lagunes ou le Môle. Derrière lui s'élève un autre palais, la Prison, dont il est séparé par le Canaletto della Paglia, mais auquel il se rattache par le Pont-des-Soupirs. Il est, en outre, adossé à la basilique de Saint-Marc, avec laquelle il communique, et qui, jadis, n'était autre que la chapelle ducale.

Ce palais des doges est un édifice ogival, d'une physionomie mauresque des plus grandioses. Ses murs, extrêmement élevés, sont bizarrement marquetés de compartiments de marbres rouge et blanc. De gros piliers courts servent de base à ces murs et forment une galerie inférieure. Le sommet est découpé à jour, et orné d'un bandeau de figures originales. Chaque angle est composé de colonnettes torses fort élégantes, qui reposent sur un pilier trapu, beaucoup plus robuste que les autres, et que surmontent de délicieux clochetons aériens. Les façades sont percées, à leurs centres, d'immenses et splendides fenêtres décorées de fines sculptures, de trèfles et de statues du plus admirable effet.

Le Palais-Ducal n'appartenait pas seulement aux doges, du reste ; il était aussi Sénat, Chambre des Conseils, Tribunal de l'Inquisition, Quarantie, Prisons divisées en Plombs et en Puits. C'était un lieu maudit, en vérité, car *Marino Faliero*, le doge qui le fit construire aux lieu et place de l'ancien palais des premiers doges, œuvre d'Angelo Participazio qui occupait le dogat en 809, Marino Faliero, dis-je, fut supplicié dans la cour même du palais qu'il venait d'achever ; *P. Bassagio*, son architecte, y fut décapité, et *F. Calendario*, son ornementiste, y subit la pendaison.

Entrons. Cette merveilleuse porte, placée à l'angle qui touche à la basilique, la *Porta della Charta*, ainsi nommée des nombreux écrivains qui s'y tenaient au service de tout venant, mérite quelque peu qu'on l'examine en passant. Les colonnes qui l'appuient, les sculptures qui la décorent, Saint-Marc et son lion qui la surmontent, sa voûte même sont d'un fini qui fait l'admiration des artistes

Au-dessus de la massive colonne qui, de ce côté, porte l'angle de l'édifice, est fixé un bas-relief d'un aspect sévère qui effraie le regard : C'est le jugement de Salomon. Quelle rudesse dans cette œuvre !

Dans la cour en forme de parallélogramme, deux façades, celles qui touchent au Môle et à la Piazzetta, attendent encore le ciseau de l'artiste. Mais qu'il suffit bien de ce que l'on voit pour avoir l'imagination étonnée, surprise, et la tête en extase.

Tout droit devant vous s'avance, à votre rencontre, l'*Escalier des Géants*. C'est un prodigieux assemblage des plus beaux marbres, et une réunion plus prodigieuse encore des sculptures les plus délicates, les moins en saillie, les plus gracieusement burinées que l'on puisse se figurer. Ces trophées, ces arabesques, ces mille caprices reproduits sur le marbre blanc, sont dûs à deux artistes de Mantoue, *Domenico* et *Bernardino*. L'Escalier en lui-même n'a rien de gigantesque. Ce nom des Géants lui vient de deux statues colossales, ouvrage de *Sansovino*, Mars et Neptune, qui décorent son palier, *sub dio*.

Lorsqu'un nouveau doge était élu, d'abord il allait entendre la messe à Saint-Marc. Puis les *Arsenalotti*, c'est-à-dire, les ouvriers de l'Arsenal, s'emparaient de la chaise ducale sur laquelle il était assis, la plaçaient sur leurs robustes épaules, et faisaient faire ainsi solennellement le tour de la Piazza au nouveau chef de l'Etat. Enfin on l'introduisait dans le palais, et on le déposait sur le palier de cet Escalier des Géants. C'était là, en présence du peuple, qu'avait lieu son couronnement. Mais quand fut promu au dogat P. Mocenigo, malgré l'opposition des Vénitiens, le nouvel élu imagina de se rendre ses ennemis favorables en leur distribuant de l'argent pendant sa promenade sur la Piazza. Ce qui resta dans le plat dont il s'était muni fut ensuite partagé entre ses porteurs. Mais dès-lors cette innovation devenait une loi pour ses successeurs. Or, si l'on dut conserver l'usage, ce ne fut pas sans de graves inconvénients pour le héros de la fête. Il advint que, par cupidité, les arsenalotti, désireux de se conserver la plus belle part des largesses du doge, le promenèrent désormais si rapidement autour de la place Saint-Marc, qu'ils ne mirent plus que trois à quatre minutes à la parcourir. Ainsi une cérémonie majestueuse se trouva remplacée par une course au clocher fort ridicule.

Avant 1485, l'Escalier des Géants n'existait pas. C'est donc à tort que l'on dit aux touristes que ce fut sur le palier, entre les deux statues colossales, que fut décapité Marino Faliero. Marino Faliero subit sa peine dans cette cour, en effet, mais sur un escalier qui tenait à la façade du côté du Môle. C'était là, qu'il avait reçu la corne ducale, or et velours cramoisi, assez semblable à notre bonnet phrygien, le camail et le manteau de sa dignité; ce fut là qu'il périt pour avoir failli au serment qu'il y avait prêté à la République.

Du côté de la basilique, à la gauche de celui qui monte l'escalier, *Cour des Sénateurs* et façade d'une extrême élégance. En face, aile orientale du palais, style de la renaissance, par *Rizzo* et *Scarpignano*. Plus loin, aile de l'Horloge, avec huit statues parmi lesquelles figurent celles de Cicéron et de Marc-Aurèle.

Du haut de l'Escalier des Géants, si vous regardez la face intérieure de la Porta della Charta, vous contemplez avec ravissement la charmante arcade qu'elle forme, et les statues d'Adam et d'Ève qui la décorent. Cette dernière est d'une naïve et timide pudeur qui vous enchante.

Au centre de la cour, deux citernes aux merveilleuses margelles de bronze, se montrent béantes et vous convient à venir vous extasier devant leurs figurines mythologiques, d'un relief exquis, fin et gracieux. *N. de Conti*, Vénitien, et *Alberghetti*, Ferrarais, sont les auteurs de ce charmant travail. Autour de ces margelles qu'un long frottement a dorées ici et là, vont et viennent, du matin au soir, ces Tyroliennes en chapeau d'homme, aux jambes nues, aux jupes à raies, qui font le trafic de l'eau qu'elles portent à domicile, dans des jarres de cuivre, équilibrées sur leur épaule à l'aide d'un bâton. Avec les fleuristes de la Piazza, ces jeunes Tyroliennes, dont le soleil a bruni l'albâtre que leur donnent les montagnes, sont les curiosités vivantes de Venise.

A l'entrée de la galerie qui fait suite à l'Escalier des Géants, et sur laquelle ouvrent les chambres du premier étage, où étaient jadis les bureaux les moins importants du gouvernement de la République, dans un encadrement artistique dû au ciseau de *Vittoria*, on trouve sur la muraille une plaque de marbre noir dont les caractères d'or relatent le passage, à Venise, de Henri III, revenant de Pologne pour occuper ce trône de France, les honneurs qu'on lui rendit, et les fêtes dont il fut l'objet de la part du Doge, du Sénat et de la Seigneurie.

Enfin, à quelques pas plus loin, on s'arrête devant deux statues : Atlas accroupi sous le poids trop lourd du globe d'azur, étoilé d'or, qui figure le monde, et Hercule lui prêtant le secours de ses robustes épaules.

L'*Escalier d'Or*, bien digne de ce nom, est signalé par ces deux statues qui lui servent de frontispices. Magnificence sans égale dans cet escalier tout de stuc, admirablement agencé par *Vittoria*, sur des fonds peints par *Franco*. On est ébloui en face du caractère grandiose de cet escalier rutilant.

On pénètre alors dans un vestibule qui a nom *Salle-des-quatre-portes*. Le plafond en est peint par *Le Tintoret*, avec ce beau talent que vous lui connaissez. On y voit Venise accompagnant dame Justice, qui lui confie sa balance, et donne son épée au doge G. Priulé. C'est la préface des merveilles qui vont passer tour à tour sous les yeux des visiteurs, car c'est là que commence cette immense enfilade de pièces et de salles historiques, qui, en outre de l'art qui ruisselle sous toutes les formes, vous mettent en présence des plus grandes scènes dramatiques des fastes de Venise.

Voici d'abord la *Chambre du Grand Conseil*. Un frisson vous saisit lorsque vous pénétrez dans cette salle immense où vous tenez si peu de place. Avec cela, la porte est dans un angle; de sorte que, à peine avez-vous fait quelques pas du côté par où vous êtes entré, que vous voyez du coin de l'œil tout un monde s'agiter dans l'espace. Ce ne sont pas les membres du Grand Conseil, revêtus de leur splendide costume et se distinguant les uns des autres par des ornements variés d'une valeur considérable, qui se montrent à vous, car retournez-vous, pour regarder mieux, et vous découvrez-vous, sous une inspiration sainte. En effet, vous avez devant vous les gloires du paradis, mises en peinture par *Le Tintoret*! Ce travail est d'un grandiose indescriptible. Que vous en dire? Un regret: Celui de voir que ce chef-d'œuvre inimitable est assombri et teinté de noir par le temps. Le paradis doit avoir un jour bien différent! Mais la faute n'en est plus à l'artiste. Derrière cette toile gigantesque, bien autrement haute et grande que la Smala, se cache un autre paradis peint sur le mur, en 1565, par le Padouan *Guariento*. Après une longue admiration sous laquelle vous subjugue le talent du Tintoret, quand enfin vous détachez les yeux, vous apercevez un immense plafond de la plus grande richesse d'ornementation. Là, c'est *P. Véronèse* qui vous convie, à son tour, à proclamer son mérite, en vous montrant Venise dans une auréole de nuages, couronnée par la gloire; c'est encore *Le Tintoret* vous présentant la même Seigneurie de Venise personnifiée au milieu d'un cortége de divinités olympiques, et, avec elle, le doge da Ponte, accompagné du Sénat, et recevant les hommages de villes soumises ; c'est enfin *Palma-le-Jeune*, vous exhibant l'orgueilleuse Venise, toujours chargée des diadèmes dont la victoire ceint son front si fier. Au-dessous de ce plafond radieux, dans tout le pourtour de la salle, sur la frise, règne un long bandeau étalant les portraits de soixante-seize doges, à commencer par Obelerio IX, 804. A la place de Marino Faliero, un crêpe noir remplace l'effigie, et on lit ces mots funèbres :

Hic est locus Marini Falethri decapitati pro criminibus !

Je ne pourrais suffire à vous analyser les grandes scènes de l'histoire de Venise étalées sur les murs et entre les fenêtres de cette salle par le pinceau des *Tintoretto*, *Bassano*, *M. Vicellio*, *Gambarato*, *Vincentino*, *J. Leclerc*, etc : par exemple, les épisodes de la réconciliation d'Alexandre III, le pape superbe, avec le farouche empereur d'Allemagne, Barberousse, et ceci, et cela. Mais je dois vous dire cependant que l'on retrouve là, sur une estrade, au-dessous du paradis, les stalles des membres du Conseil, le trône du Doge, les dix-huit siéges des Procurateurs, etc. Mais, dans le vaste pourtour de la salle, des armoires sombres et sévères, renfermant une partie des livres de la bibliothèque de Saint-Marc, dispersée un peu partout, dans le palais, ont remplacé le long cordon des stalles des citoyens-sénateurs. Impossible d'imaginer quelque chose de plus splendide que l'ensemble de cette chambre.

Passons à la *Salle della Bussola*. Ce n'est autre chose que l'anti-chambre de la chambre du Conseil des Dix. Mais on lui donne le nom de Bussola, à cause d'un tambour qui en emboitait la porte, afin d'arrêter tout éclat de voix. C'est dans cette pièce sombre et sinistre à l'œil, à côté de la porte en question, que se trouve la gueule béante du lion de Saint-Marc, toujours ouverte pour recevoir les accusations, dénonciations, trahisons, révélations, renseignements dont étaient si friands ces bons Messieurs de la Quarantie. La gueule de bronze a disparu : mais son descellement dans le mur y laisse encore le trou profond qu'elle y occupait, et cela seul imprime un frémissement. Dépouillée de ses terreurs, cette ouverture a tout simplement l'air de l'emplacement d'une boîte aux lettres, et cependant on est agité d'un certain frisson aux souvenirs de son histoire. Quelle boîte aux lettres, en effet ! C'était dans cette anti-chambre qu'attendaient les infortunés cités à *comparoir*. C'était là que bien des victimes tremblèrent, furent saisies de la fièvre, disparurent et ne reparurent jamais.

Voici maintenant la *Chambre du Conseil des Dix*, de la Quarantie, de l'Inquisition, en un mot. Ce n'est plus de l'admiration que l'on porte avec soi dans ces parages, c'est un peu d'effroi, beaucoup de terreur. On se demande si l'on n'a rien sur la conscience. On regarde d'un œil inquiet si quelque sbire ne va pas vous mettre la main sur le collet... On se figure que l'un de ces juges farouches siégeaient en robe noire et le visage masqué, afin que nul ne pût les reconnaître, va vous interpeller en apparaissant tout-à-coup. On sent son cœur qui bat quand on s'arrête en face des siéges de ces terribles personnages que l'on appelait les Trois, les Dix, les Inquisiteurs ! Heureusement on se rassure, en les trouvant vides. C'était donc là aussi, que, inaccessibles dans leur repaire à tout autre qu'aux exécuteurs de leurs décrets, ces juges farouches, ou plutôt ces tyrans inexorables ne voyaient pas même leurs plus proches parents pendant les quatre mois que chacun d'eux devait rester en fonction ! Pourtant, alors qu'ils signaient des arrêts de mort, leur imagination était conviée aux fêtes et aux joies de cette terre : car, figurez-vous bien que cette salle, pas plus que les autres, n'est tendue d'aucune draperie funèbre. Au contraire, au-dessus de leurs têtes se développait l'un des plus beaux plafonds de l'Italie, dessiné par *D. Barbaro*, et « jamais voûte plus riante et plus éclatante ne couvrit réunion plus cruelle et plus horrible » a dit je ne sais quel voyageur. En effet, on ne voit que chairs roses, délicates et fines, des Vénus, des Junon, des Janus. Oh ! le Dieu au double visage était bien à sa place ! Et puis Venise brisant des chaînes, ici, et puis, là, Jupiter foudroyant les quatre crimes dévolus au jugement des Dix, le viol, l'incendie, le faux-monnayage et le vol sacrilége. Mais certes ! le Conseil, la Quarantie, l'Inquisition, se mêlaient de bien autre chose, par la sambleu ! surtout quand il sortait de leurs bureaux des lettres comme celles-ci, que j'emprunte au curieux ouvrage de M. Paul de Musset :

« Du 15 septembre, 1511. »

« Il est nécessaire au bien de notre Etat qu'Ant. Savorgan soit enlevé de ce monde par une mort violente, pour la terreur de ses semblables. C'est pourquoi nous voulons : Que les trois chefs de notre Conseil cherchent dans notre *Prison de Castello* (1), parmi les détenus qui s'y trouvent, des gens de la province du Frioul, et qu'ils leur fassent savoir que nous nous engageons à leur donner deux mille ducats d'or, payables immédiatement, plus trois mille autres ducats d'or, etc., à quiconque tuera ou fera tuer, etc., etc. »

Notez que ce Savorgan était innocent... Mais il gênait la Seigneurie !

« Cette pièce, dit M. Paul de Musset, dans son voyage en Italie, révèle une particularité curieuse : C'est que le tribunal des Dix tirait de ses prisons les exécuteurs de ses sentences. Les trois chefs descendaient dans les cachots, le visage voilé, éclairés par des torches... ; ils donnaient lecture de la sentence aux prisonniers qui leur semblaient les plus propres au rôle de sicaires. Celui qui acceptait sa grâce à ce prix sortait à l'instant de prison : il prêtait et rece-

---

(1) La prison de l'ancien Château-Fort de l'*Isola di Castello San-Pietro*, à l'est de Venise, où est actuellement l'Eglise San-Pietro-di-Castello.

vait le *serment du silence*; puis on lui délivrait un sauf-conduit, un permis de port d'armes, et il partait pour exécuter le coup..... etc.»

Autre genre d'expédition du Conseil des Dix :
« A notre capitaine du Golfe Adriatique. »
« *(Lisez seul !)* »

« Par nos instructions ci-jointes, nous vous ordonnons de traiter les galères turques qui ont paru dans notre golfe et y ont endommagé nos navires marchands, comme il convient de traiter les voleurs et les pirates. Nous en avons le droit, selon le terme de notre paix avec le Seigneur turc ; mais, en considération d'un certain article qui nous obligerait à livrer au dit Seigneur les hommes qui demeureraient vivants, nous avons jugé nécessaire de vous écrire la présente lettre secrètement en Conseil des Dix, avec la Junte... Nous vous commandons, si vous en venez aux mains avec les dites galères turques, de faire en sorte qu'aucun homme ne reste vivant, mais que tous soit tués juqu'au dernier, et que les galères soient détruites et coulées à fond, en veillant avec toute votre diligence à ce qu'aucun Turc ne soit fait prisonnier ou n'échappe à la mort par quelque subterfuge. Votre sagesse comprendra que les discours et relations de ces prisonniers ne pourraient qu'être envenimés, etc., etc. (1). »

Maintenant un petit drame emprunté au même ouvrage :

« Sur les confins de la Dalmatie, en 1514, il y avait un Turc appelé Cara-Mustapha, dont le fanatisme provoquait des collisions entre les habitants de son village et ceux d'un bourg du domaine de Venise. On essaya d'abord d'apaiser

---

(1) Voyage en Italie, par M. Paul de Musset.

cet homme par des présents : il ne voulut rien entendre, et continua ses déclamations en public contre les chrétiens du voisinage. Un jour qu'il eut l'imprudence d'approcher des frontières, des agents de la république l'enlevèrent ; et il fut porté dans l'île de Liesna, où le gouverneur le mit en prison. Au bout de trois mois, il fut réclamé par l'ambassadeur de la Porte Ottomane, à Venise. Le Collége promit satisfaction à l'ambassadeur, et, pendant ce temps-là, le Conseil des Dix écrivit au gouverneur de Liesna la lettre suivante : »

« Après avoir examiné ce que vous nous faites savoir par vos dépêches du 18 du mois passé et du 4 du courant, au sujet de ce misérable Cara-Mustapha détenu dans vos prisons, nous avons pesé toutes choses, etc., c'est pourquoi nous avons résolu de vous écrire les présentes, en Conseil des Dix, avec la Junte... Nous vous commandons de chercher, avec tout le secret possible, une manière de le faire mourir, soit par le poison, soit par la strangulation, ou par le moyen que vous jugerez le meilleur, pourvu que sa mort demeure un mystère, et que jamais, en aucune façon, personne ne puisse dire qu'elle procède de vous et bien moins encore de notre Seigneurie. Vous feindrez que cet homme ait eu une maladie quelques jours avant de mourir. Nous sommes assurés que vous saurez bien arranger la chose, etc., etc. »

Jugez les hommes par leurs œuvres ! Et combien de choses de cette nature que l'on pourrait citer pour l'ébahissement du monde moderne ! Mais cela retarderait notre marche. Avançons, et pénétrons dans

La *Salle dei Capi*, la Chambre des Chefs, c'est-à-dire du *Conseil des Trois*. Oh ! ne craignez pas, ne tremblez pas, ils n'y sont plus ! Que dire de cet antre de la Tyrannie ? D'abord que son plafond, par *P. Véronèse*, notez-bien, représente l'Ange du Bien qui chasse les vices ! Voilà une heureuse allégorie ! Hein ! que vous en semble ? Ensuite, comme l'a écrit M. J. Lecomte : « Que telle qu'elle est aujourd'hui, cette chambre historique a l'air d'un café de mauvais goût.... » Nous y remarquons un couloir mystérieux dont on nous ouvre la porte, en nous disant :

— Cet escalier monte aux Plombs, et descend aux Puits... Et, en face, voici, la *Chambre de Torture*, où Carmagnola eut les pieds brûlés...

Ainsi, cette salle des chefs était le vestibule des Prisons, du Pont des Soupirs, de la... Mort!...

Voici venir en son lieu la *Salle des Pregadi*, ou la *Chambre du Sénat*. Ce nom de *pregadi*, tiré du mot *pregare*, veut dire *conviés*, *priés*, *invités*, parce que, au début de la République, le nombre des Sénateurs n'ayant pas encore été fixé, le doge faisait inviter, selon sa fantaisie, ceux que bon lui semblait, à venir délibérer avec lui. Ce fut au xiiie siècle seulement que cette réunion de *priés* reçut le titre de Sénat. De magnifiques peintures de *Palma Jeune*, du *Tintoret*, de *Gambarato*, de *Vincentino*, reparaissent dans cette salle.

Je ne vous parlerai, mes chers amis, ni de la *Salle du Scrutin*, où l'on procédait à l'élection des doges, et où s'achève la série de leurs portraits, qui ne pourraient figurer tous dans la chambre du Grand-Conseil ; ni même des délicieux tableaux dont l'ont décorée *Le Tintoret*, *Belloti*, *Vincentino*, *Bassano*, et bien d'autres. Je vous apprendrai seulement que l'une de ces belles œuvres raconte avec une horrible vérité un épisode sanglant des guerres de Venise. *Pietro Lando*, le chef d'une expédition vénitienne, ayant vu sa bannière enlevée par les Turcs, imagine de dérouler le turban d'un Musulman fait d'une bande de toile blanche. Alors sur cet étendard nouveau attaché à une lance, il trace un rond avec du sang. Mais savez-vous quel pinceau il emploie pour cet usage ? Le bras d'un prisonnier turc, qu'il fait couper à l'instant, et dont le sang chaud, qui jaillit, lui offre l'instrument et la couleur... Vantez donc cette heureuse époque !... Ce tableau est de l'*Aliense*.

Passons de même et la *Salle du Collége*, où pas un coin de mur n'est sans un chef-d'œuvre du *Tintoret*, de *P. Véronèse*, de *Caliari*, et de *Barbarigo* ; dont le plafond fait ruisseler d'admirables prodiges d'art ; qui exhibe des camaïeux verts de toute magnificence ; qu'un ensemble parfait recommande à l'admiration, et dont l'enceinte était réservée aux audiences des ambassadeurs ; et après avoir traversé la *Bibliothèque de Saint-Marc*, qui date du temps de Pétrarque, que ce poète enrichit de ses livres, et où il vint maintes fois travailler, alors qu'il demeurait à Venise, pénétrons dans le *Musée Archéologique*, voisin de la bibliothèque.

Que de richesses de l'art antique, les conquêtes de Venise en Grèce et dans l'Orient, ont entassées dans cette ville merveilleuse! Mais ce musée surtout en devient le sactuaire sacré. Je ne puis vous tracer ici le catalogue de ces trésors amoncelés depuis des siècles. J'aime mieux, après vous avoir dit que nous visitons les anciens appartements privés des doges, chambres à coucher, salles à manger, etc., tels encore que les habitèrent ces rois déchus, vous prier de me laisser peindre ici les Plombs et les Puits de ce Capitole du pouvoir le plus mystérieux que l'Europe ait vu régner.

Je vous ai dit que derrière le Palais-Ducal, et séparé de lui seulement par le Canaletto della Paglia, se trouvait un édifice, fort beau même, qui n'est autre que les *Prisons*. A. *dà Ponte* en est l'architecte : c'est vous dire le mérite de l'œuvre. Ce palais, ces prisons, comme vous voudrez, forment l'angle et le commencement du quai des Esclavons, si animé, si riche, si pittoresque. Ainsi, vous le voyez : tout est beau à Venise, même les cachots. Donc c'était là, c'est là encore, mais aux mauvais temps surtout c'était là que MM. les procureurs, les inquisiteurs, etc., faisaient enfermer les suspects. La cause était-elle grave, s'agissait-il d'une affaire où la tête était engagée? Le patient ne demeurait pas long-temps dans cette prison; un soir, un matin, peu importe! c'était un mauvais quart-d'heure pour lui. On le faisait sortir de son cachot, il gravissait quelques marches; à la forme mortuaire d'un corridor, il comprenait qu'il traversait le Pont-des-Soupirs, et alors il pouvait, il devait soupirer en effet; car, si l'on descendait à la sortie du Pont-des-Soupirs, c'est qu'on allait le déposer dans les Puits; si l'on montait, c'est qu'il allait habiter les Plombs. Mais Puits ou Plombs, c'était la mort qui devait suivre, une nuit, par strangulation, par pendaison, par décapitation, ou bien encore par le poison.

C'était un triste pèlerinage que celui-là, n'est-il pas vrai, ma chère Mathilde? Que vous en semble, Williams? Ce lugubre pèlerinage, je l'ai fait, nous l'avons fait, Emile et moi. Oui, nous avons gravi l'escalier des Plombs, nous nous sommes courbés sous leurs dômes brûlants, nous y avons été piqués par les moustiques, tout comme Silvio Pellico. Puis nous avons descendu l'affreux escalier qui conduit aux Puits : on nous y a enfermés, nous nous sommes couchés sur leurs planches, assis sur une sellette, on nous a placé la tête où les victimes était étranglés, etc. Mais tout cela, c'était, oh! non pas pour rire, mais pour juger, pour voir, pour connaître, pour apprécier, pour éprouver des émotions...

Voici ce que sont les *Plombs*:

Fenimore Cooper, dans son Bravo de Venise, appelle les Plombs « une boîte de métal ardent. »

Dans ses Prisons, Silvio Pellico s'exprime ainsi à leur endroit :

« Je suivis le geôlier en silence. Après avoir traversé quelques passages et quelques salles, nous arrivâmes à un petit escalier qui nous conduisit sous les Plombs, célèbres prisons d'Etat sous la République. Là, le geôlier enregistra mon nom et m'enferma dans la chambre qui m'était destinée. Ce que l'on nomme les Plombs, c'est la partie supérieure de l'arrière palais du doge, qui est toute couverte en plomb. Ma chambre avait une grande fenêtre, avec une énorme grille de fer, et donnait sur le toit, également en plomb, de l'église Saint-Marc. Au-delà de l'église, je voyais dans le lointain l'extrémité de la Piazza, et de toutes parts une infinité de coupoles et de clochers. Le gigantesque Campanile n'était éloigné de moi que de la longueur de l'église, et j'entendais ceux qui, placés à son sommet, parlaient un peu haut. On voyait encore, du côté gauche de l'église, une portion de la grande cour du Palais-Ducal, et sa Porta della Charta. Dans cette portion de cour est un puits où l'on venait constamment puiser de l'eau... Dans mon ennui, je donnai mon attention à quelques fourmis qui cheminaient sur ma fenêtre : je les nourris si somptueusement qu'elles allèrent chercher une armée de leurs compagnes, et ma fenêtre fut bientôt pleine de ces petits insectes. Je donnais pareillement mes soins à une belle araignée qui tapissait une des parois de ma prison. Je la nourrissais avec des moustiques, et elle devint familière, au point de venir sur mon lit et sur ma main, saisir sa proie entre mes doigts. Plût à Dieu que ces insectes eussent été les seuls à me visiter! Nous étions encore au printemps, et déjà les moustiques se multipliaient d'une manière effrayante. Les chaleurs arrivèrent bientôt ; il est impossible de dire à quel point l'air s'échauffa dans le gîte que j'habitais. Placé en plein midi, sous un toit de plomb, ayant une fenêtre en regard du toit de plomb de Saint-Marc, dont la réverbération était ardente, j'étais suffoqué. Je n'avais jamais eu l'idée d'une chaleur si accablante. A ce cruel supplice venaient se joindre des moustiques en si grand nombre que, pour peu que je fisse un mouvement et les excitasse, j'en étais couvert; le lit, la table, la chaise, le sol, les murs, la voûte, tout en était plein, et l'air en contenait une multitude infinie qui allaient et venaient sans cesse par la fenêtre en faisant entendre un bourdonnement infernal. Les piqûres de ces animaux sont douloureuses, et quand on en reçoit du matin au soir, et du soir au matin, et qu'il faut subir l'incessant ennui de penser aux moyens d'en diminuer le nombre, c'est trop de souffrance pour l'âme et le corps... Quand le soleil descendait sous l'horizon, c'était pour moi l'heure de la prière! Oh! Comme je sentais Dieu! Comme je lui rendais grâces de trouver toujours un nouveau moyen de ne pas laisser languir les puissances de mon âme et de mon cœur! Comme je sentais se raviver en moi la mémoire de tous ses dons précieux! Je me mettais debout sur la fenêtre, les bras passés entre les barreaux, les mains jointes. L'église Saint-Marc était au-dessous de moi : une multitude prodigieuse de pigeons en liberté roucoulaient amoureusement, voltigeaient, faisaient des nids sous ce toit de plomb; le ciel le plus magnifique était là devant moi; je dominais toute cette partie de Venise, que l'on pouvait découvrir de ma prison. Dans ce lieu misérable, mais saisissant, je conversais avec Celui dont les yeux seuls pouvaient me voir : je lui recommandais mon père, ma mère, et, une à une toutes les personnes qui m'étaient chères, et il me semblait l'entendre me répondre : Mon fils, aie confiance!.. Alors je terminais ma prière, attendri, fortifié, et peu sensible aux piqûres des moustiques... »

Enfin M. Valéry dit que les Plombs, créés postérieurement aux Puits, qui parurent trop rigoureux, étaient la partie la plus élevée du palais ducal dont la couverture est de plomb, et dans laquelle les détenus subissaient leur peine sans que jamais la santé d'un seul, même après une réclusion de dix ans, ait été altérée par le fait seul du séjour sous ces plombs. Il y avait un courant d'air suffisant pour corriger l'effet de la chaleur.

Quant aux *Puits*, quel horrible séjour! Pour nous y faire descendre, le geôlier allume un falot, et nous met à chacun une torche à la main. Escalier tournant, fort obscur, humide, nauséabond, de 25 à trente marches. Il est facile de calculer qu'on se trouve peu au-dessous du niveau de la cour. Mais, en tout cas, on est loin d'être au-dessous des eaux des lagunes, comme on l'a écrit. On arrive à des portes-basses, avec barres de fer transversales, croisées, reliées à la muraille par des serrures effrayantes. C'est un bruit de ferraille, de clefs, des grincements de verroux, des gonds qui crient à vous faire frémir. Ces poternes franchies, noirs corridors voûtés, surbaissés, qui divergent. Une odeur infecte de moisissure, d'humidité visqueuse vous monte au cerveau. De distance en distance, portes de cachots. Quelles portes ! On nous en ouvre une, on nous en ouvre deux, trois, quatre. Tous ces cachots se ressemblent, ce sont les Puits ! Nous entrons. Parquets sous les pieds ; boiseries sur les murailles ; au centre, lit de camp incliné, isolé. Ouverture étroite du côté de la galerie, afin de permettre à un filet lumineux de la lampe sépulcrale qui veillait dans les corridors d'éclairer chaque puits. Pauvre lumière ! Elle servait, en outre, à indiquer au captif l'endroit où il pouvait respirer plus facilement l'air nécessaire pour ne pas mourir; le trou à l'aide duquel on lui faisait passer du pain et de l'eau; et enfin l'ouverture par laquelle il pouvait appeler, s'il consentait à faire des révélations. Voici comment l'on procédait à l'endroit des suspects ou des accusés, l'ordre que suivait la marche de l'affaire :

Le Conseil des Dix avait pour mission de décacheter les bulletins que les espions du dehors jetaient, à chaque instant du jour, dans la gueule du lion en marbre appliquée à l'extérieur de la salle. Lorsque la dénonciation secrète paraissait justifiée, le Conseil des Dix ordonnait l'arrestation des accusés. Ceux-ci étaient conduits dans les prisons qui sont reliées au palais ducal par le fameux *Pont des Soupirs.*

Quand le Conseil des Dix avait dressé les rôles des dénoncés, il les remettait au *Conseil des Trois.* Ces chefs, dont les noms étaient connus seulement du Conseil des Dix, siégeaient en robe noire et le visage masqué. Alors, sur l'ordre de l'un d'eux, on faisait successivement apparaître les dénoncés. Ceux-ci, en quittant la prison, traversaient le Pont des Soupirs, qui est voûté et placé au deuxième étage, et ils arrivaient dans la *Salle dei Capi* en suivant un corridor particulier. Les accusés qui avouaient leurs crimes et qui n'avaient commis qu'une faute secondaire, étaient conduits par un couloir spécial dans les *Plombs*.

Lorsque l'accusé refusait de répondre, d'avouer son crime et de faire connaître ses complices avant ou après avoir subi la torture, ou lorsqu'il était condamné à périr, on le conduisait dans les *Puits*.

Quand le condamné devait périr, on le conduisait dans une pièce étroite ayant deux portes : l'une qui ouvrait dans le couloir, l'autre qui donnait dans le canal au-dessus duquel était suspendu le Pont des Soupirs. Lorsqu'il était entré dans ce lieu complètement sombre et non aéré, on l'obligeait à s'asseoir dans une chaise fixée sur la partie intérieure de la porte, et on l'y attachait après lui avoir passé un lacet autour du cou. Les bouts de cette corde traversaient la porte et correspondaient à un tourniquet. Ceci fait, on tirait la porte, on la fermait, et l'exécuteur, en tournant l'appareil sur lui-même, étranglait celui qu'on avait jugé sans preuves et uniquement sur la dénonciation d'un espion salarié. La nuit suivante une barque venait recevoir le cadavre et le conduisait au milieu des lagunes, où il devenait la proie des oiseaux de mer.

Le conseil des Trois avait un pouvoir immense. Il prononçait sur tous les Vénitiens : doge, patriciens, peuple, etc. On dit à Venise que ce pouvoir était si étendu qu'un jour un des membres de ce terrible fut étranglé par ordre de ses deux collègues, aidés d'un inquisiteur suppléant.

Nous nous faisons enfermer dans ces Puits, après avoir éteint nos torches. Abominable silence ; épouvantable obscurité ; horrible privation d'air. Une journée dans ces cachots, ce serait à en mourir ! Combien d'infortunés y ont passé des années ! L'éclat du falot et des torches nous est rendu. Nous allons de puits en puits. Voici celui où l'on faisait asseoir le patient sur une sellette de bois, le dos placé du côté du corridor, le cou pris dans une cordelette dont les deux bouts, passant par un trou fait dans l'épaisseur de la muraille, pendaient au dehors. La victime était ainsi à la discrétion de son bourreau, d'un inquisiteur lui-même, s'il lui prenait la fantaisie de se donner la récréation d'une strangulation. Pour ce faire, il n'y avait que les bouts de corde à tirer, à serrer, et à tenir pendant quelques minutes.

Nous voyons aussi le Puits dans lequel fut étranglé le noble et bon Novello Francesco de Carrare, et ses deux fils, par trahison, après les avoir attirés à Venise sous le prétexte de traiter avec eux d'une paix perpétuelle. L'inquisition, en voyant l'Europe consternée à la nouvelle de cette violation du droit des gens, voulut nier cet indigne forfait ; mais les pages du registre *Misto* dans lequel ses actes étaient consignés, se sont ouvertes d'elles-mêmes, sous les yeux de la postérité, et on y lit cette révélation accablante :

« Nous voulons que Francesco Carrare et ses fils soient arrêtés au milieu de la fête qu'on leur donnera demain, et jetés dans les prisons de notre Palais-Ducal, *pour qu'il soit fait de leurs personnes ce que décidera le Conseil...* » Reg. *Misto,* vol. VIII. p. 112.

On nous montre également, sur notre demande, le cachot dans lequel fut enfermé le brave condottiere Carmagnola, le héros de la bataille de Macalo, en 1427, et la victime de l'ombrageuse république qui, après l'avoir reçu avec pompe, et accueilli dans une fête, le fit saisir, plonger dans ces puits, torturer, et mener au supplice, un bâillon dans la bouche, sur la Piazzetta, où trois coups de hache ne furent pas de trop pour lui trancher la tête....

Enfin, près de ces cachots horribles, on nous conduit à une pièce étroite et sombre, où avaient lieu les exécutions nocturnes, secrètes, et d'où, par une porte basse qui ouvre sur le canal de la Paille, dessous le Pont-des-Soupirs, on déposait le cadavre mutilé du patient dans une gondole qui allait le précipiter au large du canal Orfanello, un boulet aux pieds, dans l'abîme des Lagunes...

Bon nombre de ces puits offrent des légendes gravées dans l'obscurité par la main des condamnés. Mais elles sont indéchiffrables. En voici une cependant que M. du Pays cite dans son itinéraire :

Dieu me garde de celui auquel je me fie,
Je me garderai moi-même de celui dont je me défie !

Pour en finir avec ces tableaux funèbres, je vous dirai encore que dans la galerie de la façade du Palais-Ducal donnant sur la Piazzetta, il est deux colonnes qui diffèrent des autres, car elles sont en marbre rouge : c'est entre ces deux colonnes que l'on amenait, et que l'on amène encore, les condamnés à mort, pour lire au peuple leur sentence. C'est là que Silvio Pellicco, que j'aime à citer, car il fut l'ami de l'un de mes amis intimes, Marchèse.... de Turin, l'auteur de *Marc*, fut mis au pilori. Voici ce que raconte Silvio sur son en face du peuple, sur la Piazzetta :

« A neuf heures du matin, ou nous fit monter, Maroncelli et moi, à l'Isola San-Michele, en face de la belle île de Murano, où nous avions été transportés des Plombs, après notre jugement, dans une gondole qui nous conduisit à Venise. Nous abordâmes au Palais du Doge, où on nous mit en prison. A midi, les menottes aux mains, nous fûmes repris par les sbires. En descendant l'Escalier des Géants, nous nous souvînmes du doge Marino Faliero, qui fut décapité en cet endroit. Nous passâmes sous le portique de la cour du palais qui donne sur la Piazzetta, et, arrivés là, nous tournâmes, à gauche, du côté de la lagune. Au milieu de la Piazzetta était l'échafaud où nous devions monter. De l'Escalier des Géants jusqu'à cet échafaud, il y avait deux haies de soldats allemands au milieu desquels nous passâmes. Du haut de l'échafaud, nous vîmes dans ce peuple immense l'expression de ta terreur. On apercevait sur divers points, dans le lointain, des troupes rangées en bataille ; les canons avaient leurs mèches allumées. Le capitaine allemand nous ordonna de nous tourner du côté du palais et de regarder entre les deux colonnes rouges. Nous obéîmes, et nous vîmes un greffier tenant un papier à la main. C'était la sentence ; il lut. Un profond silence régna jusqu'à ces mots : *Condamnés à mort.* Mais alors il s'éleva un murmure général de compassion, auquel succéda un nouveau silence. Un autre murmure s'éleva lorsqu'on lut : *Peine commuée en quinze ans de Carcere Duro pour Pellico, vingt ans pour Maroncelli....* »

C'est ainsi que l'Autriche, dans les temps modernes, traitait les *Carbonari*, pauvres jeunes hommes généralement trop avides de rendre la liberté à leur patrie !

Après notre septième visite au palais des doges, mes amis, notre admiration pour ses beautés d'art, et notre effroi à l'endroit de ses horreurs, sont aussi neuves que le premier jour. Toutefois, je l'avoue, on a besoin de grand air quand on quitte ce palais. Aussi montons-nous dans notre gondole pour aller courir les lagunes. Puis, par le Grand-Canal, nous allons aborder au Traghetto, qui fait face au nouveau pont en fil de fer.

Là, une Minerve dodue, aux bossoirs athlétiques, assise sur un lion qui ploie sous le faix, le tout placé sur le fronton d'un monument, vous signale l'*Académie des Beaux-Arts*, ou le *Musée de Venise*. Nous y venons frapper pour la sixième fois. Il y a, dans cet écrin, tant de merveilles cachées ! Un couvent de chanoines réguliers attachés à l'Eglise voisine, Santa-Maria delle Salute, occupait autrefois l'emplacement de ce musée. Mais incendié, puis rebâti par *Palladio*, et incendié de nouveau, ce qui resta de l'édifice fut disposé pour devenir un sanctuaire des Beaux-Arts : et c'est un fort joli temple, je vous l'assure. De nombreuses salles le composent. La première de toutes, néanmoins, est la *Salle de l'Assomption*. On lui donne ce nom à cause de l'œuvre admirable du *Titien*, l'Assomption de la Vierge, qui en occupe le fond et qui en fait la gloire. Produite pour une Eglise de la ville, cette toile splendide avait été encrassée par la fumée des cierges, et, mise au rebut. Méconnaissable, ignorée, elle fut enfin devinée, reconnue et restaurée par un artiste qui la rendit à l'admiration du monde.

Je me garderai bien de *toucher à la reine !* A de plus habiles que moi de vous redire les beautés de cette page de peinture ! Je ne vous signalerai même aucun des tableaux du musée. A quoi bon une nomenclature aride et froide des trésors que l'on ne voit pas. C'est à en donner une envie qui ne peut être satisfaite. Tout au plus vous apprendrai-je qu'à l'autre extrémité de la salle, et en regard de ce premier chef-d'œuvre, apparaît le chef-d'œuvre du *Tintoret*, le Martyre de saint Marc. Quelle vigueur de coloris, quelle fougue, quelle audace de pinceau. Puis voici la Madone et les Six Saints de *Jean Bellin*, le maître du *Titien*, comme Le Titien fut le maître du Tintoret ; voici la Sainte Christine de *P. Véronèse* ; voici l'Adoration des Mages, de *Bonifazio*. Hein ! n'y a-t-il pas déjà de quoi vous allécher, rien que dans ces noms radieux de l'école vénitienne. Et notez que je cite presque au hasard les premiers tableaux qui appellent mon regard dans cette première salle. Et le plafond de cette salle de l'Assomption, lui aussi, est une merveille. OEuvre du moine *Cherubino Ottali*, ce beau plafond forme la plus riche soffite à caissons dorés que l'on puisse imaginer.

Je voudrais, comme un poète inspiré, trouver assez d'enthousiasme dans mon âme, assez de verve et de feu sacré dans ma poitrine, assez de noblesse et d'élégance dans mon expression pour chanter dignement le mérite et la gloire des artistes qui ont illustré Venise, leur patrie, comme Rembrandt a fait Amsterdam ; Hemmeling, Bruges; Van-Dyck, Gand ; Rubens, Anvers; de Vinci, Milan; Le Corrège, Parme; et Simon Memmi, Florence. A Venise, on ne visite aucun édifice, soit profane, soit sacré, sans y trouver les œuvres, sans entendre prononcer les noms de *Jean Bellin*, de *Carpaccio*, des *Zuccati*, du *Titien*, du *Tintoret*, de *P. Véronèse*, de *Pordenone*. C'est toute une étincelante et belle pléïade d'artistes dévoués, pleins de talent, qui ont tous mis la main à la gloire de Venise.

Dans l'architecture, les artistes grecs, à Saint-Marc, puis leurs dignes successeurs, *San-Micheli, Scamozzi, Sansovino, A. dà Ponte, Longhena*, et enfin le païen *Palladio*, peuplèrent la fée des lagunes de ces nombreux palais, aujourd'hui mornes et mélancoliques, qui, dans la riche ornementation de leurs façades, dans la variété de leurs styles gothique, sarrazin, renaissance, pompadour, réfléchissent encore les habitudes luxueuses d'un autre âge, celle de l'orgueilleuse aristocratie qui les habitait.

Dans la sculpture, *Sansovino, Rizzo, Balsagio, Calendario*, et, en dernier lieu, *Canova*, travaillaient pour l'admiration des siècles.

Mais dans la peinture surtout, sur l'horizon de Venise se levaient tour à tour ces astres lumineux, qui, après l'inspiration donnée par les artistes grecs, mosaïstes ou peintres, s'appelèrent *Squarcione*, le fondateur de l'école mystique de Venise; *Jean Bellin*, le fondateur du réalisme dans cette même école vénitienne transformée; puis *Giorgione*, le modèle du coloris et de la touche; *Gentil Bellin*, le frère de Jean ; *Carpaccio*, le *Titien*, l'inimitable maître, le vrai coloriste, l'élève de *Zuccato*, père de Valerio et Francesco Zuccati, les restaurateurs des mosaïques de Saint-Marc ; le *Tintoret*, le fougueux artiste, mais le nébuleux coloriste; l'admirable *P. Véronèse* et *Jacopo dà Ponte*, et *Pordenone*, et *Moretto*, et *Schiavone*, et les deux *Palma*, et en dernier lieu, 1696, l'infatigable reproducteur des vues de Venise, et, le dernier nom glorieux de l'école vénitienne, *Canaletto*. Oui : Noël à tous ces illustres artistes, presque tous nés à Venise, ou tout au moins dans les Etats-Vénitiens !

Aussi peut-on dire qu'il fut une époque, et cette période dura plusieurs siècles, où Venise fut regardée avec raison comme une véritable merveille par ses dômes, ses campaniles, ses portiques et ses palais de marbre, le style oriental de son Palais des Doges, qui rappelle et Damas et le Caire, et les richesses de de l'art entassées sous les voûtes de ces somptueuses demeures. Cette opulence inouïe effaçait, par ses fêtes et ses chansons d'amour, les drames lugubres des Plombs et des Puits. Heureux temps pour les Vénitiens qui l'ont vu et qui, certes! n'ont jamais pensé qu'au XIXe siècle, leurs descendants auraient pour partage, non plus des joies bruyantes et folâtres, mais de douloureux souvenirs, et une tristesse pour ainsi dire infinie!

Je t'ai dit ou bien je t'apprends, ma chère Mathilde, qu'à Venise nous demeurons à l'Hôtel de la Lune. Ce n'est pas un hôtel inconnu : au contraire, il a sa gloire à lui. Ecoute ce que je lis dans les *Prisons* : « Nous arrivâmes à Venise, le 20 janvier 1821. Au mois de septembre de l'année précédente, un mois avant mon arrestation, j'étais à Venise, et j'avais fait un dîner en nombreuse et joyeuse compagnie à l'Hôtel de la Lune. Chose étrange! Je fus conduit par le comte et les gendarmes précisément à l'Hôtel de la Lune. Un garçon de l'hôtel parut surpris en me voyant... Nous dînâmes, etc.

» Soyez donc Silvio Pellico, ayez sa renommée, et dînez à l'Hôtel de la Lune... On vous oubliera tout comme un autre. C'est très-inutilement que j'ai parlé de Pellico au maître de l'hôtel. Cet hôtel n'a pas écrit dans ses fastes ce nom immortel!

Un autre jour, nous sortons de notre Hôtel de la Lune au moment où le canon vient d'annoncer l'ouverture du port. Ce coup de canon du matin nous a servi souvent de signal pour notre départ dans nos courses journalières. Ce jour-là le soleil est brumeux encore. Les lampes qui brûlent devant les madones dans toutes les rues et les carrefours de Venise commencent à pâlir néanmoins. Nous passons près des deux lumignons qui brillent de tout leur éclat, comme deux étoiles oubliées, dans la pénombre qui enveloppe l'angle de la basilique de Saint-Marc, devant la statue de la Vierge Mère. Elles rappellent ce souvenir du mystérieux assassinat qui rougit de sang le pied de la colonne des Publications : celui dont fut accusé le malheureux fils du doge Foscari.

Mais la brise dégage bientôt les lagunes de leur voile de vapeurs. Le soleil étincelle sur leur surface, et peu à peu la splendeur d'un beau jour envahit les cieux et les eaux. Comme le quai des Esclavons s'agite et se couvre des flots pressés d'une foule active qui s'éparpille en tous sens! On entre beaucoup dans les tavernes, c'est vrai : mais on entre plus encore dans cette petite église *San-Georgio dei Schiavoni* qui ouvre sur le quai. Hommes et femmes vont y prier à l'envi. Je sais, car je l'ai vu maintes fois, que peu de ces braves gens voudraient commencer leur journée sans avoir prié, sans s'être mis sous la protection du Seigneur.

Sur le même quai, que de troncs placés ici et là! On en trouve de semblables dans les rues de la ville. Tous vous convient à une bonne œuvre ; et, vides le matin, le soir la main du peuple les a remplis. Oh! le peuple est bon à Venise, car il est pieux. Sur le traghetto du môle, comme sur tous les autres traguets, en poupe ou en proue de toutes les gondoles qui attendent la pratique, il y a quelque sainte image ; et pas un gondolier à la peau bistrée, au bonnet chioggiote, qui ne se signe en quittant le traguet, ou en passant devant une église, une croix, une madone; pas un qui ne porte à son cou autant de médailles bénies que le Sioux porte à sa ceinture de chevelures humaines enlevées par le scalpe. De tous ces gondoliers, en voici un qui nous sourit et se détache des groupes. C'est le nôtre. Il nous montre que sa gondole nous attend.

Mais sur une maison du quai, à l'Hôtel Danieli, que veut dire cette pancarte que l'on place à la porte? Hélas! c'est un écriteau mortuaire. Il annonce les titres et qualités d'un jeune fils du maître du logis, trépassé pendant la nuit. On y lit aussi le nom de sa maladie, l'esprit religieux de sa fin, et les circonstances de sa mort. Cette simple feuille de papier tient lieu de lettre de faire part. Tel est l'usage à Venise. Evidemment nous voici dans un cas de mauvais augure! Mais ne nous arrêtons pas pour si peu, et soyons braves comme César.

Nous allons à la Salute, ma belle Mathilde. La Salute est l'une des plus remarquables églises de Venise, sur le Grand-Canal, près de l'Académie des Beaux-Arts. Savez-vous bien, mon cher ingénieur, que l'église *Santa Maria della Salute* repose sur 200,000 pilotis? C'est énorme, n'est-ce pas? Mais aussi considérez quelle masse gigantesque, et cependant élancée, gracieuse, portent ces pilotis! Y a-t-il rien de plus élégant que cette double coupole qui monte vers le firmament, comme un hymne de reconnaissance! Ces volutes qui consolident les angles du tambour octogone, ces 125 statues qui peuplent le dôme et les frontons, les mille ornements qui les enlacent, tout cet ensemble n'est peut-être pas irréprochable : mais que de beautés néanmoins dans cette œuvre de *Longhena*. Cette église est d'un effet magique dans la perspective. Aussi *Canaletto* en a-t-il fait un tableau délicieux, que reproduisent de charmantes gravures. Malheureusement gravures et peintures sont bien chères : sans cela je vous adresserais Santa Maria delle Salute. Je vous disais que ses coupoles s'avançaient vers les cieux, comme un chant de reconnaisance et d'amour. C'est, en effet, l'église de la reconnaissance. Son nom *della Salute* révèle qu'elle fut bâtie pour remercier Dieu, par Marie, d'avoir mis fin à la peste du xviie siècle qui ravageait Venise. *Le Titien, le Tintoret, Palma, J. Salviati, Sasso-Ferrato*, et bien d'autres artistes ont consacré leurs pinceaux à la décoration de cette vaste et riche rotonde. Mais, dit M. Théophile Gautier, « on y admire surtout un superbe plafond du *Titien*, le Meurtre d'Abel par Caïn, exécuté avec une robustesse et une furie magistrales. C'est calme et violent comme toutes les œuvres bien réussies de ce peintre sans rival. » Nous y remarquons aussi les portraits du doge F. Dandolo et de sa femme, peintures vénitiennes de 1338, et un délicieux lampadaire en bronze de *A. Bresciano*. Le maître-autel est riche, orné de colonnes enlevées à l'amphithéâtre Pola, mais d'un style peu louable.

De la Salute, nous voguons vers l'île des Arméniens, à travers les lagunes, au sud-est. La traversée demande une heure. Mais le temps semble court, le ciel de Venise est si doux, et si vive la belle lumière qui l'inonde! L'eau rutile comme une vaste nappe d'argent que l'on aurait semée de taches brunes. Ces taches sont des îles. Ainsi, nous saluons d'abord *San-Servolo*, car voici la maison des fous. Que d'infortunés assis dans les ténèbres de la déraison! Nous saluons aussi des curieux îlots qui se soulèvent de loin, comme des tritons étonnés, pour nous regarder passer, et enfin nous abordons à *Saint-Lazare des Arméniens*. Cette tourelle pittoresque, à droite, fait partie de l'enceinte du jardin du collége. L'église est à gauche. Entre les deux, nageant sur la nef de verdure, les pieds dans l'eau, la tête dans l'air, vous apercevez le collége. Car l'île des Arméniens appartient au Collége des religieux Mékhitaristes, ainsi nommés de leur fondateur Mékhitar. Chassés de Morée par une peste violente, ils obtinrent cette île de la République de Venise. Ils s'y occupent à traduire et à imprimer les meilleurs ouvrages du monde en langue orientale, et Dieu sait les belles éditions qu'ils ont produites. Nous sommes en extase devant leurs œuvres, car un R. P. nous fait les honneurs de l'île. Quelle science dans cet homme ! Il sait huit langues, et à la façon dont il s'exprime en français, nous pouvons juger qu'il possède les autres à fond. Avec quelle bonté sans pareille cet humble prêtre nous montre la superbe et riche bibliothèque, l'église, le musée, l'imprimerie et jusqu'aux curiosités, momies, etc., que possède le collége !

Bientôt nous le quittons pour aller une dernière fois au Lido. Ce sont nos adieux que nous voulons faire à cette longue terre qui protége Venise et à la mer Adriatique, etc. Aussi notre cœur est triste, il nous a été si doux de nous mettre en contemplation devant cette belle plage baignée par la mer de Grèce ! Il faut une autre heure pour atteindre le Lido. Nous y trouvons un certain nombre de promeneurs, mis en bonne disposition par la beauté du ciel et des eaux, qui se livrent au plaisir du bain. Rien n'est contagieux comme l'exemple. Nous louons un costume, et bientôt nous voici plongés dans la mer, nous faisant bercer par sa vague pendant une bonne heure. Au loin, des voiles jaunes, rouges et blanches nous signalent des barques de pêcheurs cherchant, non plus l'anneau du doge jeté dans l'abîme, mais le poisson qui doit alimenter nos tables luxueuses de Venise, et donner aux pauvres pêcheurs le pain du jour. Plusieurs de ces nacelles cinglent sous le vent ; d'autres, immobiles, ont jeté l'ancre Ces barques, capitonnant ainsi la surface de l'Adriatique, sont bien l'image de l'homme errant à l'aventure parmi les flots capricieux de la vie. Elles sont bien notre image, à nous, aujourd'hui à Venise, et demain bien loin de ses splendeurs. Aussi disons-nous adieu à ce Lido, à ces lagunes, sur lesquelles nous avons passé de si douces heures, adieu à cet aspect féerique de Venise se mirant dans les eaux, adieu à ces effets magiques de lumière, levers ou couchers du soleil, clairs de lune, qui, plus que partout ailleurs, à Venise, nous ont enivrés, ravis, et nous laissent des souvenirs poétiques pour le reste de nos jours.

A notre retour à Venise, dernier repas champêtre à la Pointe de Quintavalle, à l'extremité orientale de la ville, en face des lagunes, de la mer, de l'immensité. Là, nous sommes dans l'île de San-Pietro. Cette île ressemble à un navire voguant à la tête d'une flotte innombrable. Un clocher rouge et blanc, isolé de son église, lui sert de mât et porte son pavillon. Cette église est celle de San-Pietro, l'antique cathédrale, avant que Saint-Marc ne s'emparât de ce titre. C'était dans cette île que demeurait le Patriarche. Mais la façade de l'édifice, dans le style de *Palladio*, est païenne comme cet architecte, qui, nonobstant son mérite, n'avait pas l'intelligence du sentiment catholique. Nous voyons, à l'intérieur, après le second autel, à droite, une sorte de chaise curule en marbre, stalle fort ancienne, à laquelle la tradition prête un grand honneur. C'était, dit-on, le siège de saint Pierre, à Antioche.

Nous quittons l'isola San-Pietro pour entrer dans l'*Arsenal*, qui n'en est séparé que par un canal. Ce vaste établissement, bien digne de la glorieuse république, occupe à lui seul une île qui a presque une lieue de circuit. Défendu par de hauts remparts, il offre l'apparence d'une citadelle. A son entrée principale se dressent deux colosses qui frappent tout d'abord le regard et l'émerveillent. Ils représentent deux lions. Ce sont des chefs-d'œuvre de la statuaire antique, enlevés l'un à Athènes, l'autre à Corinthe, par le doge Morosini, le dévastateur inintelligent du Parthénon et le vainqueur des Turcs. Ces deux marbres magnifiques portent la gravure d'inscriptions que l'on dit *runiques* ou *runes* (1). Cet arsenal,

---

(1). *Runiques* ou *runes* sont des caractères dont se servaient jadis les Scandinaves. L'alphabet runique n'a que 16 lettres. Elles sont formées de barres horizontales et verticales. On trouve surtout en

aujourd'hui silencieux, renferme d'immenses chantiers et de superbes bassins pour le radoub des navires. Mais que sont devenus les 16,000 ouvriers qui jadis travaillaient dans son enceinte? La clef d'or dont doit user souvent le touriste, à Venise comme ailleurs, nous ouvre les portes du Musée de l'Arsenal, et comme cette clef d'or sonne très-agréablement dans nos mains, elle nous vaut une escorte d'honneur qui doit tout nous montrer, tout nous expliquer. Nous voyons alors tour à tour, parmi les curiosités anciennes excentriques, d'abord les casques, aiguilles, carcans, pouciers, clefs, tenailles, chevalets, etc. de torture employés par le féroce tyran de Padoue, F. de Carrara, sur les victimes qu'il livrait au supplice. On frémit, ou frissonne à la pensée des épouvantables douleurs que devaient imprimer de pareils instruments de barbarie. Nous y retrouvons aussi l'*ostacalo*, cet appareil de fidélité que le même tyran employait, et que possède aussi notre musée du Sommerard. Ensuite, un prétendu casque d'Attila, trouvé à Aquilée; des lanternes turques et des étendards musulmans pris à la flotte mahométane, à la bataille de Lépante; des drapeaux de Morée; des bastingages d'antiques galères vénitiennes; le trône sur lequel le doge se plaçait lorsque, monté sur la fameuse galère, le *Bucentaure*, il allait épouser la mer Adriatique; la proue or et vermillon de ce même Bucentaure; l'anneau donné au doge par le pape Alexandre III, après la cérémonie de sa réconciliation avec Barberousse, dans Saint-Marc; l'équipement équestre du sournois Gatta-Melata, l'illustre général de la République: les armures des doges Mocenigo, Corner, Contarini, Morosini, Vénier, et Giani qui battit Barberousse; un canon composé de deux parties distinctes et ouvert à la culasse, qui servit, à Malamocco, contre les Génois; une superbe couleuvrine, ouvrage des *Cicognara*, père et fils, destinée au sultan, mais gardée par le Con-

---

Suède, l'ancien pays des Scandinaves, des pierres qui, couvertes de ces caractères, sont appelés *runiques*. On conjecture que ces caractères runes dérivent du phénicien, et qu'ils auront été apportés par des navigateurs de Phénicie, qui auraient pénétré dans la Baltique.

On conçoit peu que des caractères runes se trouvent sur les lions de l'arsenal de Venise.

seil des Dix ; un fusil à vingt coups monté sur un pied ; une armure donnée à Venise par notre Henri IV, et enfin les clefs d'argent doré, offertes à Napoléon Ier, lors de sa visite à l'Arsenal ; tels sont les principaux objets qui nous passent sous les yeux.

Un dernier jour, hier, hélas ! nous avons voulu visiter ce qui nous restait à connaître des nombreuses églises de Venise que nous n'avions pas encore inscrites sur notre catalogue, et alors, nous avons passé en revue *San Francesco della Vigna*, tirant ce nom singulier d'une vigne donnée à la ville aux XIIIe siècle. Cette église au clocher blanc, mais à la façade malheureusement *Palladienne*, est de *Sansovino*. Sa grande curiosité n'est autre qu'une Vierge assise sur un trône, couverte d'une robe de brocart et d'or, et d'un voile à ramages. Mais quelle majestueuse beauté, et quelle fine peinture. Elle est signée *Negroponte*. C'est une merveille de patience tant il y a de détails admirablement traités. Negroponte est un moine. Un moine seul, avec la foi au cœur, pouvait produire un tel chef d'œuvre. On voit aussi, auprès de cette église, un cloître qui doit appeler l'artiste et le touriste, car il offre une physionomie des plus curieuses.

Nous visitons ensuite *San-Pantaleone*, dont nous contemplons avec bonheur l'immense plafond, divisé par caissons reproduisant les actes du Saint, illustrés par le pinceau de *Famiani*. L'église de *San-Sebastiano*, ouvrage de *Castiglione*, est le Musée propre de *Paul Véronèse*. C'est là qu'il a dû passer sa vie, c'est là qu'il a dû mourir : en tout cas c'est là qu'il est enterré, sous une simple pierre tumulaire, avec son nom seul, *Paul Véronèse*. Mais ce nom vaut un monument. Au moins, dans l'église des Frari a-t-on fait plus d'honneur au Titien. Du reste, peu importe à ces deux astres éteints : leur gloire reste. Elle vit surtout pour Paul Véronèse dans Saint-Sébastien. Jugez-en : Second et quatrième autels, *P. Véronèse*; Maître-autel, *P. Véronèse;* plafond *P. Véronèse*; sacristie *P. Véronèse*: *P. Véronèse* partout. Enfin nous nous arrêtons aussi à *San-Salvatore*, remarquable édifice, et cela doit être, *Sansovino*, *Scamozzi* et *T. Lombard* y ayant travaillé, et, en outre, le *Titien* et le *Bergamasque* l'ayant décorée de leurs sublimes peintures. C'est là que dort, dans le repos de la tombe, la reine de Chypre, la belle Catherine Cornaro, à laquelle le Conseil des Dix avait rendu la vie si dure, alors qu'elle s'était retirée à Padoue, avec ses enfants. Les fameux registres nous apprennent que, dans le but de ne pas perdre l'héritage qu'il convoitait, le terrible conseil mandait à ses affidés, à Padoue : « Les clefs de la maison de notre bien-aimée fille Catherine Cornaro doivent toujours rester entre les mains de notre gouverneur de la place de Padoue. La susdite Catherine et ses enfants ne devront jamais prendre l'air sans la permission du gouverneur, ni se promener, même dans le jardin, sans être gardés à vue, etc. » Soyez donc reine de Chypre, et laissez une renommée qui vous fait mettre en scène, dans un opéra, pour être esclave, et esclave malheureuse à ce point!...

Je m'en tiens là pour les églises. Dans ce long pèlerinage, je n'ai eu d'autre distraction profane que celle donnée par le hasard, qui l'a mise sur mon chemin, d'entrer à la *Fenice*. Ce théâtre mérite bien une visite. C'est l'une des plus belles salles de l'Italie, mais peut-être moins vaste que San Carlo, de Naples, et que la Scala, de Milan. En tout cas, la Fenice est certainement plus riche. La loge impériale et royale est d'une magnificence merveilleuse. Nos théâtres de France, même l'Opéra de Paris, même le théâtre de Bordeaux, qui passe pour l'un des plus splendides, et que j'admirais jusqu'au jour de mes voyages en Italie, ne sont que des jouets d'enfant à côté de la Fenice, de San Carlo et la Scala. La Fenice cependant ne contient que trois mille personnes. Mais aussi quelle commodité, quelle aisance, quel confort dans les loges. Nos pauvres directeurs de France ont si fort besoin de s'enrichir, qu'ils ne visent qu'à une chose, entasser, les égoïstes! le plus de curieux possible dans leurs théâtres, dussent-ils y être serrés comme des harengs dans leur caque. On raisonne autrement en Italie.

Pour notre dernière soirée à Venise, nous avons fait une promenade sur le canal de la Giudecca, alors que le soleil se couchait. Hélas! comme adieux à Venise, ne fallait-il pas venir saluer une dernière fois son soleil, son beau soleil couchant? Que Venise était gracieuse, baignée par les ombres et les lagunes, d'un côté, nageant dans les flots de lumière empourprée, de l'autre! Et puis cette promenade du soir, sur ce bras de mer de la Giudecca, eut quelque chose de plus sentimental encore pour nous, à la veille de notre départ. Car, comme c'est fête demain, à Venise, fête des lagunes, ou plutôt fête sur les lagunes, les *Regata*, en un mot, à l'occasion de je ne sais quel saint de la mer, toutes les cloches de la ville ont été mises en branle, à la chute du jour. Or, comme il y a plus de cent églises, à Venise, et que chaque église compte pour le moins six à huit cloches, je vous laisse à imaginer quelle harmonie céleste se prit à retentir dans les airs. Elle fit ainsi long-temps nos délices, savourée à distance, alors que nous étions mollement bercés par notre gondole glissant comme une mouette qui rase les lames du bout de ses ailes.

Aussi je m'écriais alors, mentalement, mais une larme dans les yeux :

— Adieu, ma belle Venise, adieu, mon charmant Lido, adieu, mes fraîches lagunes, adieu, ma mélodieuse Piazza, adieu, ma noire gondole, adieu mon beau soleil de l'Adriatique, adieu ma blanche lune du môle. Adieu, adieu, adieu !

Mais Ferrare, mais Bologne, mais Ravenne, mais Florence qui nous attendent ! tout cela n'a-t-il pas aussi ses magnificences ? Et dans le calice de ma fleur des Apennins, les doux cœurs, les deux vôtres, mes amis, qui s'ouvrent à l'avance pour nous sourire, nous appeler, nous recevoir ! Oh ! vers vous nous volons....

Donc, adieu à Venise, mais aussi salut, salut à Florencce, salut à vous, mes tendres amis !

VALMER.

X.

A MONSIEUR GILLOUX, CHEF D'ESCADRON DE GENDARMERIE MARITIME, A TOULON.

Moyen d'aller à cheval sur la mer. — Un jour de Regata! — Les garçons de la Lune. — Comment on peut les rendre utiles. — La culotte introuvable. — La peur des Zinzares. — Fête nautique à Venise. — Détails préliminaires. — Un mot sur les Gondoliers. — Les Chioggiotes. — Les Castellani. — Les Nicolotti. — Une aventure au Traguet de l'Arsenal. — L'histoire de Rinaldo. — Origine des regates. — Etymologie. — Gondoles des joûtes. — Comment se préparent les Gondoliers. — Où l'on demande des bénédictions à la terre et des grâces au ciel. — Balottines. — Malgherotte. — Bissones. — Le Bucentaure. — Façon de faire la police. — Mise en scène de la Fête. — Résurrection de Venise. — Souvenir de Henri III de France. — Le signal. — La joûte sur le grand canal. — La victoire. — Le triomphe. — Les prix. — Marche triomphale. — Fête de nuit. — Adieux à Venise. — Départ pour Florence.

Venise, 25 septembre, 185..

Par ce titre de chef d'escadron, d'ordinaire, mon cher cousin, on désigne un officier supérieur qui commande un escadron de cavalerie. Aussi ma bouche ne peut vous appeler chef d'escadron, sans que mon esprit ne vous voie fièrement campé sur un noble cheval de bataille et faisant bonne figure à la tête de vos hommes. Mais, en même temps que je vous vois à cheval, surgit une difficulté, c'est que vous appartenez à la marine. Allez-vous donc à cheval sur la mer? Cela n'est pas probable; à moins cependant que l'on enfourche un cachalot ; et encore le drôle pourrait vous jouer de mauvais tours. Je vous demande pardon de tant d'indiscrétion ; mais, voyez-vous, dans ce moment, j'ai toutes les idées tournées aux évolutions que l'on peut se permettre sur les eaux. Car j'habite la plaine liquide sur laquelle Venise est bâtie, et je reconnais mieux que jamais que l'eau est un des éléments mis au service du grand maître de la nature, l'homme. Or, je viens de voir ce roi de la création opérer de si belles choses sur les eaux, parquet bien perfide pourtant! que je crois qu'il n'y a plus rien d'impossible. C'est à vous, comme homme de mer, que j'en adresse le récit : j'y ai double avantage, celui de vous parler et de vous prendre pour juge, et celui des plus précieux d'avoir occasion de vous prouver ma tendre affection pour vous et les vôtres...

Donc figurez-vous que nous sommes à Venise depuis long-temps déjà. M. Valmer, au nom de sa souveraine autorité, avait décidé que nous partirions hier. Partir! quand, à Venise, il y avait des régates, une fête sur l'eau du Grand-Canal? Allons donc! quitter Venise un jour de régate! Ne pas voir les régates sur les lagunes de Venise! Mille gondoles! Ce serait, comme pour Gessler, à ne saluer jamais plus le bonnet du tyran! M. Valmer n'entendant pas raison, je me tournai d'un autre côté. J'appelai un garçon, je lui glissai quelques swandzigers dans la main et quelques mots dans l'oreille. Il comprit. Les garçons de la Lune, — ici, nous sommes à l'Hôtel de la Lune, — sont fort intelligents.

Il advient donc, qu'à l'heure du départ du chemin de fer, M. Valmer se trouva sans culotte disponible, nos malles étant parties déja pour l'embarcadère. Le digne homme fut contraint de garder le lit. Mais, entre nous, je soupçonne M. Valmer d'être sujet à des accès de somnambulisme ; car, juste une heure avant les régates, la bienheureuse culotte se retrouva placée entre ses deux matelas. L'excellent homme était couché dessus, sans en avoir le moindre soupçon. Peut-être avait-il caché là cet indispensable, dans la crainte d'emporter, dans ses replis, quelques *zinzares*, ces affreux moustiques qui lui ont rongé une partie du.... nez, pendant les nuits de notre séjour à Venise. Quoiqu'il en soit, nous allons aux régates !

Venise est en fête. La foule s'agite, bruyante, gaie, folâtre, dans toutes les rues, c'est-à-dire sur tous les canaux, sur la Piazzetta, sur le môle notamment. Dans toute l'étendue du long quai des Esclavons, les gens du peuple s'entassent, se perchent, se hissent comme ils peuvent. Ce sont des quolibets, des lazzis, des rires éclatants, qui font un feu de file sur tous les points. Aux fenêtres du quai, sur les toits, dans tout le parcours du Grand-Canal, cent mille têtes curieuses se montrent à tous les étages des palais. Des banderoles flottent de toutes parts, et je vous prie de croire qu'elles ne sont nullement aux couleurs de l'Autriche. En outre, la surface des lagunes est couverte de barques, de nacelles, de péniches, de goëlettes, de gondoles dont on a enlevé la felze, de mille embarcations légères que recouvrent des tendelets à raies vertes et rouges, blanches et bleues, jaunes et rouges. Mais, entre ces barques rangées en lignes et le quai et le môle, reste une large et belle avenue de lagune qui, partant du Jardin Public, à l'orient de Venise, longe le quai des Esclavons, passe devant le môle et la Piazzetta, pénètre dans le Grand-Canal, et aboutit à des pieux plantés au-delà du Rialto, pour revenir au Palais Foscari, qui occupe le coude et le milieu de la longueur de ce canal. Tel est le parcours de la Regata, le champ-clos de la lice, le turf liquide réservé aux courses. Est-il au monde, je vous le demande, un Corso royal, un Corso impérial, un plus beau Corso, un Corso plus vaste, plus original, plus riche, mieux hanté, que ce Grand-Canal de Venise ? Quant aux gondoles et aux gondoliers, ils stationnent tous à la pointe du Jardin Public, près de l'Isola San-Pietro di Castello. C'est de là que se fait le départ. Mais en ce jour, les gondoles ont dépouillé le velours ou le drap noir, ce vêtement égalitaire, et cette livrée funèbre fait place à des draperies de toutes couleurs qui recouvrent les barques. Les gondoliers, eux aussi, ont revêtu des costumes éclatants et variés. On dirait autant de Figaros disposés à entamer quelque bonne fortune. Les *Chioggiotes* se font remarquer par leurs barques pavoisées d'une manière différente, par leur musique nombreuse, et surtout par leur têtes énergiquement bronzées et que rend plus belles encore leur costume étincelant. On reconnaît les *Nicolotti* à leurs ceintures et à leurs bonnets rouges, et les *Castellani* à leurs bonnets et à leurs ceintures noirs.

Les Vénitiens sont d'un caractère bon et généreux, mais fin et moqueur. Les gondoliers, en particulier, résument en eux les instincts de la race et conservent encore le caractère national primitif. On les trouve toujours gais, spirituels, causeurs, adroits, affectionnés, fidèles et discrets. Celui que nous avions attaché à notre service, et qui pleurait en nous disant adieu, nous en a donné la preuve. Il est vrai que ces braves gondoliers ne chantent plus en chœur les Stances du Tasse, comme jadis ; mais ils aiment encore, quand on les prie, et surtout quand on leur a lubréfié les bronches d'un bon coup de vin de Samos, à faire redire aux échos des lagunes la baccarole *della Biondina in Gondoletta* ou quelque facétieuse canzonette. Leur défaut peut-être est de se quereller trop facilement. Mais ces disputes se bornent à des paroles amères. Nous en avons été les témoins, un jour, au traguet de l'arsenal. Encore cessent-ils, quand le *forestiere* intervient.

Voici ce qui était advenu : Après un assez long séjour dans le Musée de l'Arsenal, nous rejoignions le traguet où nous avions laissé notre gondolier à peu près seul, et calme comme toujours. Mais à notre arrivée, à raison du voisinage, sans doute, et par suite de l'émanation belliqueuse que doit donner un lieu consacré à la guerre, nous trouvons notre homme, d'ordinaire si flegmatique, livrant bataille aux gondoliers survenus pendant notre absence, et, comme lui, stationnant sur le traghetto. Quel brandon avait mis l'étincelle au feu d'artifice composé de tout ce que le vocabulaire vénitien peut produire de plus énergique et de plus sonore en épithètes, en gros mots et en outrages ? Ce n'était pas le moment de le faire dire. Mais je ne sache pas qu'il y ait jamais cohue tapageuse, émeute verbeuse, dialogue échevelé, pantomime truculente, dispute enfin montée sur un diapason plus élevé et moins harmonieux que ceux de la scène dont nous devenions les témoins. Cependant nous prenons place dans notre gondole, et nous donnons froidement l'ordre de démarrer. Mais alors se fait un épouvantable crescendo de fureur de la part des gondoliers qui demeurent. Toutefois, comme un athlète superbe, moins vigoureux, mais non vaincu, notre homme prend son aviron, et, pour ne pas avoir l'air de fuir, il rame lentement, majestueusement, répondant toujours aux gros mots qu'on lui adresse et dont bientôt la vibration diminue. Déjà nous n'entendons plus ses adversaires ; mais lui, d'une voix enrouée, grommelle encore du bec, et pour ne pas avoir le dernier mot, de loin, en guise d'adieu et comme dernier jeu de pantomime, leur fait un geste d'une expression telle, que je lui dis :

— Quelle colère vous possède, Rinaldo, qu'avez-vous donc ?

— Benedetto Dio ! signor, c'est l'histoire de Venise que vous voulez me faire dire ? s'écria notre Caron. Eh bien ! sachez que les habitants d'Aquilée et ceux d'Héraclée, jadis au temps d'Attila, c'est bien vieux, n'est-ce pas ? ne s'aimaient pas le moins du monde. Cependant, pour éviter le *Fléau de Dieu*, ils se réfugièrent tous sur ces lagunes. Or, par suite de la rivalité, qui, dès cette époque, existait entre eux, les gens d'Héraclée choisirent ici une position opposée à celle que prirent les gens d'Aquilée, et pendant que les premiers s'établissaient sur l'île *San Pietro di Castello*, les seconds faisaient leur nid dans l'île *San-Nicolo*. Ceux de l'orient de Venise furent donc les *Castellani*, et ceux de l'occident devinrent les *Nicolotti*. Alors, pour que jamais la confusion ne fût possible entre eux, les Castellani adoptèrent la ceinture et le bonnet rouges, et les Nicolotti se les donnèrent noirs ou bleu-foncé. Comme vous le voyez à ma couleur, je suis un Nicolotto, et j'étais seul tout-à-l'heure parmi ce tas de fainéants de Castellani, et dans leur quartier encore ! Voilà pourquoi vous les avez en-entendus aboyer si fort ; ils ne savent faire que cela. Mais si les Castellani sont les aristocrates de Venise, les Nicolotti en sont les démocrates. S'ils ont su se donner la pratique du doge, nous, nous avons eu notre doge à nous, et pendant *qu'ils ramaient pour le doge, nous, nous ramions avec le doge*. Aussi cent Castellani ne feront jamais taire un Nicolotto, vous en avez été témoins, Signori !

Et en parlant ainsi, Rinaldo relevait fièrement la tête.

— Mais les Chioggiotes, dit M. Valmer, êtes-vous aussi en rivalité avec eux ?

— Non, signor, fit Rinaldo. Ce sont de dignes insulaires, pauvres, et qui ont besoin d'argent. Pourquoi ne pas leur tendre la main ?

Ainsi avons-nous appris que divisés en deux quartiers, les *Castellani*, à l'orient de la ville, et les *Nicolotti*, au couchant, Castellani et Nicolotti entament souvent de ces rixes. Aujourd'hui l'on peut dire que, malgré la joûte, ils sont en parfaite harmonie. On les voit tous aller, venir, sillonner les lagunes en tous sens, préparer leurs forces, se mettre en haleine, s'exercer, se faire la main, tout comme nos jockeys préparent l'ardeur de nos coursiers, en les mettant en haleine sur le turf, avant l'heure de la lutte.

Ces régates, ordonnées d'abord, puis entretenues par la république, afin de créer des divertissements pour soutenir le moral d'une population presque séparée du monde, sont les jeux olympiques de Venise. Leur origine remonte aux premiers temps de la fondation de la ville. Aux jours chômés, c'était l'usage déjà d'aller s'ébattre au Lido. Changer de lieu, d'horizon, c'était une diversion dans les habitudes quotidiennes et, par conséquent, un plaisir. Or, afin de faciliter la traversée des lagunes aux gens du peuple, les Procurateurs avaient soin de tenir sur la Riva degli Schiavoni un nombre quelconque de galéasses de vingt, trente et quarante rames. Qui voulait, montait dans ces grandes barques, dont tout chacun pouvait prendre l'aviron. De là des défis. Ces galères, mises en rangée, partaient à un signal convenu. Cette *rangée* de galéasses, luttant entre elles, amena le nom de *riga*, de riga vint *rigata*, et de rigata *regata*, nos regates actuelles.

Quatre milles vénitiens, c'est-à-dire une lieue, telle est l'étendue de la joûte, du Jardin Public au-delà du Rialto, ce pont qui enjambe le grand canal. Il faut que les joûteurs aillent tourner autour d'un poteau planté au beau milieu du Grand Canal, et qu'ils reviennent par la même voie jusqu'au palais Foscari, qui fait face au coude du canal, où des prix sont distribués aux vainqueurs, selon l'ordre de leur arrivée.

Notez que les gondoles qui prennent part à cette fête nautique ont un fond mince et léger, à ce point que le gros soulier du rameur, ou son orteil seulement, car ils ont souvent le pied nu, pour s'appuyer mieux, peut le faire crever dans un effort. Aussi place-t-on là une double planche. Deux hommes, habillés de couleurs brillantes, montent ces frêles esquifs. Les Chioggiotes, Nicolotti et Castellani députent, bien entendu, leurs nautonniers les plus forts et les plus adroits. Et encore, à l'avance, contrairement à l'usage de nos jockeys, qui jeûnent pour se rendre plus chétifs, ces gondoliers cessent de travailler pour recouvrer la plénitude de leurs forces, mangent bien, boivent mieux encore, et se gardent de toute cause débilitante.

Le grand jour arrive. Nos joûteurs se mettent au cou leur scapulaire le plus vénéré, la médaille la plus sainte, des reliques de saint Marc, s'ils ont le bonheur d'en posséder. Puis ils s'agenouillent devant leurs vieux pères, gondoliers comme eux; embrassent leurs femmes, leurs enfants, et vont prier Santa Maria della Salute, ou Santa Maria Formosa, ou San Pietro, que sais-je? Souvent même ils portent avec eux leurs avirons, pour que la bénédiction paternelle et celles de la Vierge et du saint Patron s'étendent à leurs barques; et enfin les voilà partis pour le théâtre de la joûte.

Parmi les embarcations qui font ligne sur les lagunes et se pressent au premier rang, il y a les *ballotines* : ce sont de petits batelets à quatre rames. Il y a les *malgherottes* : ce sont des bateaux à six avirons. Viennent ensuite les glorieuses *bissonnes*, galéasses à huit rameurs, comme aux beaux jours de la république, décorées d'un dais en gaze d'or, d'argent, de pourpre, ou de velours vert à crépines, sur lesquels la brise agite de légers marabouts ou des plumes d'autruche. Beaucoup de ces bissonnes ont des baldaquins et des rideaux couverts en étoffes à larges rayures, et portent, en poupe et en proue, des sirènes aux gracieux sourires, des oiseaux qui déploient leurs ailes comme des voiles, des *amorini* aux cheveux blonds et aux joues roses, des trophées d'armes or et azur. Il est aussi de ces bissonnes auxquelles leur longueur, la pointe aigüe de leur proue, mais surtout leur prestesse, leur agilité, leur extrême aptitude à voler sur les eaux, à glisser rapidement au milieu des obstacles, fait donner la dénomination de *grosso serpente*. Ces galéasses doivent précéder les joûteurs, et leur fonction est de faire ouvrir le passage devant eux, si quelquefois déborde, de la ligne qui lui est fixée, l'inimaginable concours de barques qui stationnent sur ces lagunes ou le long du grand canal. Ce sont les gardes-municipaux de l'endroit. D'ordinaire, de jeunes nobles de Venise équipent ces *gros serpents*. Alors, agenouillés sur des coussins de velours ou de soie, à la proue de la bissonne, et armés d'une arbalète, ces surveillants ou plutôt ces patrons de la joûte lancent des traits d'or aux embarcations qui dépassent la ligne et remplissent ainsi d'une manière fort aimable l'office de sergent-de-ville. Enfin, parmi ces gondoles, ces ballotines, ces malgherottes, ces bissones, on voit même s'avancer fièrement le *Bucentaure*, cette vaste et riche galère des doges, avec son trône d'or, ses siéges d'or pour le conseil, les sénateurs, les procurateurs, etc., ses avirons d'or, ses bastingages d'or, sa poupe et sa proue d'or, ses tendines de velours couleur de feu, et ses élégants rameurs. Mais ce Bucentaure n'est qu'une contrefaçon et un souvenir de l'antique Bucentaure du mariage des doges avec la mer Adriatique. Sur ce pseudo-Bucentaure sont groupés les représentants de l'autorité.

Veuillez donc vous représenter, si possible, mon cher cousin, combien la beauté du ciel et du lieu, la pompe luxueuse de la fête, la présence des magistrats avec leurs insignes, l'immense population en habits des grands jours, les Vénitiennes, jolies toujours, mais plus élégantes encore dans leurs toilettes opulentes; la splendeur des embarcations qui se croisent dans tous les sens, les costumes étincelants d'or, d'argent, de paillon, de paillettes; les étoffes aux riches couleurs qui pavoisent les bateaux, les fenêtres, les balcons, les terrasses, les quais, la richesse et l'éclat des bissones: les fanfares des musiques qui retentissent de toutes parts; la joie bruyante, franche, vive, exaltée de la foule; la rivalité des Castellani et des Nicolotti qui partagent les gondoliers de Venise en deux camps; le soleil qui brille; la ville qui nage dans les eaux et reflète cette mise en scène grandiose; tout cet ensemble donne un spectable indescriptible et que cependant je vous décris, une beauté, un caractère, une physionomie originale qu'il faut avoir vus pour concevoir l'idée d'une fête véritablement féerique.

En vérité, ce beau jour nous montre Venise telle qu'elle dut être à l'époque de sa gloire. On se croirait volontiers à la Regata offerte à Henri III, car les costumes d'aujourd'hui sont ceux d'alors: les galères, galéasses, bissonnes, sont les mêmes qu'en ces jours de splendeurs; et les mêmes aussi ces palais avec leurs tentures armoriées, brodées d'or et d'argent. En outre, pour nous, qui avons étudié tous les chefs-d'œuvre de l'art, en promenant les yeux sur cette foule avide, curieuse, animée, il nous semble que toutes ces têtes de femmes, de chioggiotes et de gondoliers, qui ont posé pour les tableaux immortels des immortels Veronèse, le Titien et le Tintoret, pour quelques heures, sont descendues de leurs toiles, et assistent à cette fête brillante des joûtes, tant le type magnifique d'autrefois se retrouve dans cette saine et belle population de Venise, l'admiration du monde.

Mais silence ! Il est cinq heures du soir : le soleil s'incline vers l'horizon. Toutes les gondoles qui doivent joûter sont en ligne devant la corde qui sert de limites, près du Jardin Public. Les gondoliers ont tous l'aviron à la main. Coup de canon ! c'est le signal : la corde tombe. Aussitôt chaque gondolier de s'incliner sur sa rame ; la nacelle vogue, s'élance, vole sur les eaux. Un seul coup d'aviron la fait marcher plus rapidement que le goëland qui fuit. L'onde blanchit, elle écume, elle bouillonne. Les gondoles passent, se devancent, se dépassent. A peine les a-t-on vues qu'elles disparaissent. C'est absolument comme à nos courses de chevaux : on voit les lutteurs, un moment, une seconde, puis on ne les voit plus. On les revoit encore, et la vision s'efface de nouveau. Quelle ardeur ! quel feu ! Nous avons pris place sur une bissone : en payant, on peut aller partout. Nous stationnons devant le Palais Foscari, tout comme jadis, en l'an de grâce 1574, notre Henri III s'y panadait au balcon pour jouir d'une fête semblable donnée en son honneur. Nous voyons dérouler à droite et à gauche le vaste et brillant Canalasso dont l'eau disparait sous les embarcations, avec son riche encadrement de palais qui semblent pencher sous le poids de la foule qui les encombre. La musique redouble d'énergie. Comme elle doit animer ces braves joûteurs ! Ils viennent de glisser devant nous, comme des éclairs flamboyants. Puis le Rialto nous les a cachés. Mais les voici déjà qui reparaissent. Ils arrivent, en se serrant de près. Quelques-uns sont distancés. Aussi, sans espoir désormais, on voit les gondoles atardées qui tournent à droite ou à gauche : leurs rameurs vont mettre à l'ombre, dans les canaux solitaires, leur amère déception et leur honte. Mais les vainqueurs s'approchent fièrement, tout en redoublant d'efforts. Quel frémissement dans la multitude qui ondule ! Quels chaleureux applaudissements ! Et tous ces vivats partis du cœur, comme ils sont répétés par les curieux qui encombrent le canal ! Enfin un premier vainqueur saisit un drapeau rouge : une bannière bleue échoit au second qui survient ; le troisième s'empare d'une oriflamme jaune ; et un quatrième prend un étendard vert. A chaque drapeau est attachée une bourse. Certes ! ils ne se sont pas trompés dans le choix de la couleur du pavillon et, par conséquent, de la valeur de la bourse.

Alors chacun des gondoliers vainqueurs donne à sa barque l'allure grave du triomphe. Les bissones précèdent, les musiques accompagnent, viennent les gondoles avec les drapeaux. Nous sommes emportés dans le cortége qui se forme à la suite de la flotte des heureux élus de l'adresse et de la fortune. On suit triomphalement le long parcours de la Regata, sous une pluie de fleurs, aux accents des fanfares, aux cris de la foule qui trépigne, s'égosille et bat des mains. C'est une indicible explosion d'allégresse et de bonheur.

J'ai grand bonheur à vous annoncer que, parmi les vainqueurs, nous voyons figurer notre Rinaldo, qui a eu le troisième prix. Avec quel enthousiasme il vibre son drapeau et fait sonner sa bourse!

— Vous n'êtes donc pas encore à Ferrare? nous dit-il, quand nous allons lui serrer la main. Eh bien! votre présence double la joie de ma victoire. Savez-vous que si l'on était encore en république, j'aurais des chances pour être nommé Doge des gondoliers, comme c'était jadis l'usage. Ah! c'est que ma tête peut porter noblement la corne ducale, allez! L'année dernière, sur le Ponte da Pugny, qui, comme presque tous les ponts de Venise, est sans parapets, je me suis rencontré avec deux Castellani, moi seul Nicolotto. Ce pont est fameux parmi nous, ainsi que son nom l'indique, *pugni, poignets,* parce que quand on s'y rencontrait, on se repoussait à coups de poings pour se faire faire place par ses adversaires, et de part et d'autre. Moi donc, je ferme le poignet contre les deux Castellani. Ils se mettent en garde. Bif! baf! Je jette l'un à droite en amont, l'autre à gauche, en aval, et je passe, moi, le Nicolotto!

Et là-dessus, notre bon gondolier de rire à gorge déployée... Nous lui donnons la couronne du triomphateur, sous forme d'une petite pièce d'or, et il se met à crier en plein canal:

— Vive, vive la France!

— Malgré sa fanfaronnade apparente, cet homme est modeste, me dit M. Valmer. Tout-à-l'heure, avant la joûte, je l'ai vu s'exercer. Voici quelle a été, sous mes yeux, sa prouesse nautique: Il lançait à force d'avirons sa gondole contre le revêtement du quai. Alors, à quelques pouces seulement de la berge, et au moment du plus vigoureux élan, net, il arrêtait sa barque, comme l'Arabe fait de son coursier, par un coup rapide, brusque et énergique de sa rame.....

— C'est fort, cela! dis-je.

— Et d'autant plus fort, que peu de ses camarades les Nicolotti ont pu l'imiter, et que pas un Castellano n'a réussi à faire un tel exploit... acheva M. Valmer.

Cependant la nuit tombe. Il faut voir aussitôt s'allumer sur tous les points des flammes de Bengale de toutes les couleurs, des lanternes vénitiennes roses, vertes, blanches, bleues, rouges, violettes; s'illuminer les gondoles dont les lagunes répétent les feux; s'enflammer les quais qui eux aussi embrasent les eaux du rivage; flamboyer la Piazelta; se consteller la Piazza, et Venise et la mer luciolentes, ardentes, étincelantes, rutilantes, devenir la réalité de ces mille et une nuits où l'on se trouve face à face avec des palais, des châteaux, des temples d'émeraudes, de rubis, d'opales, de saphirs, de topazes, de diamants, d'où s'échappent les plus mélodieux accents, et d'où s'élèvent des chants suaves que les brises éparpillent dans l'air saturé de parfums.....

Et c'est tout cela que M. Valmer voulait sacrifier! Heureusement nous avons su mettre le récalcitrant à la raison!

O ma belle Venise, que tu laisses d'amers regrets et de tendres souvenirs pour ceux que le sort, — et un gouverneur cruel, un Valmer! — éloignent de ton splendide séjour!

Maintenant, puisqu'il le faut, à Florence! d'où je vous écrirai bientôt. Mais auparavant, à vous, à votre famille, mon bon cousin, ce cri de mon cœur, et à vous et à votre famille toutes les affections d'une âme à jamais dévouée.

ÉMILE DOULET.

FIN.

LIMOGES. — IMPRIMERIE DE BARBOU FRÈRES.

www.ingramcontent.com/pod-product-compliance
Lightning Source LLC
Chambersburg PA
CBHW071413150426
43191CB00008B/902